인간심리와 행복경제

행복으로 가는 길

강상목 · 박은화 공저

ECONOMICS OF HUMAN

PSYCHOLOGY AND HAPPINESS  法文社

본 저서는 2019년 부산대학교 기본연구지원사업(2년)에 의하여 연구되었음.

머 리 말

　　인간심리 경제학은 경제학과 심리학이 결합된 학문으로 인간의 심리가 경제활동에 미치는 영향을 분석하는 경제학의 한 분야이다. 인간심리 경제학은 이성과 감정 나아가 각종 편향과 착각을 가진 인간이 의사결정을 하는 방법과 그 결정의 결과로 나타나는 경제적 현상을 연구하고자 하는 것이다. 본서는 인간의 심리적 의사결정 과정을 이해할 수 있도록 인간이 지닌 다양한 심리적 편향을 살펴보고자 한다. 심리적 편향에 대한 이해를 기초로 의사결정에서 이들을 극복하고 수정함으로써 보다 나은 의사결정을 할 수 있도록 할 필요가 있다. 카너먼과 트버스키 등 행동경제학자들이 제시한 심리경제의 이론은 인간두뇌의 두 시스템, 가치와 전망이론, 휴리스틱, 편향 등 열거할 수 없을 정도로 많은 이론들이 제시되고 있다. 이 가운데 두뇌의 두 시스템, 가치와 전망이론, 휴리스틱과 편향, 심리회계와 프레이밍, 근접효과와 후광효과, 넛지 등은 필자들이 2019년 6월에 출간한 『인간심리의 경제학』에서 이미 소개하였다. 그 책에서는 전통적 경제학의 한계와 이를 보완하는 인간심리 경제학의 이론과 그 이론에 부합하는 심리적 편향의 사례들을 소개한 바 있다.

　　나아가 본서에서는 심리경제에서 주요한 위치를 차지하는 이론으로 군중심리, 파노플리효과, 베블런효과, 스놉효과, 디드로효과, 전시효과, 톱니효과, 유인효과, 타협효과, 투자심리, 갈택이어, 휴브리스, PE법칙, 그루밍, 부정행위 등을 추가적으로 설명하고자 한다. 또한 인간행복의 의미와 행복의 주요요인, 행복의 측정방법 등을 소개하고 행복으로 가는 길과 행복한 삶에 관한 실제 사례를 통하여 우리가 가져야 할 심리상태와 자세 등을 함께 소개한다.

경제학이 추구하는 궁극적인 목표는 인간의 효용 나아가서 인간의 즐거움과 행복이다. 리차드 이스털린Richard Easterlin, 2001에 따르면 일정소득 수준을 넘어서면 행복과 소득 간에는 명확한 관계가 나타나지 않는다. 이는 소득이 행복을 결정하는 절대적인 요소는 아닐 수 있다는 것을 보여준다. 즉, 소득이 행복에 영향을 미치는 중요한 요소이지만 인간의 전체 행복을 좌우할 만큼 절대적이지는 않다는 것을 의미한다. 행복도 시대나 지역에 따라서 무엇이 필요한가에 따라서 그 중요도가 다르게 나타나기도 한다. 많은 사람들이 인간심리에 관심이 많은 이유는 자신의 심리를 잘 관리하고 상대의 심리를 잘 이해함으로써 자신에게 원하는 선택과 만족을 얻을 뿐만 아니라 상대가 원하는 선택과 욕구를 충족시켜줄 수도 있기 때문이다. 이는 심리적 편향 속에 있는 인간의 선택과 결정이 자신의 즐거움이나 고통을 줄 뿐만 아니라 상대방에게도 영향을 주고받는다. 그러므로 심리적 편향을 갖는 인간의 선택은 바로 인간의 즐거움, 만족과 연결되어 있고 이는 바로 인간의 행복과 연결된다. 즉, 인간이 직면하는 모든 의사결정은 궁극적으로 자신을 이롭게 하고 타인을 유익하게 함으로써 행복을 얻고자 하는 것이다.

이런 맥락에서 인간의 행복은 내부와 외부적인 요인에 의하여 영향을 받는다. 즉, 자신의 행복은 자기 자신의 내면의 심리 상태뿐만 아니라 타인과의 상호작용을 통해서도 영향을 받는다. 그러므로 사람들은 다양한 심리적 편향으로 인하여 자신이 실수할 수 있고 이로 인하여 불행과 고통을 받을 수 있으므로 이를 잘 관리함으로써 즐거움과 만족 나아가 행복을 증진시킬 수 있다. 즉, 자신의 심리상태를 잘 관리하고 잘못된 판단과 실수를 줄이는 것이 행복으로 나아가는 길이 될 것이다. 따라서 사람들의 심리적 상태가 인간의 불행과 불안에 미치는 영향을 살펴보고 행복하기 위하여 사람들이 가져야 할 심리와 마음가짐을 살펴볼 필요가 있다. 본서에서는 인간심리에 기초하여 행복으로 나아가는 길과 행복한 삶을 위하여 가져야 할 바람직한 심리적 태도와 삶의 방법들을 소개하고자 한다. 특히 본서는 4부분으로 구성되어 있다.

첫째, 제1장 도입부로서 소개될 인간심리와 행복이론을 간략히 설명하고자 한다. 이 부분은 이 책에서 다루게 될 심리현상들과 행복이론을 요약하여 기본 개념을 중심으로 설명하는 내용으로 구성된다.

둘째, 제2장에서는 심리편향의 하나인 투자심리에 있어서 역사적인 인물들이나 사건들을 통하여 실패와 성공의 사례를 소개한다. 우리가 알고 있는 역사적인 천재들도 투자에 있어서는 그 천재성을 발휘하지 못한 사례가 많았다.

셋째, 제3장에서는 인간의 삶에서 나타나고 있는 다양한 인간심리의 편향에 관한 실제 사례를 소개하는 부분이다. 일상적인 삶에 나타나고 있는 흥미로운 심리현상들의 사례를 소개한다.

넷째, 제4장에서는 행복으로 가는 길과 행복한 삶에 관한 주제들을 소개한다. 일상의 삶의 화제를 중심으로 나타나는 심리적 현상들을 소개하고 이를 극복하고 행복을 얻기 위한 방법들을 소개한다.

　　요컨대 경제 등 인간의 다양한 영역은 인간의 심리에 따라서 선택되고 결정되며 그 선택과 결정은 인간에게 즐거움과 만족을 주므로 경제, 심리, 행복은 모두 밀접히 연계되어 있다. 또한 인간이 행하는 모든 활동은 궁극적으로 행복으로 귀결된다고 볼 수 있다. 따라서 여기서 소개하는 인간심리와 행복의 주제들은 일상적인 삶에서 자주 일어나는 사례를 중심으로 선정하였기에 독자들이 흥미를 가질 것으로 보인다. 특히 심리경제를 이해하면 일상 생활에서 여러 가지 선택에 직면할 때, 제한된 정보 내에서 보다 슬기롭게 결정을 내릴 수 있는 시사점을 얻을 수 있을 것이다. 또한 다른 사람들의 선호나 쏠림이 있을지라도 내적 심리의 평정심을 유지하는데 도움을 줄 수 있는 아이디어도 소개가 될 것이다. 특히 경제활동 속에서 행복한 삶을 찾기를 원하는 독자들은 이 책을 통하여 심리적인 안정과 함께 행복으로 가는 길을 만나볼 수 있을 것이다.

　　마지막으로 이 책을 집필하는 과정에서 적극적으로 출간을 응원해준 글로벌 경제컨설팅 대학원 학생들께 감사를 드린다. 이들은 직장 생활 속에서 일어나는 산업현장의 실무를 이론과 접목시켜서 소개하는데 많은 도움을 주었다. 나아가 이 책의 출간을 기꺼이 맡아준 법문사의 사장님 이하 직원분들께 감사를 드린다. 경제, 심리, 행복에 관한 관계를 이해하고 싶은 독자들에게 이 책을 권한다.

2019년 10월
저자 일동

차 례

인간심리와 행복경제의 주요 이론

제2장

투자심리에 관한 역사적 인물과 사건들

인간심리와 삶

제4장

행복한 삶

제1장

인간심리와 행복경제의
주요 이론

제1절
인간심리경제의 주요 내용

　　인간심리의 경제학은 경제학과 심리학이 결합된 학문으로 인간의 심리가 경제활동에 미치는 영향을 분석하는 경제학의 한 분야이다. 기존의 전통적 경제학에서 인간은 합리적이고 이성적이어서 일관된 성향의 의사결정을 한다고 주장해 왔다. 따라서 합리적이고 이성적인 인간은 합리적이고, 이기적으로 자신의 이익을 극대화하기 때문에 기호는 항상 동일하고 일관되게 같은 상황에서는 동일한 결정을 한다고 본다. 그러나 이러한 경제학에서 가정하는 이성적 인간은 심리학의 관점에서 보면 실제 비이성적일 뿐만 아니라 감정적이고 완전 합리적이지도 않다. 오히려 심리학적 관점에서 본 인간은 편향이나 착각, 오류에 잘 빠지고 종종 합리적이지 않고 일관되지 못한 판단을 하며 행동하는 경향이 많아서 인간의 의사결정은 부정확하고 잘못된 결정도 많이 한다는 것이다. 때때로 우리는 일상에서 체계적으로 오류에 빠지고 우리의 뇌는 경험을 바탕으로 의사결정을 한다. 보통 사람들은 아인슈타인의 두뇌와 티벳의 수도승의 자기 통제력 또한 없다. 이러한 사실을 잘 알지만 그 심각성은 과소평가한다.

그러므로 인간심리의 경제학은 이성과 감정 나아가 각종 편향과 착각을 가진 실제적 인간이 의사결정을 하는 방법과 그 결정의 결과로 나타나는 경제적 현상을 연구한다. 심리경제학에서 인간은 완전합리적이지는 않고 제한적으로 합리적이라고 간주한다. 즉, 심리경제학이 주류경제학의 합리적 인간을 완전히 부정하는 것은 아니다. 때로는 경제활동에서 비합리적으로 군중심리나 네트워크효과, 편승효과 등 다른 사람들이 어떻게 행동하는 가를 보고 자신의 의사결정을 하는 비합리적이고 비이성적인 행동을 보이기도 한다. 심리 경제학에 대한 주된 논의는 1960년대 허버트 사이먼Herbert A. Simon이 인간에 대한 경제학의 합리성의 가정을 약화시켜서 제한된 합리성을 주장하며 시작되었다. 본격적으로 행동 경제학이라는 분야를 개척한 대니얼 카너먼Daniel Kahneman과 아모스 트버스키Amos Tversky는 심리학과 출신의 심리학자로 상당 부분을 심리학적 설명에 의존하고 있다. 카너먼은 그의 대표 이론인 전망이론prospect theory으로 노벨경제학상을 수상하였다. 이들은 인간의 비합리적인 심리를 경제모형으로 설명함으로써 주류경제학에서도 이 분야를 받아들이게 한 공로가 인정된다. 이제 심리 경제학은 주류경제학에서 차지하는 위치가 점차 강화되고 있다. 이 분야로 노벨 경제학상을 수상한 학자들이 허버트 사이먼(1978), 모리스 알레(1988), 대니얼 카너먼(2002), 로버트 쉴러(2013), 리처드 탈러(2017) 등에 이른다.

카너먼과 트버스키 등 행동경제학자들이 제시한 심리경제의 이론은 인간의 두뇌의 두 시스템, 가치와 전망이론, 휴리스틱, 편향 등 다 열거할 수 없을 정도로 많다. 이 가운데 두뇌의 두 시스템, 가치와 전망이론, 휴리스틱과 편향, 심리회계와 프레이밍, 근접효과와 후광효과, 넛지 등은 필자들의 『인간심리의 경제학』에서 이미 소개하였다. 여기서는 소개되지 않은 심리이론을 중심으로 논의하고자 한다. 이 책에서는 심리경제에서 주요한 위치를 차지하는 이론으로 군중심리, 파노플리효과, 베블런효과, 스놉효과, 디드로효과, 전시효과, 톱니효과, 유인효과, 타협효과, 투자심리, 갈택이어, 휴브리스, PE법칙, 그루밍, 부정행위 등을 이하에서 요약하여 설명하고자 한다.

1. 군중심리

전통경제학에서는 한 사람의 결정이 다른 사람의 행동에 영향을 받아서는 안 된다고 믿는다. 하지만 인간은 기본적으로 사람과 관계를 맺고 그 사람들 속에 포함되려는 본능을 가지고 있다. 우리는 의사결정을 할 때, 보이지 않는 영향력에 의해서 타인의 영향을 받는다. 그리고 아리스토텔레스Aristoteles는 "인간은 어딘가에 소속되어 인정받고 서로 생각을 나눌 때 진정한 행복을 느낄 수 있다."고 말한다. 이로 인해 우리는 하나 이상의 집단에 속해서 집단의 구성원이 된다. 이렇게 형성된 집단은 개인이 자신의 태도를 형성할 때 준거의 역할을 하거나 개인의 행동을 강제하기도 한다. 이를 사회학 용어로 '군중심리herd mentality'라고 한다. 군중심리란 집단속에서 개인이 몰개성화되고 나는 없고 군중만 남아서 집단행동에 편승하게 되는 것을 말한다. 즉, 개인들은 이성과 규범, 현실 인식은 모두 마비되고 순간적인 충동과 감정, 욕구에 모든 것을 의존한다. 따라서 자신의 행동의 옳고 그름에 대한 판단없이 군중에 편승하여 군중의 자극에 모든 것을 맡기게 된다. 개인으로서 인간은 이성적이고 합리적으로 비판의식을 가질 수 있지만 일단 군중 속에 들어가면 감정적인 몇 마디만으로도 군중의 분위기에 휩쓸려서 동화되어 버린다.

　　프랑스의 사회학자, 귀스타브 르 봉Gustave Le Bon과 가브리엘 타르드Gabriel Tarde는 군중심리에 대한 최초의 연구를 하였다. 그들은 연구를 통하여 사람들은 집단 속에서 익명성을 악용하여 자신의 행동에 대한 도덕적 책임을 지지 않아도 된다고 착각하며 군중의 집단행동에 동조한다고 주장한다. 그리고 폴란드의 사회심리학자 핸리 타이펠Henri Taifel과 영국의 사회심리학자 존 터너John Turner는 우리가 스스로에게 갖고 있는 생각이 소속된 집단의 특성에 따라 만들어질 수 있다고 말한다. 자신의 정체성을 얻고 있는 문제가 아닌 정체성 자체를 바꿔버린다는 것이다. 이를 사회적 정체성 이론social identity theory이라고 한다. 심지어 모든 개인이 자신의 신념이나 자유를 가지고 행동한다는 미국의 자유주의적인 가치관에 큰 충격을 던져준 스탠퍼드대학의 스탠리 밀그램Stanley Milgram은 '권위에의 복종'이라는 역사적인 실험을 통하여 사람들이 권력에 대해 무조건적으로 복종하며 집단 상황에서는 '책임감 분산효과'가 발생하는 것까지 단적으로 보여주고 있다.

　　이러한 동조에 관한 심리학적 실험은 무자퍼 셰리프Muzafer Sherif의 자동운동autokinetic 실험이 있다. 이 실험에서 셰리프는 정답이 없거나 모호한 상황에서는 집단의 의견을 하나의 정보로 활용해서 의사결정이 이루어진다는 것을 보여줬다. 이에 솔로몬 애쉬Solomon Asch는 셰리프의 실험결과는 자극 자체의 모호성 때문이라고 비판하였다. 그는 정확한 정답이 존재하는 상황에서도 일회적으로 만나는 사람들에 의한 집단 압력이 작용하는 동조효과를 확인했다. 즉, 그룹 내의 구성원들은 틀린 대답인 줄 알면서도 의견을 달리하기 싫어서 따라간 경우도 있고 집단 비난과 압력을 본능적으로 두려워하기 때문에 구성원의 의견에 반하는 의견을 표명하지 않는다. 에버릿 딘 마틴Everett Dean Martin은 그의 저서 『군중행동』에서 군중이 왜 분위기에 휩쓸리고 부화뇌동하는지에 대한 원인으로 "개인은 현명하고 합리적이지만 군중의 일원이 되는 순간 바보가 된다. 군중은 개인 안에 존재하는 또 다른 자아다."라고 규정했다. 즉, 마틴의 주장은 군중 속에서 개인은 자신이 믿고 싶은 것만 믿으며, 진리를 알려고 하지도 않고 개인과는 다른 인격체로 행동한다는 것이다. 군중 속에서 개인성은 사멸되고 개인의 특성과 전혀 관계없는 집단심리가 작용한다. 즉, 현명한 개인도 집단의 일원이 되면 획일적 사고에 지배를 받게 된다. 스탠포드 심리학 교수인 필립 짐바르도Philip Zimbardo는 두 사람이 있는 상황에서는 동조 현상이 발생하지 않지만 세 명이 모이면 그 때부터 집단이 형성된다고 한다. 집단의 최소 숫자인 세 명이 같이 행동하면 동조현상이 발생한다. 그러나 만약 집단의 구성원 중 정답을 말하는 사람이 있고 동반자가 그 주장을 한다면 집단압력의 힘은 약화되거나 사라질 수 있다.

　군중심리의 문제점은 자신이 속한 집단이나 사회는 개인들의 소속된 집단에 대한 자부심 혹은 자존감과 결속력을 높이기 위하여 자신들이 속하지 않은 다른 집단을 낮게 평가하거나 잘못된 편견을 갖게 한다는 것이다. 이는 역사적으로 인종주의와 마녀사냥 등 다양한 형태로 나타나고 있다. 그렇다면 그룹 구성원이 긍정적인 쪽으로 영향을 받도록 군중심리를 유도하는 방법은 없을까? 긍정적인 집단동조현상은 좋은 사상이나 정신을 내세우고 이를 선전하는 것이다. 가령, IMF때의 금 모으기 운동은 좋은 집단적 행동이 될 것이다. 집단동조효과를 보다 긍정적인 관점에서 연구하고 조사한다면 사람들의 행동을 좋은 쪽으로 유도하는 밝은 사회를 기대해 볼 수도 있다.

군중심리의 또 다른 현상으로 밴드왜건효과band wagon effect가 있다. 밴드왜건이란 행렬을 선도하는 서커스나 퍼레이드 행렬의 맨 앞에서 밴드들이 탄 마차를 말한다. 악대차가 연주하면서 지나가면 사람들이 모여들기 시작하고 몰려가는 사람을 바라본 많은 사람들이 무엇인가 있다고 생각하고 무작정 뒤따르면서 군중들이 불어나는 현상을 군중심리 또는 편승효과라고 한다. 이러한 효과가 발생하는 것은 자신의 생각보다 다른 사람의 생각에 크게 의존하기 때문이다. 정치학에서 사회과학자들은 선거운동에서 우세를 보이는 후보 쪽으로 투표자가 가담하는 현상을 밴드왜건효과라고 한다. 설령 내 의견이 옳다고 생각해도 다른 사람의 생각을 확인하고 이에 따른다. 주위 사람들의 다른 생각과 충돌하면서 사는 것이 마음 편하지 않으므로 많은 사람들의 대세를 따라 가는 것이다.

그런데 경제학에서 밴드왜건효과는 어떤 사람들이 어떤 상품을 소비하는 것을 보고 또 다른 사람들이 이를 따라서 소비하기 때문에 그 상품의 수요가 증가하는 현상을 의미한다. 개인의 소비는 타인의 소비형태에 의해 영향을 받는다. 행동경제학에 따르면 실제 지갑을 여는 소비자의 선택은 승자에 편승하는 밴드왜건효과에 가깝다고 한다. 현실에서 우리는 타인의 소비형태에 의해서 영향을 받으며 '매진임박', '한정판매', '한정수량'과 같은 문구에 현혹된다. 그러나 전통적인 경제 이론에서 소비자의 소비 의사결정은 다른 소비자와 독립적으로 이루어진다고 가정하고 있기 때문에 개인의 소비가 타인의 소비에 영향을 받는 것을 인정하지 않는다.

이와 반대로 사람들은 밴드왜건효과의 대척점에서 강자인 '탑독top dog'의 위세에 눌려 신음하는 '언더독under dog'을 동정하는 심리적 편향을 보이기도 한다. 노벨경제학상을 받은 허버트 사이먼Herbert A. Simon 은 강자와 약자를 보는 심리적 편향을 투견판에 빗대어 설명했다. 언더독효과 내지 열등자 동정효과는 투견경기에서 밑에 깔린 개에 대하여 사람들은 동정을 가지고 강자를 이겨주기 바라는 심리현상을 의미한다. 이러한 언더독효과의 시작은 1948년 미국 대통령 선거에서 나왔다. 대선 여론조사에서 토머스 듀이Thomas E. Dewev 후보가 당선이 확실시 되는 상황에서 해리 트루먼Harry Truman이 대통령으로 당선되었다. 트루먼이 승리할 수 있었던 까닭은 여론조사에서 각인된 약자 이미지가 오히려 동정표 결집의 원동력이 되었기 때문이다.

왜 사람들은 약자를 응원하게 되는 것일까? 그 이유는 공감하기 때문이다. 스스로 약자라고 생각하는 사람은 다른 약자에게 일체감을 느끼게 된다. 그리고 약자의 승리는 기대하지 못한 승리이기 때문에 기쁨 또한 배가 된다. 조지타운대의 니루 파하리아Neeru Paharia 경영대 교수는 외적 조건의 열세가 클수록, 성공에 대한 열정과 의지가 클수록, 언더독효과가 더 크게 발생한다고 한다. 영화 〈반지의 제왕〉에서는 약자인 호빗 프로도가 고진감래 끝에 결국 승리하는 모습에 사람들은 감동한다. 언더독효과를 이용하여 사람들을 감동시키고 영화의 인기를 얻게 된 것이다.

이처럼 군중심리와 이와 비슷한 밴드왜건효과는 인간이 의사결정에서 타인이나 집단을 지배하거나 의존하려는 심리나 충동이 일어나서 발생하는 현상들이라 할 수 있다. 이런 심리적 편향에서 벗어나려면 타인을 지배하고 마음대로 다루고 싶은 충동 혹은 타인에게 기대어 자아를 버리고 의존해 버리고자 하는 충동에서 자유로워 질 때, 우리는 의사결정의 진정한 자유를 얻을 수 있을 것이다.

밴드왜건 vs 언더독

2. 파노플리효과와 베블런효과

파노플리효과panoplie effect란 1980년대에 프랑스 철학자 및 사회학자, 장 보드리야르Jean Baudrillard가 주장한 개념으로 상류층이 되고자하는 신분상승의 욕망이 소비로 나타나는 현상을 의미한다. 소비자가 명품을 구매함으로서 상류층에 속한다는 환상을 갖는 것을 말한다. 내가 속하고 싶은 집단과 동일해지고 싶은 환상을 갖도록 소비하는 현상이다.

파노플리는 본래 기사의 갑옷과 투구 한 세트를 가리키는 말이었으나 소비중심사회에서는 사람들이 어떤 특정 집단과의 연대감을 과시하기 위해 소비하는 특정제품, 특히 명품 브랜드 제품의 쇼핑 목록을 의미하는 용어로 사용되고 있다. 현대사회에서 계급이 없어지자 사람들은 명품을 구매하면서 상류계급 의식을 느끼고 명품 브랜드가 새로운 계급사회를 만들었다고 분석한다. 장 보드리야르는 사람들의 삶을 주로 소비 및 여가 측면에서 분석하면서 그의 저서 『소비자 사회』에서 제2차 세계대전을 기점으로 세계는 생산중심사회에서 소비중심사회로 변화했다고 판단했다. 그는 소비의 대상인 상품이 단순히 사용가치 또는 교환가치뿐만 아니라 신호가치를 갖는다고 보았다. 즉, 소비 주체는 다른 사람들에게 스타일, 품격, 사치, 권력 등 자기의 특수한 가치를 인위적·적극적으로 표현하기 위해 소비한다는 것이다. 이러한 심리는 특정 상품을 사며 동일 상품 소비자로 예상되는 집단과 자신을 동일시하는 현상이다. 이처럼 상류층이 되기를 선망하는 사람들의 소비형태를 파노플리효과로 설명할 수 있다.

한편, 베블런효과Veblen effect란 일반 대중사회에서 누가 더 잘사는지 알 수 없으니 사람들은 자신이 잘사는 것을 과시하기 위하여 소비하는 것을 말한다. 이는 미국의 사회학자 및 경제학자인 소스타인 베블런 Thorstein B. Veblen이 주장한 것으로 소비자는 재화를 구입할 때 두 가지 가격을 생각한다. 그 두 가격은 각각 시장가격과 기대가격이다. 여기서 기대가격이란 다른 사람들이 어떤 재화에 대하여 얼마를 지불했을 거라고 판단하는 가격으로서 이는 일명 과시가격이라고도 한다. 고전경제학에서는 수요와 가격은 반비례 관계에 있다고 가르쳐왔다. 그러나 특정한 상품의 경우에는 가격이 오르는 데도 불구하고 특정 계층의 허영심과 과시욕으로 인해 수요가 증가하는 상류층 소비자의 소비형태가 바로 베블런효과이다. 이처럼 과시적 소비는 부유층을 중심으로 이루어지지만 다른 사람들이 동조하기 시작하면 사회 전체로 확산되는 경향이 있다.

이러한 현상을 소스타인 베블런은 그의 저서 『유한계급론』에서 "상층계급의 두드러진 소비는 사회적 지위를 과시하기 위해서 자각 없이 행하여진다."는 과시적 소비를 지적했다. 모든 물건에 있어 명품만 고집하는 명품족 그리고 최상류층 소비자들을 겨냥한 VIP마케팅은 상류층의 과시욕을 기반으로 한 베블런효과로 설명할 수 있다. 가격을 품질 또는 수량의 지표로 인식하는 소비자는 높은 가격을 지불하면 그만큼 품질이 좋을 거라고 인식한다. 요즘 같은 불황기에도 다양한 방식으로 베블런효과가 작동한다.

하지만 이러한 '베블런효과'만으로는 설명되지 않는 부분이 있는데 유독 한국에서 명품이 비싸게 팔린다는 점이다. 물론 명품 브랜드는 '시간이 흘러도 가치가 크게 변하지 않는다'는 점에서 고급스러운 이미지가 사용자의 자존감을 높여주는 효과도 부인할 수 없고 나는 남들과 다르다는 자기 과시욕이나 심리적 만족을 추구하는 것은 인간의 본성이기도 하다. 그렇더라도 보통 사람들에게 상대적 박탈감을 준다는 부작용이 있으며 품질이나 서비스 가치에 비하여 지나치게 높은 가격은 명품 브랜드들이 비난받아야 할 몫이다.

그림 2   **베블런효과**(Veblen effect)

요컨대 이 두 효과는 모두 우리 주변에서 많이 볼 수 있는 현상으로 남들의 눈을 의식해서 좀 더 우월한 자신의 모습을 보여주기 위

하여 부여한 용어이다. 사실 명품이라는 재화도 일단 구입하여 소유하고 나면 그 순간은 만족도가 높아지지만 시간이 지나면 일상으로 돌아간다. 비싼 재화를 구입하는 순간은 즐겁지만 그 비용지불은 큰 부담이 될 수 있다. 남들에게 보이려는 과시소비로 자신의 실제 경제력이 타격받지 않도록 주체적인 삶의 선택과 의사결정이 중요할 것이다.

이러한 파노플리효과와 베블런효과로 인하여 발생하는 추가적인 현상이 바로 짝퉁효과이다. 짝퉁효과란 남들과 같이 명품을 구입하여 과시하고 싶으나 경제력이 부족한 사람들이 가짜 명품을 구입하여 남들에게 과시하고 싶은 효과를 말한다. 사람들은 대개 다른 사람들과 다르다는 과시욕구가 존재한다. 이를 실현할 경제력은 안되지만 상류층을 향한 개인들의 욕구는 비슷하다. 이들은 명품과 비슷한 제품을 구입함으로써 명품과 같은 만족감과 남들에게 과시하고자 하는 욕구를 동시에 충족하고 싶은 마음이 있다. 짝퉁제품을 구입해서라도 자기의 정신적 보상을 받고자 하는 특이한 심리가 포함되어 있다.

이러한 짝퉁효과로 인한 짝퉁시장이 확대되면 좋은 제품을 생산하려는 혁신기업들에 있어서 헌신적으로 질 높은 상품을 개발하려는 의지와 욕구를 저하시킨다. 짝퉁제품은 시장의 가격을 교란시키고 제품의 질도 떨어져서 사회의 신뢰를 저하시킨다. 즉, 짝퉁제품을 진품으로 속이고 판매하는 행위도 일어나고 이를 진품으로 오해하고 높은 가격에 구입한 소비자는 나중에 짝퉁으로 확인하였을 때 배신감뿐만 아니라 나쁜 제품의 질로 인하여 한 번 더 분노하게 된다. 나아가 짝퉁제품을 알고 구입한 사람들도 심리적으로 정직성을 소홀히 취급하는 경향이 생길 수 있다는 문제가 있다. 이처럼 사람들의 정직성에 대한 마음가짐은 사람들의 행동과 삶에 중요한 영향을 미친다는 점에서 짝통의 유통은 사회적으로 바람직하지 않다.

중국의 아이폰 짝퉁과 짝퉁 쇼핑가방

3. 스놉효과, 디드로효과, 전시효과, 톱니효과

스놉효과, 디드로효과, 전시효과, 톱니효과 등은 다른 사람이나 다른 제품 등을 고려하여 제품을 구매하거나 구매하지 않는 결정을 내리는 경향을 반영한 효과들이다. 이를 하나씩 소개하고자 한다.

첫째, 스놉효과snob effect 내지 속물효과俗物效果란 어떤 제품에 대한 소비가 증가하면 그 제품의 수요가 줄어드는 현상을 말한다. 이는 네트워크효과network effect의 일환이다. 네트워크효과란 특정상품에 대한 어떤 사람의 수요가 다른 사람들의 수요에 의해 영향을 받는 효과를 말한다. '네트워크효과'는 제품이나 서비스 자체 품질보다는 얼마나 많은 사람이 사용하고 있느냐가 더 중요하다. 네트워크효과는 크게 두 부류로 구분된다. 즉, 스놉효과와 편승효과bandwagon effect이다. 편승효과는 많은 사람들이 사는 물건이라고 하면 덩달아 사는 소비심리이다.

반대로 스놉효과는 남들이 많이 사는 것을 사기 싫어하는 소비심리로서 '한정 판매'는 소비자의 스놉효과의 심리를 이용한 판매자의 전술이다. snob은 영어로 속물이라는 뜻인데, 다른 사람과 차이를 두고 싶은 속물처럼 타인과의 차별화를 위하여 소비하는 현상을 말한다. 비슷한 말로는 백로효과가 있다. 백로효과는 특정 상품에 많은 사람이 몰리면 희소성이 떨어져 차별화를 위하여 다른 상품을 구매하려는 현상을 말한다. 우아한 백로처럼 남들과 다르게 보이려는 심리를 반영한다고 해서 백로효과라고 한다.

다시 말해서 '속물효과'는 명품 소비로 대변되는 과시적 소비는 물론, 좀 더 자신을 차별화하기 위한 개성을 추구하는 소비효과이기도 하다. 대중들이 특정 재화에 대한 과시적 소비가 증가하면 이 재화를 가지더라도 더 이상 자신의 신분이나 품위를 높일 수 없다고 판단되면 일부 소비자들은 누구나 구매하는 재화구입을 중단하고 다른 사람이 살 수 없는 재화로 자신의 선호를 바꾸는 현상이 발생한다. 사회적 지위나 재산을 숭배하는 사람을 지칭하는 snob이란 단어가 의미하는 것

그림 4 파노플리효과 vs 스놉효과

처럼, '속물효과'는 사람들이 가진 속물근성의 하나로 표출되는 과시적 소비 욕구를 나타낸다.

미국 경제학자인 하비 라이벤슈타인Harvey Leibenstein은 유명한 경제학 논문지인 '*Quarterly Journal of Economics*'에서 타인의 사용 여부에 따라 구매 의도가 증가하는 효과인 밴드왜건효과와 함께 타인의 사용 여부에 따라 구매 의사가 감소하는 효과인 스놉효과를 비교 설명했다. 고가품일수록 과시욕으로 수요가 증가하는 '베블런효과'와 대중과 차별화되고 싶은 욕망이 담긴 '스놉효과'는 '대중의 소비'에 영향을 받는다. 하이클래스 부자들은 일반 대중들이 자신의 소비형태를 따라 하는 것을 싫어한다. 물건을 살 때 남과 다르게 나만의 개성을 추구하는 의사결정 심리를 '스놉효과'라고 보면 된다.

둘째, 디드로효과Diderot effect란 한 상품을 구매하게 되면 그 상품과 연관된 상품을 연속적으로 구매하게 되는 현상을 말한다. 우리는 하나의 물건을 구입하면 그 물건과 어울리는 다른 제품을 구매하고 싶어 한다. 즉, 소비가 또 다른 소비를 부르고 욕망의 추구가 만족 대신 다른 욕망을 낳는, 끝없는 욕망을 부르는 상황이 연출되는데 이를 '디드로효과'라고 한다. 사람들은 새 재화에 애착을 가지면 기존에 소유한 재화와 조화를 고려한다. 조화되지 않으면 불편을 느껴서 통일성을 위하여 다른 제품도 새롭게 구매하게 되는데 그 과정에서 충동구매가 발생하게도 한다.

18세기의 프랑스 철학자인 데니스 디드로Denis Diderot가 에세이 『나의 오래된 가운을 버림으로 인한 후회』에 수록한 일화에서 이 효과가 설명된다. 그는 친구로부터 침실 가운을 선물받고 실내 가운과 어울릴 만한 것들로 서재안의 모든 가구들을 구입하게 되었다. 완벽한 환경을 만들었으나 그는 예전의 낡은 가운에 대해서 자신이 마음대로 할 수 있는 자의성을 가졌지만 선물 받은 새 가운에 대해서는 왠지 새 가운을 중심으로 주위 환경을 맞추는 종속적인 태도를 보였다. 디드로 현상은 상품구매자가 단지 기능적인 상품의 연결에서 나아가 관련된 상품 간에 미적이고 정서적인 동질감을 갖추고자 하는 마음을 갖기 때문에 발생한다.

그림 5 │ 디드로효과와 아이폰 제품들

인류학자인 그랜트 맥크래켄Grant McCracken도 소비자는 제품의 통일성을 중요시하기 때문에 제품 간의 연관성을 고려하여 재화를 구입하게 된다고 언급한다. 디드로효과는 일상생활 속에서 찾아볼 수 있다. 애플 같은 회사의 제품은 특유의 심플하고 통일된 디자인과 비슷한 컬러, 로고를 통하여 미적이고 감성적인 동질감을 제품에 투영하고 있다. 이러한 애플제품의 특성으로 인하여 애플 제품을 구매한 소비자는 또 다른 애플 제품을 연속적으로 구매할 가능성이 있다. 소비심리학적 관점에서 소비자는 자신의 정체성, 사회적 지위와 역할 등 자기표현의 수단으로서 제품을 연관시켜서 유사한 제품을 구매하는 경향이 있는데 이는 디드로효과로 설명할 수 있다.

셋째, 전시효과demonstration effect란 개인의 소비행동이 다른 사람의 소비수준의 영향을 받아 주위 사람들의 소비행동을 모방하려는 것을 말한다. 비슷한 의미로 과시효과, 시위효과가 있다. 우리의 소비는 절대 소득수준에 의해 좌우되는 것이 아니라 자신이 속해 있는 계층의 사람들과 비교하면서 생활하기 때문에 주변인의 소비형태로부터 영향을 받아서 소비성향이 높아지는 경향이 있다. 미국의 경제학자 제임스 듀젠베리James S. Duesenberry는 소비지출이 소득에만 의존하는 것이 아니라 다른 사람의 소비형태에도 영향을 받는다고 주장하였다. 따라서 그는 소비가 소득수준에 의존한다고 가정한 케인스 이론은 수정되어야 한다고 주장하면서 이와 같이 소비행동의 상호 의존관계를 '전시효과'라고 불렀다. 가령, 소득수준이 높은 도시지역과 소득수준이 낮은 농촌지역이 교통의 발달로 긴밀히 연결되면 농촌지역의 사람들은 소득이 상승하면 도시지역의 생활양식을 따라서 소비성향이 높아지게 된다. 이런 현상은 국제적으로 선진국과 개발도상국 간에도 일어난다. 즉, 소비가 부족한 선진국에서는 전시효과가 경기부양에 도움이 될 수도 있지만, 저축이 중요한 후진국에서는 오히려 도움이 되지 않을 수 있다. 특히 이러한 현상은 신문, 영화, TV 등 광고의 영향이 크게 작용한다.

넷째, 듀젠베리는 자신의 박사학위 논문 '소득, 저축 및 소비자 행태이론'에서 톱니효과ratchet effect도 제시하였다. 톱니효과란 한번 올라간 소비 수준이 비록 소득수준이 감소하더라도 쉽게 후퇴하지 않는 현상을 말한다. 사람들은 소득이 증가할 때 소비를 늘리지만 반대로 소득이 감소해도 소비를 쉽게 줄이지 못한다. 그는 소비는 자신의 현재 소득에 영향을 받지만 과거 소득에 의해서도 영향을 받는다며 이를 톱니효과로 설명했다. 톱니는 두 개의 축이 맞물려서 한 쪽으로만 회전하고 반대쪽으로 돌리지 못하는 특징이 있다. 톱니장치가 후퇴방지 기능을 하는데 이를 경제학에 적용하면 '소비의 비가역성'이라고 부른다. 일반적으로 비탄력적 소비재인 음식, 의복같은 필수소비재는 경기 변화가 있더라도 소비가 줄어들지 않는 성향을 갖는다.

그림 6 **톱니효과**(ratchet effect)

4. 유인효과와 타협효과

유인효과attracton effect란 기존 제품에 비하여 비대칭적으로 열등한 새로운 대안을 등장시킴으로써 새로 진입한 열등한 대안과 유사한 기존 대안이 그 열등한 대안으로 인하여 선택확률이 오히려 증가하는 현상을 말한다. 휴버Huber, 페인Payne, 푸토Puto는 그들의 논문에서 '기존 제품에 비해 비대칭적으로 열등한 신규대안, 미끼대안, 유인대안이 등장하게 되면 새로 진입한 대안과 유사한 기존 대안의 선택 확률이 오히려 증가할 수 있다'는 것을 증명하고 이것을 '유인효과'라고 명명했다. 여기서 '기존 제품들에 비하여 비대칭적으로 열등한 대안'이라는 것은 기존 대안 중 한 대안에는 절대적으로 열등하지만 다른 대안에는 절대적으로 열등하지 않는 신규대안을 의미한다.

　　인간의 비이성적인 특성을 이해한다는 것은 우리가 매일 하는 행위와 의사결정뿐만 아니라 우리가 취할 수 있는 선택 사항을 이해하는데 중요하다. 우리의 비이성적인 행동은 같은 방식으로 반복되고 이러한 반복으로 인해 예측가능하다. 제품 A와 B만 있을 때 품질과 가격 면에서 큰 차이가 없다면 소비자는 어느 것을 선택할지 고민하게 된다. 그런데 A와 유사한 제품으로 품질이 약간 떨어지는 제품인 C가 동시에 제시되면 A제품과 유사하게 열등한 C제품의 영향을 받아서 소비자는 A제품에 더 끌리게 된다는 것이다. 가령, 나이키 매장에서 20만원짜리 운동화를 새로 출시하였는데 잘 팔리지 않아서 그보다 품질이 떨어지는 15만원짜리 운동화를 함께 진열해 두었더니 20만원짜리 운동화를 홀로 진열할 때보다 더 잘 팔리는 현상이 유인효과라 할 수 있다. 이처럼 우리는 주변의 사물을 인식할 때, 항상 다른 것과 연관을 지어서 생각하는 편향이 존재한다. 유인효과는 바로 이러한 인간의 비교하려는 성향을 보여주고 있다.

　　우리는 물건을 구매시 선택의 기로에서 다양한 경쟁사가 존재하는 제품에서 유인효과에 따른 선택을 하게 된다. 유인효과가 발생하는 이유는 소비자가 극단을 피하고자 하는 타협효과compromise effect가 발생하기 때문이다. 타협효과란 여러 대안 가운데 양극단을 배제하고 중간에 위치한 대안을 고르는 심리현상으로서 극단을 회피하고자하는 심리를 말한다. 즉, 적당히 중간선에서 타협하는 심리이다. 이는 경제학의 기본 틀인 합리적 선택모형이나 가치 극대화 모형으로는 설명할 수 없는 예외적인 현상이다. 그리고 사람들은 외부에서 들어오는 정보를 처리할 때 인지적 한계 때문에 모든 정보를 객관적으로 처리할 수 없다. 가령, 우리가 세계인이 열광하는 서유럽 여행을 떠날 때 고귀한 문화적 유적으로 유명한 로마와 화려하고 낭만적인 파리 두 도시 중 어디로 갈 것인가? 선택하는 것은 쉬운 일이 아니다. 우리는 아침 식사가 제공되는 로마여행 패키지와 아침 식사가 제공되는 파리여행을 제공하는 패키지 중 어느 것이 더 나은지 선택하기는 매우 어렵다. 이 때 아침이 제공되지 않는 파리여행 패키지라는 미끼상품이 제시된다면 아침이 제공되는 파리여행 패키지를 돋보이게 만들어서 우리는 쉽게 의사결정을 할 수 있다(그림 7).

그림 7 | 유인효과와 타협효과

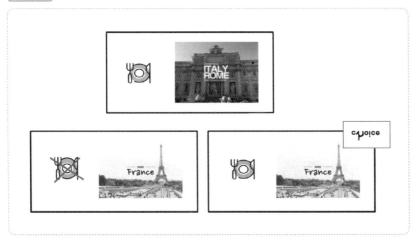

주류경제학에 의하면 사람들의 판단은 다른 사람이나 다른 재화의 영향을 받지 않는다고 주장하지만 이와는 다르게 사람들의 선택이나 판단은 다른 사람이나 다른 재화의 영향을 받는다. 특히 사물의 맥

락은 우리에게 지각적 편향을 일으키는 휴리스틱으로 작용하기 때문에 사람들은 이러한 원리를 잘 이용할 줄 아는 사람에 의해 설득될 수도 있다. 즉, 백화점에서 몇 개의 옷을 놓고 고민할 때 점원의 한마디는 우리의 마음을 움직여서 점원이 추천하는 옷을 선택하는 경험을 많이 하게 된다. 옷이나 가벼운 재화라면 잘못 고르더라도 큰 후회는 없지만 인생을 좌우하는 중요한 선택이나 결정을 해야 할 경우라면 어떨까?

이처럼 다른 사람의 생각이나 다른 재화의 존재로 인하여 자신의 선택이 영향을 받는 상대성은 삶에서 어떤 결정을 내리는데 유용하게 활용할 수도 있다. 하지만 이러한 상대성은 때로는 우리의 삶에 부정적인 영향을 준다. 자신에게 주어진 몫과 다른 사람에게 주어진 몫을 비교하게 되면서 질시와 부러움이 생겨나기 때문이다. 이 문제를 해결하는 방법은 비교하는 순환고리를 끊고 자신의 생각에 중심을 잡는 것이다.

5. 투자심리

행동경제학을 금융에 적용한 학문이 행태재무학이다. 행태재무학은 시장 참여자가 비합리적인 체계적 오류를 범하는 이유와 그로 인해 초래되는 시장 비효율성에 대해 논한다. 이 학문은 전통적으로 시장은 효율적이고 투자자는 합리적이라는 이론을 부정한다. 미국의 경제학자인 조셉 슘페터Joseph A. Schumpeter는 새로운 산업이나 기술이 도입되고, 그 산업과 기술이 만들어낼 장래수익에 대한 낙관적 기대가 퍼지면서 과도한 자본이 집중될 때 투기가 주로 발생한다고 했다. 투기는 산업과 시장의 발전 과정에서 일반적으로 나타나는 현상이다. 역사적으로

1630년대 네덜란드의 튤립 버블, 1690년대 영국의 주식회사 설립 붐, 1719년의 사우스 시 파동, 1820년대 영국과 유럽의 이머징마켓 버블, 1845년 영국의 철도회사 버블, 1929년 미국의 대공황과 그 여파뿐만 아니라 지난 일본의 버블경제 등 다양한 투기의 역사가 존재한다.

이처럼 광적인 투기열풍은 역사적으로 오래되었고 자주 반복되어서 현재에도 있고 미래에도 역시 일어날 것이다. 과연 어떤 이유 때문에 인간은 탐욕 앞에 이성을 잃어버리고 어리석게 단순하고 무모해지는 것인가? 19세기 미국의 거상인 케네R. Kene는 "인생은 투기이고, 투기는 인간과 함께 탄생했다."라고 말했다. 물질에 대한 열정과 집착은 경제흐름과 역사에 영향을 미친다. 완벽하게 효율적인 시장에서 초과 성과를 낼 수 없으므로 투자자가 성공하기 위해서는 비효율성 즉, 불완전성과 왜곡된 가격을 이용할 수 있어야 한다. 비효율성은 성공적인 투자를 위한 필요조건이다. 하지만 비효율성이 존재한다고 해도 그것만으로 초과 성과의 충분조건은 될 수 없다. 성공투자를 위해서는 마음의 통찰력이 있어야 한다. 투자에서 가장 중요한 분야는 회계학이나 경제학이기 보다 심리학이라고 말할 수 있다.

비효율적이고 비합리적인 시장에 대처하기 위해서는 우리의 행동을 이해할 필요가 있다. 1994년 미국에서 출시된 'Herzfeld Caribbean Basin Fund'는 종목코드가 쿠바CUBA로 부여되었다. 이 펀드는 미국 주식에 69%, 나머지 주식은 멕시코에 투자하는 펀드였으나 종목코드가 '쿠바'라는 이유로 시장에서 순자산 가치보다 15% 낮은 가격에 거래되었다. 그런데 2014년 12월 오바마가 "쿠바 제재를 해제하겠다."고 발표하자 이 펀드는 70% 이상 상승했다. 쿠바 주식을 한주도 담고 있지 않았지만 종목코드가 쿠바라는 이유로 가격이 상승했던 것이다.

그림 8 'Herzfeld Caribbean Basin Fund' 성과

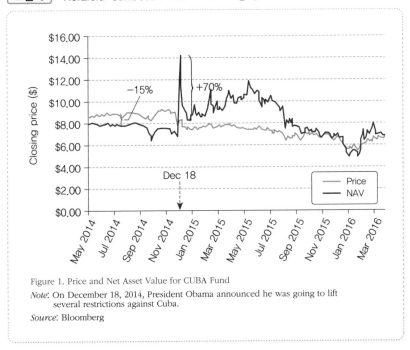

Figure 1. Price and Net Asset Value for CUBA Fund

Note: On December 18, 2014, President Obama announced he was going to lift
several restrictions against Cuba.

Source: Bloomberg

시장이 어떻게 움직이는지 이해할 수 없다는 표현으로 우리는 '비이성적 과열'이나 '탐욕과 공포', '주가는 걱정의 벽을 타고 넘는다'는 말을 자주 듣는다. 실제 시장이 어떻게 움직이는지 이해할 수 없을 때, 투자자들의 편견과 변덕이 이성적 의사결정 모델이 작동하지 못하도록 한다. 탐욕은 투자자들로 하여금 수익을 따라 대중과 운명을 같이하도록 군중심리를 만든다. '욕망의 표출'이 만들어내는 탐욕과 함께 지나친 걱정을 의미하는 공포도 과잉대응을 만들어서 투자자를 비이성적으로 혹은 얼어붙게 만들기도 한다.

그렇다면 우리가 현명한 의사결정을 하기 위하여 어떻게 탐욕과

공포감으로 부터 벗어나야 할 것인가? 많은 사람들이 투자의 귀재인 워런 버핏_{Warren Buffett}이 남보다 뛰어난 선택을 할 수 있는 것은 그의 뛰어난 지적 능력과 의지력이라고 말한다. 그러나 그도 1990년대 말 기술주를 편입하지 못해서 시장수익률도 얻지 못한 때도 있었다. 그의 성공은 지적 능력보다는 현명하고 지혜로운 선택에 있음을 보여준다. 즉, 그는 리스크 관리를 통해 더 적은 리스크 속에서 잘못된 선택을 피하거나 줄임으로써 보다 높은 성과를 얻었던 것이다.

투자자들이 비이성적인 의사결정을 내리는 원인 중 하나는 과거의 믿음이나 생각에 지나치게 집착하기 때문이라고 추론한다. 이에 따라 시장에 새로운 정보가 출현한 경우 특정 사건이 발생할 가능성을 잘못 평가하고 이로 인해 수익률 예측에도 오류가 발생한다는 것이다. 워런 버핏은 "일상에서 잠재되어 있는 생각의 오류들을 제거할 수 있다면 우리는 지금보다 더 현명하고 지혜로운 선택을 할 수 있다."라고 말했다. 그러나 사람들은 선택의 결과로 얻게 될 후회에 대한 두려움으로 인하여 비합리적으로 행동한다. 사람들은 즉각적인 욕망을 우선시하고 미래보다는 현재를 더 소중하게 생각한다. 이러한 비합리성으로 인하여 자기통제가 안되므로 욕망에 굴복하고 지금해야 할 일을 미루는 선택을 한다. 그 후 시간이 지나면 과거의 선택에 대한 후회를 반복한다. 이를 '현재중시편향' 혹은 '일관성 없는 선호'나 '즉흥적 만족을 위한 선호'라고도 한다. 이러한 현재중시편향은 조정해야 할 금융상품을 현재대로 유지하거나 금융회사가 추천하는 상품들을 구체적으로 따져보지 않은 채 가입하고 재평가하지 않는 등 방치하는 행동을 보이게 된다. 금융소비자들은 마이너스 통장을 몇 년째 방치하면서 새로 적금을 든다. 그리고 금융상품은 복잡하고 이해가 어렵다며 원금이 보장되는 상품에 주로 거래한다. 우리는 현재 직면하는 선택에 노후준비를 미루는 행위를 하지만 미래에는 자기 스스로를 잘 통제할 것이라고 합리화하는 자기확신을 갖는 경향이 있다.

이렇듯 인간은 자신의 제한된 능력과 환경 내에서 자신이 만족할 수 있을 만한 효용을 얻고자 노력한다. 사람들은 정확성을 높이고 싶어 하지만 그 반면 심리적인 노력은 최소화하고 싶어 한다. 이로 인해 경험법칙인 '휴리스틱heuristic'을 통하여 신속하고 단순하게 판단을 내리고자 한다. 여러 대안 중 하나를 선택해야 할 때 가장 익숙한 것을 선택하거나 가장 모호한 것을 피하게 된다.

금융기관에서는 이러한 금융소비자의 편향과 휴리스틱을 연구하여 금융 서비스와 상품판매 전략에 이용한다. 대표적인 사례가 돈의 미래 가치를 부각시켜 수령액을 큰 금액으로 제시하는 방법이다. 소비자들이 일단 상품을 구입한 후에는 더 이상 구입한 금융상품에 신경 쓰지 않는 점을 감안하여 사후 혜택을 축소하기도 한다. 투자자들은 판매 순위와 광고 문구에 쉽게 유혹되는 경향이 있다. 이에 따른 금융소비자들의 실수와 피해를 줄이기 위해서 금융감독 당국은 행동경제학을 적용하여 금융소비자를 계몽하고 금융회사를 규제하기도 한다.

투자의 기본원칙은 '모든 계란을 한 바구니에 담지 말라'이다. 이는 '분산'투자에 관한 격언이다. 우리가 자산을 분산투자하는 것은 더 많은 돈을 벌기 위함일 수도 있지만 손실을 줄여서 고통을 회피하기 위함이다. 유대인들은 그들의 경전 탈무드에서 "사람이 돈을 가지고 있을 때, 돈을 셋으로 나눠서 토지에 3분의 1를 투자하고, 사업에 3분의 1을 투자하고 나머지 3분의 1은 유보금으로 가지고 있으라고 했다."

유대사상의 핵심은 자산의 관리에 커다란 책임 부여이다. 2200년 전 유대인의 투자지침은 현대에도 적용할 수 있다. 전문가들에 의하면 우리가 투자에 실패했을 때 그 원인을 잘못된 종목 선정과 타이밍 탓으로 돌린다. 그러나 종목 선정, 매매 타이밍 그리고 자산배분 중 투자성과에 결정적 역할을 하는 변수는 자산배분이라고 한다. 게리 브린슨 Gary P. Brinson 등이 함께 발표한 '포트폴리오의 실적을 결정하는 요소'는 자산배분의 중요성을 강조하는 연구로 가장 많이 인용된다. 그들은 자산배분이 수익에 가장 큰 영향을 미친다고 주장한다. 즉, 미국의 91개 연기금을 대상으로 10년 동안의 투자성과분석에서 포트폴리오 연수익의 91.5%는 자산배분을 통하여 이루어진다는 것이다. 성공적인 자산운용을 위해서는 무엇을 사고파느냐에 앞서 어떻게 자산을 배분하고 관리하느냐가 중요하다.

모든 투자자들은 자기 생각이 사실임을 확인시켜 주는 정보와 증거를 찾으려고 하고 자기 생각이 맞길 바란다. 많은 투자자들이 새로운 정보를 얻기 위해서가 아니라 자신들이 믿고 있는 것을 확인하기 위해서 전문 자료를 열심히 읽는다고 한다. 이를 '불완전 증거의 오류'라고 한다. 즉, 이는 자신의 주장을 뒷받침할 증거나 자료만 선택적으로 제시하는 것을 말한다. 전문가들조차 자신의 확증편향에 사로잡혀서 자신이 보고 싶은 자료만 찾고 선택적 정보를 수집하고 있다는 사실을 전혀 깨닫지 못할 때가 많다. 대부분의 사람들은 판단편향을 어느 정도 갖고 있어서 자신의 판단능력을 실제보다 과대평가하거나 더 믿는 성향으로 인해 자신의 판단능력을 향상시키기 위한 학습의 필요성을 느끼지 못한다. 사실 사람들이 가진 판단편향으로 의사결정에 많은 오류를 범한다. 이처럼 사람들이 자신의 믿음이나 예측의 부정확성

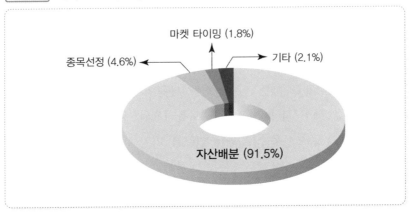

그림 9 게리 브린슨(Gary P. Brinson) - 포트폴리오 성과의 결정요인

을 과소평가하고 자신의 능력을 과대평가하는 과신over confidence 때문에 잘못된 투자가 일어난다. 가령, 남성이 여성 투자자보다 훨씬 활발하게 거래하는 현상이나 매매회전율이 최상위 20%에 속하는 계좌가 최하위 20%에 속하는 계좌보다 수익률이 약 7% 포인트나 낮은 현상들이 자기 과신에 기인한다. 또한 사람들은 새롭게 알려진 증거들에 직면하여 상당한 시간이 흐른 후에 자신의 신념을 다시 수정한다. 이는 '보수주의편향conservative bias'이라고 명명한다. 이 때문에 주식시장 수익률이 지속적으로 상승하거나 하락하는 관성이 발생한다.

대표적인 재테크 수단인 '주식'과 '부동산'을 바라보는 감성은 다르다. 한국의 경우 대개 주식 투자에 비하여 부동산 투자는 일반 투자자에게 선호되는 투자처이다. 사람들은 무리하게 대출을 받아서라도 집을 구입한 사람이 있다면 "내 집 마련의 꿈을 실현했다."며 덕담을 하지만 이와 반대로 은퇴한 사람이 퇴직금으로 주식 투자를 시작하려 하거나 투자했다고 하면 돈을 잃을까봐 걱정한다.

그런데 부동산 투자로 얻은 수익을 또 다시 부동산에 투자하려는 시도들은 부동산 버블을 조장한다. 부동산 버블도 합리적인 것이 있고 비합리적인 것이 있다. 합리적인 버블은 시장메커니즘에 따라 자산의 가격수준 범위 안에서 가격이 변동하는 것이고 비합리적인 버블은 시장메커니즘의 근거 없이 가격수준이 이탈하는 현상이다. 주택시장의 호황이나 주택가격의 상승으로 큰 이익을 얻은 투자자는 자신의 통찰력과 실력 덕분에 그런 결과를 얻었다고 간주한다. 반면 부동산 가격이 하락하면 시장이나 행운이 따르지 않았다고 생각한다. 부동산 시장에서 최악의 상황이 벌어지더라도 '심리회계'가 작동하여 어차피 처음 상태로 돌아갔을 뿐이라고 생각한다.

특히 부동산 투자에서도 군중심리는 작용한다. 다른 사람이 어디에 투자해서 이익을 얻었다면 이에 끌리거나 동조하는 경향이 있다. 부동산 투자의 군중심리는 각 국가에서 부동산 버블을 일으키는 주범이 되고 있다. 이러한 군중심리는 투자 대상을 분석할 때 명확한 사고를 방해하고 특정 투자 대상에 대한 판단을 흐리게 만든다. 군중심리는 사람들에게 합리성과 이성을 마비시키고 과도한 낙관과 자신감을 불어넣어서 부동산버블을 초래한다. 가령, 일본의 부동산 버블 생성과 붕괴의 과정도 이에 기인한다. 미국의 비우량 주택 담보대출로 알려진 서브프라임 모기지 사태에서 시작된 글로벌 금융위기에서 보여주었듯이 최근 거품경제의 특징은 금융의 자율화와 글로벌화로 인하여 한 경제에서 발생한 거품은 초기 형성에서 붕괴에 이르는 전 과정의 효과가 전 세계에 파급된다. 그리고 거품의 붕괴로 인한 경제의 침체는 호황기보다도 더 길게 지속되고 거품붕괴로 인한 사회적 비용은 투기과정에 참가한 주체뿐만 아니라 모든 경제 주체에게 영향을 미친다는 것이다.

미국의 투자가인 마이클 블룸버그Michael R. Bloomberg는 "시장이 비이성적일 수 있다는 사실을 아는 건 중요하다. 하지만 당신 역시 비이성적일 수 있다는 점을 인식하는 것도 큰 도움이 된다."고 언급한 바 있다. 결국 투자를 어렵게 하는 많은 편향들을 극복하고 객관적인 정보와 편향되지 않는 사고에 기초하여 냉철한 판단이 이루어져야 투자의 성공을 이룰 수가 있다. 우리의 올바른 의사결정은 투자하는 기간 내내 매우 중요하다. 왜냐하면 한차례의 잘못된 의사결정은 수년간 올바른 의사결정을 내릴 수 있는 기회를 잃게 만들 수 있다. 투자에서 올바른 판단이란 '끝이 좋으면 모든 것이 좋다'는 세익스피어의 유명한 희극 제목처럼 끝이 좋아야 한다. 우리가 무심코 결정한 행동의 결과는 고스란히 우리에게 귀결된다. 현명한 투자자가 되기 위해서는 이러한 행동편향을 극복할 필요가 있다.

그림 10 **투자에서 올바른 판단**

'끝이 좋으면 모든 것이 좋다.'

6. 갈택이어, 휴브리스, PE법칙

갈택이어竭澤而漁란 '연못의 물을 모두 말려버린 뒤 물고기를 잡는다'는 말이다. 투자에서도 갈택이어의 교훈을 생각할 필요가 있다. 눈앞의 이익을 얻기 위해 장래를 생각하지 않는 것을 비판하는 의미로서 눈앞의 이익을 위하여 꼼수를 쓰는 건 장기적으로 큰 화를 자초할 것이라는 것을 시사한다. '갈택이어'와 같은 의미를 '황금알을 낳는 오리'에서 찾을 수 있다. 이는 욕심 많은 부부가 그 오리를 죽임으로써 황금알을 더 이상 가질 수 없게 되는 것처럼 어린 아이들이 하는 실수를 우리도 반복하고 있다.

이처럼 단기이익 혹은 장기이익을 선택할 것인가? 하는 문제는 우리가 일상에서 접하게 되는 의사결정의 갈등을 일으키는 문제이다. 단기와 장기의 의사결정을 선택하는데 갈등하게 하는 요소는 바로 미래에 대한 불확실성의 존재 때문이다. 미래에 대한 불확실성 때문에 현실의 단기적 이익을 선택할 것인가? 아니면 장래의 보다 큰 이익을 선택할 것인가를 결정하기가 쉽지 않다. 가령, 기업들이 당장 임금이 싼 단순노동력을 고용할 것인지 아니면 높은 임금을 지불해야 하는 경쟁력있는 노동력을 고용할 것인가? 하는 문제도 이에 속한다. 싼 임금의 노동력을 고용하면 당장은 비용을 절감하지만 장기적으로 경쟁력이 없어서 기업이 지속적으로 발전하지 못하므로 기업의 성과나 수익은 크게 증가하지 못한다. 또한 미래에 대한 불확실성으로 기업이 미래에 대한 투자는 하지 않고 당장 현재의 단기 이윤극대화에만 집착한다면 이는 바로 갈택이어의 우를 범하는 것과 같다. 물론 꾸준한 품질 향상과 고객에 대한 질 높은 서비스 제공, 핵심역량의 제고 등이 장기적으로 기업의 성장과 지속적 발전에 중요하다는 것을 알지만 기업가들은 단기이익과 불확실성을 포함하는 장기 발전의 가능성 사이에서 갈등한다.

주식의 경우도 당장의 성장과 이익을 눈앞에 둔 기업에 투자할 것인지 아니면 당장의 성장과 이익은 기대하지 못하지만 장기적으로 성장잠재력이 높은 기업에 투자할 것인지는 고민해야 할 문제이다. 이러한 문제에 대하여 갈택이어의 교훈을 따르는 방법을 합리적으로 제시한 것은 워런 버핏이다. 그는 가치중심의 투자와 장기적인 투자를 선호한다. 그는 때로 상장회사가 아닌 회사도 인수하여 경영진도 교체하지 않는다. 그럼에도 본질 가치를 중심으로 한 기업에 투자했기 때문에 그 회사는 잘 성장한다. 열대 우림의 파괴와 같은 환경문제에도 갈택이어의 교훈을 적용할 수 있다.

한편, 휴브리스hubris란 고대 그리스의 윤리 · 종교 사상에서 나온 개념으로 질서 있는 세계 속에서 인간의 행동을 규제하고 있는 한계를 무시하는 자만 또는 교만을 일컫는 말이다. 영국의 역사학자인 아놀드 토인비Arnold J. Toynbee는 "역사를 한번 바꾸는데 성공한 창조적 소수가 그 성공으로 교만해져서 추종자들에게는 복종만을 요구하며, 인의 장막에 둘러싸여서, 지적 도덕적 균형을 상실하고 가능과 불가능에 대한 판단력도 잃어버리는 현상을 보인다."고 지적했다. 그러면서 '그 창조적 소수는 그들이 성공한 방법을 모든 곳에 다 통하는 절대적 진리인 양 우상화하는 현상을 휴브리스'라고 하며 이를 아테(파멸)라고 말했다. 토인비에 의하면 '한 사회를 성장시킨 창조성이 시간이 지나면서 오히려 사회의 쇠퇴를 야기하는 경우가 있다'는 것이다.

인도 출신의 경제학자인 메그나드 데사이Meghnad Desai는 『휴브리스』라는 저서에서 거시 경제학의 양대 산맥인 케인스 학파와 신고전주의 학파는 금융위기의 원인을 그들의 이론이 옳다고 생각하는 오만에 빠져서 경제의 변화와 그 내부의 위기를 감지하지 못했다고 주장했다.

데사이의 결론은 다음에 올 위기를 피하려면 '내가 맞다'는 독선과 오만에서 벗어나야 한다는 것이다. 휴브리스의 대표적인 사례는 세계의 항로를 바꾼 대역사 수에즈운하와 파나마운하에서 찾을 수 있다. 수에즈운하를 성공적으로 건설한 페르디낭 드 레셉스Ferdinand Marie de Lesseps는 파나마운하 공사시 극명한 환경차이를 무시하고 수에즈에서와 같은 공법으로 공사를 하였다. 그 결과 10년간 400조원이 넘는 비용과 43,000명의 인원이 동원되어 6천여명의 희생을 치르고 미 육군 공병대가 투입되어 완공될 수 있었다.

다음으로 정점과 마무리법칙PE: peak-end rule이란 인간의 효용이나 고통은 어떤 사건을 경험한 후 얻는 그 사건에 대한 기억이나 인상이 절정에 도달했을 때 느끼는 감정과 마지막 순간에 느끼는 감정의 평균으로 결정된다는 것이다. 즉, 사람의 기억을 기준으로 자신이 경험한 고통을 평가할 때, 고통의 지속시간은 그렇게 중요하지 않고 오히려 정점과 마무리 시간에 느끼는 고통에 의하여 기억이 결정된다는 것이다. 즉, 지속시간은 크게 중요하지 않다는 것이다. 또한 사람들은 그 사건이 준 총효용에 기초하여 그 사건을 기억하지 않는다는 것이다.

그림 11 수에즈운하의 휴브리스로 인한 파나마운하의 재앙

사람은 살면서 누구나 힘든 일을 겪지만 어떤 사람은 이를 극복하는 반면 어떤 사람은 그 아픈 기억 때문에 괴로워한다. 대니얼 카너먼 교수는 이러한 차이를 만들어 내는 요소를 인간의 '경험자아'와 '기억자아'로 설명한다. 즉, 인간의 기억자아가 어떻게 '회상'하느냐에 따라 차이를 만들어 낸다고 주장한다. 이 두 자아는 일치하지 않는데 세상을 살아가는데 있어 더 중요한 자아는 기억자아라고 한다.

우리의 뇌는 어제 일어났던 상황도 모두 기억을 하지 못한다. 몇 개의 기준점에 의해서 편집한 장면을 기준으로 기억한다. 우리는 마침 스냅사진처럼 단편적으로만 기억하는데 보통 하루 중 가장 강렬했던 순간과 하루가 마무리되는 방식에 의해서 좌우된다. '박수 칠 때 떠나라'는 말이 있다. 이는 정점에 있을 때 내려와야 자신에 대한 기억을 가장 아름답게 남겨 놓을 수 있다는 것이다. 이와 반대로 설령 고통스런 상황에 직면한 사람이라도 그것을 잘 마무리 한다면 '경험자아' 자체는 상처를 입겠지만 '기억자아'는 긍정적인 인상을 만들어 내기 때문에 다음 선택과 행동을 함에 있어 현명하게 대처할 수 있게 한다. 역경이 인생의 밑거름이 되는 이유도 바로 여기에 있다. 이를 통해 우리는 살아가면서 '특정한 상황을 어떻게 끝내었나'가 사람의 다음 선택과 행동에 큰 영향을 미칠 수 있다.

의사, 도널드 레델마이어Donald Redelmeier와 카너먼 교수 팀은 '대장내시경 검사를 받은 환자의 경험과 기억에 대한 연구결과'를 통해서 고통의 강도를 비교적 약하게 해서 검사시간을 늘릴 때 경험의 질이 향상되어 총체적인 평가가 향상된다는 것을 발견하게 된다. 이 같은 현상을 '추가적 지속시간효과'라고 한다. 그리고 한 걸음 나아가 검사가 끝났을 때 곧바로 내시경 호스를 환자 몸에서 꺼내지 않고 1분 정

도 기다려 천천히 꺼내도록 하였다. 그 결과 일반적인 조치를 취할 때
보다 환자들에게 더 좋은 인상을 주었다. 이것이 바로 피크엔드법칙
peak-end rule을 말해 주고 있다. 독일 속담에 '끝이 좋으면 다 좋다'는
뜻과 같은 의미를 포함한다. 기억자아는 우리 삶의 경험 속에서 자극
적인 순간에 더 큰 점수를 주고 의미를 부여하며 결정을 내린다. 비합
리적이라 할 수 있는 판단을 하게 하는 주체는 바로 기억 자아이다.
경험의 기억을 결정하는 주된 요소인 PE법칙과 지속시간 무시 현상은
결국 정점과 마무리 근처에서 경험한 감정이나 효용이 대표적 순간의
감정적 가치로 나타나며 대체로 이런 대표적 순간에 경험한 감정적 가
치가 전반적 평가를 결정하게 된다.

나아가 영화 〈니모를 찾아서〉의 2편 〈도리를 찾아서〉에서 PE법
칙을 통해 삶에 대한 태도를 배울 수도 있다. 도리는 단기기억 상실증
에 빠져 기억하지 못하지만 부모님과 헤어질 때의 기억이 흩어진 조각
처럼 떠오른다. 이로 인해 부모를 찾아 떠나는 여정에서 문어 행크는
도리를 끝까지 돕는다. 이 때 도리는 단기기억상실증에도 불구하고 "절
대 네(행크) 기억은 못 잊을 것 같아."라고 말한다. 만약 문어 행크가
중간에 떠나버렸다면 이런 기억도 남아있지 않을 것이다.

그림 12 PE법칙과 삶에 대한 태도

절대 네 기억은

잊지 못 할거 같아

7. 그루밍

그루밍grooming이란 다른 사람을 자기가 원하는 목적을 위하여 길들이는 행위를 말한다. 즉, 어떤 목적이나 의도를 위하여 다른 사람에게 친밀, 신뢰, 지배관계를 설정하는 행위를 말한다. 최근 미투 등 성폭력이 언론에 언급되면서 '그루밍'이라는 단어도 함께 회자되고 있다. '그루밍'은 마부가 말을 빗질하고 목욕시켜 말끔하게 꾸민다는 데서 유래한 것으로 원래 동물의 털 손질, 몸단장, 차림새라는 뜻을 가진 개인적 그루밍personal grooming의 의미였으나 최근에는 인간관계에 무게를 두는 사회적 그루밍social grooming이라는 뜻으로 더 많이 사용되고 있다.

원래 사회적 그루밍은 가톨릭 사제들의 아동 성추행 패턴을 설명하는 용어였다. 가해자는 피해자에게 진로나 고민 상담 등을 해주고 경계심을 무너뜨려 신뢰를 얻고 관계를 형성할 때 성적으로 만드는 단계가 자연스럽게 여겨지게끔 한다. 그루밍은 신뢰관계를 바탕으로 이루어진다. 성직자는 종교적으로 신뢰를 주기 때문에 의심의 여지없이 그 말대로 신자들이 순종한다는 점에서 길들이기가 쉽게 진행된다. 이것이 확대되어 아동청소년의 성을 착취, 유린하기 위하여 친밀, 신뢰, 지배관계를 설정하는 행위를 설명하는 용어로 등장하였다. 아동청소년들 중에는 사춘기를 맞아 부모와 소원해지고 학교에서도 지나친 교육열과 입시위주의 무한경쟁 등으로 좀처럼 신뢰할 친구를 사귀지 못해서 힘들어 하는 학생들이 있다. 이 틈을 노리고 주로 성인들이 성적 착취의 목적을 은폐한 채 친절한 상담자 내지 멘토로서 등장하여, 친밀, 신뢰 등 우호적 관계를 형성한 후, 그 관계가 깊어지게 되면 그 유

지를 위한 대가로 성적 요구에 응하도록 강요한다. 이 길들이는 과정
이 실질적으로는 성적 착취임에도 불구하고 외형상으로 합의나 동의
하에 이루어지는 애정 표현으로 포장될 수 있기에 착취자가 형사처벌
을 피해 나간다. 이처럼 초기에 그루밍은 미성년자의 성을 합법적으로
착취하기 위한 행동으로 사용되었다.

최근에는 한 분야에서 뛰어난 업적을 성취한 사람들이 자신의
명성을 이용한 권력형 성폭력을 자행하는 그루밍 사례가 확대되고 있
다. 왜 유능한 판사가 성 매매를 하고 유명한 대학 교수가 제자들을
상습적으로 성추행하며 공직자들의 성 접대가 끊이지 않는 것일까? 심
지어 영향력 있는 목회자가 성경이 금하고 있는 제7계명을 어기는 것
일까? 그리고 그루밍의 피해자들은 왜 침묵하는 것일까? 신도들은 성직
자에 대한 존경심과 신뢰감이 크기 때문에 성추행 및 성희롱의 대상이
되어도 성직자를 '영적 아버지'라 추앙하기 때문에 알리거나 신고할 생
각을 못한다고 한다. 범죄심리학자들에 의하면 "피해자는 애초부터 가
해자가 나쁜 사람이었던 것이 아니고 본인이 힘들 때 도움을 주는 고
마운 사람이기에 폭력을 행사해도 나를 해치려 한다는 생각을 하지 못
한다."고 설명했다. 또한 전문가들은 이러한 피해자들의 공통된 상황을
'학습된 무기력'으로 설명한다. 피해자들은 자신을 억압하는 것을 알고
있음에도 불구하고 가해자가 교묘하고도 친밀하게 피해자를 압박함으
로써 아무리 자신이 노력해도 현실은 달라지지 않거나 빠져 나오지 못
할 것이라는 무기력감에 사로잡힌다고 한다.

조디 래피얼Jody Raphael은 자신의 저서에서 "사회에서 강간을 추
방하려면 교회, 학교, 대학, 사회단체, 군대 등 주요 단체들이 투명성을
두려워하지 않는 법을 배워야 한다."고 강조한다. 다행스럽게 최근 가

톨릭 교회 내에서 이를 방지하는 움직임이 일어나고 있다. 2018년 프란치스코 교황은 39년 만에 아일랜드를 방문해서 가톨릭 교회 내 성폭력에 대하여 교회가 제대로 예방하고 대처하지 못한 것을 '치욕과 고통'이라고 자책하고 피해자들을 만나 위로하였다. 이러한 사회적 부조리와 불합리를 개선하기 위해서는 사람들의 다음과 같은 노력이 필요할 것이다.

> "세상을 조금씩 좋게 바꿔나가는 것은 수많은 개인의 선택이다. 유리함보다 유익함을 선택하고 피해자를 지지할 때 세상은 좀 더 나아질 것이다."

그림 13 **그루밍의 사회적 부조리와 불합리**

교회가 구체적인 행동으로 공감과 정의, 진실을 보여주지 못한 시간에 대해 피해자들께 용서를 구합니다.

8. 부정행위

전통경제학에서는 인간이 이기적 동기에 따라서만 행동한다고 보았다. 그러나 행동경제학에서는 비이기적 요인 역시 인간을 움직이는 욕구로 작용한다는 점을 강조한다. 특히 이기적 동기와 비이기적 동기를 모두 충족시키기 위해서 현실에서 인간은 항상 정직하게 행동하지는 않는다. 때로는 거짓을 통하여 남을 속여서 이득을 취하기도 한다. 따라서 현실적 인간은 남을 속이는 동시에 스스로를 정직한 사람으로 보이기 위하여 노력한다. 즉, 인간은 상황에 따라서 자신의 이익을 위하여 선과 악을 동시에 사용하여 행동한다는 것이다. 일반적으로 사람들은 자신의 이미지를 손상하지 않는 범위 내에서 이득을 위하여 부정행위도 수용하는 '인지적 유연성'을 지니고 행동한다. 결국 사람들의 행동은 이기적 동기에 따라서 주로 움직이지만 도덕성의 영향도 받는다. 부정행위를 할 경우에도 전적으로 이기적 동기로만 하지는 않고 부정행위의 정도는 상황에 상당히 영향을 받는다. 가령, 타인이 지켜보고 있거나 자신의 부정을 숨기고 싶다든지, 사회가 규범을 지키는 정도 등 다양한 상황적 요인에 의하여 그 수준이 결정되는 경향이 있다.

우리의 일상에서 시험에 대한 부정행위뿐만 아니라 다양한 부정행위들이 일어나고 있다. 부정행위는 의도적으로 악한 생각에서도 일어나지만 그 외에도 도덕적 불감증이나 사소한 일상의 다양한 상황과 사회적 환경으로 인하여 일어나기도 한다. 우리는 왜 부정행위의 유혹에 빠지는 것인가? 케네디 예술센터에서 15만달러 상당의 현금과 물품이 사라진 사례를 들었을 때 우리는 보통 지독한 악당이 한 짓이라고 생각할 것이다. 하지만 뜻밖에도 그 도난의 원인은 어떤 한 사람이 큰 돈을 가져간 것이 아니라 예술을 사랑해서 자원봉사를 청한 수십 명의 선한 노인들이 사소한 수준으로 부정행위를 저질렀다는 것이다. 이러한 사례를 통해 우리는 부정행위가 왜 발생하는지 그리고 사소한 부정행위를 줄이는 방법에 대하여 고민하게 된다. 연구 결과에 따르면 유혹의 순간에 작은 각성 장치의 하나가 거창한 설교보다 효과적일 수 있다고 한다. 케네디 예술센터에서도 재고관리 시스템을 개선하고 물품마다 가격표를 붙이고 자원봉사자들에게 어떤 물품을 얼마에 팔았는지 판매대장에 기록하게 하면서 이러한 현상이 사라졌다고 한다. 관리환경을 바꿈으로써 부정행위가 사라진 것이다.

　　의도적인 사기나 횡령을 제외하고 일상에서 일어날 수 있는 부정행위는 작은 일에서 일어난다. 대부분의 사람들은 스스로를 착한 사람이라고 생각하기 때문에 조금씩 부정행위를 통한 이득을 보면서도 동시에 자신을 합리화할 수 있는 범위 내에서 부정을 한다는 것이다. 이는 스스로가 나쁜 사람으로 보이는 것에 저항감을 느끼기 때문이다. 이런 점에 비춰볼 때 댄 애리얼리Dan Ariely는 부정행위를 하고도 도덕적인 삶을 유지하는 것은 다이어트를 하는 것과 비슷하다고 표현한다. 점심과 저녁에 식사용으로 샐러드만 먹었으니 쿠키 몇 조각은 먹어도 괜찮다는 식이다. 자신의 전반적인 삶을 돌아볼 때 훌륭하고 착한 사람이라는 생각이 들면 아주 조금의 부정행위는 너그럽게 허용해 버린다.

　　사람들의 행위는 경제적인 동기에 못지않게 도덕성에도 크게 영향을 받을 수 있다. 사람들은 일반적으로 사회가 통념적으로 받아들이는 도덕적 규범이 존재한다. 그런데 구체적 사안으로 들어가면 그 도

그림 14 우리는 왜 부정행위에 끌리는가?

덕성의 기준이 모호한 대상이 많이 존재한다. 그러한 모호성이 많은 대상일수록 부정행위의 유혹에 넘어가기가 쉬워진다. 우리의 부정행위의 규모나 수준은 도덕성에 대해 사람들이 저마다 가지고 있는 기준이 조금씩 다르다는 점이다. 이 다른 기준점에서 인간이 가진 놀라운 인지적 유연성이 나타난다. 인간은 자신이 편안한 마음으로 받아들일 수 있는 범위에 대하여 자기 자신과 적당히 타협한다. 인간은 스스로 자아 이미지를 훼손하지 않는 범위 안에서 부정행위를 통하여 이득을 보는 기준을 파악하려 끊임없이 노력한다. 우리는 누구나 어느 정도의 부정행위가 절대적으로 '죄'가 되는지에 대하여 자기만의 기준을 가지고 있다. 가령, 운전을 할 때에 빨간 신호등임에도 아무도 보지 않는다면 남에게 아무런 방해나 피해를 주지 않았다고 자조하면서 그냥 신호를 무시하고 달린다. 혹은 지금 자신이 바쁘기 때문에 그렇게 행동하지 않으면 약속을 지킬 수 없다고 자기를 위로하면서 위반한다. 비슷한 동기로 속도위반도 쉽게 한다.

한편, 인간은 다른 사람에게 자신이 유능한 존재이거나 남들보다 뛰어난 존재임을 과시하고 싶은 욕구가 존재한다. 또한 사람들은 다른 사람들이 과장하거나 부풀려서 자신을 소개한 것을 일단은 믿기 때문에 허풍스럽게 과장해서 말하기도 한다. 가까운 과거에 한국에서도 학력위조가 큰 사회적 관심을 불러일으킨 적이 있다. 우리나라에서도 능력보다 학벌이 중요시 되면서 남을 속여서라도 인정받길 원하는 심리가 생겨서 학력을 위조하거나 도용하여 성공의 발판을 삼으려는 시도가 많았다. '자리가 사람을 만든다'라는 속담이 한국의 국민들의 마음을 지배하는 이데올로기가 되면서 출세지향주의가 만연하고 이런 사조가 한국의 교육열과 교육방식에 연결되면서 자리를 얻기 위한 수단으로 학력위조가 연예계를 중심으로 마치 붐을 이루듯이 일어났다. 학력위조로 얻는 명예와 자리는 달콤하지만 밝혀지는 순간, 지금까지 쌓은 명예는 한 순간에 모두 무너져 버리고 엄청난 고통과 비용이 수반된다. 이처럼 부정행위가 만연하면 우리는 타인을 먼저 의심하게 되고 신뢰가 없는 사회에서 살아야 하는 우리의 삶은 더 힘들어질 수밖에 없다.

다른 한편으로 부정행위는 학교에서 뿐만 아니라 사회적으로 고위층, 전문직 등 다양한 형태의 부정행위들이 존재한다. 일상에서 전문직 종사자들은 보수를 지급받는 방식에서 이익의 유혹에 빠질 수 있다. 고객은 해당 분야에 대한 전문성이 없기 때문에 전문직 종사자들은 이를 이용한다. 변호사들, 주식 중개인들, 펀드매니저들, 보험사들은 적정한 수준보다 높은 수임료나 수수료를 물리는 방식으로 우리에게서 부정하게 돈을 가져간다. 나아가 기업범죄, 경제범죄, 환경범죄, 공무원범죄 등 이러한 화이트칼라 범죄는 범죄학자, 에드워드 서덜랜드Edward H. Sutherland가 부유한 사람과 권력 있는 사람들의 범죄활동을 설명하기 위하여 처음 사용한 용어이다. 그는 화이트칼라 범죄에 대하여 높은 사회적 지위를 가지고 존경받고 있는 사람이 자신의 직업과정에서 범하는 범죄로 정의하였다.

사회에 널리 퍼져있는 부정행위를 줄일 수 있는 방법은 없을까? 이러한 상황을 바꿀 수 있는 흥미로운 실험을 캘리포니아대학교의 로스앤젤레스캠퍼스UCLA에서 진행하였다. 실험 집단에게 십계명을 생각하라고 말한 후 부정행위를 유도한 경우, 부정행위가 줄어들었다. 이처럼 부정행위의 유혹에 약한 상황에서 미리 도덕적 각성장치를 만들어 두면 이를 줄일 수 있는 것으로 나타났다.

제2절

행복경제의 주요 이론

행복이란 인간이 자신의 삶에서 만족감이나 기쁨을 느끼는 것을 말한다. 그러므로 행복경제학이란 인간의 만족이나 기쁨을 가져다주는 행복을 경제학적으로 연구하는 학문분야를 말한다. 역사적으로 보면 고대 그리스에서 유럽 계몽주의시대에 이르기까지 학자들이 중요시한 것은 물질적인 부나 소득이 아니라 인간의 행복이었다. 그런데 아담스미스가 국부론을 발표한 이후부터 주요 관심사가 행복에서 물질적 부와 소득으로 전환되기 시작하였다. 이후 주류경제학에서는 물질적인 부와 소득이 인간의 행복을 결정하는 것으로 간주되어 왔다. 행복에 관한 경제학적 접근은 경제학의 역사에서 보면 1974년에 '이스털린 역설'이라는 연구가 발표되면서 등장하였다Easterlin, 1974. 즉, 행복경제학이 등장한 것은 1970년대에 들어오면서 객관적 경제수준을 대변하는 소득과 주관적 삶의 만족도를 의미하는 행복 간에 불일치가 존재한다는 이스털린의 역설이 제기되면서 경제학에서 행복이 주목을 받기 시작하였다. 가령, 레이어드Layard, 2006는 1950년대 이후 선진국의 국민들의 1인당 소득은 3배 이상 증가하였지만 그들의 삶의 행복은 거의 일정하다고 주장한다. 이러한 조사결과는 개별 선진국의 시계열자료뿐만 아니라 특정시점의 선진국들의 횡단자료에서도 확인이 되고 있다. 이것이 의미하는 것은 인간의 평균소득수준이 증가하더라도 비례해서 삶의 행복이 증가하지는 않는다는 사실이다. 오늘날 대부분의 국가들은 경제성장을 통한 소득향상에 거의 모든 노력을 기울이고 있다. 우리나라도 마찬가지로 1인당 소득을 선진국수준으로 끌어올리려고 꾸준히 노력해 왔고 여전히 여기에 전력을 다하고 있다.

그런데 이스털린의 역설에 의하면 객관적 소득의 증가가 사람들의 행복에 비례하지 않고 일정 소득에 이르러서 정체된다면 소득에 전력을 기울이는 노력은 문제가 있어 보인다. 왜냐하면 인간이 추구하는 궁극적 목표는 행복이고 소득은 이를 실현시켜주기 위한 수단에 해당되기 때문이다. 우리가 많은 자원을 투입하여 국민들의 행복수준을 크게 향상시키지 못한다면 소득을 향상시키기 위한 전반적인 노력이 문제가 없는지 살펴볼 필요가 있다. 즉, 인간의 궁극적인 목표가 행복이라면 행복을 증진시키려는 목표에 직접적으로 초점을 맞추는 것이 필요하고 이에 대한 노력을 기울이는 것이 더 적합한 방향이 될 것이다.

지금까지 인류는 역사적으로 인간의 행복에 많은 관심을 가졌으나 인간의 행복에 관한 연구가 활발하게 일어나지 못한 것은 인간의 주관적 감정에 속하는 행복을 정의하거나 측정하기도 쉽지 않았기 때문이다. 다행히 최근 행복경제학에 관한 분야가 새롭게 등장하면서 이러한 시도가 많이 이루어지기 시작하였다. 행복경제학은 심리학, 철학, 정치학 등의 여러 학문과 결합되면서 새로운 분야로 등장하였다. 행복을 보는 관점에는 첫째, 개인의 주관적 쾌락 혹은 만족의 문제로 보는 접근방법과 둘째, 사회적 가치나 역량의 문제로 보는 접근방법이 있다. 이하에서는 지금까지 인간 행복의 개념과 특징, 행복의 주된 요인, 측정방법 등에 관한 이론을 소개하고자 한다.

그림 15 **미국 경제학자 리처드 이스털린** - 1974년 '소득과 행복이 반드시 비례하지 않는다'는 논문을 발표하였다.

1. 인간행복의 개념

(1) 행복의 기원

행복의 사전적 정의는 사람이 생활 속에서 기쁘고 즐거우며 만족을 느끼는 상태에 있는 것을 의미한다. 이에 기초할 때 대개 우리는 "행복은 자기 마음속에 있는 것이다."라고 표현한다. 행복의 기원은 고대 그리스시대로 거슬러 올라간다. 그리스 철학자들은 행복을 두 가지 관점에서 바라보았다. 즉, 주관적 접근법과 객관적 접근법으로 나눌 수 있다. 행복을 주관적 심리상태의 관점에서 보는 이론은 쾌락주의와 욕망충족이론 등이 있다. 반대로 인간의 주관적 체험이나 경험과는 동떨어진 객관적 관점에서 보는 이론은 객관적 목록이론objective list theory 혹은 사회적 가치이론이 있다. 객관적 목록이론은 개인의 주관적 선호와는 무관하게 지혜, 우정, 근면, 절제 등의 객관적 조건들은 그 자체가 좋은 속성이고 삶에서 이들이 나타난다면 행복한 삶이 된다는 것이다. 전자는 헤도니즘Hedonism이고 후자는 에우다이모니즘Eudaimonism으로 정의된다. 간단히 말하자면 헤도니즘은 쾌락의 추구가 인간의 가장 중요한 목표라고 주장하는 쾌락주의 이론이고 에우다이모니즘은 행복이 사회적인 덕을 통하여 달성된다는 이론이다. 이를 이하에서 차례대로 소개하고자 한다.

1) 쾌락주의 이론

에피쿠로스의 쾌락주의 이론에 의하면 행복한 인간의 좋은 삶은 인간의 개인적인 쾌락에서 나오므로 인간은 육체적이고 정신적인 쾌락을 추구하는 것이 행복한 삶으로 간주된다. 인간의 행복은 쾌락이 중요하고 이를 극대화해야 하며 그 외의 가치는 의미가 없다고 보았다. 행복의 중심을 쾌락으로 간주한 고대 그리스의 헤도니즘은 근대에 와서 경제학과 심리학에 큰 영향을 주었다. 주류경제학인 신고전학파 경제학에서는 제레미 벤담Jeremy Bentham의 최대다수의 최대행복이라는 사회구성원들의 쾌락의 총량을 최고의 가치로 간주하는 공리주의Utilitarianism에 영향을 미쳤다. 이에 기초하여 신고전학파의 효용극대화 원리는 행복을 쾌락을 통하여 얻는 효용을 전제한다는 점에서 벤담의 공리주의에 기초하고 있다고 볼 수 있다. 특히 19세기의 신고전학파의 대표적 경제학자인 칼 멩거Carl Menger와 왈라스Walras 등이 제시한 개인선호에 기초한 한계효용, 효용극대화 등이 경제학의 중심을 차지하게 되었다. 공리주의 철학에 바탕을 둔 신고전학파의 경제학에서 인간은 합리적으로 이기심을 추구하며 이는 효용(쾌락)의 극대화를 목표로 한다. 따라서 소득수준과 물질적 재화가 증가하면 이에 비례하여 만족감이나 행복은 증가한다고 보았다. 쾌락에 기초한 행복경제는 사람들의 주관적 행복이 중요하다고 생각하지만 일정한 수준에 행복이 달성되면 이에 적응하여 더 이상 행복이 지속되지 않음을 인정한다. 또한 쾌락을 통한 주관적 행복은 상대적이어서 다른 사람의 소득이 더 높거나 빠르게 증가할 경우 상대적으로 그 행복은 반감할 수 있다고 보았다. 이와 같은 주관적 행복경제학에서는 소득과 물질적 재화뿐만 아니라 사회적이고 심리적인 요인도 주관적 행복감에 영향을 미칠 수 있다.

하지만 이러한 주류경제학에서 행복이란 주제가 잘 다루어지지 않았던 것은 합리적인 인간을 전제로 개인의 이기심의 추구를 기초로 한 효용극대화의 합리적 의사결정에 초점을 두었기 때문이다, 즉, 행복은 개인의 쾌락뿐만 아니라 다른 사람과의 관계에서 얻는 효용도 있는데 주류경제학은 이를 인정하지 않는다. 뿐만 아니라 주관적인 면을 많이 포함하는 행복은 주류경제학이 실증적으로 측정하고 객관화하려는 방법과 괴리가 있어서 제외되었다.

한편, 심리학에서 정의하는 행복은 쾌락이나 욕구만족 등으로 대표되는 개인의 주관적인 심리평가로 주관적 안녕subjective well-being으로 인식되고 있다. 여기서 주관적 안녕은 개인이 삶에서 느끼는 만족감, 긍정적 감정을 의미한다. 이에 따르면 행복은 쾌락과 욕구충족 등의 개념으로 구체화된다. 따라서 행복은 개인이 주체가 되어서 자신의 쾌락과 욕구충족을 통하여 얻게 되는 삶에 대한 만족감과 긍정적 감정을 말한다. 특히 심리학에서 인간의 정신적이고 육체적인 쾌락을 중심으로 행복을 정의하는 것을 헤도닉 심리학hedonic psychology이라 한다. 이는 카너먼Kahneman과 디에너Diener가 제시한 영역으로 전통적 심리학과는 차별화된다. 전통심리학에서는 인간의 마음에 들어있는 우울증, 정신분열증 등 부정적인 증상들에 관심을 가지고 있었다. 반면 헤도닉 심리학에서는 인간의 부정적인 심리상태를 없애는 것이 반드시 행복과 같은 긍정적 심리상태로 전환되는 것은 아니라고 보기 때문에 바로 심리상태의 긍정적인 부분을 최대화하는 연구에 초점을 둬야 한다고 본다. 즉, 사람의 부정적인 심리와 긍정적인 심리는 전혀 다른 관점에서 움직이기 때문에 부정적인 심리의 연구를 통하여 행복이라는 인간의 긍정적인 심리를 파악하기는 어렵다고 보았다. 그러므로 헤도닉 심리학에서 제시한 주관적 안녕은 쾌락과 욕구충족 등을 통한 인간의 긍정적 심리를 평가하고자 하는 것이다. 특히 카너먼 외(1999)는 인간의 행복을 헤도니즘과 동일한 것으로 보았다. 즉, 심리학에서는 행복의 목표를 헤도니즘에 근간을 둔 주관적 안녕에 두고 있다.

　　한편, 행복에는 다소 관심이 멀었던 경제학에서 행복에 대한 연구가 시작된 것은 경제학자들이 심리학의 행복연구에 관심을 가지면서이다. 앞서 언급하였듯이 이스털린Easterlin, 1974은 개인의 주관적 평가인 주관적 안녕을 기준으로 측정하는 행복을 활용하여 소득과의 관계를 분석한 바 있다. 결과에 의하면 소득과 행복의 상관관계는 횡단자료뿐만 아니라 시계열자료를 통해서도 일정한 패턴을 보여주지 못하였다. 이러한 이스털린 역설로 인하여 소득과 행복에 관하여 학자들이 크게 관심을 갖게 되면서 경제학 분야에서 행복의 연구가 본격적으로 시작되었다. 즉, 개인의 쾌락과 욕구충족을 의미하는 효용을 기초로 하여 행복을 측정하려고 시도함으로써 행복이 정확히 측정되지 못하는 한계를 보여주게 되었다. 왜냐하면 행복은 쾌락과 욕구충족만으로 측정될 수 없는 복합적이고 다차원적인 부분을 포함하고 있기 때문이다.

이스털린의 역설이 발생하게 된 원인을 행복경제학자들이 연구하게 되었는데 특히 이스털린Easterlin, 2001은 이를 심리학의 설정값 이론set point theory에 기초하여 설명하였다. 즉, 그는 개인의 소득이 증가하더라도 여기서 발생하는 주관적 만족감은 개인이 높은 소득에 적응해 감에 따라서 점차 사라지고 이내 소득증가의 이전 수준으로 되돌아가게 된다고 주장하였다. 주관적 만족감이 일시적으로 증가하더라도 적응과 습관에 의하여 종전상태와 거의 다시 같아진다는 것이다. 가령, 어떤 개인이 갑자기 상속을 받거나 복권이 당첨되어 소득이 증가하더라도 이로 인한 만족감은 일정 시간이 흐르고 나면 점차 사라진다. 마찬가지로 불행으로 인하여 고통을 받더라도 여기서 오는 고통은 시간이 흐르면서 어느 정도 다시 회복이 된다는 것이다. 이와 비슷하게 사람들은 자신의 소득을 다른 사람과 비교하는 경향이 많아서 상대적인 소득의 차이가 개인의 주관적 행복에 영향을 미치기도 한다. 사람들은 자기 자신의 절대적인 소득의 변화뿐만 아니라 다른 사람과 비교한 상대소득 수준에 따라서도 행복은 영향을 받게 된다는 것이다.

2) 사회적 가치 이론

최근 경제학에서 행복은 주로 주관적인 심리적 상태에 초점을 맞추고 있지만 아리스토텔레스Aristoteles의 행복론은 행복이 쾌락이나 욕구만족 등 주관적 관념이 아니라 객관적으로 성취해야 하는 활동으로 간주하였다. 아리스토텔레스는 쾌락에 기초한 행복은 세속적이고 일차원적인 저속한 인간을 만들 수 있으므로 바람직하지 않다고 보았다. 진정한 행복은 도덕과 덕성을 갖춘 의미있고 가치있는 삶을 살 때 얻을 수 있다고 보았다. 그 시대에 행복의 쾌락주의를 주장하였던 에피쿠로스Epikuros도 행복한 삶은 정의롭고 명예로운 가치추구가 있을 때 가능하다고 보았다. 삶의 의미와 가치를 추구하면서 얻게 되는 기쁨은 단순히 쾌락추구에서 오는 기쁨과는 차원이 다르다. 단순 쾌락추구는 한 개인의 욕구를 만족시켜주는 개인적인 행복이지만 도덕적인 쾌락은 한 개인뿐만 아니라 여러 사람과 사회에 유익을 주는 사회적인 행복이라는 점에서 그 행복의 차원이 높다.

하지만 행복의 주관적인 쾌락이나 욕구만족을 무시하지는 않았다. 아리스토텔레스에 의하면 인간의 삶은 근본적으로 고립해서는 살 수 없고 공동체 안에서 사회적인 유대관계를 가지면서 살아갈 때 의미를 갖는다고 보았다. 이에 기초할 때 에우다이모니아의 행복은 인간의 좋은 덕성인 객관적 조건들에 기초하여 자신들의 잠재적 역량을 충분히 발휘하면서 번성하는 것을 의미하였다. 아리스토텔레스는 행복의 주관적인 관점인 인간의 쾌락추구나 욕구만족도 삶에서 필수적이고 가질 수밖에 없는 것으로 보았다. 그러나 좋은 삶의 관점에서 본다면 일차적인 쾌락과 욕구충족에서 나아가서 사회적인 절제와 규율을 잘 준수하는 것이 바람직하다고 보았다. 가치있고 좋은 도덕적 삶을 추구하는 것은 인간들이 자신들의 내면을 억압하고 남들을 의식하게 하고 일상의 삶을 자유롭지 못하게 할 수도 있지만 이와 같은 도덕적 삶의 추구는 쾌락과 도덕적 가치와 조화를 이루게 하고 능력을 향상시키고 이웃과 친밀함을 나누며 더 큰 만족감을 얻을 수 있을 것이다.

이처럼 쾌락이나 욕구만족은 행복의 필요조건일 수는 있어도 행복의 충분조건이라고 보기는 어렵다. 진정한 행복을 정의하려면 욕구와 이성이 조화를 이루고 불합리한 욕구를 배제할 수 있어야 한다. 즉,

행복의 충분조건은 모든 욕구가 아닌 합리적 욕구여야 한다.

(2) 행복한 삶의 특성

행복한 삶의 특징은 행복을 보는 두 가지 관점인 쾌락주의와 사회적 가치주의를 기준으로 설명할 수 있다.

1) 쾌락주의 접근

쾌락주의 접근에서 행복한 삶이란 인간이 육체적 그리고 정신적으로 쾌락을 추구하면서 행복을 느끼면 그것이 행복한 삶이라는 입장이다. 이러한 접근을 받아들여 심리학에서는 쾌락 혹은 고통으로 표현되는 인간의 삶에 대한 각자의 주관적인 평가에 기초한 주관적 안녕 subjective well-being이란 용어를 행복을 대변하는 용어로 사용한다. 이는 개인이 삶에서 느끼는 만족감, 긍정적 감정 등을 의미한다. 즉, 이 접근은 인간의 행복을 개인이 느끼는 삶의 만족감과 긍정적 감정의 수준으로 본다는 것이다. 전통적인 심리학에서는 인간의 긍정적 감정보다는 부정적 감정인 우울증, 정신분열증 등을 치유하는데 초점을 맞추었다. 그러나 쾌락주의 심리학은 이것이 인간의 행복이라는 긍정적 감정 상태로 바로 연결되지 않는다고 보고 인간의 긍정적 심리를 주 대상으로 한다. 이 접근에서는 행복은 주관적 안녕으로 대변되고 인간이 얻는 효용과 같은 것으로 간주한다.

주류경제학은 쾌락주의에 기초한 공리주의에 영향을 많이 받았기에 인간이 쾌락을 통하여 얻는 효용에 의해서 행복이 결정된다고 보았다. 주류경제학의 인간 효용극대화원리는 벤담의 최대다수의 최대행복이라는 공리주의 사상과 연계되어 있다. 그러나 신고전학파의 주류경제학은 효용극대화를 통하여 행복을 경제학에 포함시켰으나 직접 이를 논의하지는 않았다. 주류경제학은 개인을 분석대상으로 하기 때문에 개인의 효용은 측정이 가능하다. 그러나 행복은 개인차원뿐만 아니라 관계에서 오는 기쁨과 고통이 있는 것이어서 그 가정 내에서 분석하기는 어려움이 있다. 나아가 주류경제학에서는 행복은 마음의 주관적 영역에 속하고 객관적인 방법으로 경험할 수가 없기에 비과학적으로 간주하여 관심을 두지 않았던 것으로 보인다. 주류경제학에서 개인의 선호나 효용 등은 객관적으로 개인이 의사표시로 나타난 현시된 선택에 기초하여 서수적 형태의 효용을 비교하였지만 기수적으로 효용을 명확하게 계량화하지는 않았다. 따라서 행복도 계량화할 수 없는 부분으로 간주하였다.

주류경제학에서 행복을 직접적이고 본격적으로 연구하게 된 것은 심리학에서 주관적 안녕으로 개념화하였던 행복의 주관적 평가를 이용하면서 부터이다. 이스털린은 소득과 이 주관적 안녕의 행복 간에 상관관계를 측정하였으나 국가별 횡단자료와 시계열 자료에서 뚜렷한 정(+)의 관계를 확인할 수 없었다. 이는 다차원적 관점을 갖는 행복을 주관적 안녕의 개념으로 좁혀서 측정한 것을 소득과 연계시켰기 때문에 뚜렷한 관계를 가질 수 없었다고 볼 수 있다. 이에 행복을 정의하기 위해서는 보다 다양한 관점에서 측정하고 통합하는 노력이 요구된다.

쾌락주의에 기초한 행복의 경제학 접근에서 가장 초점을 두었던 것은 이스털린의 행복의 역설이 발생하였는가? 하는 점이다. 즉, 행복을 연구하는 경제학자들은 행복과 소득은 지속적으로 비례적인 관계를 가질 수 없는가? 하는 의문을 가지게 되었다. 이스털린은 이를 설정값 set point이론을 가지고 설명한다. 즉, 개인은 소득, 지위 등이 향상되더라도 여기서 오는 주관적 만족감에 자기 스스로 적응해 가면서 그 만족감은 서서히 사라지고 일정 시간이 지나고 나면 이전 수준으로 돌아간다고 주장하였다. 레이어드Layard, 2006는 "행복은 오히려 절대적 소득이나 지위 등 절대적 위치보다는 다른 사람과 비교한 상대적 소득과 지위 등에 영향을 받는다."고 주장한다. 따라서 행복은 상대적 지위에서 느끼는 주관적 만족에 영향을 받는 것으로 보았다. 그리고 행복이 향상되려면 다른 사람보다 더 높은 소득과 지위가 성취될 때 주관적 만족이 상승되어야 한다고 생각하였다.

2) 사회적 가치 접근

행복은 개인의 쾌락보다는 도덕과 덕성 등 사회적인 가치를 추구하는 과정에서 얻게 되는 고차원적인 것으로 간주하는 것이 에우다이모니즘의 관점이다. 사회적 가치의 행복은 개인이 자신의 자산이나 소득의 증대보다는 자기수양과 덕성의 개발을 중시하고 나아가 사회에 유익을 주는 기여 등을 통하여 행복을 얻는 고차원적인 것으로 바라본다. 사회적 가치의 행복은 순간적인 쾌락이나 자신의 즐거움만을 위하여 사는 삶의 행복과는 차원이 다르다. 이는 쾌락주의적 접근을 하는 쾌락주의 심리학이나 주류경제학과는 구별되는 것이다.

사회적 가치의 행복은 심리학에서 쾌락주의의 주관적 안녕과 대조적인 개념으로서 심리적 안녕psychological well-being으로 표현된다. 심리적 안녕의 정의는 행복을 단순 쾌락으로 간주하지 않고 개인이 노력하는 과정에서 얻는 잠재력의 실현과 발전을 통한 심리적 만족감을 말한다. 이는 쾌락에 기초한 주관적 안녕에 비하여 보다 복잡하고 다양한 의미를 갖는다. 심리적 안녕은 연구자들에 따르면 자율, 성장, 자기긍정, 삶의 목표, 탁월성, 긍정관계, 역량 등 다양한 관점에서 나타난다.

특히 긍정심리학positive psychology이 등장한 1990년대부터 심리학에서는 사회적 가치의 관점에서 행복을 연구하는 사람들이 많이 나타났다. 이러한 긍정심리학에 기여한 학자들은 마슬로우Maslow, 1943, 1971와 알포트Allport, 1961, 셀리그만Seligman, 2000, 2002 등을 들 수 있다. 이들은 개인의 행복은 자아실현을 통한 잠재능력을 향상시키는 과정에서 이루어진다고 보고 자율성, 개인성장, 삶의 목표, 자아실현 등을 행복의 중요한 관점으로 보았다.

그림 16 마슬로우(Maslow)와 알포트(Allport), 셀리그만(Seligman)의 행복의 공식

그림 17 아마타 센(Amartya Sen)

"진정한 경제 성장을 이루기 위해서는
교육, 의료, 공공 정책 등 인간에 대한
사회 안전망 확충이 경제계획에
선행되어야 한다."

한편 경제학 관점에서 객관적 행복에 근접한 생각을 가졌던 사람은 아마타 센Amartya Sen이 대표적이다. 센은 효용이나 후생welfare 관점에서 행복을 보는 주류경제학과는 다르게 역량capacity이란 개념을 중심으로 행복을 바라보았다. 역량이론이란 개인이 사회적 환경과 문화 속에서 자신의 삶을 자유롭게 선택하며 살아갈 수 있는가에 대한 자유 혹은 역량에 의하여 행복이 결정된다고 보는 것이다. 즉, 이는 개인이 가치있다고 여기는 삶을 선택해 나갈 수 있는 능력, 혹은 자유의 잠재적 능력에 행복이 달려있다고 본다. 역량이론에서는 행복한 삶은 건강이 보장되고 이성적 사고의 자유와 생활의 자유가 보장되는 등 개인이 자신의 다양한 삶의 질을 자유롭게 추구하는 자유로운 환경을 중요시한다. 행복한 삶이란 개인의 선택이 자유롭고 자신의 가치를 스스로 실현해 나가는 삶을 의미한다. 여기서 행복한 삶에서 역량이란 바로 개인이 자신의 잠재력을 이루어나가는데 자유가 보장되는 정도를 중요시 한다는 점에서 객관적 혹은 공익적 성격을 가지고 있다고 볼 수 있다. 센은 개인이 가치를 두고 추구하는 행위나 상태는 지금 이루어지지 않았지만 가능성이 있는 바람직한 상태를 의미하였다. 이를 삶의 기능functioning이라 한다. 센은 아직 실현되지 않은 삶의 가치를 실현시켜주는 전반적인 기회들을 삶의 역량이라고 불렀다. 센은 삶의 질을 위한 투입자원이나 재화와 그로 인하여 나오는 효용 혹은 후생과 같은 산출보다는 아직 나타나지 않은 기회를 대변하는 삶의 역량을 통하여 행복을 측정하는 것이 보다 바람직하다고 보았다.

2. 행복의 주요 요인

인간이 행복을 느끼려면 자신의 기본적 욕구나 신체적이고 정서적인 건강, 인간관계 등은 행복의 공통적인 요소라고 할 수 있다. 그런데 행복도 시대나 지역에 따라서 무엇이 더 필요한가에 따라서 그 중요도가 다르게 나타나기도 한다. 역사적으로 볼 때, 계속되는 전쟁으로 혼란스러웠던 헬레니즘 시대나 신이 모든 것의 중심이었던 중세, 그리고 인간의 기본적 권리를 강조하였던 근대에는 각각 중시되는 행복의 기준이 서로 달랐다. 그 뿐만 아니라 각 지역의 경제적·사회적·정치적 여건에 따라서 요구되는 행복의 기준도 다양하다. 그리스나 로마시대처럼 정치적으로 혼란스러운 시기에는 마음의 평온과 평안을 얻는 것이 중요한 행복이었다. 중세에 오면서 신 중심의 시대에는 신의 구원을 받는 것이 가장 큰 행복이었고 자유가 아니면 죽음을 달라는 근대민주주의 시대에 넘어오면서 자유나 평등이 가장 중요한 행복의 덕목이 되기도 하였다. 또한 지역적으로 볼 때도 중요한 행복의 요소들은 다르다. 가난한 지역에서는 빈곤에서 해방되는 것이 행복의 조건이 되고 경제적으로 안정된 지역에서는 친밀한 가족과 함께 충분한 여가를 갖는 것이 행복이 된다. 이처럼 행복의 기준은 시대와 지역에 따라 다르게 나타나기도 한다.

앞서 언급한대로, 이스털린에 따르면 행복과 소득 간에는 명확한 관계가 나타나지 않는다. 이는 소득이 행복을 결정하는 절대적인 요소는 아닐 수 있다는 것을 보여준다. 즉, 소득이 행복에 영향을 미치는 중요한 요소이지만 인간의 전체 행복을 좌우할 만큼 절대적이지 않다는 것을 의미한다. 사실 행복에 대한 정의를 명확히 내리기 어려운 상태에서 행복에 영향을 미치는 주요 요인을 논의한다는 것은 쉬운 일이 아니다. 지금까지 행복의 주요 요인에 대한 연구들에 의하면 주관적 혹은 객관적 기준 등 행복의 요인을 구분하는 여러 가지 방법들이 있는데 여기서는 크게 개인적인 요인과 사회적인 요인으로 구분해 보았다. 이하에서는 이를 기준으로 각각을 설명하고자 한다.

(1) 개인적인 요소

행복에 관한 연구들에 의하면 개인적 행복은 대체로 성별, 나이, 성격 등 유전적 요인 등 개인적 특성에 따라서 조금씩 상이한 것으로 나타난다. 가령, 일반적으로 일생에서 남성보다는 여성의 행복수준이 높은 것으로 조사되고 있고 나이에 따른 행복은 40~50세를 기준으로 행복의 수준은 완만한 U자형을 보여주는 것으로 알려지고 있다. 유전적으로는 일란성 쌍둥이가 이란성 쌍둥이보다 더 행복하고 형제가 있는 경우가 혼자인 경우보다는 더 행복한 것으로 나타나고 있다. 특히 유전적으로 성격은 외부적 충격은 같을지라도 받아들이는 사람에 따라서 그 반응이 다르고 그 느낌이 달라지기 때문에 사람의 행복에 영향을 주는 요소로 받아들여진다. 간단히 성격을 내성적인 성격과 외향적인 성격으로 분류했을 때, 내성적으로 행동하는 사람보다 외향적으로 행동하는 사람이 더 행복감을 느낀다고 한다. 내성적인 사람은 수동적이고 보수적이며 모험을 싫어하고 비활동적인 반면에 외향적인 사람일수록 보다 낙천적이고 긍정적이며 활기차고 자신감이 넘친다고 한다. 따라서 내성적인 사람도 외향적인 행동을 따라하면 행복수준이 나아질 수 있다고 한다. 가령, 외향적인 행동으로 자신의 의견을 다른 사람에게 먼저 다가가서 분명하고 적극적으로 표현한다. 그리고 상대가 재미있는 이야기를 하면 큰 소리로 웃거나 박수친다 등 보다 활동적으로 행동하면 변화될 수 있다고 한다.

다음으로 개인의 능력에 관한 변수로서 소득, 일, 건강, 교육수준, 학력과 사회적 지위 등을 들 수 있다. 소득은 소비를 통하여 사람들의 효용을 증가시키고 행복이 증가하는데 기여할 수 있다. 이는 개인의 소득과 행복수준에 대한 연구에서는 명확한 이론적 기초를 이루고 있다. 그러나 개인적으로 뿐만 아니라 국가별 소득에 관한 시계열자료에서는 소득과 행복의 관계가 뚜렷하게 나타나지는 않는다. 즉, 일정 소득 수준까지는 소득과 행복이 비례적인 관계를 보이지만 그 소득 수준을 넘어서면 행복은 큰 변화를 보이지 않는 것으로 나타난다. 이러한 원인으로 첫째, 소득이 크게 증가하더라도 일정 기간이 지나고 나면 그 증가를 당연하게 받아들이고 적응하거나 익숙해져서 습관화되기 때문에 기본 수준으로 되돌아간다는 것이다. 결혼, 신체장애, 실업 등에도 행복의 적응이나 습관화는 비슷하게 일어난다. 둘째, 사람들이 자기 자신의 절대소득뿐만 아니라 다른 사람과 비교해 본 상대소득을 기준으로 자신의 만족감을 표현하기에 행복은 사회 내에서 다른 사람과 비교한 상대소득에 영향을 받는 것으로 보인다. 만약 자신의 절대

소득이 증가하더라도 다른 사람의 소득도 동일한 비율로 증가한다면 절대소득 증가에 따른 행복은 다소 반감될 수가 있을 것이다. 즉, 상대소득이 크게 증가하지 않는다면 행복을 크게 증진시키지는 못한다는 것이다. 만약 절대소득이 증가하더라도 상대소득이 감소한다면 행복이 증가하기보다 오히려 감소할 수 있고 사회적 불평등으로 차별을 받는다면 행복에 오히려 부(–)의 영향을 미칠 수도 있다. 셋째, 소득이 증가하더라도 개인의 불행이 증가하게 되면 소득증가가 주는 행복이 반감될 수 있다. 가령, 질병, 가정의 붕괴, 범죄, 외로움 등 소득 이외에 사람을 불행하게 만드는 다양한 요인들이 악화될 경우 소득이 많아도 소득만으로 행복할 수는 없다.

소득의 원천이 되는 직장의 일도 행복을 주는 주요한 변수가 된다. 소득과는 다르게 일은 행복에 미치는 영향이 뚜렷한 것으로 알려져 있다. 대부분의 사람이 인생의 거의 대부분을 직장에서 보내기 때문에 자신이 원하는 직장에서 원하는 일을 하는 것은 사람을 행복하게 하는 중요한 요소가 된다. 원하지 않는 직장에서 원하지 않는 일을 하는 경우에는 행복이 아니라 고통이 된다. 여기에 함께 일하는 사람들 간에 갈등이 심하다면 아마 행복은 바닥을 치게 될 것이다. 또한 직장에서의 성취도가 높으면 직업 만족도가 높고 행복은 더 높아진다. 그렇다고 자신의 직업에 만족해서 직장에서의 성취만을 바라보고 일하는 반면 가정을 소홀히 하는 사람이 행복한 것은 아니다. 행복은 직장과 가정의 밸런스를 잘 맞추는 사람일수록 높다.

시카고대의 심리학자, 칙센트미하이Csikszentmihalyi 교수는 일에서 행복하려면 일을 몰입해서 할 때, 성취도는 높아지고 삶의 질과 행복은 높아진다고 주장한다. 전반적으로 직장생활에 대한 만족도가 높고 직장에 대한 긍정적 감정과 가치를 가지고 있는 사람은 행복해 진다. 하고 싶은 일이나 보람있는 일을 하는 것은 사람을 행복하게 하지만 하기 싫은 일이나 자신과 맞지 않는 일을 하는 사람의 행복은 떨어진다. 이것보다 더 심한 불행으로는 직업을 갖지 못하는 실업상태나 직장에서 해고될 경우 행복에 미치는 영향은 가족의 죽음이나 이혼과 같이 개인적 상실과 비슷한 수준이 될 수도 있을 것이다. 인간에게 있어서 자신을 필요로 하는 일이 있다는 것은 자신의 존재감을 보여주는 것으로 일을 통한 성취감뿐만 아니라 조직 내에서 사람 간의 관계에서 오는 심리적 만족감과 유대감도 행복에 영향을 주는 중요 요인임을 의미한다.

한편, 행복에 영향을 미치는 요소로서 사람들의 건강도 매우 중요하다. 육체적으로 건강한 상태는 일과 여가를 통하여 즐거움을 얻을 수 있는 기회를 제공해 주지만 질병이 있으면 원하는 일이나 여행을 할 수가 없을 뿐만 아니라 질병에서 오는 고통으로 행복감은 떨어질 수밖에 없다. 특히 신체의 일부가 손상되거나 불구가 될 경우 인간의 행복에 주는 영향은 매우 커서 상당 기간 동안은 삶에 의욕이 저하될 것이다. 물론 연구에 의하면 사고로 신체의 일부가 불구가 되어도 사고 직후에 행복수준은 매우 낮지만 시간이 지나면 이전 수준으로 거의 회복된다는 연구도 있다. 그러나 신체장애의 정도에 따라서 다르겠지만 사고이전으로 완전한 회복은 쉽지 않을 것이다. 또한 육체적 건강뿐만 아니라 정신적 건강도 인간의 행복에는 매우 중요하다. 사람은 태어나면서 유전적으로 낙천적인 성격을 가진 이도 있고 비관적인 사람도 있을 수 있다. 또 살아가면서 환경변화로 성격이나 정신적 건강이 바뀔 수도 있다. 아무튼 인간의 안정되고 평화로운 정신적 상태는 행복에 정(+)의 영향을 주고 항상 긍정적이고 감사하며 사는 사람은 일반적으로 그렇지 못한 사람보다 더 행복수준이 높을 것이다.

교육수준도 행복에 영향을 미치는 요소로 언급된다. 그러나 교육은 소득, 일, 건강 등과 같은 요소에 비하면 그렇게 일정한 관계를 보이지는 않는다. 일정한 의무교육이나 정규과정의 교육은 누구나 다 받기 때문에 상대적 지위 향상과 무관하므로 이 교육이 특별히 개인의 행복을 더 높이지는 못한다. 그러나 차별된 교육이나 교육기관에 입학하는 것은 개인에게 상이한 행복을 줄 수 있다. 가령, 본인이 원하는 대학에 입학한 사람과 입학하지 못한 사람이 느끼는 행복은 다른 것이다. 나아가 고등교육, 직업교육, 취미교육 등, 스스로 필요나 배움의 욕구와 성취욕구 등이 수반되는 교육은 자신이 원해서 받는 것이므로 배움 자체로부터 오는 행복도 있고 다른 사람과 비교해서 상대적으로 성취도 높은 교육에서 오는 행복도 느낄 수가 있게 된다. 가령, 수준있는 대학교의 대학원에서 석사, 박사학위과정에서 전문지식을 배우거나 학위를 받는 것은 학위과정을 무사히 마치고 일정 전문지식을 취득했다는 성취욕에서 오는 행복감도 있지만 다른 한편으로 남들과는 다른 교육을 받았다는 자부심에서 오는 행복감도 느낄 수가 있다.

개인이 사회에서 누리는 학력과 사회적 지위도 개인의 행복에 영향을 줄 수 있다. 행복은 성적순이 아니라는 유행어도 있지만 실제 학력과 출신 대학의 사회적 지위가 높을수록 삶의 만족도가 높다는 연구결과가 있다. 좋은 일자리와는 별개로 학벌이 좋으면 자존감이 높고 생활에서도 좋은 평판과 부러움을 받아서 더 행복감을 누릴 수 있다. 또한 학력이 높으면 그렇지 않은 사람보다 차별을 적게 받게 되므로 불만족이 줄어드는 반면에 학력이 낮으면 차별대우를 많이 받고 만족감이 떨어지게 된다. 뿐만 아니라 직업과 직장의 형태는 사회적 지위와 연결되고 사회적 단체나 모임에서도 보다 높은 지위와 연결된다. 사회적 지위가 높은 사람이 그렇지 못한 사람보다는 자기 만족감이 높고 보다 행복감을 갖는다. 그런데 사회적 지위가 높은 사람들은 반대로 장시간 일할 뿐만 아니라 더 많은 업무상 요구가 있기 때문에 스트레스를 많이 받아서 행복이 감소하기도 한다. 또한 자신의 지위에 필요한 역량을 발휘하기에는 부족한 부분이 많다는 것을 인지하기 때문에 더 불만이 생기게 된다고 한다.

소득, 재산과 건강만큼 중요한 것은 사람들과의 관계이다. 재산, 직업, 사회적 지위, 연봉 등의 물질적 조건이 행복과 중요한 관계가 있고 어느 수준까지는 정비례한다. 먹고 살 수 있고 생존문제가 해결되면 물질적 조건의 영향력은 크지 않다. 그 때부터 행복에 절대적으로 중요한 요소는 사람과의 관계이다. 부모, 자녀, 배우자, 회사 동료 등과의 관계가 좋으면 행복하고 그렇지 않으면 불행해 진다. 주위의 사람들과 사랑을 느끼면 행복하지만 서로 미움이 증가하면 행복은 급격히 감소한다. 정말 행복해지려면 돈과 이익을 따라 움직이는 관계가 아니라 친밀하고 건강한 관계를 형성하는 것이 필요하다. 좋은 관계를 맺기 위해서는 먼저 자신의 자존감을 높여야 한다. 자존감이란 나 자신이 상당히 괜찮은 사람이라고 생각하고, 나 자신에 만족하는 것을 말한다. 보통 부모에게 있는 그대로 존중받고 이해받은 사람은 자존감이 높다. 자존감이 높아야 다른 사람들과 좋은 관계를 유지할 수 있고 행복할 수 있다는 것이다. 그러면 자존감을 높이기 위해서는 어떤 노력이 필요한가? 자존감을 높이려면 내가 누구인지 그 정체성을 알아야 하는데 그 정체성은 바로 나 자신의 감정의 변화와 그 변화의 출처를 잘 알아야 한다는 것이다. 나 자신의 감정들을 마치 우는 아이를 엄마가 위로하듯이 나 스스로 이해하고 격려하고 지지해 주는 것이 필요하다. 과거의 사람들로부터 받았던 상처, 자기가 설정한 울타리에 머물렀던 자아로부터 벗어나고 인격이 성장하면서 자존감은 향상될 수 있다고 한다.

마지막으로 심리학에서 말하는 개인의 목표달성도 행복의 주요 요인이다. 개인이 원하는 목표를 스스로 결정하고 가치를 부여하며 원하는 대로 성취할 때 행복을 느낀다. 즉, 계획을 세우고 이 계획이 예정대로 잘 진행되어 목표가 성취되면 만족감이 증대하여 행복을 느낀다. 한 개인의 삶에서 일어나는 목표는 세대에 따라서 각각 다른 목표를 갖는다. 어릴 때는 좋은 학교를 들어가서 좋은 교육을 받거나 시험에 통과하는 것이 목표가 되지만 성장해서는 직장, 결혼, 재산에 대한 목표들도 행복에 지대한 영향을 미친다. 인간은 자신이 중요하게 간주하는 목표가 많을수록 삶의 만족도, 자존감, 긍정적 정서도 높아지지만 달성여부에 대한 불안감도 높다. 나아가 개인이 달성한 목표로 개인의 행복도 증가하지만 이를 다른 사람들이 동시에 인정해 줄 때 더 큰 행복감을 갖는다.

(2) 사회적인 요소

행복에 영향을 미치는 사회적 요소는 민주주의, 자유, 사회적 규범과 정치적 안정 및 정치적 참여 등이 중요하다. 국민들의 선호나 의사가 직접 반영되는 민주주의는 개별 시민들이 원하는 바를 표현하고 요구할 수 있다는 점에서 행복감을 줄 수 있다. 실제 주민들이 지역의 의사결정에 참여할 수 있고 지역시스템이 직접민주주의에 가까우면 주민의 행복감이 높다는 연구결과도 있다. 민주주의는 기본적으로 인간의 기본 욕구인 자율성과 소속감, 그리고 자유를 높이는 효과가 있다. 또한 자유는 자신이 하고 싶은 것을 자유롭게 행하고 신체 상에 아무런 제약과 구속을 받지 않는 것도 행복에 중요하다. 특히 개인들이 정신적이고 심리적으로 부담없이 원하는 것을 자유롭게 선택할 수 있는 자유는 행복에 차이를 가져오고 정치, 경제, 사회 모든 영역에서 자유는 행복을 증진시키는 동인이 된다. 특히 자유민주주의에서 선거를 통한 주민의 정치참여가 가능하기 때문에 인간의 행복을 가능하게 하는 욕구를 표현하고 실현할 수 있다는 점에서 행복의 중요한 가치에 속한다.

행복에 영향을 주는 사회적 규범 요인으로 그 사회의 구성원들이 갖고 있는 서로에 대한 존중과 배려, 신뢰, 윤리와 도덕 등과 같은 요인도 무시할 수 없다. 서로 배려하고 존중하는 사회에 사는 개인은 행복이 증가하지만 반대로 상대를 무시하고 업신여기는 사회는 사회적 관계가 깨어져서 행복이 감소한다. 같은 맥락에서 신뢰가 높고 윤리와 도덕수준이 높은 사회는 소속된 개인들에게 만족감과 즐거움을 줄 수 있지만 불신사회에서는 행복에 부정적인 영향을 주게 된다. 가령, 불신사회에서는 일처리에 많은 복잡한 안전장치를 두게 되고 이로 인한 추가적인 비용과 시간이 들어간다. 신뢰사회에서 취직을 위한 서류를 제출할 때, 증빙서류가 불필요하지만 불신사회에서는 기입한 모든 이력에 대한 증빙자료가 첨부되어야 한다. 실제 각 국가를 대상으로 정부기관과 다른 개인들을 신뢰하는가에 대한 사회적 신뢰수준을 조사하면 국가에 따라서 그 수준이 상이하다. 대체로 선진국의 신뢰수준은 높지만 개도국의 신뢰수준은 낮은 편이다. 조사결과에 의하면 신뢰수준이 높은 사회가 평균적으로 국민의 행복수준도 높게 나타났다. 유엔이 발표하는 세계행복보고서에 의하면 개인적으로 어려울 때 의지할 사람이 있느냐가 행복에 가장 큰 영향을 미친다는 결과도 있었다. 사회적 지지와 신뢰가 중요하다는 것을 의미한다. 조직에서도 서로 신뢰하는 사람들은 혁신적이어서 생산성이 높고 행복이 높아질 것이다. 즉, 행복을 높이는 데 사회적 신뢰는 중요하다. 그리고 그 사회의 부정부패수준이 높을수록 사회의 신뢰수준에 부정적인 영향을 미쳐서 행복수준을 낮추는 것으로 나타났다.

비슷하게 경쟁사회에 비하여 협력사회일수록 사회적 관계는 좋아지고 함께하는 협력에서 행복감을 느끼는 것으로 나타나고 있다. 협력이나 협업은 소통을 활성화해서 관계를 개선시키며 궁극적으로 가정과 일, 조직을 행복하게 만들어 준다. 지나친 경쟁은 인간관계를 파괴하고 서로 간에 관계를 멀어지게 만들어서 행복수준을 떨어뜨린다. 이러한 경쟁이 남과의 비교로 연결될 경우, 돈과 지위 등과 같은 개인적인 요인들이 중요시되면서 전반적으로 행복감은 저하된다.

나아가 주변 환경도 개인들의 행복에 영향을 주는 요소이다. 주변 환경에는 자연환경뿐만 아니라 사회적 환경도 포함된다. 녹지와 열린 공간뿐만 아니라 도심의 아름다운 경관, 깨끗한 거리와 주변상가 등 자연 및 사회적 환경은 행복과 관련된다. 개인들의 휴식공간이 많을 때 개인의 쾌적감과 행복은 증가한다. 또한 치안서비스, 보건과 병원서비스, 교육서비스, 문화서비스 등 안전과 평안한 삶을 제공하는 사회적 환경도 중요하다. 좋은 생활환경을 제공하려면 주위에 녹지공간을 증가시키고 문화공간 및 의료시설을 확충하는 노력이 요구된다. 또한 주위에 좋은 이웃들이 많고 예의 바른 사람들이 많으면 즐거움과 행복은 증진된다.

타인과 사회를 위하여 봉사나 기부활동을 하는 것도 개인들에게 행복을 증진시키는 요소이다. 남을 위해 베푸는 삶을 실천하거나 그런 사례를 자주 접하고 보기만 해도 봉사하지 않는 사람보다 면역력이 증가해서 병에 안 걸리고 장수한다는 많은 실험결과가 있다. 직접 봉사활동을 통해 선행을 베푸는 것은 물론, 다른 사람이 봉사를 하며 선행을 베푸는 것을 보기만 하더라도 신체 면역 기능이 향상된다고 한다.

3. 행복의 측정방법

행복은 사람이 심리적으로 기쁘고 즐겁고 만족을 느끼는 상태로서 마음의 상태에 관한 것이어서 그 측정이 쉽지가 않다. 왜냐하면 행복은 감정에 속하는 것으로 객관적이기 보다는 주관적이고 상대적인 특성을 지니기 때문이다. 따라서 경제학에서는 주관적인 인간의 행복은 측정이 어렵다고 간주하여 그 대상으로 하지 않았다. 오히려 행복 연구는 지난 30~40년간 심리학과 사회학 분야에서 활발히 이루어져 왔고 최근 경제학에서 다시 관심을 갖고 있다. 지금까지 경제학에서 행복은 개인의 물질 소비를 통한 개인의 효용의 관점에서 다루었기 때문에 행복이 아주 제한된 영역에 한정되었다. 반면 심리학과 사회학에서는 개인적 요소와 사회적 요소 등 다양한 관점에서 행복을 연구하였다.

최근까지 행복을 측정하는 방법은 크게 투입접근과 산출접근의 두 가지로 구분할 수 있다. 첫째, 행복을 소득, 소비, 교육, 부 등 물리적 환경요인에 의해 영향을 받는 것으로 보는 접근방법이다. 이는 물리적 환경요인을 투입으로 행복을 산출요인으로 간주한다. 이러한 물리적 요인은 삶의 질을 구성하는 요인들이라고 할 수 있다. 삶의 질에 관한 행복 연구는 그 영역이 확대되어 사회적 요인인 민주주의, 자유, 신뢰, 정치적 안정 및 참여 등의 요인까지 포함하여 그 영역이 확대되었다. 삶의 질을 구성하는 요소들을 중심으로 행복을 객관적으로 측정하려는 방법은 주류경제학의 이론과 부합하는 측면이 있다. 주류경제학에서는 인간이 재화소비에서 얻는 만족감을 효용으로 정의한다. 주류경제학의 현시선호이론에 의하면 효용은 개인에 따라서 다소 주관적인 면이 있지만 개인이 시장을 통하여 드러내 보인 소비형태를 기초로 이를 측정한다. 즉, 경제학은 재화소비를 통하여 얻게 되는 만족감을 통하여 이를 행복으로 간주하고자 하는 것이다.

둘째, 산출접근으로 행복 그 자체를 바로 측정하고자 하는 시도이다. 산출접근에 따르면 행복은 개인이 시간의 흐름에 따라서 느끼는 주관적 효용의 총합으로 간주한다. 이러한 주관적 효용을 일명 경험적 효용experienced utility이라고 한다. 이 방법은 해당 기간 동안 정기적으로 매 순간에 느끼는 쾌락이나 고통과 그 수준을 기록하여 측정하는 것이다. 이는 주로 심리학에서 사용하는 방법으로 행복의 정서적 관점과 인지적 관점으로 구분한다. 정서적 관점은 긍정적 혹은 부정적인 감정 상태를 기준으로 판단하고 생각한다. 사고하는 인지적 관점은 삶에 대한 개인의 주관적 평가를 기준으로 한다. 즉, 정서적 관점은 개인이 느끼는 긍정적 감정인 즐거움, 만족감과 부정적 감정인 슬픔, 우울, 불쾌감, 실망 등을 기준으로 한다. 가령, 당신은 오늘 기쁨, 편안함, 슬픔, 분노 등을 얼마나 느꼈습니까? 라고 질문해서 주관적 평가를 얻는다.

인지적 관점은 한 개인의 과거, 현재, 미래의 삶에 대한 전반적인 만족에 대한 평가를 기준으로 한다. 그런데 카너먼(2006)은 이러한 주관적 안녕에 대한 인지적 관점에서 평가는 그 측정에 편의가 발생할 수도 있다고 지적한다. 가령, 삶이 얼마나 행복합니까?와 같이 삶의 전반적인 행복을 질문하는 것은 너무 다양한 관점을 포함하는 모호한 질문이라고 할 수 있다. 시간적으로 과거에 많은 고생을 하였지만 최근에 그런 고생이 모두 지나가고 모든 것이 평안하고 만족스런 상태로 전환되었다면 사람들은 대개 과거의 고통보다는 최근의 만족스런 상태에 더 영향을 받는 경향이 있다는 것이다. 또한 과거 경험 가운데서도 가장 마지막 순간에 느꼈던 감정에 큰 영향을 받아서 주관적 안녕을 정확히 측정하기가 어렵다.

　　지금까지 언급한 행복은 주관적인 안녕에 관한 것으로 행복의 쾌락주의적 부분에 대한 측정방법을 언급하였다. 현재 행복의 사회적 가치 부분에 대한 측정방법도 있다. 이 접근에 따르면 행복을 만족감이 아닌 삶의 목표, 자신의 성취 등을 중심으로 측정한다. 최근 학자들은 사회적 가치접근의 행복을 측정하기 위한 주요 분야를 삶의 목표, 자율, 자기긍정, 환경에 대한 통제, 좋은 관계, 개인성장 등으로 열거하였고 각 분야에 대한 주요 지표를 가지고 그 측정을 시도한다. 그런데 연구결과에 의하면 쾌락주의와 사회적 가치주의에 의한 행복 측정에 있어서 두 개념이 명확히 구분되는 특성을 지니지만 실제 측정결과에 의하면 그렇게 큰 차이를 보이지는 않는다는 것이다. 즉, 한 관점에서 높은 행복 수준을 보인 개인은 다른 관점에서 측정해도 비슷하게 높은 수준을 보인다는 것이다. 이는 개인적 관점에서 행복이 높은 사람들은 사회적 관점에서도 행복이 높은 사람들이라는 것을 의미하고 그 정반대도 성립한다는 것을 말한다.

제 2장

투자심리에 관한
역사적 인물과 사건들

제1절
아이작 뉴턴

아이작 뉴턴Isaac Newton, 1642-1727은 영국의 수학자이고 물리학자이며 천문학자이다. 잘 알려져 있듯이 그는 만유인력의 법칙과 미적분학을 발명한 천재이다. 그는 인생의 2/3정도의 시간을 연금술에 투자하고 그 외 나머지 시간에 과학 연구에 몰입했다고 한다. 뉴턴은 가정형편이 어려웠던 학생시절부터 온갖 잡다한 일을 해서 모은 돈을 친구들에게 빌려주고 이자를 받는 등 본인의 과학 공부만큼 재테크에도 관심이 많은 청년이었다. 만유인력의 법칙을 발견 후, 저명한 과학자가 되어 영국의 조폐 공사감사로 부임하게 된 그는 4년 만에 국장 자리에 오르며 부유한 생활을 시작하게 된다. 당시 주식 열풍이 불었던 시기이기에 뉴턴도 자신의 냉철한 분석과 통찰력을 바탕으로 꾸준한 수익을 내던 주식 투자로 생활을 이어가고 있었다.

인류 역사상 가장 이성적이고 과학적인 인간인 뉴턴의 주식투자를 행동경제학의 관점에서 보면 그도 비이성적인 인간의 행태를 보인

그림 18 **윌리엄 호가스 미술작품, '남해 거품 사건'** – 주식시장 역사상 첫 번째 버블사태

나약한 한 인간에 불과했다. 뉴턴은 정치 테마주에 마음을 빼앗기게 된다. 당시 대불전쟁과 대 북방전쟁으로 재정이 부족하고 국가 부채가 많았던 영국은 이를 타개하기 위하여 남해south Sea 주식회사를 설립한다. 이 회사를 설립하여 주식을 발행한 후 1000만 파운드의 국채를 이 회사 주식과 교환한다는 계획이었다. 1711년 영국에서 설립된 이 회사는 남아메리카 스페인 식민지와의 무역거래 독점권을 보유한 무역회사로 남아메리카에 대한 독점무역권과 노예무역 독점권을 부여받았다. 하지만 남아메리카지역은 당시 영국과 적대적인 스페인의 지배 하에 있었기에 교역으로 수익을 낼 수 없는 상태였다. 그런데도 남해회사가 엄청난 수익이 날 것이라는 헛소문을 퍼뜨려서 주가는 두 달 만에 세 배 가까이 올랐다.

　뉴턴은 1720년 조폐공사 사장을 하던 77세에 국영기업인 남해회사 주식에 투자하기 시작한다. 뉴턴도 예측이 불가능한 주가의 등락

그림 19 **아이작 뉴턴** - South Sea 주식에 투자한 물리학의 천재 '아이작 뉴턴', 주식으로 쪽박을 차다.

을 속수무책으로 지켜볼 수밖에 없었다. 주가가 연초에 128파운드였다가 330파운드까지 치솟았고, 주가 급등이 4개월째 지속되자 그는 해당 주식을 전량 매도하여 7,000파운드라는 수익을 창출하였다. 이는 그의 연봉에 몇 배가 넘는 돈에 해당되었다. 그러나 그 이후 자신이 매도한 가격보다 주가가 거의 2배 가까이 올랐다. 친구들이 부자가 되고, 모임에서 주식 이야기가 나올 때마다 자신이 바보처럼 느껴졌고 일찍 매도한 것을 후회하였다. 주식에서 가장 고통스러운 때는 떨어질 때가 아니라 내가 팔고 나서 주식이 오를 때이다. 이로 인하여 큰 스트레스를 받자 뉴턴도 역시 이성을 잃어버렸다.

　　매일 오르는 주식을 보는 고통을 참지 못하고 전 재산과 빚까지 내서 주가가 최고로 치솟은 그 해 7월에 추가 매수를 감행하며 올인하였다. 지난 3개월 동안 얻지 못했던 기회수익을 한꺼번에 만회하기 위해서는 이 방법밖에 없다고 생각했다. 다행히 주식은 그 후에도 더 올라서 1,000 파운드에 육박했다. 그러나 실적없이 막연한 기대감에 올랐던 해당 주식의 주가는 거품이 붕괴되면서 폭락하였다. 이에 뉴턴은 공포감을 느끼고 주식을 전량 매도했지만 자신의 재산 중 90%에 달하는 2만 파운드를 잃었다. 평생 모은 돈을 한방에 날려버린 것이다. 그후 뉴턴은 사망할 때까지 7년 동안 그 누구도 다시는 남해회사와 주식 이야기는 하지 못하게 했다. 누군가 뉴턴에게 주가가 언제까지, 얼마나 오를지 묻자 그는 "나는 천체의 무게는 측정할 수 있어도 광기에 찬 사람들의 마음은 알 수 없습니다."라고 답했다고 한다.

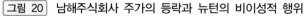

그림 20   남해주식회사 주가의 등락과 뉴턴의 비이성적 행위

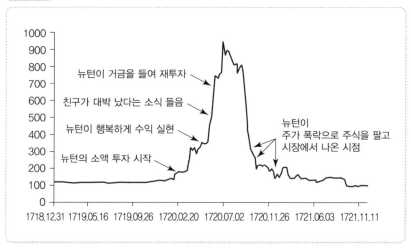

뉴턴은 주식투자가 과학의 영역이 아님을 인정하였다. 주식투자는 과학보다는 많은 사람들의 심리가 결집된 심리학이 더 필요하다. 우주의 움직임을 관찰해낸 천재 과학자도 감정적인 투자를 함으로써 손절매를 할 수밖에 없었다. 남해회사의 주식투자로 모두가 손해본 것은 아니고 이익을 본 투자자도 있다. 유명한 작곡가 헨델은 큰 돈을

벌어서 왕립음악아카데미를 세우기도 했다. 다행히 그 후, 뉴턴은 정신을 차리고 남은 10%의 재산을 조심스럽게 안정적으로 투자하여 죽기 직전까지 꽤 많은 돈을 모았다고 전한다.

뉴턴의 South Sea 주식에 대한 일련의 투자를 살펴보면 행동경제학에서 말하는 여러 비이성적인 투자 행위를 확인할 수 있다. 먼저, 1720년대 들어 South Sea 주가가 계속 오르자 당시 많은 영국 사람들이 너도나도 South Sea 주식을 매수하였다. 뉴턴도 이러한 군중심리 herd instinct에 편승하여 그 주식을 매수하였다. 이후 상당한 수익을 내고 주식을 처분하였는데 그 뒤에도 주가가 계속 오르자, 너무 일찍 처분하여 더 큰 수익기회를 잃었다는 자책감으로 후회에 빠졌다. 옆에서 친구들의 부富가 늘어나는 걸 시기envy하는 눈초리로 지켜봤다. 참다못해서 뒤늦게 주식시장에 다시 뛰어들었을 때는 그 동안 수익을 한꺼번에 만회하려는 욕망desire으로 남의 돈까지 차입했다. 그 후 버블이 터져서 주가가 폭락할 때도 과거 주가수준에 집착anchoring; 앵커링하여 쉽게 손절매하지 못하고 결국 주가 폭락이 거의 마무리될 무렵에야 공포감에 겨우 손절매하였다. 자신의 욕망과 생각에 사로잡혀서confirmatory bias; 확증편향 주가 폭락을 제대로 직시하지 못하였다.

이처럼 뉴턴이 주식투자에서 실패한 이유는 바로 군중 심리, 과다한 욕망, 투자시기, 앵커링, 확증편향 등으로 행동경제학에서 말하는 인간의 비이성적 행위 때문이었다. 가장 명확한 판단과 차가운 머리가 절대적으로 요구되는 주식시장에서 인류 역사상 최고의 과학의 사고능력을 가진 뉴턴도 합리적으로 행동하지 못하였음을 보여주었다.

어떻게 하면 돈을 잃게 만드는 주관적인 판단을 극복할 수 있을까? 오래전부터 수많은 사람이 여기서 벗어나려고 고민해왔다. 주가 흐름을 분석하여 매수 신호에 사고, 매도 신호에는 파는 기술적 매매나 시스템 트레이딩이 대표적이다. 가치투자도 비슷하다. 가격이 가치보다 낮으면 매수하고 높으면 매도한다. 딥러닝을 이용하는 인공지능AI 투자도 결국은 주관적인 판단을 극복하기 위한 것이다.

제2절

알버트 아인슈타인

예술작품에서 하나의 독창적인 스타일은 오래되었다고 폐기되지 않고 새로운 스타일에 중요한 영향을 미치며 그 생명을 유지한다. 과학의 발전도 비슷한 원리가 적용된다. 뉴턴의 운동 법칙은 양자, 우주의 세계에서는 적용되지 않지만 지구 위에서의 단순한 상황에 대해서는 정확하게 설명된다. 오늘날에도 뉴턴의 발견은 그대로 유지되고 그 기초위에 아인슈타인의 새로운 법칙이 탄생할 수 있었다.

위대한 과학자 알버트 아인슈타인Albert Einstein은 재테크에도 관심이 많았다. 아인슈타인이 투자에 남긴 하나의 가르침은 가상의 힘과 더불어 바로 복리의 힘이다. 아인슈타인은 이렇게 설명한다. 복리는 우주에서 가장 강력한 힘이고 세계 8대 불가사의 중 하나이다. 복리를 이해하는 사람이 돈을 벌고 그렇지 못한 사람은 손해를 볼 것이다. 복리의 불가사의를 깨달은 그에게도 시행착오는 있었다. 아인슈타인은 노벨상을 받기 전인 1918년 이혼을 하면서 전 부인에게 만약 노벨상을

그림 21　이론물리학자, 아인슈타인과 72법칙 - 시간으로 돈을 만드는 복리의 마법. "복리는 세계 8대 불가사의 중 하나이다."

받게 되면 상금을 모두 위자료로 주겠다고 제안하였으나 그 약속을 지키지 못했다. 1921년 노벨상의 상금으로 주식 투자를 했다가 대공황을 거치며 투자금의 대부분을 잃게 되었기 때문이다. 만약 상금 전액을 전부인에게 전달했다면 투자로 인한 큰 손해를 보지는 않았을 것이다.

이러한 시행착오를 거친 이후 아인슈타인은 주식투자에도 귀재의 모습을 보인 것으로 전해진다. 그가 1930년대 미국 프린스턴대 교수로 재직하면서 달라졌다. 아인슈타인이 충분히 저렴한 비용으로 요구했던 정착비용 3,000달러조차 학교가 거절했지만 그의 회계사, 라이테스도르프는 연봉 1만 7,000달러를 받아들이라고 설득하고 그 돈의 일부를 주식에 투자하라고 권유했다. 아인슈타인은 라이테스도르프와 함께 종자돈 수천 달러를 투자해서 25만달러로 증가시켰다.

나중에 아인슈타인의 서명이 담긴 주식 증서가 독일 베를린에서 2만 8,000유로에 팔림으로써 그의 뛰어난 투자능력이 확인되었다. 미국에서 발견됐던 메이백화점 주식 증서는 그가 보유했던 주식 60주 가격이 6년 만에 두 배로 상승했음을 보여주었다. 그는 원금을 투자해서 언제 회수할 수 있을지를 보여주는 법칙도 제시하기도 했다. 하지만 주식 투자에 나선 아인슈타인의 모습은 학자로나 나치 독일에 맞선 평화운동가, 이상주의자, 어릴 적 배운 바이올린을 즐겨 연주하곤 했던 낭만적 예술가로서의 이미지와 잘 어울리지 않는다. 특히 아인슈타인은 "돈은 이기심의 산물이며 돈은 가진 사람들을 무한히 남용하도록 이끄는 경향이 있다."고 비판한 바 있다. 이와 같이 널리 사람들에게 했던 그의 생전 발언을 생각할 때, 주식에 투자하는 아인슈타인의 모습을 상상하기 어렵다.

한편, 많은 이들이 아인슈타인을 위대한 천재이자 과학의 아이콘으로서의 모습만 기억한다. 하지만 그의 말년은 우리가 아는 것과는 반대로 자신의 믿음이 너무 지나쳐서 독선적이었고 물리학계로부터 외면당하여 외롭고 쓸쓸하였다.

제3절

존 메이너드 케인스

누구나 다 알 듯이 존 메이너드 케인스John Maynard Keynes는 20세기의 가장 위대한 경제학자이다. 영국 정부는 역사상 최고 경제학자인 케인스에게 '주식으로 큰 돈을 번 몇 안 되는 경제학자'라는 초상화 헌사를 바쳤다. 이는 실전투자에서 번번이 실패하는 경제학자들을 풍자한 표현이라 할 수 있다. 지금까지도 주류 경제학자 가운데 투자로 큰 돈을 번 사람은 그리 많지 않다. 자신의 이론에 맞춰서 자신의 돈으로 투자를 하고 좋은 투자성과를 거두었다면 자신의 이론에 대해서 충분히 책임을 다한 행복한 사람이라고 할 것이다. 케인스는 현실에 대한 처방으로서의 지식과 이론을 세상에 내놓고, 그것에 대한 책임을 다함으로써 충분히 존경받을 만하다. 초기에 그는 투기적 투자로 실패를 경험하고 이후 가치투자로 전환하여 큰 수익을 얻으면서 나름의 투자 원칙들을 세워나갔다. 1920년대 후반에 주식에 투자한 케인스는 대공황 탈출 덕분에 백만장자가 됐다. 대공황의 위기 속에서도 무려 120%의 수익을 올렸다고 한다. 케인스의 투자의 6가지 원칙은 ① 저평가

그림 22 **국제통화기금(IMF)과 세계은행의 창시자인 존 메이너드 케인스** – "변화에서 가장 힘든 것은 생각해 내는 것이 아니다. 이전에 갖고 있던 틀에서 벗어나는 것이다."

미인주를 찾아라, ② 잃지 않는 게임을 해라, ③ 바람 부는 쪽으로 몸을 굽혀라, ④ 시간의 흐름을 즐겨라, ⑤ 집중 투자하라, ⑥ 절제와 균형의 미덕을 발휘하라 등이다.

　　주식투자자로서 케인스는 초기에 '투자자'라기 보다는 '투기자'였다. 이런 케인스의 관점은 그의 '일반이론'에서 '미인 선발대회'에 대한 설명으로도 확인할 수 있다. 그는 미인 선발대회에서 우승할 사람을 고르는 방법을 소개하였다. 즉, 내가 가장 예쁘다고 생각하는 사람을 뽑는 것이 아니라 사람들이 가장 예쁘다고 생각할 것이라고 '예상되는' 사람을 뽑아야 한다고 말하였다. 이를 투자에 연결하여 투자에 성공하려면 다른 사람들이 어떤 예측을 하는지 정확하게 예측하면 된다는 것이다. 이런 관점의 투자접근이 바로 '신용순환주기 투자법'이다. 즉, 보통주의 경우에 케인스는 "시장 하락기에 시장을 선도하는 주식을 팔고, 시장 상승기에는 바로 이를 사는 것이다."라고 말한다. 이것을 바로 모멘텀 투자법이라고 한다. 주식에서 모멘텀이란 주가 변화속도가 증가

혹은 감소하는지의 추세변동량을 측정하여 표시한 지표를 말한다. 물론 이런 케인스의 접근법은 자신이 시장의 변동성을 이해하는 통찰력과 민첩성을 갖추었다는 가정 하에서 유효한 접근법이다.

하지만 케인스는 이것에 너무 자기확신을 가져서 큰 손실을 입었다. 먼저 상품시장에서 크게 손해를 보고 이어서 주식시장에서 손실을 보면서 케인스는 시장이 효율적이지 않고 큰 변동성을 보여 단기예측은 성공하기 어렵다는 것을 알게 되었다. 이 손해는 케인스에게 큰 타격을 주었지만 좋은 경험을 얻어서 이후 그의 획기적인 이론을 만드는데 사용되었고 본격적으로 투자를 하게 되었다.

케인스는 경제에 대한 인간의 예측이 상당히 부정확하다고 보았다. 인간의 예측은 대부분 정확성이 떨어지기 때문에 투자대상에 대하여 상당한 양의 안전 버퍼를 마련해야 한다고 보았다. 즉, 예측이 빗나가더라도 손실 가능성을 최소화해야 하므로 안전마진의 개념을 투자에 도입하였다. 이러한 개념을 활용한 그의 투자는 왕립 대학인 킹스 컬리지의 기금을 운영하고 투자펀드와 보험회사 자문역을 맡을 만큼 실력을 인정받았다. 그가 투자한 대학의 기금인 체스트 펀드는 비교대상 지수에 비해서 막대한 초과 성과를 얻었다. 케인스는 경제학의 대가이면서 동시에 투자의 대가라고 부를 만하였다.

케인스는 얼마나 자산을 증식하였을까? 그는 또한 엄청난 미술 애호가였기 때문에 관련 문화 단체에 많은 자금을 기부했음에도 불구하고 사망 당시에 그의 재산은 48만 파운드에 이르렀고 대부분의 자산이 주식 포트폴리오였다고 한다. 한편으로 케인스도 주식시장에서 이익뿐만 아니라 손실을 보았다는 점에서 누구나 주식시장에서 항상 성

공할 수 없는 것이다. 따라서 주식의 미래는 전능한 신도 알기 어렵다
는 말이 나온다.

제4절

마크 트웨인

　　마크 트웨인Mark Twain은 1835년 미주리주 플로리다에서 태어났다. 4살 때 가족이 미시시피강변 소도시인 핸니벌로 이사를 갔는데 자신이 만든 소설인 『톰소여의 모험』의 영감을 어린 시절에 이 도시에서 얻었다고 한다. 11살이 되었을 때, 아버지가 폐렴으로 돌아가고 아버지의 죽음으로 집안 형편이 어려워지자 학교공부는 그만두고 열두 살에 인쇄소 견습공 생활을 시작했다. 1857년 21살이 되어서는 당시에 부러움의 대상인 미시시피 강의 수로 안내인이 되었다. 수로안내인은 보수도 좋았고 강을 오르내리는 것도 즐거운 직업이었다. 1861년에 남북전쟁이 터지자 남군에 들어갔으나 2주 만에 빠져나와, 네바다 주 공무원으로 부임하는 형을 따라 서부로 가는 역마차 여행에 동행했다. 골드러시가 유행이 되자 금광을 찾겠다는 일확천금의 꿈에 부풀어 금을 찾아 나섰다. 그러나 금 찾는 데는 실패하고 빚을 많이 지게 되었다. 생활을 위한 돈이 필요한 마크 트웨인은 네바다주 버지니아시티의 신문사, '테리토리얼 엔터프라이즈Territorial Enterprise'의 기자로 일을 얻었다.

마크 트웨인은 그 시대의 위선을 폭로하고 비판하는 기사를 많이 쓰는 적극적인 기자였다고 한다. 글에 소질이 있는 마크 트웨인은 네바다 주와 캘리포니아 주의 신문사에 글을 기고하면서 '마크 트웨인'이라는 필명을 처음 사용하기 시작했다. 이는 뱃사람 용어로 강의 안전수역을 나타내는 '두 길 깊이'를 뜻한다. 당시 서부에서 마크 트웨인은 언변이 뛰어나고 유머있으며 풍자를 잘하는 입담가로 소문이 났다. 1865년에 발표한 소설 '짐 스마일과 뜀뛰는 개구리Jim Smile and His Jumping Frog'는 여러 신문과 잡지에 실리면서 큰 인기를 누렸다.

그의 소설의 제목과 내용에서 알 수 있듯이 마크 트웨인은 모험심과 다방면에 관심이 있었다. 마크 트웨인은 평소 글쓰기가 아닌 다른 일들에 관심이 많았다. 한 때, 인쇄공이었던 터라 관련 기계인 자동식자기 사업에 투자하여 전 재산을 날리기도 했다. 발명에도 관심이 많았다. 풀 없이 스크랩할 수 있는 스크랩 북, 보드게임에 관한 발명 특허를 내기도 했다. 그는 브래지어의 후크를 발명하기도 했다. 당시의 브래지어가 혼자서 입기 힘들고, 벗는데도 시간도 많이 걸리는 단점을 보완해서 브래지어의 후크를 발명하였다. 그러나 이를 알아주는 사람들은 없었다. 괴짜 발명가로 알려진 테슬라와도 친분이 있었고 말년에는 발명왕 에디슨과 만나기도 했다.

글쓰기를 제외한 수많은 투자는 거의 모두 실패하였다. 하지만 그는 뛰어난 작가였기 때문에 글쓰기의 작품으로 그 피해를 만회할 수 있었다. 미국 문학의 창시자로 불리는 것도 글쓰기 덕분이었다. 그런 그에게 글을 쓰는 도구인 만년필은 가장 중요한 물건이었다. 그는 실제 만년필 광고에 여러 번 등장하기도 했다. 마크 트웨인에게는 죽기 전 약 15년이 작가로서 가장 영예로운 시기였다고 한다. 그 시기에 마크 트웨인은 미국에서 가장 유명하고 존경받는 작가가 되었다. 그는 세계 각국에서 순회강연을 하면서 가는 곳마다 많은 인기를 얻어서 국제적인 명사가 되었다. 가는 곳마다 많은 사람들로 둘러싸이고 박수와 환호를 받았다. 영국의 명문, 옥스퍼드대학과 미국 예일대학 등 여러 대학에서 명예박사 학위도 받는 영예를 누렸다.

이러한 성향의 마크 트웨인이 주식 투자를 외면했겠는가? 그는 소설로 번 상당한 돈을 주식에 투자하였다. 마크 트웨인이 활동하던 때는 1802년 설립이후 미국의 주식시장이 점차 활발해 지던 때였다. 미국 주식시장 초창기에는 광산주가 가장 크게 뛰어 올랐다. 골드 러시 당시 가장 많이 돈을 번 것은 광산 관리자와 금을 캐는 사람들에게 물이나 삽 등 광산관련 물품을 판매하는 사람들이었다. 광산 관련 물품을 판매하는 사람들은 회사를 차려서 주식도 발행하게 되었다. 이때 마크 트웨인도 광산주에 투자하였다. 그러나 금의 매장량은 한계가 있었고 점차 바닥이 드러나기 시작하였다. 이에 광산주는 급락하였고 마크 트웨인도 현재가치로 수십억원에 해당하는 손실을 보게 되었다. 그는 소설로 번 돈의 상당부분을 주식에 투자하여 잃어버렸다. 이에 마크 트웨인은 주식투자가 항상 매우 위험하다는 것을 다음과 같이 표현하였다.

> "10월은 주식 투자에 있어 특히 위험한 달 중 하나이다. 그럼 언제 하는 것이 좋을까? 다른 위험한 달로는 7월, 1월, 9월, 4월, 11월, 5월, 3월, 6월, 12월, 8월, 그리고 2월이 있다."

그림 23 **마크트웨인과 광산주 투자** - 미국의 소설가, 마크 트웨인의 파란만장한 삶은 해피엔딩으로 끝나다.

그는 '톰 소여의 모험', '왕자와 거지', '허클베리 핀의 모험' 등 베스트셀러 출간으로 뭉칫돈을 만졌으나 당시 뜨겁게 달아오르던 광산주 등에 투자했다가 쫄딱 망했던 것이다. 결국 은행 돈까지 빌려 가며 손실 만회에 나섰으나 원금조차 갚지 못하여 신용불량자가 된다. 수시로 은행에서 빚 독촉을 당했다. 그 때 부채상환 압박에 시달리자 돈벌이에 급급한 은행 현실을 꼬집는 발언을 한다. 즉, "은행가란 햇빛이 비칠 때 우산을 빌려주지만, 비가 오기 시작하자마자 그것을 빼앗아간다A banker is a fellow who lends you his umbrella when the sun is shining, but wants it back the minute it begins to rain." 설상가상으로 영양보조제 사업, 자동식자기 사업 등이 잇달아 망하면서 자신이 직접 설립한 출판사도 덩달아 파산하게 되었다. 결국 그는 당시 금액으로 재산 50만 달러를 잃어서 '알거지'가 되고 말았고, 은행의 부채상환 압력에 시달리는 처지에 이르렀다.

그를 위기에서 일으켜 세운 사람은 친구, 헨리 로저스Henry H. Rogers라고 한다. 그는 스탠더드 오일의 임원이었는데, 평소부터 마크 트웨인의 자질을 높게 평가하고 있었다. 두 사람이 만나게 되자 이들은 의기투합하여 평생을 절친으로 지냈다. 마크 트웨인은 자신의 재산 관리를 헨리 로저스에게 맡겼다. 그는 제일 먼저 마크 트웨인의 저작권을 부인 명의로 전환하였다. 최악의 경우에 책의 저작권만은 빚쟁이들에게 차압당하지 않기 위함이었다. 나아가 더 이상 마크 트웨인이 '쓸데없는' 곳에 투자하지 못하게 하였고, 또 그를 대리하여 당대의 유명 출판사인 하퍼스와 브라더스Harper & Brothers와 독점출판계약을 맺기도 했다. 친구에게 재산관리를 맡긴 다음부터 그는 1910년에 84세로 죽을 때까지는 주식 등 다른 곳에 한눈을 팔지 않고, 오로지 소설저작과 강연에 집중하였다. 결국 다시 돈을 모아서 빚도 모두 갚았으며 유산으로 4,560만 달러나 남기게 되었다. 그의 소설처럼 그의 인생은 파란만장하였고 돈으로 많이 시달렸지만 그가 쓴 소설의 '해피엔딩'과 같이 인생의 마지막도 해피엔딩으로 마감하였다.

마크 트웨인은 우리들에게 유명한 많은 소설을 남겼다. 뿐만 아니라 주식투자에서도 의미있는 말들과 투자의 지혜를 남겼다. 마크 트웨인의 이야기 가운데서 우리가 얻어야 할 교훈은 무엇일까? 모든 사람에게 공통적으로 적용할 수 있는 교훈을 말한다면 첫째, 사람은 본업에 충실하여야 한다는 것이다. 둘째, 사람을 잘 만나야 한다는 점이다. 셋째, 이론이 실제 현실에서 성공하기는 어렵다는 것이다. 소설가는 열심히 소설을 쓰면서 돈을 벌고, 주식투자는 전문가에게 맡기는 것이 훨씬 더 나은 결과를 얻는다. 마크 트웨인과 헨리 로저스의 사례가 이를 정확히 보여주고 있다. 주가가 연일 오르는 상황에서도 '개미'

들의 실적은 좋지 않은 경우가 다반사이다. 반면 펀드의 수익률은 나날이 높아만 간다. 그 만큼 개인 주식투자는 쉽지가 않다.

그가 헨리 로저스를 만나지 못했으면 어떤 일이 일어났을까? 과연 그가 인세와 강연으로 모은 돈을 가지고 주식에 재도전해서 죽을 때까지 그의 소설처럼 한 번이라도 큰 성공을 할 수 있었을까? 또한 마크 트웨인은 투자에 관한 여러 명언들을 남겼지만 그는 실제 투자에서는 실패하였다. 그가 남긴 명언들은 다음과 같이 오늘날에도 우리에게 살아서 회자되고 있다. 즉, "계란을 여러 바구니에 나눠서 담으면 관심이 분산되므로, 한 바구니에 모두 담아 놓고 그 바구니를 잘 지켜봐라.", "길에서 주운 1달러가 열심히 일해서 번 99달러보다 더 큰 만족감을 준다.", "세상에는 투기를 하지 않아야 할 때가 딱 두 가지 있는데, 투기를 해서는 안 될 때와, 해도 될 때이다." 등 이는 절대로 투기는 하지 말라는 말인데 정작 그는 말만은 이론적으로 그럴싸하게 표현하였다.

제5절

튤립버블

1578년에 스페인이 네덜란드 남부의 도시, 안드베르펜을 점령하자 유대인과 위그노들이 암스테르담으로 넘어오면서 암스테르담은 새로운 금융의 중심지가 되었다. 1609년에 세계최초의 증권거래소가 설립되어 영국과 국채 거래 등 금융거래가 확대되면서 금융업자들은 경기과열을 막기 위하여 은행을 만들고 다른 사업을 찾기 시작했다. 얼마 안 되어서 네덜란드 전역에 은행과 증권거래소가 확대되었고 실물상품, 주식, 외환, 신용대출 등 영역을 확대해 나갔다. 유럽의 금융중심지가 되고 엄청난 자금이 유입되면서 투자대상을 찾기 시작했는데 그중에 하나가 아름다운 튤립이었다. 원래 튤립은 16세기 후반에 터키에서 유럽으로 유입되었고 네덜란드에서 큰 인기를 얻었다. 이것이 순식간에 각국으로 퍼져서 17세기 초에는 귀족이나 대상인 사이에 크게 유행하였다.

17세기 네덜란드에서 발생한 튤립에 대한 투기과열현상은 역사상 최초의 자본주의적 투기로 알려져 있다. 당시 네덜란드는 작물산업의 호황과 동인도회사 등에 기초한 풍부한 금융과 자금을 가지고 있었고 유럽에서 가장 높은 1인당 국민소득을 보였다. 이로 인하여 부에 대한 개인들의 과시욕이 상승하면서 센펠 아우구스투스를 비롯한 수많은 튤립 품종이 비싼 값에 거래되었다. 이 무렵의 거래관계는 직업적인 원예가나 애호가로 제한되었고 현물거래였기 때문에 투기적 요소는 없었다.

그러나 이듬해 수확할 알뿌리의 선물거래가 시작되면서 투기가 조장되어 1633년에는 상류층은 물론, 하층민에 이르기까지 튤립구근을 사들였다. 이 때 선물거래가 처음으로 등장하자 계약서를 작성하고 미래의 구근을 미리 사들였다. 특히 희귀한 튤립은 아주 비싸서 이를 보유하면 부자의 척도로 평가되었다고 한다. 당시 사람들은 인기있던 네덜란드 동인도 회사의 주식을 가장 선호했고 그 다음 투자처로 튤립을 선호했다. 이러한 현상은 1636년에 절정에 달하여 네덜란드에서 튤립 한 송이의 가격은 3,000길더까지 치솟았다. 당시 가장 비싼 황제라는 튤립은 하나에 2,500~3,000길더로서 그 당시 소한마리가 120길더이므로 그 가치는 살찐 황소 21~25마리의 가치가 있었다. 당시 네덜란드 가정의 1년 생활비가 300길더였다는 것을 참조하면 튤립이 얼마나 고평가되었는지 짐작할 수 있다. 튤립 한 송이와 배 한 척의 가격이 비슷했다. 가격이 급격하게 오른 한 달 동안 상승률은 무려 2,600%에 달한다. 이렇게 튤립의 가격이 오른 이유는 공급은 적은데 수요가 많았기 때문이다. 당시 튤립은 재배하기 힘든 귀한 꽃이자 부의 상징이었다. 희귀한 튤립을 보유한 사람은 부자로 인식되었다. 상업이 발달한 네덜란드에서 돈을 빌려주는 금융업이 활성화되고 자금은 많았기 때문에 튤립 거품은 더 심각해졌다. 예나 지금이나 투자에는 대출 권유가 잇따르고 뒤에서 돈을 챙기는 사채업자들이 있기 마련이다.

1637년 2월 마침내 공황이 발생한다. 급등하던 튤립 가격은 불과 4개월 만에 99% 폭락한다. 그야말로 순식간에 튤립의 가치가 제로로 탈바꿈해 버린 것이다. 뒤늦게 높은 가격에 튤립을 사들이고 투기 대열에 동참했다가 가격 폭락에 좌절한 수많은 사람들이 이성을 잃고 망연자실했다. 튤립을 키우던 사람들은 일손을 놓았고 튤립은 땅에서 썩어갔다. 몇 달 만에 튤립 가치가 극과 극으로 달라진 셈이다. 계약 이행이 불가능하여 파산자가 속출하자, 네덜란드 정부가 개입하였고 거래액의 5~10%만 지불하는 것으로 수습하여 일단 파국은 모면하였다. 튤립버블은 여러 파산자와 벼락부자를 남기고 끝이 났다. 대개 우리가 알고 있는 공황은 생산확대에 따른 과잉생산이 초래한 불황을 말하지만 이 공황은 생산의 확장에 기인하지 않는 자본주의 이전에 발생한 공황의 대표적인 사례라고 봐야 할 것이다. 이 사건은 가끔 회화나 풍자시·희극소설의 소재가 되기도 하였다.

차기 EU 대통령 후보로 떠오르는 네덜란드의 발케넨더Balkenende 前총리는 튤립버블을 극복한 비결로서 "튤립버블은 실물경제가 뒷받침되지 않는 것에 대한 투기가 얼마나 불합리한지 일깨워준 교훈이 되었다. 또 하나는 네덜란드 실물경제가 탄탄했기 때문에 튤립버블에 큰 타격을 받지 않을 수 있었다."라고 밝혔다. 그는 "튤립 가격의 거품이 꺼진 뒤에도 네덜란드 동인도 회사 주가와 부동산 가격은 상승했고 당시 탄탄한 실물경제가 뒷받침됐기 때문에 이를 극복할 수 있었던 것이다."라고 말하였다. 미래에 훨씬 더 많은 불확실성이 일어나겠지만 이를 극복하기 위하여 중심을 잡는 그 무엇이 필요하다고 발케넨더 전

그림 24 **인류 최초의 튤립버블과 튤립가격변화**

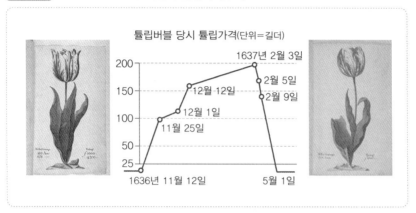

총리는 보았다.

다만 자본주의가 싹이 트는 시기에 튤립파동이 일어났기에 그 전에는 이 파동만큼 엄청난 투기붐이 거의 없었다. 이 파동을 통하여 네덜란드인들은 기독교의 칼뱅주의적 금욕정신을 다시 한번 깨우치는 계기가 되었고 전 유럽인들도 무분별한 투기의 결과를 지켜보는 기회 가 되었다. 이 파동이 초래한 일화의 하나가 있다. 네덜란드의 역사상 가장 많은 미술작품을 남긴 얀 반 호이엔Jan J. van Goyen도 본업은 잊고 튤립알뿌리 투기에 빠졌다가 거품이 꺼지면서 엄청난 빚을 졌다고 한 다. 그는 평생 자신의 작품인 2,000여점과 소유한 데셍을 다 팔아서 겨우 그 빚을 갚았다고 한다. 이는 자신의 본업을 벗어나 한 눈 팔면 패가망신할 수도 있음을 보여주는 또 하나의 사례이다. 나아가 투자의 관점에서 보면 실제 가치를 너무 벗어난 상품가격에 무작정 투기를 하 면 결과는 투자실패로 귀결된다는 것이다.

제6절

미시시피버블

　　영국에서 남해버블이 발생하고 있을 때, 같은 해에 바다 건너 이웃나라 프랑스에서도 미시시피버블이라는 대형 거품이 발생하였다. 그 발단은 '짐이 곧 국가다'라고 철권통치를 하던 '태양왕' 루이 14세가 전쟁과 베르사이유 궁전 건축 등 사치로 막대한 빚을 남기고 사망하면서 시작되었다. 루이 14세가 아직 다섯 살인 루이 15세를 남겨두고 1715년 사망했을 때 정부의 채무는 30억 리브르에 달했다. 파산 위기에 몰린 프랑스를 섭정하던 필리프 2세는 네덜란드에서 첨단 금융기법을 배우고 돌아왔다는 스코틀랜드의 이민자인 존 로John Law, 1671-1729가 제안한 통화 공급 아이디어를 받아들인다. 금속화폐대신 국가가 보장하는 지폐를 사용하면 찍어내기가 쉽고 공급량만 적절히 조정해 주면 된다고 이를 제안했다. 중상주의자로 유명한 존 로는 적극적으로 사업을 육성하는 것이 국가발전의 해결책이라 생각했다. 즉, 적극적인 사업과 보호무역을 통해 금과 은을 축적하면 국가에 힘을 가져다 줄 것으로 믿었다.

존 로는 토지은행을 설립하고 땅을 담보로 화폐를 발행하면 상업과 무역이 활성화된다고 생각했다. 존 로의 제안에 따라서 1716년 프랑스 최초의 은행인 '방크 제네랄'이 설립되었다. 모든 세금은 이 은행이 발행한 지폐로만 납부하도록 하였고 발행한 지폐가 증가하면서 경제가 부활하기 시작하였다. 이에 힘을 얻은 존 로는 필리프 2세에게 미시시피 회사설립과 운영계획을 제안하였다. 즉, 아메리카의 루이지애나의 식민지 개발권과 교역권을 독점 소유하는 '미시시피'라는 회사를 세우고 주식을 일반에 공모하자는 것이다. 필리프 2세는 화폐발행으로 경제를 다시 부활시킨 존 로를 신임하였기에 주식 매각대금을 프랑스 국채로 받겠다는 존 로의 제안을 다시 받아들인다.

1717년에 존 로는 방크제너럴이 성공하였기에 정부의 힘을 업고 미시시피회사 경영권까지 얻어서 여러 회사를 인수합병하였다. 또한 담배독점권과 무역독점권, 중국쪽 회사와 인도회사의 경영권을 얻어내었다. 존 로는 스코틀랜드 출신이고 영국에서 결투사건으로 범죄자로 알려졌지만 프랑스경제를 살렸다는 공로로 프랑스 재무총감의 자리까지 오르게 된다. 그 당시 식민지 건설은 곧 부의 축적으로 인식되던 시기였다. 사람들은 신임을 받는 존 로의 미시시피 회사의 주식을 사려고 몰려들었다. 식민지에서 막대한 부가 나올 거라는 장밋빛 스토리가 많은 이들을 솔깃하게 했고, 이는 결국 은행 설립, 국채와 연동한다는 아이디어로까지 이어졌다. 비슷한 시기에 비슷한 일이 영국과 프랑스에서 동시에 발생한 것이다. 사람들은 돈이 있든 없든 일단 주식을 사야 했다. 주가는 크게 뛰기 시작하였다.

그런데 필리프 2세가 경제를 더 부양하려고 통화량증가를 결정하였다. 통화량이 증가하면 화폐가치는 하락하고 물가는 증가하기 마

그림 25 존 로와 프랑스 대혁명을 촉발한 미시시피버블

런이다. 즉, 4년 동안 통화량이 4배 늘었고, 빵과 우유 등 식량의 값은 6배, 옷값은 4배 올랐다. 1718년 300리브르에 불과하던 주식 가격은 1719년 2만 리브르까지 치솟았다. 주가가 오르자 프랑스 정부는 주식 발행을 남발하여 시장에는 불안 요인이 싹트고 있었다. 물가가 더 오를 것으로 예상하는 사람들은 미시시피 주식과 은행권을 부동산이나 금화, 은화 등으로 바꾸기 시작하였다. 경기가 너무 과열되자 사람들은 화폐가치를 의심하면서 다른 자산으로 전환하기 시작하였다. 사람들이 계속 금이나 은으로 화폐의 교환을 요구하면서 주가는 급격히 하락하였다. 당시 방크제너럴은 지폐발행고의 2%만 금과 은으로 보유하였다. 요구한 주식과 화폐량만큼 금과 은이 없었기에 환전도 되지 않았다. 주식과 화폐가 너무 과도한 가치를 가졌다고 판단한 사람들은 대체재를 찾으려고 난리였다. 결국 1720년 6월부터 거품이 꺼지기 시작했다. 이후 미시시피회사 주식은 순식간에 500백 리브르까지 떨어졌다. 주가 포물선은 완벽히 대칭을 보이는 2차 함수 그래프의 형태로 나타나서

금융 역사상 이런 형태는 처음이었고 그 이후에는 없었다고 한다. 물가상승과 주가 하락에 격분한 시민들이 들고 일어서자 존 로는 재무총감 자리에서 물러났고 베네치아로 도망가서 거기서 객사했다. 그의 죽음에 대하여 한 프랑스 신문이 "스코틀랜드의 유명인이 이곳에 잠들다. 이 천재는 수학의 법칙을 이용하여 프랑스 사람들을 파산시켰다."라는 묘지에 실린 내용을 소개하였다고 한다. 하지만 존 로가 경제에 기여한 점은 화폐신용의 역할이 경제성장에 중요하다는 것을 인식시켰고 현재 많은 국가들이 화폐유동성을 증가시켜서 경제성장을 뒷받침하는 데 기여하였다.

미시시피버블 붕괴는 프랑스 재정을 붕괴시켰고 화폐의 신뢰는 무너졌으며 물가 불안에 시달리던 시민들은 곳곳에서 봉기했다. 정부는 세금 제도를 개혁해서 재정확보를 시도했으나 귀족들의 반대로 무산됐다. 결국 계급 간 갈등이 극심해지고 이는 프랑스 대혁명으로 이어진다. 미시시피버블 붕괴 이후 프랑스에서는 아메리카의 '미시시피'가 쓸모없고 손해만 입히는 땅이라는 인식이 널리 퍼졌다. 그래서 프랑스는 1803년 미시시피강이 흐르고 현재 미국 본토의 3분의 1에 해당하는 거대한 땅인 루이지애나를 미국에 팔아버린다.

미시시피회사의 몰락 후에도 프랑스는 미시시피 회사와 방크로얄이 찍어낸 막대한 돈으로 인프레이션을 겪게 되었다. 그 후유증으로 프랑스에서는 오늘날까지 방크라는 이름을 안 쓰고 소시에테(회사)나 크레디(신용)란 용어로 은행이름을 대신한다. 결과적으로 국채투자자들과 인플레이션으로 실질소득이 줄어든 사람들이 정부 빚을 대신 갚아준 셈이 되어 버렸다. 투기과열에는 끝이 있기 마련이고, 대중의 광기는 계산할 수 없다. 이러한 투기의 열풍 속에서 소수의 사람들은 일확

천금을 벌어들여 부자가 되지만 다수는 그렇지 못하다. 따라서 주식 광풍이 가져올 위험에 대한 부분을 고려하고 투자를 하는 것이 바람직할 것이다.

지금까지 살펴본 미시시피버블뿐만 아니라 남해회사, 튤립버블 등 자산버블 사례는 여러 가지 공통점을 가지고 있다. 이들 공통점을 제시하면 다음과 같다.

첫째, 장밋빛 전망이 가득한 이야기로 투자자들에게 허황되고 맹목적인 믿음을 심어주었다. 튤립은 부유층으로 신분 상승하는 지름길이었고, 남해회사는 막대한 보물을 실어올 것이라고 유혹하였으며, 미시시피회사는 식민지에 미래가 있다고 부추겼다.

둘째, 자산 가치가 이미 급등하고 있기 때문에 투자하지 않으면 나만 손해라는 광기어린 분위기를 조성하였다. 인간은 군집 동물로서 소외되고 싶지 않다는 잠재적인 속성을 가지고 있다. 버블은 이러한 인간의 본성을 이용한다. 주식이 오르고 집값이 오를 때는 사회가 전반적으로 흥분 상태가 된다. 그리고 모두가 투자에 동참하고 있다고 부추긴다. 사람들은 이성을 잃고 생각없이 무조건 투자에 동참한다. 인간의 광기는 버블을 키운다.

셋째, 버블은 이전과 다른 새로운 아이템을 찾는다. 튤립, 보물선, 식민지 개척, 도쿄 부동산, 인터넷 기업, 서브프라임 부채담보부증권CDO, 비트코인까지 버블의 대상은 늘 새롭다. 개별 인간은 어리석을지 모르나 인간 집단은 꽤 영리해서 새 아이템이 아니면 잘 속지 않는다. 그러므로 큰 버블일수록 그럴듯한 새 아이템을 찾는다.

제7절

게오르크 프리드리히 헨델

바로크 음악의 두 거장, 요한 제바스티안 바흐Johann Sebastian Bach, 1685-1750와 게오르크 프리드리히 헨델Georg Friedrich Händel, 1685-1759은 1685년 출생의 동갑내기로서 독일에서 탄생한 지 올해로 335년이 된다. 한국에서 바흐는 음악의 아버지, 헨델은 음악의 어머니로 불린다. 바흐는 엄격히 정제된 기악곡과 신께 헌신하는 종교음악을 주로 작곡하였고 헨델은 큰 무대에서 청중들을 열광시키는 오페라의 화려한 기악곡을 작곡했는데 바흐보다 헨델의 곡이 더 부드럽고 여성적으로 느껴졌기에 그렇게 불린다. 두 천재는 서로 만나길 원했지만 계속 엇갈렸고 대조적인 삶을 살았다. 바흐는 2명의 공식 아내와 20여 명의 자녀를 둔 가장이었다. 원조 '교회 오빠'로 평생 독일에서 오르간 연주와 종교 음악 작곡에 매진했다. 반면 헨델은 음식과 와인에 탐닉하며 독신 생활을 즐겼다.

선조 음악가만 55명에 이르는 '음악계의 금수저' 바흐와 달리 오직 실력으로 승부해야 했던 헨델은 늘 새로운 길을 찾았다. 법학과를 중퇴하고 함부르크로 이전하여 요한 마테존Johann Mattheson이나 라인하르트 카이저Reinhard Keizer 같은 작곡가들과 친분을 쌓고 함부르크 오페라 하우스의 제 2바이올린 연주자로 일하면서 오페라 작곡에 전념하였다. 21살이 되던 1706년에 본격적으로 오페라와 극음악을 공부하려고 오페라의 본 고장인 이탈리아로 유학을 갔다. 피렌체에서 헨델이 작곡한 최초의 이탈리아어 오페라인 '로드리고Rodrigo'가 성공하면서 이름이 알려지기 시작하였다. 로마, 피렌체와 베네치아에서 실력을 인정받은 그는 독일로 금의환향한다. 20대 중반에 하노버 궁정 음악의 지휘자가 되었지만 더 큰 시장에 도전했다. 국제 정세에 밝았던 헨델이 주목한 곳은 유럽 음악의 변방인 영국이었다. 경제가 급성장하며 오페라에 대한 수요가 늘었지만 음악가는 부족했다. 영국 왕실과 상류층의 취향을 간파한 헨델은 영국 왕립음악원을 창설하고 이탈리아의 오페라 가수를 초청해 예술문화 시장을 성장시켰다. 40대 초반에 영국인으로 귀화한 그는 주식 투자로 큰 돈을 벌고 화려한 전성기를 누렸지만 인생의 굴곡도 심했다.

주식에서 적절할 때 치고 빠지는 헨델의 능력은 음악적 직관에서 비롯된 듯하다. 헨델이 독일에서 런던으로 건너 온 1710년은 남해회사의 초창기였다. 이 때 남해회사에 대하여 알았고 투자를 시작하였다. 1720년에 버블이 최고 절정기에 달했을 때, 그는 가진 주식을 전량 매도하여 큰 수익을 남겼다. 즉, 헨델은 약 2만 파운드를 투자해서 2백만 파운드가 되었을 때 매각하여 약 100배의 수익을 올렸다. 헨델의 가장 유명한 오라토리오 작품인 메시아의 할렐루야는 그 때의 환상적 기쁨과 감사를 표현한 것은 혹시 아니었을까? 또한 그 이후 남해주

그림 26 독일 출신 영국의 바로크 음악가, 흙수저 헨델의 부활

식의 폭락사태를 보고 나서 헨델은 수익은 낮을 지라도 안전한 자산에
투자했다고 전한다. 아이러니하게도 천재물리학자이자 경제학자였던 뉴
턴은 작전주에 넘어가서 주식을 고점에서 매수하고 주가폭락으로 큰
돈을 잃은 것을 상기할 때, 음악가 헨델이 큰 수익을 얻은 것은 놀랍
다. 뉴턴과 헨델을 비교해 보면 주식시장은 심리요인도 작용하여 이론
만 잘 안다고 실물에서 성공하는 것은 아닌 것 같다. 헨델은 폭락 전
에 주식 매도자금으로 왕립 음악 아카데미를 설립하게 된다. 그는 조
지 1세 등 국왕과 귀족들이 투자자로 참여하여 1719년 창립한 '주식회
사 왕실 음악 아카데미'라는 오페라단의 주식을 샀고, 음악가라는 점을
이용하여 경영자로도 선임되었다.

    하지만 국왕과 대립하던 다른 귀족들은 '귀족 오페라'라는 새로
운 주식회사를 창립하였고 당대 최고의 스타, 카스트라토 파리넬리를
스카웃하여 경쟁적으로 영업한다. 그리고 '발라드 오페라'라는 대중적인
오페라는 영어로 공연되었기에 이탈리어로 공연되는 기존 오페라보다
영국인들에게 큰 인기를 얻어서 헨델의 아카데미는 더욱 상황이 악화

되었다. 결국 헨델은 열심히 극장경영에 몰두하였으나 오페라단의 입지가 좁아지고 1737년 그가 경영하던 오페라 극장은 파산했다. 헨델은 파산법에 따라 엄청난 채무를 부담한 채 중풍으로 쓰러져 반신불수까지 되었다.

그러나 그는 절망가운데서도 재기하겠다는 의지로 온천요법으로 치료를 하였다. 하루 3시간 이상 온천에 있지 말라는 의사의 경고도 무시하고 하루 종일 온천욕을 하여 놀랍게도 중풍이 완치되었다. 중풍이 완치될 즈음에 작곡한 곡이 바로 '세르세의 라르고'라고 한다. 이후 실패를 겪은 오페라 대신 적은 예산의 영어 오라토리오 작곡과 공연을 시도함으로써 조금씩 빚을 갚아 나갔고 그 무렵 작곡하였던 대표작이 큰 성공을 거두면서 최고의 거장이 되었다.

24일 만에 완성한 '메시아'의 초연은 1742년 아일랜드 더블린에서 소박하게 이뤄졌다. 고난을 이기고 부활의 환희를 경험한 50대 후반 예술가의 삶이 투영되어서 공연은 감동적이었다. 런던 코번트가든 왕립오페라극장에서 공연하였을 때, 국왕 조지 2세와 관객들의 열광적인 기립 박수를 받았다. 그 때, 국왕이 너무나 감동을 받아 기립해서 '할렐루야'를 감상하였는데 이것이 계기가 되어 '할렐루야'로 시작하는 절정에는 항상 청중이 기립해 듣는 것이 전통이 되었다. 지금도 메시아는 크리스마스에 연주되는 곡 중의 최고 인기있는 연주곡이 되었다. 말년에 실명했지만 음악 활동을 계속한 그는 국민 음악가의 반열에 올랐고 런던 웨스트민스터 사원에 묻혔다. 태어난 연도가 같은 바흐도 말년에 헨델과 동일하게 실명하였는데 그 수술을 한 의사도 동일하다고 한다. 음악의 역사상 가장 위대한 음악가로 알려진 루트비히 판 베토벤Ludwig van Beethoven은 "헨델은 지금까지 살았던 작곡가들 중 가장 위대한 작곡가이다. 나는 모자를 벗고 그의 무덤 앞에 무릎을 꿇을 것이다."라고 고백한 바 있다.

헨델은 절망의 순간에도 절망하지 않고 대안을 모색하며 급변하는 환경에 유연하게 대응하였다. 그는 세계적 음악가일 뿐만 아니라 투자가요 경영자였다. 2016년에 영국의 더 텔레그라프지에 의하면 헨델은 채권투자로 연간 500파운드의 수익을 지속적으로 벌었다. 그는 죽을 때, 유산이 14,000파운드였고 렘브란트의 미술작품 등 많은 명화도 소장했다고 한다. 헨델은 재테크에 밝고 불우이웃에게 베풀기도 좋아하는 아주 멋있는 사람으로 더블린에서 메시아의 첫공연 수익금을 모두 자선기관에 기부하는 등 생전에도 많은 자선활동을 하였다. 그는 신앙심이 깊었기에 죽으면서도 재산의 상당부분을 자선단체에 기부하였다.

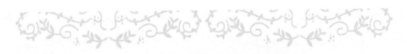

제8절

윈스턴 처칠

윈스턴 처칠Winston Churchill, 1874-1965은 17~18세기의 영국의 명장이었던 존 처칠이라는 초대 말버러 공작의 9대손이다. 처칠의 아버지는 재무장관까지 지냈던 대정치가 랜돌프 처칠이다. 어머니는 월 가의 유명한 금융인이었던 레너드 월터 제롬의 딸, 제니 제롬이다. 미국의 신흥부자의 자제와 영국의 귀족가문의 자제의 결혼산물이 바로 처칠이다. '2차 세계대전을 승리로 이끈 영국 수상' 윈스턴 처칠은 석유, 금본위제도, 전차와 노벨 문학상으로 유명하다.

윈스턴 처칠의 어머니인 레너드 처칠 부인(제니 제롬)은 그 아버지가 미국월가의 주식 투기꾼이었고 빼어난 미모로 런던 사교계를 주름잡으며 남편과 아들의 앞길에 도움을 주었다. 처칠은 어린 시절 귀족출신이지만 말도 더듬는 등 단점이 많아서 불우한 어린시절을 보냈다고 한다. 그의 학업 성적도 하위권이었고, 학교생활도 역시 순조롭지 못하였다. 그의 아버지는 처칠에게 "이 정도의 실력으로는 옥스퍼드나

캠브리지 대학은 꿈도 못 꾼다. 변호사가 되기에는 머리가 나쁘고 목사가 되기에는 성격도 안 좋고, 다른 능력도 안보이니 군인이나 되라."고 하며 아들의 능력을 폄하했다고 한다. 성적이 좋지 않았기에 삼수 끝에 육사에 입학하고 좋은 보직을 따낸 것도 어머니 덕분이었다. 이처럼 20세기 최고의 영웅으로 불리는 영국의 윈스턴 처칠은 어린 시절 수많은 역경과 좌절을 겪으며 살았던 결점이 많았던 인간이었다. 다행히 육사에 들어가고 나서도 수학은 자신은 없지만 역사와 문학에 관심이 많았고 모국어인 영어에 대한 관심과 학습량은 대단했다고 한다. 그가 구사하는 단어의 수준은 높았고 보통의 영국인보다 몇 배나 많은 어휘를 구사할 정도로 현란한 언어를 구사했다. 또한 독서량은 방대하고 깊이가 있었다. 특히 로마시대부터 19세기까지, 영국과 유럽 역사에 대한 방대한 탐구는 훗날 정치가와 문학가로 혹은 뛰어난 대중웅변가로서 처칠의 위대함을 알리는 탄탄한 기초가 되었다.

처칠에게 또 한 가지 유명한 것은 주식 투기와 관련된 것이다. 원래 처칠의 집안은 핏줄부터 역사적으로 투기와 밀접히 연관이 있었다. 그의 8대조 할머니인 사라 처칠은 자본주의 최초 버블의 하나였던 '남해회사 사건(1720년)'이 일어났을 때, 투기로 10만파운드를 벌어들인 초창기 여성 투기꾼이었다. 그녀는 영국사에서 손꼽히는 명장인 존 처칠의 부인이었고 친구관계인 앤 여왕의 후광으로 정·관계 인물들과 두터운 인맥을 쌓아서 남해회사에 대한 정보를 사전에 잘 알고 있었기에 남해회사 주식을 최고점에 팔 수 있었다.

영국 정치인 윈스턴 처칠과 주식 투자를 둘러싼 일화는 유명하다. 그는 재경부 장관을 지냈으므로 영국과 세계경제 흐름에는 나름대로 자신이 있었다. 장관 31년, 총리 9년을 지낸 처칠이지만 실전투자

그림 27 　주식투자로 망신을 당한 2차 세계대전의 영웅, 윈스턴 처칠

인 주식시장에 대해서는 지식이 별로 없었다. 그가 주식에서 쓴맛을 본 것은 1929년 대공황 직전이었다. 재무장관을 막 끝내고서 미국 월가를 방문했다가 군중심리에 편승하여 주식에 손을 댄다. 긴박하게 돌아가는 시장에 흥미를 느낀 처칠은 승산을 확신했으나 결과는 참혹했다. 1929년 중반 55세에 통 크게 빚까지 얻어서 뉴욕증시에 투자했으나 손대는 종목마다 주가가 떨어졌다. 심지어 대공황으로 보유한 종목의 주식의 가치는 하루아침에 휴지가 되었으며 집을 경매에 내놓아야 할 정도의 처량한 신세로 전락했다. 이처럼 증권가격의 움직임은 예측이 불가능하고 그 역사는 반복된다. 그리고 경제적 실패와 고통은 항상 질병을 동반한다. 처칠은 오랫동안 지병이었던 우울증을 완화하기 위해서 그림을 시작하였다. 그는 "천국에 가서 첫 백만 년 동안은 그림만 그리고 싶다."고 했을 정도로 노년에 그림 그리는 것을 좋아했다. 지긋지긋한 빚 독촉과 돈 걱정에서 벗어나게 된 것은 그가 노벨문학상을 받은 80세가 넘어서였다고 한다. 처칠의 주식투자는 홈런을 노리다 삼진을 당한 야구선수와 비슷했다. 정작 18세기의 영국 투기꾼 조상과 19세기의 미국 투기꾼 외조부를 둔 처칠은 미국 주식에 손댔다가 재산

을 잃고 노벨 문학상을 수상한 작품인 '제2차 세계대전 회고록'을 팔고 서야 빚을 갚았다. 영국의 2차 세계대전의 영웅, 윈스턴 처칠도 주식투자로 망신을 톡톡히 당한 것이다.

처칠이 파산 위기에 몰렸을 때, 구원의 손길이 있었다. 한 미국인 친구가 처칠 이름으로 된 주식계좌통장을 넘겨주었다. 처칠을 구해준 친구는 바로 월가의 유명한 큰 손이었던 바루크였다. 바루크는 처칠이 판 주식은 사고, 사들인 주식은 파는 정반대의 매매로 수익을 올렸다고 한다. 1900년대 초부터 죽을 때까지 바루크는 남들과 제휴하지 않고 혼자서만 움직여서 '월가의 외로운 늑대'라는 별명을 얻었다. 그는 1929년 주가 대폭락의 와중에서도 손해를 입지 않은 유일한 큰 손으로 알려져 있다. 처칠이 끝까지 함구했던 주식투자의 에피소드는 바루크의 회고록에 기록되어 있다. 굴곡이 많은 시기에 다채로운 삶을 살았던 처칠은 1965년 1월 24일 91세로 사망하였다. 그는 교회의 가족묘지에 18세기 영국 투기꾼과 19세기 미국 투기꾼의 딸이 잠든 옆자리에 묻혔다.

제9절
어빙 피셔

    화폐량이 물가 수준을 결정한다는 화폐수량설 등을 주장한 어빙 피셔Irving Fisher, 1867-1947는 근대 경제학 이론의 개척자로 추앙받는 인물이다. 뛰어난 수학 능력을 바탕으로 각종 경제현상을 수식으로 표현한 그의 학문은 신고전학파의 초석을 공고히 한 밀턴 프리드먼Milton Friedman 등에게 계승된다. 피셔는 학교에 틀어박혀서 책 읽고 글 쓰는 보통 학자들과는 다르게 금융시장에 직접 참여하여 주식 거래를 하고 시장 흐름을 정확하게 분석하는 능력을 보여주었다. 이 때문에 그는 월가 예언자라는 별명을 얻는다. 또한 그는 직접 만든 회사를 운영하여 1천만 달러 이상의 재산도 보유한다.

    그런데 자타가 공인하는 당대 최고 경제학자로서 돈과 명예를 거머쥐었으나 주식시장에서는 참패를 당한다. 미국 경제학의 아버지로 불린 어빙 피셔도 평생 모은 재산을 주식 투자로 모두 날렸다. 결정적인 시기에 시장 흐름을 거꾸로 읽은 탓이다. 1929년 미국에 불어 닥친

대공황의 먹구름을 예견하지 못하였기 때문이었다. 그는 주가 폭락이 임박하면서 시장이 동요함에도 불구하고 남의 돈으로 투기하는 일부 작전세력 때문이라고 사태의 심각성을 무시했다. 오히려 경제인단체가 초청한 연설에서 "주가 상승이 장기 지속가능한 고원지대에 도달했다." 며 장밋빛 미래를 제시했다. 미국 중앙은행 격인 연방준비제도이사회 FED가 통화를 잘 관리하므로 경기순환 변수는 없을 것이라고 그는 확신하였다. 하지만 피셔가 믿었던 FED는 중요한 순간에 작동하지 않았다. 대공황으로 인한 불황기에 금리를 낮추거나 국채를 사들여 돈을 풀어야 하는데도 고금리를 방치한 탓에 은행들이 연이어 도산했다.

사람들은 뉴욕 연방준비은행의 초대 총재인 벤저민 스트롱Benjamin Strong의 돌연사로 인하여 경제위기 상황에 적절하게 대처하지 못하여서 FED의 기능 마비가 온 것으로 보고 있다. 스트롱이 총재로 있을 때에는 미국의 1차 세계대전 참전 등으로 금융시장이 경색될 때마다 FED에 영향력을 미쳐서 통화정책을 교묘하게 조정했다. 그는 1923년에 국채를 대량으로 사들여 시중에 돈을 방출함으로써 금리를 내리는 공개시장조작을 처음 시도해서 성공한다. 이는 1차 세계대전 종전 이후 심각한 불황을 겪던 유럽의 자본이 미국으로 유입되는 것을 막기 위한 조처였다. 세계 금융계 황제로 불리던 JP모건을 등에 업고 통화정책을 관리하던 스트롱이 죽고 나서 얼마 지나지 않아 대공황이 닥친다. 사람들은 스트롱이 2~3개월만 더 살았어도 대공황을 막거나 조기에 끝낼 수 있었을 것이라고 지적한다.

피셔는 스트롱 사후에 FED가 무기력해진 사실을 제대로 고려하지 못하고 구름에 가려진 절벽을 고원지대로 착각했다. 1929년 10월 24일 날이 밝아오고 구름이 사라지자 절벽이 드러났다. 모든 주가가

[그림 28] 이론과 현실의 괴리를 느낀 미국 경제학의 아버지, 어빙 피셔(Irving Fisher)와 스티글리츠(Stiglitz)와 마코위츠(Markovitz)

일제히 곤두박질쳤고 주가가 바닥 모르게 추락하는데도 피셔는 끝까지 희망을 포기하지 않았다. 그는 장기간 낙관론을 믿었기에 보유 주식을 손절매하지 않아서 무려 800만~1천만 달러를 날렸다. 주식시장의 시가총액은 불과 3년 만에 89% 증발했다. 피셔는 여러 차례 재기를 노렸으나 끝내 손실을 회복하지 못한 채, 1947년 죽는 날까지 가족의 신세를 져야만 했다. 설상가상으로 지병인 폐결핵이 악화되었다. 건강까지 잃은 그는 폐결핵환자들이 자주 찾던 콜로라도의 한 요양원으로 이사를 갔다. 그 곳에서 모든 것이 끝나버린 것으로 보였던 그와 고전주의 학파는 반전의 계기를 마련한다.

　시카고 트리뷴지의 상속자이자 투자가인 알프레드 코울스Alfred Cowles, 1891-1984는 어빙 피셔에게 영감을 받아 자신의 이름을 딴 'Cowles Commission'을 만들었다. 피셔의 지도 하에 미국 전역에서 수학적 재능이 있는 경제학자들을 모아 최초의 계량경제학Econometrics저널을 창간한다. 이후 Cowles Commission은 스티글리츠Stiglitz와 마코위츠Markovitz

를 비롯하여 11명의 노벨 경제학 수상자를 배출하는 등 고전주의적 수학모델이 금융 전반으로 퍼져나가는데 커다란 공을 세운다. 피셔 개인은 죽을 때까지 고통 받았으나 그의 이론과 고전주의 학파는 이들에 의하여 다시 복원되어 꽃을 피웠다.

제10절

리처드 탈러

리처드 탈러Richard H. Thaler, 1945~현재 교수는 인간이 자신의 소유물을 객관적 가치 이상으로 평가하는 '소유효과', 심리적 만족감을 위해 돈을 쓰는 '심리적 회계'를 주장하였다. 그리고 금융시장에서 인지적 한계로 편향적 결정을 하는 '행동 재무학'을 개척했다. 그는 노벨경제학상 수상 소감을 밝히는 기자회견에서 "나의 연구에서 가장 중요한 것은 경제의 주체는 인간이라는 것이고 경제 모델을 만들 때 반드시 그것에 입각해야 한다는 인식이다."라고 말했다. 또한 총 900만 스웨덴 크로나의 상금을 어떻게 사용할 것이냐?는 질문에 "내가 연구하는 '심리적 회계'처럼 최대한 비합리적으로 사용할 것이다."라고 학문적으로 재치있게 답하기도 했다.

2008년 글로벌 금융위기를 다루었던 2015년도 영화 〈빅 숏The Big Short〉의 경제용어 설명과 해설을 돕기 위하여 출연했던 그는 실제 뛰어난 투자자이기도 하다. 탈러 교수가 주도하는 풀러&탈러 자산운용회사가 자문을 맡은 '언디스커버드매니저스 행동가치펀드UBVAX A주'는 2009년 3월 9일부터 2017년 10월 6일까지 512%의 수익률을 기록했다. 미국 경제학의 아버지로 불리는 어빙 피셔가 평생 모은 재산을 주식 투자로 날렸던 일화와 정반대이다.

그림 29 "자기 과신을 경계하라."는 리처드 탈러 교수

이러한 탈러 교수의 주식투자 조언은 "자기 과신을 경계하라."이다. 투자자들의 가장 큰 실수는 자신의 실제 능력보다 더 잘할 수 있다고 여기는 과도한 자신감이라고 한다. 개인투자자뿐만 아니라 투자 전문 관리자들도 자신이 시장의 움직임을 예측할 수 있다고 믿는다. 펀드매니저가 포함된 주가예측 실험에서 정확도가 47%에 불과한 것으로 나타났다. 그러나 이들은 자기예측 정확성에 65%의 신뢰도를 보인다. 이처럼 사람들은 자신의 판단능력을 과신하고 위험을 과소평가하여 잘못된 결정을 할 수 있다. 탈러는 자기 회사 주식도 보유해서는 안 된다고 주장한다. 즉, "내부자 매입은 우리가 사용하는 신호 가운데 하나이다. 특히 최고재무책임자CFO가 갑자기 자사주의 보유 규모를 두

배 늘리면 우리는 해당 회사에 대해 재평가에 들어간다."고 말했다. 이렇게 어려움에 빠진 회사를 구별하는 방식을 행동경제학으로 설명하고 있다. 투자자들은 의사결정에 편향성을 가지고 있어서 자신이 보고 싶은 것만 보거나, 단순히 과거 자료에 집착하여 잘못된 판단을 내리는 경우가 많다고 한다. 탈러 교수는 일반 투자자들이 가장 많이 하는 실수로 '자기 과신'을 꼽았다. 그는 만약 자신이 뛰어난 투자자라고 스스로 생각한다면, 자신의 실제 수익률을 정확히 계산해보라고 조언한다. 대부분의 투자자는 거래수수료를 차감하면 자신의 수익률이 시장수익률에 미치지 못한다고 주장하였다. 그는 1980년대 자신의 제자와 함께 "예상치 못한 정보에 대한 투자자들의 과도한 반응이 주식을 저평가 상태로 만든다."는 주식시장에 대한 가설을 하나 세웠다. 그는 "사람들은 이익보다 손해를 두려워하기 때문에 퇴직연금처럼 장기적인 투자에서도 단기 성과에 집착한다. 이런 현상이 주식을 싸게 만들고 상승할 여지를 준다."고 주장하였다.

투자업계의 베스트셀러 중의 하나로 앙드레 코스톨라니André Kostolany, 1906-1999의 『투자는 심리게임이다』라는 책이 있다. 이 책에는 증권 시장에서의 시세는 돈과 심리의 결합으로 나타나며 특히 증권 시장의 90% 정도가 심리적 요소에 좌우되어 결정된다는 충격적인 견해가 기술되고 있다. 호황이 앞서지 않은 주가 폭락이 없고 주가 폭락으로 끝나지 않은 호황이 없었기 때문에 결국 우리는 사색가가 되어야 하고 휩쓸리거나 너무 집착하지 않도록 광기에 찬 군중과 컴퓨터를 멀리해야 할 필요도 있다고 했다.

제11절
LTCM의 천재들

    1997년 노벨 경제학상 수상자는 파생금융상품의 가치를 결정하는 모델을 고안한 로버트 머튼Robert Merton과 마이런 숄즈Myron Scholes이다. 옵션의 가격을 논하는 데 있어서 뉴턴의 물리법칙에 버금가는 이론이라 할 수 있다. 이전까지는 체계적인 측정법이 없었기 때문에 이 모형은 금융혁명이라고 불릴 정도로 많은 찬사를 받았다. 이들은 이론과 실제, 성공과 실패를 모두 경험한 학자이자 투자가였다. 헤지펀드를 만들어서 40%가 넘는 수익률을 기록한 동시에 러시아 모라토리엄 선언으로 한순간에 '쪽박'을 차 본 경험이 있는 인물이다.

    숄즈 박사는 이 상을 받은 뒤 가진 기자회견에서 "상금을 어디에 쓰고 싶으냐?"는 질문을 받고 "주식 투자를 하겠다."고 말하여 주위를 놀라게 했다. 당시 숄즈 박사는 '롱텀 캐피털 매니지먼트LTCM: Long Term Capital Management'라는 투자전문회사의 헤지펀드의 운영자로서 이름을 날리고 있었다. 이 헤지펀드는 1994년 숄즈 박사 외에 당대 최고의 트

그림 30 천재들의 투자방정식에 의존한 LTCM의 성공과 실패

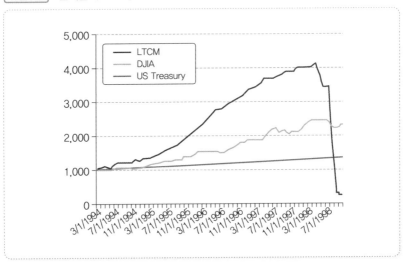

레이더로 주목받던 채권중개회사 사장인 존 메리웨더와 로버트 머튼 MIT 교수 등이 주축이 되어서 설립됐다. 이 헤지펀드에서 숄즈 박사는 투자이론을 제공하고 10억달러에 달하는 초기 투자자금을 모으는 역할 을 했다. 이 헤지펀드는 수학적 분석을 무기로 삼아서 전 세계 채권의 프리미엄과 디스카운트를 이용한 차익거래가 주된 목적이었다. 이 회 사는 월스트리트에서 출시 3년 만에 30배의 수익을 거두는 등 승승장 구를 하던 투자전문회사였다.

투자자들을 끌어당긴 요인은 투자 성적과 인적 구성이었다. 회장 인 존 메리웨더(당시 51세)는 살로먼 브러더스의 근무 시절부터 채권 투자의 대가로 이름을 날리던 월가의 고수였다. 경제학과 수학을 투자 에 응용하고 싶었던 그는 살로먼 근무 시절부터 학자들과 인연을 맺고 교분을 쌓았다. LTCM을 창립했을 때 내노라하는 경제학자 25명이 파

그림 31 LTCM의 드림팀

LTCM을 이끈 드림팀

존 메리웨더	로버트 머튼	마이런 숄즈	데이비드 멀린스
월가 펀드매니저	노벨 경제학상 수상	노벨 경제학상 수상	FRB 부의장

트너로 참가했다. 지분이 있는 동업자인 경제학자들은 대부분 '재능 기부' 형식으로 지분을 받았다. 최고의 경제학자와 금융공학자들이 슈퍼컴퓨터를 돌려 최고의 수익률을 내는 헤지펀드라는 찬사를 들었다.

당시 LTCM의 '대박'을 가능케 했던 병기는 '컨버전스 트레이딩 convergence trading'이라는 기법이었다. 이 기법은 조건이 비슷한 두개의 투자 대상이 현격한 가격차를 보일 때, 비싼 것을 팔고 싼 것을 사두는 평범한 기법이다. 정상적인 금융시장에서는 가격이 일치하는 추세를 나타낼 것이므로 그 차액을 겨냥하는 것이다. 통상적인 차익거래로는 수익이 낮은 수준이나 LTCM은 이것을 레버리지를 통해 20~30배로 높여 고수익을 거두었다. 다만 이렇게 하면 반대로 손실도 수십배가 되어 한 순간에 실패할 수 있는 방법이지만 LTCM은 정교한 수학적 모델을 통하여 이 리스크를 최소화하고자 했다. LTCM은 러시아 채권금리가 미국 채권금리보다 낮은 점을 이용하여 러시아 채권을 대거 매수하고 미국 채권을 공매도하는 전략을 펼쳤다. 공매도란 채권을 가지고 있지 않은 상태에서 매도주문을 낸 뒤 채권의 결제일이 돌아오면 채권을 구하여 매입자에게 돌려주는 것을 말한다. LTCM은 이 전략으로 설립 초기에 매년 40% 이상의 수익률을 올릴 수 있었다. 하지만 1998년 8월 러시아가 모라토리엄을 선언하면서 한순간에 LTCM은 막대한 손해를 보고 파산 위기에 몰렸다. 평상시에는 장기채의 가격이 수렴한다는 이론은 맞지만 러시아의 모라토리엄이 발생하자 시장 참여자들이 미국채권만 선호하고 채권보다는 현금을 찾는 현상이 발생한 것이다. LTCM은 최악의 경우에 대비하는 위험관리전략이 부족하였으며 수익을 극대화하기 위하여 과도한 레버리지를 이용하였고 우수한 두뇌만 믿고 하락장에서 계속 물타기를 한 것은 파산의 가장 큰 원인이 되었다.

메리웨더와 파트너들이 내린 해결방안은 일단 부도는 막아야 하므로 우선 돈 있는 부자들에게 가능한 자금을 지원받자는 것이었다. 워런 버핏Warren Buffet을 만나 도움을 요청했으나 "흥미는 있지만, 월가의 다른 증권사로 가 보는 게 좋을 것 같다."며 희망을 주지 않았다. 노벨상 수상자였던 윌리엄 샤프William Sharpe 교수에게 부탁하였으나 그는 "도대체 어쩌다가 실패했는가?"라며 호기심에 가득 차서 이론적 의문사항만 물어볼 뿐 투자에는 관심이 없었다. LTCM의 파산 루머가 시중에 유포되면서 월가의 선두의 금융기관들이 이 헤지펀드를 거의 공짜로 인수하려했다. LTCM을 재기불능의 나락에 떨어뜨린 것은 금융시장의 회오리바람이라는 외적 상황 변수만이 아니었다. 월가 경쟁자들의 욕심이 오히려 더 큰 역할을 했다. 경쟁자가 죽어갈 때 그 위를 덮치는 것이 정글의 논리다. 월가는 정글과 다를 바가 없다.

결국 앨런 그린스펀Alan Greenspan 당시 연방준비제도이사회 의장은 기준금리를 7주 동안에 걸쳐 인하하고 LTCM에 서둘러 자금을 지원하도록 했다. 20여개의 상업은행과 투자은행이 참여하여 36억 5천만 달러를 지원하여 LTCM이 인수되고, 구조조정되는 데 자금이 투입되었다. 러시아 위기로 인한 손실은 일종의 유동성 위험에 의한 것으로서 LTCM이 보유한 자산의 가치 자체가 장기적으로 훼손된 것은 아니었다. 따라서 비록 큰 손실이 발생하였으나 유동성 부분을 해결한 이후 LTCM은 다시 수익을 내기 시작하였고, 이후 발생한 수익으로 원조받은 자금에 대한 반대 급부는 모두 지급하는데 성공하였다. 또한 파산 사건 이후 결국 LTCM은 투자자들에 대하여 수익을 남겨주게 된다.

제3장

인간심리와 삶

제1절

군중심리

1. 군중심리의 형태

(1) 보이지 않는 영향력

군중심리herd mentality, mob mentality란 바로 집단적 동조현상을 말한다. 군중들이 다수의 지배적 의견에 따라서 행동하고 개인의 이성이나 판단이 무시됨으로써 감정에 따라서 움직이는 성향을 말한다. 인간도 동물들과 동일하게 집단적으로 생활하면서 외부위험으로부터 보호받거나 서로 도움을 주고받기 때문에 집단의 지배적인 의견에 동조하고 집단행동을 한다. 군중심리는 일종의 인간의 생존본능에 속하는 것이다. 먼 옛날 원시인은 외부적으로 침입을 받기가 쉽고 생존이 쉽지 않은 척박한 환경으로 인하여 생존을 위해서는 친족이나 가까운 이웃을 중심으로 부족을 이루어 살 수밖에 없었다. 혼자서는 외부의 공격이나 위험한 환경으로부터 자신을 보호하기가 어려웠기 때문이었다. 공동체를 이루고 함께 살아가려면 공동체 내에 안정과 평안을 위하여 공동의 질서와 규정이 필요하다. 원시시대부터 인간이 공동체 생활을 통하여 보호받음과 동시에 공동체의 규율을 지킴으로써 평안함을 얻었다.

인간은 집단의 일원이 되면 자연스럽게 공동체의 질서를 준수해야 함을 안다. 인간은 살아가면서 하나 이상의 집단의 범주에 소속되고 집단의 구성원으로서 자신의 역할을 행하게 된다. 이렇게 개인이 속한 공동체는 각 공동체의 질서유지를 위한 규범을 기준으로 그 범주에 근거하여 개인들은 행동과 태도를 결정한다. 이런 과정에서 집단의 규정이 너무 엄격하거나 집단의 리더가 독단적일 경우 집단은 개인의 태도와 행동에 지대한 제약을 주거나 영향력을 미치게 되는 현상이 발생할 수도 있다. 이것이 군중심리가 발생하는 이유가 된다.

다른 한편으로 사람들은 때때로 집단 속에서 자신을 숨기고 익명성을 이용하여 자극적인 말을 하거나 행동을 함으로써 다른 사람을 흥분시키거나 선동하는 경우가 있다. 집단 속에서 그와 같은 활동을 하더라도 자신의 행동에 대한 도덕적 책임을 지지 않아도 된다고 착각한다. 이는 군중심리를 자극하는 것으로서 이에 자극을 받아 편승하게 되면 사람들은 자기다운 자신의 개성을 잃어버리고 자신의 주관을 상실하거나 자신만의 개성을 잃어버리기도 한다.

군중심리의 특성으로는 이름이 알려지지 않는 익명성anonymity, 감염되는 전염성contagion, 무서운 암시성suggestibility 등으로 표현된다. 개인은 외로움이나 두려움을 느끼면 집단에 속하기를 원한다. 집단은 소속된 개인에게 좋은 영향을 미치기도 하지만 부정적인 영향도 미칠 수 있다. 르봉이 주장한 사회적 정체성 이론social identity theory에 의하면

그림 32　솔로몬 애쉬의 실험

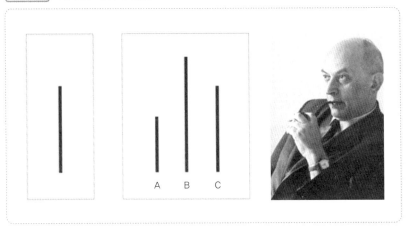

집단은 개인에게 단순히 자신의 정체성의 확립에 도움을 주기보다는 정체성 자체를 바꾸어 버릴 수도 있다. 집단의 자부심과 자존감을 높이려고 외부인과 내부인을 비교해서 소속되지 않은 외부인을 저평가하거나 편견을 갖게 한다. 가령, 부자와 가난한자, 진보와 보수, 기성세대와 신세대 등으로 집단을 분류하고 상대를 비교하고 비난하거나 비판하기도 한다.

　솔로몬 애쉬Solomon Asch, 1951에 의하면 집단의 압력이 작용할 경우 집단에 속한 일원이 집단의 압력에 동조하는지를 살펴보았는데 개인은 사실이 아니어도 집단에 따라가는 경향을 보인다는 것이다. 틀린 대답을 한 이유는 개인마다 차이가 있었다. 실제로 다른 사람들이 옳다고 생각해서 틀린 답을 따라 간 경우도 있지만 틀린 대답인 줄 알면서도 다른 의견을 내기 싫어서 따라간 경우도 있었다. 그룹 내의 개인은 집단과 다른 의견을 낼 경우 집단 비난과 압력을 본능적으로 두려워하기 때문에 이를 부담스러워 한다. 애쉬의 실험에서 흥미로운 점은 정확한 대답을 하는 동료가 있을 경우 당사자는 용기를 얻어 정답을 말하는 사람이 증가하였다. 동반자가 있으면 집단압력의 힘이 약화될 수 있다는 것이다.

나아가 스탠퍼드대학교의 스탠리 밀그램Stanley Milgram은 '권위에 의 복종'이라는 실험에서 개인은 권력에 대하여 무조건적으로 복종하는 경향이 있음을 보였다. 즉, 이 실험에서 참여자들에게 실험의 목적을 알려주지도 않고 선생님 역할을 맡겼다. 참여자들은 칸막이 너머에 있는 실험에 참여한 학생이 문제를 틀릴 경우 전기충격을 가하도록 했다. 학생이 문제를 틀릴 때마다 전기 충격의 강도를 높이도록 했다. 칸막이 너머의 학생들은 전기충격이 가해지면 무조건 고통스러운 연기를 하였고 참여자들이 이 소리를 모두 들을 수 있도록 실험실이 설계되었다.

실험 결과, 참여자 대부분은 학생의 괴로운 목소리를 듣고 몇 번 전기 충격을 가한 후 더 이상 못하겠다는 의사를 표현했다. 그러나 이 때 실험설계자가 "결과에 대해서 자신이 모두 책임지겠다."는 말을 하자 참가자의 65%가 전기충격을 최고치인 450V까지 가하였다. 이후 후속실험에서는 이 지시를 거부하는 사람이 나올 경우 그 다음 이행비율이 급격하게 감소하였고(10%대), 권위를 가진 사람이 실험을 그만두라고 명령할 경우, 이행비율이 0%로까지 저하되었다고 한다. 실험이 끝난 후, 참가자들에게 왜 전기 충격을 가했느냐고 물었을 때, 참가자들은 단지 그냥 "시켜서 했다."고 답했다. 이 결과에서 알려주는 사실은 집단상황에서 사람들은 절대적인 권력에 복종한다는 것이다. 또한 집단 상황에서는 나쁜 행위도 '책임감 분산' 효과가 발생하므로 쉽게 행한다는 것이다.

그림 33 **스탠리 밀그램(Stanley Milgram)의 실험 – '권위에의 복종'**

　　이러한 군중심리의 사례를 일상생활에서 긍정적으로 적용해보자. 예를 들어 아이들이 TV를 많이 보고 컴퓨터 게임을 자주 하는 가정을 가정하자. 가정에서 부모는 아이들의 행동에 주된 영향을 미친다. 만약 부모가 매일 같이 거실에서 TV를 보지 않고 책 읽는 것을 보여주면 아이들도 마냥 TV만 볼 수는 없고 부모의 눈치를 보게 된다. 부모가 가정에서 책 읽는 분위기로 바꿔버리면 책을 안 읽으면 인정받지 못한다는 것을 자연스럽게 인식하고 따르게 된다. 마찬가지로 유유상종이라고 같이 어울리는 그룹이 중요한 이유도 동일하다. 아무리 착한 학생도 항상 같이 생활하는 친구들이 나쁜 친구들이라면 그 착한 학생은 나쁜 행동을 하고 싶지 않더라도 그 집단 내에서 왕따를 당하지 않으려고 나쁜 행동을 거부하기가 어려워진다. 유사하게 군중심리를 좋은 면으로 활용한 사례도 주위에 많이 있다. 가령, 한국에서도 국가가 어려울 때 국가적 차원의 집단동조효과를 경험한 적이 있다. 즉, 새마을 운동, IMF 때의 금 모으기 운동 등도 집단동조효과를 좋은 관점으로 이용한 것이다.

전통적 경제학에서는 한 사람의 결정이 다른 사람의 행동에 영향을 받아서는 안 된다고 믿는다. 그러나 현실에서는 이와 다르게 맛이 없는 집이라도 사람이 많으면 궁금해서 따라서 시식을 해보게 되고 남들이 흥미로워 하는 물건을 보면 따라서 사보게 되는 것이다. 가령, 이번 여름에 무더위로 날개 없는 전동 손선풍기가 인기를 끌고 있다. 더위 때문에 다른 사람이 들고 있는 전동 손선풍기를 생각없이 따라서 사게 된다. 마케팅 전문가, 조나 버거Jonah Berger는 "우리가 내리는 모든 결정의 99.9%는 타인에 의해 이뤄진다. 타인의 영향을 받지 않는 결정이나 행동은 찾기 힘들다."고 주장한다.

(2) 레밍효과와 퍼스트 펭귄효과

레밍효과lemming effect란 아무 생각없이 남들이 하는 행동을 무조건 따라하는 행동을 말한다. 우리에게 익숙한 독일 동화 가운데 '그림 Grimm'형제의 〈피리 부는 사나이〉가 있다. 동화에서 피리 부는 사나이의 직업은 쥐잡이다. 그는 자신의 피리로 쥐를 조종하여 모든 쥐를 강물로 유인하여 퇴치한다. 실제 동물세계에서 동화에 등장하는 쥐처럼 '집단자살'이 존재한다. 대표적인 동물이 유럽 북부 지역에 서식하는 레밍lemming이다. 레밍은 나그네 쥐, 들쥐 같은 종족으로 무리를 지어서 이동한다. 때로는 맨 앞의 쥐가 벼랑으로 떨어지면 그 뒤의 쥐들도 그대로 그 뒤를 이어 떨어져서 집단 자살을 한다. 레밍은 무리지어 활동하는 것을 좋아하기에 한 마리가 뛰기 시작하면 왜 뛰는지도 모르면서 그냥 같이 따라서 뛴다. 그러다 그들은 절벽을 만나고 함께 추락하곤 한다. 이러한 레밍의 집단자살의 원인으로는 여러 가지 주장들이 있다.

기상 이상에 의한 현상, 개체증가에 의한 먹이부족으로 인한 자살 등이다. 현재 가장 유력한 주장은 레밍효과로서 군중심리群衆心理에 의한 자기파괴 행동을 하는 것이라는 설명이다.

인간세계에서도 어리석은 행동인 '레밍효과'를 자주 찾아볼 수 있다. 1913년 미국의 오하이오주 콜럼버스라는 도시에서 댐이 무너졌다는 소문이 퍼졌다. 소문의 시작은 어떤 한 사람이 댐의 반대편으로 뛰면서 일어났다. 이 사람의 행동을 보고 도시의 모든 사람들이 '댐이 무너졌다'는 소문을 진짜로 믿고 뛰기 시작하였다. 도시에 있던 대부분의 사람들이 전속력으로 달리기 시작했고, 그 무리가 순식간에 십여 킬로미터까지 불어났다. 이 소동은 한참이 지나서 사실이 아님을 확인하고서 다행히 진정되었다. 이러한 레밍효과는 일상에서 자주 일어나곤 한다. 특히 사이비 종교집단의 레밍효과의 피해는 아주 심각하다. 레밍으로 피해를 입지 않으려면 자신의 주관을 가지고 본인이 선호하는 것과 그렇지 않은 것을 명확히 구분하고 다른 사람의 선동에 부화뇌동하지 말아야 한다. 자신이 너무 유행에 민감하거나 남의 말에 쉽게 휩쓸리지 않도록 조심해야 한다. 집단 속에서 타인과 함께 하되 자신의 정체성을 항상 갖고 주체적으로 행동하는 것이 필요하다. 집단이라는 울타리에 너무 자신을 맡기는 것은 레밍효과에 영향을 받기가 쉬우므로 유의해야 한다.

이와 반대로 긍정적인 퍼스트 펭귄효과는 펭귄들이 천적이 무서워서 바닷물에 들어가지 못할 때, 가장 먼저 들어가 동료들에게 용기를 주는 펭귄이 퍼스트펭귄이고 이 퍼스트펭귄이 집단에게 주는 긍정적인 효과를 말한다. 펭귄과 레밍의 차이는 무엇일까? 퍼스트 펭귄은 바로 자신이 무엇을 하고 싶어 하고 해야 하는지 정확히 알고 있다는 점이다. 집단에 긍정적인 효과를 주기 위하여 인간은 먼저 퍼스트 펭귄이 되어야 한다. 자신이 먼저 조직 내에서 좋게, 따뜻하게, 축복하는 말을 건네는 것이다. 조직에서 긍정적인 역할은 좋게 그리고 긍정적으로 자꾸 말해주는 것이다.

그림 34 레밍 vs 퍼스트 펭귄

(3) 현명한 개인도 군중 속에선 바보

에버릿 딘 마틴Everett Dean Martin, 1880~1941은 1920년 펴낸 『군중 행동』에서 군중이 왜 분위기에 휩쓸리고 부화뇌동하는지를 설명하였다. 그에 의하면 개인은 현명하고 합리적이지만, 군중의 일원이 되는 순간 바보가 된다. 현명한 개인도 집단의 일원이 되면 획일적 사고에 갇히기 십상이라는 것이다. 군중은 '개인 안에 존재하는 또 다른 자아'라고 규정했다. 마틴에 따르면 군중 속에서 개인은 자신이 믿고 싶은 것만 믿고 진실을 알려고 하지도 않는다. 또한 개인은 군중에 자신을 일체화시킴으로써 혼자일 때와는 다른 인격체로 행동한다는 것이다. 군중의 일원으로 행동하기에 책임소재는 불분명해지고 감정적으로 흐르기 쉬워서 과격해지기도 한다는 것이다. 대다수 사람들은 혐오스런 대상에 처음에는 호기심 때문에 관심을 보이다가 모욕으로 바뀌고, 누군가 일격을 가하면 그 순간 집단폭행이 자행되기 시작한다. 그런 폭행은 '정의를 위한 일격'이라는 구실로 정당화된다. 르봉은 이를 '군중의 심리적 단일화 법칙'이라고 불렀다. 이는 군중 속에서 개인은 없고 개인의 특성과 전혀 관계없는 집단의 군중심리가 형성된다고 본다.

역사적으로 존재하는 군중의 보편적 속성은 스스로를 높이고 스스로에게 환호하며, 자화자찬하고, 스스로 도덕적 우월성을 지녔다고 생각하고, 권력을 지니면 다른 모든 사람 위에 군림하려 한다. 개인이 사회의 집단이나 파벌을 형성하여 군중으로서 생각하고 행동하면 '국민'으로 행동한다고 믿는다. 하지만 그 이면을 들여다보면 무의식적 심리에는 군중으로서의 욕망이 내포되어 있다는 것이다. 군중심리는 무의식에서 억압된 것들이 콤플렉스로 나타난 것으로 본다. 군중의 욕망은 강박관념과 피해의식, 열등감 등과 결부되어서 폭동이나 인종주의, 왕따, 영웅숭배, 마녀사냥 등의 다양한 사회문화의 형태로 나타난다. 이는 과거부터 현재에 이르기까지 세계 도처에서 특정 소수의 권력유지와 이해관계로 다수의 집단에서 나타난다.

예를 들면 독일 국가사회주의 노동자당인 나치당the Nazi의 지도자인 아돌프 히틀러Adolf Hitler는 가장 발전된 문화와 과학의 국가였던 독일에서 민족주의와 반유대주의라는 군중심리를 정치적으로 이용하였다. 히틀러는 제2차 세계대전을 일으켰고, 유태인 수백만 명을 학살했기 때문에 대부분의 사람들은 그가 전 세계를 전쟁으로 몰아넣은 천하의 악당이자 인류의 원흉 정도로 생각할 것이다. 다른 한편으로 히틀러는 주변 사람들에게 아주 친절했고, 또한 청렴하였다. 담배와 술을

그림 35 평화를 상징하는 고대 상징 기호, 스와스티카(the Swastika), 나치문양, 히틀러

멀리 했고 예술을 사랑하였으며 세계 최초로 동물보호법을 제정하기도 했다. 심지어 1939년에는 노벨평화상 후보에 추천되기도 하였다. 예를 들면 나치의 문양, 하켄크로이츠는 원래 산스크리트어로 스와스티카the Swastika라고 하는데, 평화를 상징하는 고대 상징 기호이다.

처음 나치는 일반적인 정당이라기보다는, 사교Cult 집단에 가까운 측면이 있었다. 그리고 이미 오래전부터 독일에서는 반유대주의 집단에서 신지학神智學적 사교성이 자리잡고 있었다. 신지학은 19세기에 헬레나 블라바츠키Helena P. Blavatsky를 중심으로 설립된 신지학 협회에서 비롯된 밀교, 신비주의적인 사상 철학 체계이다. 모든 종교, 사상, 철학, 과학, 예술 등의 근본적인 하나의 보편적인 진리를 추구하는 것을 목표로 하고 있다. 원래 신지학의 목적은 신의 계시를 스스로 직관으로 인식하는 방법에 대한 것을 개인적 수준에서 보다 나은 정신을 연마하려는 것이었지만, 나치는 이를 변형하여 국가주의에 도입하게 된다.

이렇게 변형된 신지학에 오딘(Odin, 게르만 족의 신)을 숭배하는 북유럽의 이교적 전통이 결합되고 오르도 노비 템플리the Ordo Novi Templi라는 이단적 수도회를 창립한 란츠 본 리벤펠츠Lanz von Liebenfels의 극단적 사상도 받아 들인다. 리벤펠츠는 가톨릭 수도자임에도 불구하고, 아리안 족만이 신의 인간이라고 주장하였다. 흑인과 같은 하등 이민족이나 병자는 종족을 없애야 한다고 주장한다. 이러한 수도사 리벤펠츠의 주장은 나치당의 부총통이 된 루돌프 헤스Rudolph Hess와 SS 친위대를 지휘했던 하인리히 힘러Heinrich Himmler에게 큰 영향을 준다.

히틀러를 비롯한 나치 독일의 주요 인물은, 투철한 애국심, 근면함과 성실성, 목표에 대한 강한 확신과 희생정신을 가지고 있었다. 나치 독일이 패망한 것은 지도부가 사리사욕을 챙기고 부정부패에 물들었기 때문이 아니라 나치당, 즉 국가 사회주의 독일 노동자당의 주요 강령과 정책 방향이 사이비 이교집단의 왜곡된 신앙과 사상에 근거하고 있었기 때문이다. 이러한 비정상적인 사상을 받아들인 나치당이 히틀러의 강력한 리더십을 만나면서 엄청난 규모의 왜곡된 국가적 집단이 되어버린 것이다. 독일의 나치Nazi는 인간의 잠재의식을 적극 활용하였다. 냉철하고 이성적이며 합리적인 독일인들도 히틀러와 괴벨스의 선동에 넘어가 집단 광기에 빠져 절대 다수가 히틀러를 신봉한 결과, 유대인 학살과 전쟁의 광풍 속으로 휘말려 들어갔다. 괴벨스는 "99개의 거짓과 1개의 진실을 섞으면, 진실만을 얘기할 때보다 더 효과적이다."라고 말했다.

한편, 정신분석학자, 지그문트 프로이드Sigmund Freud는 자신의 책, 『토템과 터부Totem and Taboo』에서 종교의 심리적 기반을 설명한 바 있다. 강력한 아버지로부터 벗어나고 싶은 욕망과 동시에 아버지로부터 벗어나지 못하는 불안이 인간에게 강박적인 신경증을 유발하며, 이러한 강박적 신경증이 모든 종교의 기초가 된다는 것이다. 간단히 말해서 고통을 주면서 성적 쾌감을 느끼는 사람은, 알고 보면 고통을 받으면서도 비슷한 쾌감을 느낀다는 것이다. 강박적 신경증으로 히틀러는 자신을 지배해 줄 강력한 존재, 즉 피학을 제공할 대상을 필요로 했고, 그 역할을 왜곡된 나치당의 사상이 대신해 준 것이다.

정신분석가, 에리히 프롬Erich Fromm은 자신의 책인『자유로부터의 도피Escape from Freedom, 1941』에서 이렇게 말했다.

> "히틀러는 다른 사람을 통치하고 지배하려고 했지만, 그것이 그들을 위한 일, 그리고 자연의 영원한 법칙을 따르는 일이라고 믿었다. 그럼으로써 그는 자신의 지배를 합리화하였다. 또한 그는 자신의 외부에서 오는 어떤 힘에 복종하고 싶어했다. 그러한 복종을 통해서 자신의 권력욕을 합리화할 수 있었다."

이처럼 군중심리에 편승하는 것은 자신의 모든 생각과 언행을 집단화하는 것이므로 집단에 속한 심리적 안정감을 줄 수는 있지만 자신의 독립된 사고와 창조적 사고를 잃어버리게 된다. 군중심리에서 탈피하기 위해서는 자신만의 생각, 개성, 의식 등을 항상 갖추고 있어야만 가능하다. 남들이 과거에 하던 대로 하거나 과거 경험에 너무 의존하게 되면 군중심리에서 빠져나오기 어렵다. 남들과는 다른 자신만의 생각을 가지고 입장과 위치를 바꾸어 보고 환경을 전환해 보면 의외로 삶이 새로워지고 독립성을 가질 수 있다. 우리는 타인을 지배하고 마음대로 다루고 싶은 충동, 혹은 타인에게 기대어 자아를 버리고 의존해 버리고자 하는 충동에서 자유로워 질 때, 진정한 자유를 얻을 수 있을 것이다.

(4) 상황을 바꾸는 심리변화 3의 법칙

　　상황을 바꾸는 심리실험을 통하여 심리변화를 살펴보자. 세 명의 남자가 거리 한 복판에서 뭔가를 발견한 듯 하늘을 올려다본다. 하늘을 보는 사람이 한 사람일 때는 아무도 이 사람에게 관심을 갖지 않고 이 사람을 이상한 사람으로 취급한다. 이 때 두 번째 사람이 등장한다. 두 사람이 하늘을 쳐다봐도 다른 사람들은 크게 반응을 보이지 않는다. 간혹 이상하다는 듯 곁눈질로 쳐다보는 정도이다. 첫 번째와 두 번째에 이어서 이제 세 번째 사람이 합류하고 세 사람이 동시에 아무것도 없는 하늘은 올려다본다. 이 때 수많은 사람들은 '하늘에 무슨 일이 일어나고 있는 거지?'라며 의문을 품고 다 함께 하늘을 올려다보기 시작한다. 한 명, 두 명일 때는 아무 관심이 없다가 세 명이 되자 드디어 사람들이 관심을 갖는다. 하늘을 쳐다본 사람들에게 왜 하늘을 올려다보았느냐고 묻자, "무슨 일인가 궁금해서 혹은 다 보니까 호기심에 자신도 올려다보았다."고 한다. 이처럼 한명 혹은 두 명은 다른 사람에게 미치는 영향이 작지만 세 명에게는 상황을 바꾸는 영향력이 숨어 있다.

　　이를 뉴저지의 럭거스대, 조지 켈링George Kelling 심리학교수는 두 명과 세 명의 차이라며 그게 바로 전환점이라고 한다. 세 명이 되니까 전환점이 형성된다고 설명한다. 짐바르도Zimbardo 스탠포드심리학교수는 세 명이 모이면 그때부터 집단이라는 개념이 생긴다고 한다. 그것이 사회적 규범 또는 법칙이 되고 특정한 목적을 갖고 있는 것으로 간주된다. 적어도 세 명이 모여서 같은 행동을 하면 거기에는 특별한 이유가 있다고 본다는 것이다. 또한 세 사람이 함께 하면 누구도 이를 무시할 수 없는 힘이 생긴다. 이것이 3의 법칙으로서 그 무엇이든 할 수 있고 사람의 목숨까지도 구할 수 있는 힘과 영향력을 가진다는 것이다. 이러한 3의 법칙이 생명을 구한 실례를 소개하고자 한다. 2005년 10월 17일 서울의 지하철 5호선 천호역 승강장에서 전동차가 플랫폼에 도착하는 순간 한 승객이 열차와 승강장 틈으로 추락하였다. 이를 보고 어떤 한 승객이 전동차에 손을 대고 큰 소리로 함께 밀어보자고 제안을 하였다. 잠시 후 승객들이 내려서 한 사람이 가세하고 또 한 사람이 밀기 시작하면서 전부 힘을 모아서 밀기 시작했고 33톤의 열차가 움직이는 기적이 발생하였다. 전동차가 움직이는 그 사이에 승객들은 선로에 낀 사람을 안전하게 구출하였다. 이렇게 한 사람의 목숨을 구할 수 있었던 것은 그 곳에 3의 법칙이 있었기 때문이다. 나 그리고 나와 뜻을 같이하는 사람이 모이게 되면 전체를 바꿀 수 있는 놀라운 상황이 된다는 것이다. 우리는 상황에 지배되는 평범한 인간이지만 상황을 긍정적으로 바꾸는 것 역시 우리이다.

(5) 호모필리 패러독스

호모필리homophlily란 끼리끼리 어울리는 현상을 말한다. 우리말로는 유유상종類類相從을 의미한다. 우리는 때때로 모르는 사람과 만나서 이야기하다가 서로 공통점을 발견하고는 친근하고 즐거워지는 경험을 한다. 그 중에서 서로 맞는 사람을 만나면 그 관계가 지속되기도 한다. 전통적인 오프라인 상의 네트워크는 유유상종의 현상이 잘 나타난다. 유명연예인들은 연예인들끼리 만나고 성공한 사람들은 성공한 사람들끼리 만나며 예술가들은 예술가들끼리 자주 만난다. 특히 최근에는 온라인상의 네트워크도 아주 활발하다. 인터넷의 발달로 세상은 더욱 좁아지고 온라인 상의 다양한 소통방식과 주제별로 사람들이 유유상종으로 모이고 소통한다. 이러한 유유상종하는 현상은 왜 일어나는가? 소통이론에 의하면 동질성원칙homophily principle과 이질성원칙heterophily priciple이 존재한다. 사람들은 근본적으로 같은 성향을 가진 사람들을 더 선호하는 경향이 있다. 즉, 이질성보다는 유사성이 있는 사람을 더 선호한다. 사람들은 사회적 지위나 직업, 성향이 비슷할수록 서로 친근감을 느끼고 상대적으로 많이 접촉하며 긴밀한 네트워크를 형성한다. 나아가 시간이 지나면서 네트워크는 시스템화되고 내부의 소통력이 강화되면서 '동질성'이 더욱 증가한다. 동질성원칙은 인간 사회의 모임에서 자연스럽게 일어나는 군집화 현상이라 할 수 있다.

그러나 동질성이 강해져서 내부 집단화가 공고해 지면 외부의 이질성을 받아들이지 않고 외부와 격리되는 현상인 '호모필리 패러독스homophlily paradox', 즉, 유유상종의 역설이 나타날 수 있다. 사람들이 지나친 동질성을 가진 집단으로 변모되면 외부의 새로운 사람들과 새로운 정보와 아이디어를 접할 수 있는 기회를 잃게 되어서 사회는 연결되고 통합되는 것이 아니라 단절되고 분절된 조직으로 변모해 버릴 수 있다. 우리끼리만 더 친해지고, 더 소통하지만 외부 사회와는 더 단절되고 소통하지 않는 현상이 발생할 수도 있다. 우리 사회에도 이런 현상들을 자주 접하게 된다. 가령, 과거에 의약분업이 사회적 이슈가 되면서 의사들은 자기들끼리 단합하고 약사들은 약사들끼리 단합하여 자신들의 이익을 주장하는 모습이 신문지상에서 핫이슈가 되었던 적이 있다. 두 집단은 각각 내부적으로 이해관계가 일치하여 문제가 없지만 사회적으로는 단절되어 국민들의 눈살을 찌푸리게 하였다. 뿐만 아니라 노사 간의 갈등도 이와 유사하다. 노동자 집단은 같은 노동자의 권익과 임금을 확대하는데 모두 동의하지만 사용주 입장은 회사가 어렵기 때문에 노동자의 임금과 복지확대는 아직 시기상조라고 생각한다. 이와 같은 양측의 대립과 갈등이 국가경제와 국민의 입장은 전혀 고려하지 않고 극렬히 대치되어서 국가와 사회에 큰 피해를 가져온 사례도 자주 있었다.

이처럼 우리끼리 친밀하게 소통하고 관계하면 그 소통이 발전되고 확장되어서 통합된 사회를 이룰 수 있다고 생각할 수도 있지만 이러한 현상이 항상 바람직한 것은 아니다. 사람들 간의 네트워크는 크게 집단의 내부적으로 향하는 강한 소통과 집단의 외부로 향하는 약한 소통이 존재한다. 일반적으로 강한 연결과 약한 연결 가운데서 사회 전체의 통합을 이루어 내려면 약한 연결과 소통이 활성화되어야지, 강한 연결과 소통이 활성화되면 어려워진다는 것이다. 이것이 바로 약한 네트워크가 가지고 있는 강한 힘의 원리the strength of weak ties라고 할 것이다. 이처럼 약한 네트워크가 잘 갖추어져 있지 않은 사회는 쉽게 분열하고 대립할 가능성이 높다. 그러므로 집단내부의 강한 동질적 네트워크를 지나치게 강조하기 보다는 집단 외부의 이질적인 것에 보다 개방적인 요소가 사회의 발전과 통합에 중요한 요소가 된다. 우리가 알아야 할 놀라운 점은 이러한 이질적인 것에 접하는 통로나 연결이 지속적으로 일어나지 않았다면 사회는 정체되고 크게 발전할 수 없었을 것이란 사실이다.

최근 들어 트위터나 페이스북과 같은 소셜 미디어의 폭넓은 이용 현상은 이러한 호모필리와 호모필리의 역설 현상을 잘 보여주고 있다. SNS의 발달은 1차적으로 동질성 조직을 확대한다. 이것이 너무 지나쳐서 온라인 상의 모임이 끼리끼리 소통을 강화함으로써 호모필리의 역설을 가져올 수 있다. 즉, 지나친 동질화가 자기들끼리 만의 분절화되고 단절된 폐쇄적 소통방식을 만들어 낼 수도 있다. 그렇지만 온라인 상의 네트워크는 현실의 오프라인 상의 분절되고 단절된 집단 내의 끼리끼리의 소통을 극복하고 보다 더 큰 집단으로 건전하고 개방적으로, 외부로 향한 약한 유대의 연결망을 확장시켜준다. 물론 강한 소통과 약한 소통은 각각의 장단점을 가지고 있다. 강한 소통은 그 양과 횟수는 적을 수 있다. 현실에서 지지를 받지 못하는 의견이나 주장도 같은 집단 내에서는 감성적이고 충동적 동조가 일어나고 순식간에 다수의 의견과 주장처럼 비춰질 수도 있다. 반대로 약한 소통은 그 양과 횟수는 많지만 진정으로 필요한 대화는 감소하고 인간은 더 외로울 수 있다. 그러나 약한 소통으로 SNS의 자정능력이 생각보다 성공적으로 작동하여서 황당한 주장은 현실 오프라인보다 더 효과적으로 걸러낼 수 있다. 아직은 이러한 개별 상황들에 대하여 일반화한다는 것은 매우 어렵다. 아직까지 새로운 온라인상의 네트워크가 완벽한 사실들을 보여주기에는 미흡하고 계속 발전 중에 있기 때문이다. 온라인 상의 소통공간들은 개방되어 있지만 동시에 편견과 차별도 많이 존재한다. 또한 서로 간의 동질성뿐만 아니라 이질성도 확인하게 된다. SNS의 특성인 익명성과 차명성 또한 공격성으로 인하여 많은 갈등과 싸움이 일어나기도 한다.

건강한 사회연결망은 내부의 강한 동질적 연결과 외부로 향한 약하지만 중요한 이질적 연결이 균형과 조화를 이루는 것이 가장 바람직하다. 그 균형이 깨질 경우, 예를 들어 내부적 유대가 너무 강하고 외부 연결이 제 기능을 발휘하지 못할 때, 내부에서 비슷한 생각과 의견만 계속 돌고 강화되는 집단사고가 발생할 수도 있다. 반대로 내부 연결망이 매우 약하고 외부로 향한 약한 유대 관계가 강하게 작용할 때, '군중 속의 고독'이 발생하여 함께 있으나 함께 있는 것 같지 않은 외로움을 느낄 수가 있다. 결론은 '약하지만 강한 유대'가 발달한 사회가 건강한 사회이다. 우리는 과거 어느 때보다 이런 이질적 유대가 필요한 사회로 진화되고 있다.

2. 밴드왜건효과

(1) 편승효과와 소비

밴드왜건band wagon이란 행렬을 선도하는 서커스나 퍼레이드 행렬의 맨 앞에서 밴드들이 탄 마차를 말한다. 악대차가 연주하면서 지나가면 사람들이 모여들기 시작하고 몰려가는 사람을 바라본 많은 사람들은 무엇이 진행되고 있는지 궁금하여 뒤따르면서 군중들이 모여드는 현상을 비유하여 밴드왜건(편승)효과라고 한다. 이러한 효과가 발생하는 것은 사람들이 자신의 생각보다 다른 사람의 생각이나 행동에 크게 영향을 받고 거기에 비중을 두고 의존하기 때문이다. 주위 사람과 다르게 보이거나 또는 전체집단 앞에서 자신이 어리석게 보이는 것을 기피하기 위하여 자신의 생각보다는 다른 사람의 생각에 크게 의존하는 편승효과는 1952년에 발표된 사회심리학자인 솔로몬 애쉬Solomon Asch 교수가 주장하였다. 그의 주장에 의하면 사람들은 앞사람이 틀린 것을 알고도 그들의 틀린 답을 따라갔다. 그 이유는 앞 사람들이 선택한 답을 일종의 사회적 압력으로 간주하고 자신도 이를 선택한 것이다. 즉, 주위의 다수의견을 일종의 사회적 대세로 간주한 것이다. 다른 일부는 모든 사람들이 선택했으므로 이 답이 옳을 것으로 생각하고 자신이 잘못 본 착시를 숨기기 위해서 다수의 의견에 따랐다고 말하였다.

정치학에서는 선거운동에서 우세를 보이는 후보 쪽으로 투표자가 가담하는 현상을 밴드왜건효과라고 한다. 이는 사람들에게 처음에는 별 관심을 끌지 못했던 후보가 우세를 보이면 자신이 지지했던 후보를 포기하고 우세를 보이는 후보 쪽으로 전환하는 현상을 말한다. 이를 보여주는 사람들의 심리적 현상을 설명한다면 설령 내 의견이 옳다고 생각해도 주위 사람들의 다른 생각과 충돌하면서 사는 것이 마음 편하지 않으므로 다른 사람의 생각을 확인하고 이에 따르는 것이 더 낫다는 것이다. 일종의 다수가 선택하는 쪽을 따라가겠다는 것이다. 밴드왜건이 선거 유세에 등장하여 각광을 받은 것은 1848년 대선 때부터 시작되었다고 한다. 휘그당 후보인 재커리 테일러Zachary Taylor는 광대인 댄 라이스Dan Rice라는 자신의 지지자와 함께 선거 유세를 돌았다. 결국 테일러가 제12대 대통령에 당선되자 언론에서 그 승리의 요인으로 밴드왜건효과를 지적하였고 그 이후 많은 정치가들이 밴드왜건효과를 활용하기 시작했다. 그런데 밴드왜건은 1920년대에 사라졌지만 현대적 밴드왜건의 대형 이벤트는 아이젠하워-닉슨 밴드왜건Eisenhower-Nixon band wagon으로 1952년 대선에서 다시 등장하였다. 미국 공화당은 25톤짜리 트레일러를 화려한 밴드왜건으로 개조해서 아이젠하워-닉슨의 유세지에 미리 파견하여서 휘황찬란하고 들뜬 분위기를 조성하였다. 이 밴드왜건은 아이젠하워-닉슨의 승리에 주요하게 활용되었다. 즉, 밤에는 10마일 떨어진 곳에서도 보인다는 대형 서치라이트를 장착하였고 32일간 29개 도시에서 이를 이용하였다.

한편, 전통적인 경제이론에서 소비자의 소비 의사결정은 다른 소비자의 선택에 영향을 받지 않는다고 가정한다. 하지만 현실적으로 사람들은 다른 사람들의 소비행태에 의해서 영향을 받는다. 대부분의 사람들은 함께 하는 사람들의 먹는 습관과 먹는 양에 영향을 받는다. 경제학에서 밴드왜건효과는 다른 사람들이 어떤 상품을 소비하기 때문에 그 상품의 수요가 증가하는 현상을 의미한다. 한 사람의 상품선택은 타인의 선택유형에 따라서 자신의 상품선택을 바꾸기도 한다. 미국의 하비 라이벤슈타인Harvey Leivenstein은 이를 네트워크효과라고 명명하였다. 즉, 하비 라이벤스타인의 네트워크효과란 어떤 상품에 대한 수요가 형성되면 그 수요가 다른 사람들의 수요에 영향을 미치는 것을 말한다. 실제 이루어지는 소비자의 선택의 흐름은 약자가 승자를 따라하는 밴드왜건효과로 나타난다. 대부분 부유한 사람들이 선택하는 것을 중산층이나 약자들이 따라서 선택하려고 하는 경향을 보인다고 한다. 소비자의 이러한 편승하려는 소비효과를 활용하여 기업들은 매출을 증대시키려고 충동구매를 유도하는 마케팅기법으로 활용한다. 예를 들어 '매진임박', '한정판매', '한정수량'과 같은 문구로 소비자를 현혹한다. 이러한 현상은 사회적 혹은 문화적으로도 영향을 미치고 이슈가 되어서 붐을 일으키기도 한다.

(2) 웨딩드레스는 흰색이어야 한다?

행동경제학의 원리는 경제행위에만 적용되는 것이 아니라 관습이나 풍습이라고 부르며 무비판적으로 수용하고 따르는 일련의 행위들에 활용되기도 한다. 사실 인류의 문화 행태라 할 수 있는 관습은 경제적인 요인만으로 형성된 것은 아니다. 하지만 경제원리도 그러한 관습이나 풍습을 형성하고 지속시키는데 중요한 요인으로 작용하여 왔다. 가령, 결혼식 예물로 다이아몬드나 금반지를 선물한다거나 크리스마스에 친지들에게 선물을 주고받거나 혹은 설날에 세뱃돈을 주는 관습이나 풍습은 어떻게 만들어진 것일까? 그 중 결혼의 예물로 다이아몬드 반지가 사용된 연원을 살펴보자. 결혼예물로 처음에는 금반지가 사용되었는데 그 이유는 반지가 휴대하기가 쉽고 간편하며 결혼생활이 금과 같이 영원한 사랑과 부귀를 누리라는 의미이다. 다이아몬드 반지가 사용된 기원은 오스트리아 막시밀리안 대공이 그의 신부, 메리에게 다이아몬드반지를 선사하면서 시작되었다. 이후 귀족들이 결혼반지로 사용하여 오다가 일반인들이 사용하게 된 계기는 구매력이 가능하면서 부터이다. 다이몬드 광산이 많이 발견되고 일반인들의 소득수준이 증가하면서 이를 구매할 수 있게 된 것이다. 1947년 드비어스라는 다이아몬드를 판매하는 기업이 '다이아몬드는 영원하다.'는 다이아몬드 반지를 광고하면서 다이아몬드는 영원한 사랑의 상징으로 자리잡게 된 것이다.

비슷하게 지금은 너무나도 당연하게 여기는 '웨딩드레스는 흰색이어야 한다'는 관습이 어떻게 생성된 것인가? 원래 웨딩드레스는 흰색이 아니었다. 20세기 이전까지 결혼식을 묘사한 여러 그림이나 문학작품의 내용을 들여다보면 심지어 검은 색의 웨딩드레스도 있었다는 것을 알 수 있다. 그렇다면 하얀색의 웨딩드레스를 대중에게 처음 알리고 이를 따르도록 만든 사람은 누구일까? 그 사람은 바로 1837년에 즉위한 영국의 빅토리아 여왕Queen Victoria이다. 그 시대에 영국은 '해가 지지 않는 나라'라고 불리며 최고의 전성기를 누리던 시절이었다. 빅토리아 여왕이 18세의 어린 나이에 세계 최강 국가의 여왕에 즉위하자, 이 소식이 영국뿐만 아니라 전 세계적으로 큰 이슈가 되었다. 그 당시 영국은 국내의 시간이 밤이지만 세계에 산재한 식민지 중 어느 나라는 낮이기 때문에 '해가 지지 않은 나라'로 불릴 정도로 세계에서 가장 강한 국가였다.

　　이러한 어린 여왕의 결혼은 전 세계의 초미의 관심사였는데 사람들이 가장 궁금해 한 것은 누가 여왕의 남편이 될 것인가 하는 것이었다. 빅토리아는 그녀의 외삼촌 격인 벨기에의 왕, 레오파드가 소개한 독일의 삭스 코버그 공국의 알베르트 왕자를 선택하였다. 두 사람은 단 두 번 만난 상태에서 결혼을 선포하였다. 당시 빅토리아 여왕의 결혼식이 얼마나 세계의 관심을 집중시켰는지, 영국 〈더 타임즈〉의 보도는 "이렇게 많은 사람들이 한 자리에 모인 적은 영국 역사상 없었을 것이다."라고 표현할 정도였다. 18세의 어린 신부의 풍부한 감수성이 결혼식에 어떻게 투영될지, 전 세계 모든 귀족을 비롯해 일반인들까지도 주목하기 시작했다. 그녀가 선택한 웨딩드레스는 머리끝부터 발끝까지 전체가 오로지 흰색이었다. 이전의 중세시대까지만 해도 결혼식의 웨딩색상은 붉은색과 검은색이고 흰색은 상복의 색상으로 사용되었다. 빅토리아 여왕은 흰색의 드레스뿐만 아니라 결혼식장 전체를 흰색 중심으로 장식하도록 지시하였다. 각국에서 신부의 들러리로 초청된 12명의 공주들에게도 하얀색 드레스를 입도록 하였다. 그 밖의 모든 것들도 흰색을 사용하여 예식장의 분위기를 연출하였다. 전 세계 여성들은 세계 최고의 권력을 가진 여성이 선택한 웨딩드레스는 바로 흰색이라는 사실을 보게 되었다. 그 후로 많은 여성들이 자신도 순백의 결혼식을 올리길 희망하였다. 오늘날 우리가 결혼식장에서 흔히 볼 수 있는 예식장 장면을 그녀가 처음 구성하였다.

　　특히 그녀는 많은 영국인들의 사랑을 받는 여왕이었기에 그녀의 모든 행동은 추종과 선망의 대상이었다. 따라서 빅토리아 여왕의 웨딩드레스는 다른 사람들의 편승효과를 유발한 원인이 되었고 다른 사람들도 이를 따르게 되었다. 하지만 아무리 존경하고 사랑하는 여왕이 선택한 웨딩드레스라고 해서 많은 사람들이 곧바로 이를 따라할 수는 없다. 이러한 편승효과를 유발하기 위해서는 이를 선택할 수 있는 경제력이 뒷받침되어야 한다. 즉, 일반 대중이 적어도 흰색의 웨딩드레스를 선택할 수 있는 가격수준이 되어야 한다. 흰색 웨딩드레스의 가격이 매우 높아서 일반 대중이 선택할 대상이 못된다면 흰색의 웨딩드레스는 상류층의 전유물로서 동경의 대상에 불과할 것이다. 빅토리아 여왕시대에 일반 평민이 비싼 가격의 흰색 웨딩드레스를 입는다는 것은 결코 쉽지가 않았다. 옷을 가공할 때, 흰색으로 표백하는 것이 진한 색으로 염색하는 것보다 더 어렵고 비쌌다. 그런데 20세기 들어와서 표백 기술이 보편화되었고 흰색 옷감의 가격이 다른 색 옷감의 가격과 비슷한 수준으로 하락하였다. 기술발달로 사람들이 이전보다 더 쉽게 흰색의 옷들을 선택할 수 있는 상황이 되었다. 이와 함께 1920년에 세계적인 디자이너 가브리엘 코코 샤넬Gabrielle "Coco" Chanel이 하얀 웨딩드레스를 선보임으로써 흰색의 웨딩드레스가 다시 선풍적인 인기를 만들었다. 이처럼 오늘날 흰색의 웨딩드레스가 널리 상용화되기까지 빅토리아 여왕과 코코샤넬의 선택, 그리고 저렴한 가격수준이 뒷받침됨으로써 일반 대중들이 이를 쉽게 선택할 수 있게 되었다.

또한 추가적으로 흰색 웨딩드레스를 입고 결혼했던 빅토리아 여왕의 결혼생활도 순탄하고 성공적이었기에 편승효과를 유발하는 데 일조하였다. 그녀는 9명의 자식을 모두 유럽의 주요 왕족들과 결혼시켰다. 이로 인해 빅토리아 여왕은 말년에 '유럽의 할머니'라는 칭호를 얻었다. 이처럼 빅토리아 여왕이 흰색 웨딩드레스를 입고 결혼하고 결혼생활에 대한 다양한 미담들을 남김으로써 전 세계의 많은 신부들은 흰색의 웨딩드레스에 긍정적인 선입견을 갖게 되었고 이를 선망하게 된 것이다.

그림 36 ┃ 빅토리아 여왕의 웨딩드레스

이 웨딩드레스의 사례와 마찬가지로 오늘날에도 많은 사람들이 그들이 선망하는 사람이 입은 옷, 먹는 음식, 사는 거주지를 모방하는 것을 자주 볼 수 있다. 우리가 밴드왜건효과를 추종하는 이유는 다양하다. 예를 들어서, 시대에 뒤지지 않기 위해서, 함께 교류하는 사람들의 행태를 답습하기 위해서, 가까운 사람들과 비슷하게 지내기 위해서, 유행의 첨단에 서거나 스타일을 즐기기 위해서 등등 편승효과는 소비를 증가시킨다. 밴드왜건효과는 선호에 따른 수요의 증가이므로 수요곡선은 여전히 우하향의 형태임을 알 수 있다. 요컨대, 우리는 물건을 구매할 때, 가격, 디자인, 성능 등 여러 가지 요인들을 종합적으로 고려해 구매를 결정한다. 그런데 이 때 우리가 고려하는 사항들은 제품 내부 요인 이외에 다른 사람들이 해당 재화를 얼마나 많이 구매하는지에 따라서 영향을 받기도 한다. 즉, 현실에서는 밴드왜건효과도 작용하여 개인의 소비 행위는 다른 사람의 소비 행위로부터 영향을 받는다.

3. 언더독효과

언더독효과under dog effect란 사람들이 약자에 대하여 더 응원하게 되는 현상을 말한다. 또는 약자로 연출된 주체에게 더 애착을 갖게 되는 현상을 말한다. 즉, 상대적으로 열세인 상황을 극복하기 위해서 노력하는 언더독을 보면서 약자를 응원하는 사람들의 심리를 가리키는 것이다. 조지타운대의 니루 파하리아Neeru Paharia 경영대 교수는 외적 조건의 불리함이 클수록, 성공에 대한 열정과 의지가 클수록, 언더독효과가 더 크게 발생한다고 한다. 사람들이 언더독을 응원하는 심리적 동기는 다음과 같다.

첫째, 불공정의 회복fairness과 정의justice확립이 주된 동기라는 것이다. 경쟁이나 게임에서 한 편이 너무 열세이고 다른 한편이 너무 강하면 대중은 '불공평하다. 옳지 않다'라고 느낀다. 이에 약자 쪽에 편들어 줌으로써 심리적인 균형을 맞추고자 한다.

둘째, 약자를 지지하는 것이 사람들의 만족도를 더 높여준다는 것이다. 언더독의 승리는 예상하지 못한 희박한 승리이기에 그 만족도가 훨씬 크다는 점이다. 약한 상태이기 때문에 패배했다면 당연히 패배를 받아들이고 크게 기대하지 않았기에 실망도 작다. 즉, '밑져야 본전'이라는 자기 위안의 심리가 작동한다.

셋째, 사람들은 너무 잘나가는 편에 대해서는 시기와 질투를 하는 면도 없지 않다. 이를 샤덴프로이데효과schadenfreude effect라 한다.

'샤덴프로이데'란 남의 불행이나 고통을 보면서 느끼는 기쁨을 말하는 독일어이다. 이는 우리나라 속담인 '사촌이 논을 사면 배가 아프다'와 그 의미가 비슷하다. 대중들은 아주 강한 편이 때로는 실패해 주기를 은근히 바라거나 실패했을 때 이를 즐긴다는 주장도 있다. 이러한 심리의 내면에는 공정함을 추구하는 인간 본연의 동기가 작용하고 있다. 쉽게 설명하면 잘 나가는 사람이 실패없이 계속해서 성공하는 것은 공평하지 않다는 심리가 작용한다는 이론이다. 얼마 전 브라질 월드컵 예선에서 상대적 약체인 한국축구팀이 FIFA 세계랭킹 1위이자 강력한 우승후보인 독일을 2대 0으로 이겼을 때, 이미 한국팀이 예선탈락하여 매우 실망한 상태에서 그토록 열광한 것은 언더독효과를 넘어서 세계 최강 독일을 꺾었다는 데 더 큰 기쁨과 희열을 느꼈다고 볼 수 있다. 이것이 바로 '샤덴프로이데'효과의 일종이라 할 수 있다.

노벨경제학상을 받은 미국의 인지과학자인 허버트 사이먼은 강자와 약자를 보는 심리적 편향을 투견鬪犬판에 빗대어 설명했다. 그에 의하면 사람들은 강자인 '탑독top dog'에 비하여 열세에 있는 약자인 '언더독under dog'을 동정하는 심리적 편향을 가진다고 보았는데 이를 언더독효과라고 한다. 그러나 반대로 사람들은 강자의 편을 들고 그 강자를 통하여 자기만족을 추구하는 편향도 역시 가지고 있다. 이는 탑독효과 내지 밴드왜건효과(유행효과)의 일종으로 행렬의 선두에 있는 밴드왜건을 따라 대중들이 몰리는 현상을 말한다. 이러한 상반된 효과를 통하여 알 수 있는 것은 대중이 항상 심리적 일관성을 가지고 있지는 않다는 것이다. 대중의 심리는 미묘하여 때로는 약자를 응원하다가도 약자에 대한 대척점에 있는 강자의 편을 들기도 한다.

코넬대학에서 아주 재미있는 실험을 했다. 1992년 하계 올림픽에서 메달을 수여한 선수들을 분석한 결과, 이상하게 은메달을 딴 선수들이 아닌 동메달을 딴 선수들의 마음이 더 편안하고 행복해 보였다. 왜 은메달을 딴 선수가 더 불행하고 동메달을 딴 선수가 더 행복해 보였을까? 그 이유는 은메달을 딴 선수들은 금메달을 놓친 것에 대한 아쉬움 때문에 즐거울 수 없는 반면에 동메달을 딴 선수들은 메달을 못딸 수도 있었는데 동메달이라도 따서 다행이라는 안도의 기쁨이 있기 때문이라는 것이다.

'우리는 1등만 기억합니다'라는 문구는 광고를 통하여 사람들에 각인되어 있다. 우리는 모든 경쟁이나 게임에서 1등을 기억하지 2등은 잘 기억하지 않는다. 그런데 우리는 왜 1등이 아닌 2등을 응원하는 것일까? 앞서 설명하였듯이 스포츠 경기, 영화, 드라마 등에서 당연히 패배할 것으로 보이는 약자인 언더독의 승리는 예상을 벗어날수록 더 극적인 반전을 연출하기 때문이다. 이러한 극적인 언더독효과가 일반 대중들에게 알려지기 시작한 것은 1948년 미국대통령선거가 시발점이 되었다. 민주당의 해리 트루먼Harry S. Truman 후보와 토머스 듀이Thomas E. Dewey 후보 간의 선거유세가 한창이었다. 당시 대선 여론조사에서는 공화당의 토머스 듀이 후보가 가장 많은 지지를 받았고 당선이 확실시되었다. 그러나 결과는 정반대였다. 폐배가 예상된 민주당의 해리 트루먼이 대통령으로 당선되었다. 전문가들은 사전 여론조사의 예상을 깨고 트루먼의 승리요인으로 바로 언더독효과를 들었다. 즉, 여론조사로 인하여 대중에게 각인된 약자 이미지가 오히려 동정표 결집의 원동력이 되었기 때문이라고 분석했다. 이는 대중의 심리의 내면에는 약자에 대한 관대함 또는 동정감이 작용하고 있다는 것이다. 트루먼의 당선에서 교훈을 얻은 버락 오바마Barack Obama와 존 매케인John McCain도 2008년 미국 대통령 선거 과정에서 자신들을 언더독으로 규정했다.

현실에서 이러한 언더독효과는 수없이 많은 사례들에서 나타나고 있다. 이하에서는 추가적으로 대표적인 것들을 열거해 보고자 한다.

첫째, 언더독효과는 기업의 마케팅에서도 많이 사용된다. 미국 렌터카 시장에서 만연 2위였던 한 기업은 광고를 통해 자신의 처지를 아주 솔직하게 드러냈다. "우리는 1등에 가려진 2등 기업입니다. 그래서 더 열심히 노력합니다." 이 메시지는 사람들의 마음을 움직였고 광고 후 매출이 한 달 만에 50% 늘었다고 한다.

둘째, 구약성서 사무엘상 제17장에 이미 우리가 익히 알고 있는 언더독이 소개되어 있다. 다윗과 골리앗의 결투에 등장하는 양치기 소년, 다윗이 승리하는 장면이다. 또한 영화 〈반지의 제왕The Lord of the Rings〉에서는 호빗 프로도가 그 주인공이다. 스토리 전개의 방향을 뻔히 알면서도 약자인 이들이 고진감래하여 결국 승리하는 모습에 사람들은 감동한다. 이것이 바로 영화의 상업성을 높이는 언더독효과이다.

셋째, 스포츠세계에서는 수많은 언더독효과가 일어나는 분야이다. 하나의 좋은 사례는 영국프로축구팀의 하나인 레스터시티팀Leicester City FC에 관한 것이다. 만년꼴찌인 레스터시티가 2015~2016시즌 프리미어리그에서 창단 132년 만에 우승을 했을 때, 언더독효과는 배가 되었다. 레스터시티팀의 선수들은 빈민가나 길거리 출신의 축구 선수들이 많았다. 이 팀은 흙수저들도 할 수 있다는 희망을 주었다. 팀을 승리로 이끈 라니에리 감독은 우승 비결로 팀의 꾸준한 노력을 들었다. 그는 인터뷰에서 "나는 실용적인 사람이다. 단지 선수들이 하루하루 발전하길 원했고 선수들이 잘 따라와 줬다. 엄청난 집중력을 보여줬고 정신적으로 잘 견뎌냈다."고 말했다. 그리고 마치 한편의 드라마를 쓴 주인공인 '제이미 바디Jamie R. Vardy' 선수는 공장일과 동시에 8부리그에서 뛰며 주경야독을 했던 선수이다. 유소년부터 엘리트 코스를 거쳐온 선수가 아니면 성공이 어려운 스포츠가 축구이다. 흙수저였던 제이미 바디는 거의 불가능한 일을 성취하였다. 그는 "자리가 정해진 사람은 없다고 생각한다. 모든 것은 나에게 달렸다. 나는 더 높은 곳을 향해 계속 달려갈 뿐이다."라는 말을 남겼다.

하지만 약자를 응원하는 동정심에서 우러나는 행동을 통하여 약자는 곧 선이라고 간주하는 것은 잘못이다. 특히 사회적 혹은 경제적으로 대립과 갈등의 문제가 일어나서 그 대비관계가 강자와 약자로서 혹은 갑과 을의 관계로서 대비되었을 때, 우리는 대개 약자가 옳고 강자가 잘못되었다고 생각하는 경향이 있다. 그러나 이는 올바르게 판단한 것이 아니라는 사실이다. 약자의 위치에 있는 사람이 가해자인 상황인 경우도 있으니, 이러한 상황에 빠지지 않도록 조심해서 살펴보아야 한다. 즉, 을이 자신의 약자적인 지위를 이용하여 자신의 잘못에도 불구하고 자신을 피해자로 만들어서 실제 피해자인 강자를 가해자로 둔갑시키고 여론조성을 하는 경우가 의외로 많이 발생한다. 때로는 언더독효과를 활용하여 사실을 무시하거나 왜곡하여 약자를 지지하고 강자를 비난하는 사례가 많이 일어나기도 한다. 그러므로 약자를 지지하는 것이 사회적인 공정성과 상식에서 타당한 것인가는 사안별로 신중히 판단해야 할 것이다.

제2절

파노플리효과와 베블런효과

1. 파노플리효과

(1) 파노플리효과와 특정집단

파노플리효과panoplie effect란 내가 속하고 싶은 집단이 사는 명품을 나도 구매함으로써 상류층에 소속되었다고 믿는 현상이다. 파노플리는 집합set이라는 프랑스어에서 유래되었는데 사람들이 특정 집단에 속하고 싶어서 소비하는 명품 브랜드 제품의 쇼핑 목록을 의미하는 용어이다. 영화 〈악마는 프라다를 입는다〉에서 주인공 앤디가 계절별로 자극적이면서도 엣지있는 명품 의류와 악세사리를 바꾸는 장면을 보면서 여성들은 가슴이 설렌다. 사람들은 왜 고급 커피를 마시고 명품 옷과 가방 그리고 외제차를 사는 걸까? 파노플리에 속하는 상품을 소비하면 그것을 소비하는 상류집단에 속했다는 기분을 얻는다는 것이다. 이는 심리학자인 매슬로우의 인간욕구 중 3단계인 소속과 사랑의 욕구인 사회적 욕구에 해당된다. 즉, 다른 사람들로부터 자기 존재를 인정받고 싶어 하는 욕구이다. 신분제도가 없는 현대 시대에는 명품이나 특정 브랜드가 대신 지위와 신분을 나타내는 수단으로 활용되기도 한다. 이러한 파노플리효과를 추종하는 사람들은 부자나 연예인의 소비 형태를 무작정 따라하거나 유명 브랜드를 구매함으로써 이들과 같은 그룹에 속한다는 신분상승의 기분을 얻고 싶어 한다. 따라서 사람들은 자신이 필요한 물건이 아니더라도 명품 브랜드에 시선을 빼앗기고 사고 싶어 한다.

현실 세계에서 이를 보여 주는 사례는 무수히 많다. 양복은 A사 제품, 자가용은 B사 제품, 시계는 C사 제품을 사용하고, 식사는 S호텔에서 해야 체면이 선다는 식이다. 현실이 여유롭지 못해도 이러한 삶을 살아야 기가 죽지 않는다는 것이 오늘날 우리의 자화상이다. 하지만 자신에 대한 사회적 평가를 특정 소비패턴에 의하여 인위적으로 만들어 낼 수 있다는 생각은 심리적 속성 또는 착각에서 나온다. 이러한 현상은 구매하거나 사용하는 물건을 통하여 자신의 지위나 경제적 부를 드러내고자 하는 욕구에서 비롯되는 것이다. 상류층들이 사는 것은 나도 소유하고 싶은 욕구가 일어난다. 특히 '돈이면 다 된다'는 지나친 자본주의 의식이 팽배한 사회에서 이러한 현상은 더 심각해지고 과소비를 부추길 수도 있다.

여기서 말하고자 하는 점은 파노플리효과를 따르는 자체가 나쁜 것은 아니다. 왜냐하면 열심히 돈을 벌고 자신을 즐겁게 하기 위하여 소비하는 것은 남들로부터 비난받을 행동은 아니기 때문이다. 하지만 지나치게 자신의 개성을 버리고 무조건 명품만을 찾거나 능력 이상의 명품을 소비하는 행동은 바람직하지 않다는 것이다. 오늘날은 개성이 존중되는 사회에서 있는 그대로의 자신을 표현하는 소비가 필요한 시대이다.

(2) 케이트 미들턴과 완판효과

모나코에 그레이스 켈리Grace Kelly가 있었다면 영국엔 케이트 미들턴Kate Middleton이 있다. 영국 윌리엄 왕세손과 결혼한 케이트 미들턴 왕세손비는 대중들에게 항상 웃는 모습을 보여준다. 그녀는 결혼을 통하여 케임브리지 공작부인의 지위를 부여받고 현대판 신데렐라로 불리며 전 세계인의 부러움을 사고 있다. 케이트 미들턴은 현명하게도 영국의 대중적 브랜드도 많이 입을 뿐만 아니라 영국의 명품 브랜드도 함께 잘 조화시켜서 입는 것으로 알려져 있다. 나아가 그녀는 방문국가의 자연 환경과 문화와 사회적 배경까지 고려하는 색상과 감각을 발휘하고 다양한 가격대를 수용하는 패션감각을 가지고 있다. 즉, 자국의 영국 브랜드와 방문 국가의 브랜드의 조화, 방문국의 전통 패션을 반영한 스타일 선택, 명품과 대중적 브랜드를 적절하게 융합한 의상은 국제적으로 찬사를 받는다. 그녀는 일반 대중이 살 수 있는 중저가의 브랜드 의상을 주요 공식 석상에 입고 나타나서 전 세계 여성 고객들이 입고 싶은 욕구를 자극한다. 또한 고풍스런 애장품의 재활용과 신상품의 조화로운 패션 선택에 여성들은 이를 따라하는 열풍이 일어난다.

물론 왕족의 품위를 유지하는 고가의 디자이너 브랜드를 입기도 하지만 평상복의 형태는 서민들이 즐겨 입는 자라와 같은 평범한 패스트 의상도 자주 입는다. 그냥 보여주기 위한 행동이라고 치부하기에는 일관된 스타일 흐름을 유지하기 때문에 대중들은 그녀의 스타일에 깊은 신뢰감을 갖고 있다. 그녀는 단번에 사라지는 유행보다는 적어도 10년 이상 유행될 수 있는 아이템을 선택하고 선별하는 안목을 보여주고 있다. 특히 그녀는 재활용하여 반복착용하는 옷들이 적지 않다. 즉, 같은 옷을 몇 달 후에 입기도 하고 몇 년 후에 입기도 한다. 보통 옷을 협찬받는 경우도 있지만 왕족들은 대부분 본인들이 직접 구매를 하기 때문에 입은 후 다시 돌려주어야 하는 협찬의상보다는 직접 구매한 옷에 애착을 갖는다. 똑같은 의상을 다른 액세서리와 조화시켜서 입거나 헤어스타일을 바꾸거나 해서 변화를 준다. 케이트 미들턴은 이처럼 과거에 착용했던 의상을 새롭게 패턴을 바꾸어서 재활용하는 경우가 많았다. 유명인이 재활용 패션을 선도하는데 모범을 보이고 있다.

케이트 미들턴은 '케이트효과Kate effect'라는 경제 신조어를 낳을 만큼 자국 패션 브랜드의 홍보에 유래없는 기여를 하였다. '뉴스위크'지는 '케이트효과'로 영국 패션 산업에 10억 파운드의 가치 상승을 이루었다고 소개한다. 그녀의 스타일은 매년 점점 더 지혜로워지고 세련되고 있다. 그 스타일은 크게 두 가지로 분류된다. 즉, 사람의 마음을 움직이는 '스타일 친교'와 '스타일 외교'가 이에 해당된다. 이제 시어머니인 '다이애나 왕세자비'의 패션스타일에서 벗어나서 그녀만의 패션스타일을 완성했다는 평가를 받았다. 그녀의 두 자녀의 의상도 주목을 끌어서 '조지효과'와 '샬롯효과'로 그 영향력이 확대되었다. 자녀들도 그녀와 비슷하게 중저가의 대중적 브랜드와 고가의 명품 브랜드를 번갈아가며 입고 '유니폼'처럼 비슷한 스타일로 입기도 한다. 이처럼 자녀들의 옷도 영국의 중저가 브랜드를 주로 입혀서 국민들로부터 많은 사랑을 받고 있다. 이에 대하여 영국의 브랜드 전문가인 홀리 피콕은 "왕세손비는 열광적인 대중의 관심과 자신이 패션시장에 미치는 영향을 잘 알고 자녀들이 지나치게 눈에 띄는 독특한 의상이나 쇼핑열풍의 요소가 되고 싶지 않았을 것이다."라고 논평하였다. 다른 면에서는 대중에게 친근감을 표현하기 위한 전략적 선택이라는 견해도 있다. 자녀들에게 평범하고 50유로 이하의 중저가 브랜드의 옷을 입게 함으로써 너무 주목받게 하지 않으려는 것으로 보인다. 이는 할리우드 스타 2세들이 명품 브랜드를 입어서 키즈유행을 만들고 있는 것과는 확연하게 다르다. 이를 두고 아동복 스타일리스트는 "왕세손은 자신들과 일반 국민이 다르지 않다는 걸 보여주려는 것으로 보이고 이러한 점들을 영국 국민들은 높이 평가한다."고 설명하였다. 이에 불구하고 두 자녀가 입은 의상은 거의 다 매진된다. 왕자와 공주는 '완판 베이비'라고 해도 과언이 아니다. 최근 일본 인터넷 쇼핑몰 라쿠텐에서 어린이 패션시장의 영향력있는 인사를 발표하였다. 이에 따르면 조지 왕자와 샬롯 공주는 각각 2위와 4위를 차지하였고 축구 스타 데이비드 베컴의 막내딸, 하퍼와 둘째 아들, 로미오가 각각 1위와 3위를 차지하였다.

최근까지 유럽국가들은 '왕실을 유지해야 하는가?'에 대한 논란이 없지 않다. 폐지를 주장하는 입장에서는 왕실유지는 '세금 낭비'라고

그림 37 | 그레이스 켈리와 케이트 미들턴

주장하기도 한다. 이러한 때에 평민 출신의 왕세손비가 영국 왕실의 홍보 대사로서 중요한 역할을 해주고 있는 셈이다. 케이트 미들턴이 저가 패션까지 왕실패션으로 변모시켜주는 노력은 전 세계 대중에게 매우 영향력있는 패션감각의 모범을 보여주고 있다.

(3) 부러운 연예인들의 일상

　　우리는 연예인의, 연예인에 의한, 연예인을 위한 새로운 시대에 살고 있다. 연예인의 사전적 의미는 '연예에 종사하는 배우, 가수, 댄서 등을 통칭'한다. 방송매체의 영향력이 확대되면서 이에 비례하여 연예인의 사회적 영향력도 크게 신장되었고 더 많은 연예인들이 등장하고 있다. 최근 방송의 발전과 문화산업의 성장과 함께 연예인의 사회적 영향력이 확대됨에 따라서 연예인이 되고자하는 젊은이들이 급속도로 증가하고 있다. 연예인도 인기의 정도에 따라서 그 평가도 각양각색이다. 연예인이 되면 인기와 부를 동시에 얻을 수 있다는 희망으로 많은 사람들이 인기연예인이 되고 싶어 한다. 가령, 어린 아이들에게 갖고 싶은 직업을 물으면 방탄소년단처럼 연예인이 되고 싶다고 답한다. 물론 의사나 변호사 등을 꿈꾸는 아이들도 많지만 최근 매일경제가 스마트 학생복과 함께 실시한 설문조사의 결과는 놀라운 사실을 보여준다. 즉, 연예인이 되는 꿈을 가져본 청소년이 전체 청소년의 약 70%에 해당한다는 것이다.

　　'왜 연예인이 되고 싶은지'에 관한 질문에서 응답자가 답한 높은 순위는 다음과 같다. ① 좋아하는 일을 하며 살 수 있다(42.5%), ② 인기와 유명세를 얻을 수 있다(22.8%), ③ 틀에 박히지 않은 다채로운 삶을 살 수 있다(15.5%), ④ 손쉽게 많은 돈을 벌 수 있다(7.9%), ⑤

그냥 좋아 보인다(6.5%), ⑥ 기타(4.8%). 이를 통하여 볼 때, 청소년들은 단순히 연예인이 누리는 '부富와 인기人氣'를 동경하기 보다는 '좋아하는 일을 하면서 살고 싶다'는 가치관을 확인할 수 있다. 이러한 청소년의 선망의 대상인 연예인의 생활상과 언행은 일반 대중에게 큰 영향과 파급효과를 갖는다.

우리는 유명하다는 개념이 수치로 구체화되는 시대를 살고 있다. 광고업계에서는 이미 '그 사람 인스타가 몇 K야?'라는 표현을 쓴다. 자신을 소비하는 숫자로 표현되는 팔로워가 보이기 때문이다. 우리는 SNS를 통하여 연예인들의 일상을 주의 깊게 관찰한다. 연예인들은 무엇을 먹고 무엇을 입으며 무슨 차를 타고 다닐까? 상대적으로 부유한 연예인들은 고가의 제품을 구입하고 고가의 차를 타고 다닌다. 한 유명한 힙합 뮤지션은 의도적으로 자신의 재산과 자신이 타고 다니는 차를 다른 사람에게 자랑하기도 한다. 사람들은 소위 잘나가는 연예인들을 보면 '자신은 무엇인가' 되돌아보고 자신도 연예인이 되어 보고 싶다는 상상을 하기도 한다. 이러한 생각이나 상상은 결국 파노플리효과로 이어져서 특정 상품을 구매하게 된다.

우리 자신은 그 어떤 재화가 나에게 필요한가? 그리고 자신이 그것을 구매할 수 있는가? 보다는 자신이 갖고 싶어 하고 자신의 마음 속에서 그러한 것들이 가치가 있다고 생각하기에 기꺼이 구매하려 한다. 현실적 부담능력과 관계없이 이상적 자아가 나도 모르게 구매 행동에 영향을 미치는 경우는 많다. 가령, 유명한 드라마나 영화 속에서 유명 연예인이 새로 유행하는 옷이나 소품을 입거나 들고 나오면 그 제품은 날개가 달린 듯이 판매된다. 우리는 연예인과 똑같은 옷을 입고 똑같은 소품을 들고 다니며 마치 영화 속의 주인공이 된 것 같은 기분을 느끼기도 한다. 이처럼 파노플리효과로 인하여 사람들은 무리를 해서라도 연예인의 라이프 스타일을 따라하고 최신 트렌드를 따라가려하며 타인에게 자신을 보여주고자 한다.

　　우리는 자신에게 정말 연예인이 되고 싶은가? 진지하게 물어봐야 할 것이다. 인생에 그 무엇이든 한번 도전하고자 하는 정신은 꼭 필요하다. 인생은 한 번뿐이고 젊음도 한 번뿐이기에 자신이 가장 하고 싶은 것이 무엇인지 곰곰이 그리고 신중하게 생각할 필요가 있다. 즉, 우리가 가수나 배우처럼 연예인이 되고 싶다면 그 분야에 자신의 재능이 있는지 객관적으로 자신을 평가하고 테스트해 봐야 한다. 성공에 대한 막연한 기대와 화려해 보이는 삶이 부러워서 이 길을 선택해서는 안 될 것이다. 연예인이라는 직업에 대한 소명과 자질이 있어야 하고 사람들에게 선한 영향력을 주려는 정신이 있어야 하며 또한 연예인으로서 오랜 기간 인내하고 헌신할 수 있다면 도전해도 좋을 것이다. 우리 사회는 점차 지식사회로 나아가고 있고 인간의 수명은 점차 길어지고 있다. 인생이 단 하나의 직업으로 끝나는 시대가 아니라 2모작 내지 3모작의 인생으로 변화되고 있다. 삶에서 원하는 일들을 하면서 살아갈 수 있는 시간은 그 만큼 많기 때문에 너무 조급하거나 즉흥적으로 결정하기 보다는 신중하게 시도해 보면서 자신과 어떤 일이 맞는지 맞춰보는 기회를 가져보는 것이 어떨까? 다른 한편으로는 물고기를 잡는 어부처럼, 작물을 키우는 농부처럼, 숙연한 삶의 현장에서 소소한 행복을 느끼며 소중한 가치를 부여하며 살아가는 것도 의미있는 삶이 아닐까?

2. 베블런효과

이론에서 설명하였듯이 베블런효과Veblen effect란 개인 소비자는 자신의 선호뿐만 아니라 다른 소비자의 취향에도 영향을 받는다는 것이다. 특히 전통 경제학에서는 수요법칙에 따라서 가격이 증가하면 수요는 감소한다고 주장한다. 그러나 시장은 항상 이론에 따라서 움직이는 것은 아니다. 특정한 상품의 경우에는 가격이 오르는 데도 불구하고 특정 계층의 허영심과 과시욕으로 인하여 수요가 증가하기도 한다. 우리나라의 부동산 시장처럼 투기적 수요가 있을 경우에도 이런 현상이 나타나기도 한다. 비슷하게 제품이 비싸야 좋다고 인식하는 시장도 존재한다. 다이아몬드는 오히려 가격이 높아질수록 수요가 더 증가하기도 한다. 어떤 사람들은 주위의 시선을 의식하거나 자신의 계층을 과시하기 위해서 값비싼 물건을 소비한다. 미국의 사회 · 경제학자, 소스타인 베블런Thorstein B. Veblen은 이러한 과시적 소비conspicuous consumption를 다음과 같이 지적하였다. 즉, "상층계급의 두드러진 소비는 사회적 지위를 과시하기 위해서 자각 없이 행해진다."

이처럼 모든 물건에 있어서 명품만 고집하는 명품족 그리고 최상류층 소비자들을 겨냥한 VIP 마케팅은 상류층의 과시욕을 기반으로 한 베블런효과로 설명할 수 있다. 기업들은 실제로 비쌀수록 잘 팔리는 베블런효과를 마케팅 전략으로 활용해 의도적으로 가격을 올리기도 한다. 해외 명품 브랜드회사가 특별한 인상 요인은 없음에도 불구하고 자사 제품의 가격을 연간 여러 차례 인상하기도 한다. 이는 대외적으로는 환율변동과 경제 환경을 고려해서 지나친 국가별 가격 차이를 방지하기 위한 조화로운 가격 정책price harmonization의 일환이라고 주장한다.

그러나 이러한 가격정책이 '베블런효과'만으로는 설명되지 않는 부분이 있다. 문제는 한국에서만 가격이 유독 더 높다는 점이다. 미국의 경제 전문 매체인 쿼츠가 주요명품이 가장 잘 팔리는 국가의 순위를 발표하였다. 이 결과에 의하면 주요 명품 브랜드의 국제 평균 가격을 1로 봤을 때 중국이 1.21, 우리나라가 1.14, 일본과 홍콩이 각각 1.08로 그 뒤를 이었다. 즉, 중국에 이어 한국이 두 번째로 명품이 비싸게 팔린다는 것이다. 반면 영국 0.82, 프랑스와 이탈리아는 각각 0.78이었다. 한국의 판매가격이 프랑스나 영국보다 더 비싸다. 이러한 가격 차이가 나는 원인은 한국 국민이 명품 선호도가 높고 비싸게 가격을 책정할수록 더 잘 구매한다는 이유로 기업들이 고가 마케팅 전략을 사용하기 때문이다. 최근 3년간 두 배로 가격이 오른 샤넬 가방의 경우, 가격증가에도 불구하고 오히려 수요는 더 증가하였다. 실제로 명품 브랜드 회사가 연례행사처럼 가격을 올려도 수요는 늘고 있다고 한다. 가격 인상 소식이 알려지면 해당 제품들은 오히려 순식간에 품절될 정도라고 한다. 심지어 사람들이 에르메스 버킨백Hermès Birkin bag을 구입하기 위해서 1년 넘게 대기해야 하고 기다리기 힘든 사람은 구입을 위하여 파리로 직접 갈 정도라고 한다.

특히 일부 명품 브랜드는 '원산지 세탁'까지 한다. 즉, 인건비가 싼 중국이나 동유럽에서 제조하고 이탈리아나 프랑스에서 공정을 마무리함으로써 '메이드 인 이탈리아' 혹은 '메이드 인 프랑스' 등의 라벨을 붙인다. 가령, 이탈리아 신발제품의 사례를 들어보자. 이탈리아 신발은 대부분 루마니아 공장에서 90% 완성하고 이탈리아로 들여와서 밑창만 붙인 후, '이탈리아산'으로 판매된다. 루마니아 임금은 이탈리아의 15분의 1 수준인데 이탈리아산과 같은 가격을 받음으로써 큰 차익을 누린다.

[그림 38] **명품 브랜드의 국가별 가격비교**

물론 명품 브랜드는 '시간이 경과되어도 가치가 크게 변하지 않고 내구성이 오래간다'는 점에서 명품의 고급스러운 이미지가 사용자의 자존감을 높여주는 효과도 있으므로 명품 구매를 단순히 허영으로 치부할 일은 아니다. 또한 남들과 구별하려는 자기 과시욕이나 자신만의 개성의 추구는 인간의 본성이기도 하다. 이를 인정하더라도 품질이나 서비스 가치에 비해서 지나치게 높은 가격은 명품 브랜드들이 충분히 비난받아야 할 것이다. 이에 더하여 한국사회에서 명품으로 인한 과소비는 빈부격차나 사회적 갈등의 문제를 발생시킨다. 이러한 명품 브랜드의 그릇된 인식을 바로 잡으려면 우리의 소비 의식과 삶의 가치관이 올바르게 정립될 필요가 있다.

3. 짝퉁의 심리

(1) 위험한 짝퉁 심리

유럽연합의 지적재산권 보호협회에서 실시한 조사의 결과에 의하면 지난 1년 동안에 유럽연합의 시민들의 7%는 짝퉁제품인지를 알고 있음에도 일부러 그 제품을 구입했다고 응답했다. 이러한 짝퉁 시장은 혁신적으로 새로운 상품을 개발해서 직업창출을 하고 있는 새로운 회사들을 문닫게 위협하는 요인이 되고 일반 소비자를 속이고 품질이 나쁜 불량제품을 판매함으로써 소비자효용을 떨어뜨린다. 또한 지적재산전문가들의 지적에 의하면 이런 유명 짝퉁 제품을 제작하는 회사는 범죄조직과 연결되어 있는 경우가 많고 어린아이들까지 노동착취에 동원시키고 있는 경우가 빈번하다고 한다.

해외의 고가 브랜드를 위조하는 짝퉁제품이 끊이지 않는 이유는 그 짝퉁제품을 수요하는 잘못된 허영심을 가진 사람들이 계속 존재하기 때문이다. 이제 짝퉁 명품가방뿐만 아니라 짝퉁 명품시계, 심지어 쇼핑백까지 짝퉁으로 만들어 판매하고 있다. 보통 사람들은 쇼핑백을 보고 그 쇼핑백 속에 그 쇼핑백을 상징하는 제품이 들어있을 것이라고 짐작한다. 사람들이 쇼핑백까지 짝퉁으로 들고 다니는 이유는 짝퉁을 통해서 자기의 정신적 보상을 받고자 하는 특이한 심리 때문인 것 같다. 사람의 심리는 누구나 거의 비슷하다. 한국 사람들도 중국에 여행 가면 한번쯤 짝퉁제품을 사오기도 하고 재미 삼아 자랑하기도 한다. 한국 고객뿐만 아니라 글로벌 고객들도 유명상표를 좋아하기는 마찬가지인 것 같다. 중국의 런화이Renhuai시에서 세계 유명 브랜드를 사칭한 두개의 큰 상점이 새로 문을 열었다. 그 한 상점의 이름은 'Loius Vuitton'이고 다른 하나는 'Plada'로 유명상품의 브랜드Brand의 이름과 철자 한자만 다르게 하였다. 즉, 유명 브랜드를 도용해서 짝퉁제품을 고가에 팔고 있었다. 이들 짝퉁 회사나 상점으로 인하여 원래의 명품 브랜드 회사들은 수백억 달러의 피해를 보고 있는 실정이다. 이에 원조 회사들이 자사의 제품판매를 눈뜨고 도둑맞는 현실을 막아보려고 머리를 맞대어 보지만 골머리만 썩고 속수무책으로 당하고 있다. 런화이시의 관계자들은 Louis Vuitton과 Prada의 상표를 도용하는 이들 짝퉁상점을 폐쇄시키고 있지만, 이와 비슷하게 유명상표를 도용해서 상행위를 하고 있는 상당수의 다른 짝퉁 회사들은 계속 영업을 하는 행운을 누리고 있다고 말한다. 중국은 이렇게 상표도용을 해서 상행위를 하고 있는 세계 여러 나라중의 하나이다. 중국의 짝퉁회사들은 이를 전반적인 '지구촌의 문제'라고 개의치 않는 것 같다.

미국에서 흥미로운 실험연구 결과 중의 하나는 짝퉁 제품을 근절해야 하는 이유를 조사하는 것이었다. 최근 이코노미스트지에 짝퉁 제품을 즐기는 사람의 심리를 추적하였는데, 짝퉁 제품이 그것을 가진 사람의 정직성도 멍들게 한다는 사실을 보여주었다. 노스캐롤라이나대학UNC 연구팀은 여성지원자를 모집하여 300달러 상당의 명품 선글라스를 공짜로 주고 마케팅조사처럼 꾸며서 두 가지 심리조사를 했다.

첫째, 명품선글라스를 주면서 한 쪽에는 정품, 다른 쪽에는 짝퉁이라고 알려준 다음 수학문제를 풀게 한다. 그리고 스스로 채점한 정답 수에 따라 상금을 $10까지 받을 수 있게 만들었다. 과제의 의도는 명품 선글라스를 낀 기분이나 품질 이야기가 아니라 정직성을 테스트하는 것이었다. 수학문제를 스스로 채점하여 결과를 보고하면 정답 수에 따라 상금을 주고 채점표는 제출하지 않기 때문에 참가자들은 정답 수를 속여 상금을 늘릴 수 있었다. 그러나 채점표에는 암호가 있었기 때문에 누가 얼마나 속였는지 나타난다. 조사한 결과에 의하면 정품을 착용한 팀은 30%, 짝퉁 제품을 착용한 팀은 70%를 속인 것으로 나타났다.

둘째, 컴퓨터 화면에 나타나는 점의 위치를 맞추면 상금을 주는 두 번째 실험에서도 짝퉁 제품을 착용한 팀에서 속이는 빈도가 더 많았다.

셋째, 보통 사람들의 정직성과 윤리에 관하여 자신의 견해를 표현하는 실험에서도 짝퉁 제품을 착용한 팀은 남을 부정직하고 비윤리적이라고 평가하는 경향이 나타났다.

이를 통하여 확인한 점은 옳고 그름에 관한 사람의 감각은 곧바로 그 사람의 정서와 행동에 영향을 직접 미친다는 것이다. 마치 짝퉁 제품을 착용하고 있다는 사람의 생각 자체가 자신을 짝퉁인간처럼 느끼게 하고 행동하게 만든다. 즉, 짝퉁제품을 구매하여 사용하는 사람의 심리는 다른 사람들이 대부분 정직하지 않다고 생각하게 된다. 그러므로 자신 또한 정직할 필요가 없다고 생각하도록 유도하거나 영향을 미칠 수가 있다는 점이다. 이러한 현상이 지나치면 사람에 대한 신뢰가 무너져서 서로에 대한 불신이 커진다. 사회는 큰 거래비용을 지불해야 할 수도 있고 우리 각자가 이로 인한 비용지불을 부담하게 된다는 사실을 알아야 할 것이다.

(2) DIESEL의 GO WITH THE FAKE 캠페인

위험한 짝퉁심리에도 불구하고 최근 '가짜'상품을 소비하는 것이 트렌드가 되고 있다. 과거에는 회사에서 직접 팀을 만들어 이미테이션을 단속하기도 하였다. 하지만 지금은 팀을 만들어 모방제품을 만들기도 한다. 진짜 같은 가짜를 저렴한 가격에 얻고 싶어 하는 소비자 심리는 트렌드를 이끄는 상품의 '짝퉁'이 나타나는 이유가 되고 있다. 이러한 소비자 심리를 이용한 기발한 캠페인이 있었다. 이는 2018년 미국 뉴욕 패션 위크New York Fashion Week 기간 동안 있었던 이탈리아 캐주얼 패션 브랜드인 디젤의 'Go with the Fake' 캠페인이다. 이 캠페인은 2018 칸느 국제 광고제의 Brand Experience & Activation 부문 GRANDPIX 수상작이었다.

뉴욕 패션 위크는 전 세계의 브랜드와 디자이너, 에디터, 백화점, 편집숍, 모델 등 다양한 분야의 패션업계 관계자들이 모이는 패션계 행사이다. 이 행사에서 세계적인 이탈리아 캐주얼 패션 브랜드 DIESEL의 FAKE DEISEL 캠페인은 정해진 규칙과 관습에 순응하는 것을 거부한다. 뉴욕 패션 위크 기간 중 짝퉁 시장으로 유명한 뉴욕 커널가Canal Street에 짝퉁 제품을 판매하는 매장을 오픈하였다. 이 매장에

그림 39 디젤((DIESEL)과 짝퉁 데이젤(DEISEL)

서는 본 제품의 로고인 디젤DIESEL을 데이젤DEISEL로 바꾸고 정가의 절반이하의 가격에 판매했다. 디젤에 의하면 제품을 저렴하게 구매하고자 하는 소비자의 요구로 이 브랜드를 만들게 되었다고 한다. 하지만 알고 보면 이 제품들은 실제 DIESEL 공정을 거친 제품에 일부러 DEISEL이라는 가짜 라벨을 붙여 판매한 것이다. 유명 패션 브랜드들이 새 제품을 선보이는 뉴욕 패션 위크 기간에 맞춰서 디젤이 4일간 한정 제품으로 만든 상품들이었다. 나아가 점원까지 인도계 사람으로 하고 주변 인테리어 모두 실제 짝퉁 매장처럼 보이도록 연출했다.

고객들이 제품을 살펴보며 스펠링이 틀린 것을 발견하고 스마트폰으로 디젤 철자를 보여주며 따지기도 하고 어떤 사람은 짝퉁치고 잘 만들었다며 칭찬하기도 한다. 디젤이 실제 매장을 열었다는 사실은 아무도 몰랐기 때문에 고객들은 짝퉁 제품임을 알지만, 저렴한 가격에 제품을 선뜻 구입한다. 이 영상은 뉴욕 패션 위크 기간 동안에 발표되어서 많은 인기를 끌었다. 진실을 알게 된 사람들은 데이젤을 사기 위하여 줄을 섰고, 이베이에서 몇 십 배가 넘는 가격으로 경매에 등장했다고 한다.

짝퉁이라는 부정적 요소를 브랜드 정체성으로 보여주는 디젤의 캠페인은 늘 관습에 도전하고 상식을 깨는 디젤의 유일하고 디젤다운 창의력을 보여준 한 사례였다. 이와 같은 짝퉁행사는 디젤의 자신감이 있기에 가능하였다. 즉, 브랜드의 품질에 대한 신뢰가 있기에 디젤의 짝퉁행사가 가능하였다. 디젤은 끊임없이 노력하고 변화를 추구하는 기업이다. 과거에는 '멍청이로 살아보자be stupid'는 물론이고 지금은 '결함을 즐겨라go with the flaw'까지 라이프 스타일에 관한 화두를 끊임없이 새로 던지며 브랜드의 가치를 만들어간다. 그리고 디젤은 지속적으로 생각의 범위를 넓히고 새로운 아이디어를 수용하며 브랜드의 매출보다 중요한 것은 '철학'이라는 점을 강조한다.

(3) '페이크 패션' 브랜드가 가까워지는 순간

현대 자본주의시대에 극도로 자극적이고 소비적인 패션 산업에서 윤리와 도덕이란 과연 무엇일까? 과거 진품을 모방한 가짜를 의미하는 짝퉁이 부끄러운 시선을 받았으나 최근 국내외 패션을 선도하는 '페이크 패션fake fashion'이라는 새로운 패션유형이 등장하였다. '페이크 패션'은 유명제품이나 유명디자이너의 제품을 모방하여 디자인·재질을 변형한 스타일을 말한다. 페이크 패션이 새로운 추세로 각광받는 이유는 불황을 맞아서 이 패션이 과시적 소비 행태를 지양하고 실속있는 제품에 대한 요구에 부응하기 때문이다. 즉, 페이크 패션은 저렴한 가격과 동시에 기존 유명제품에 대한 반항적 매력과 파격을 원하는 시대의 유행에 부합하기 때문이다. 특히 1980년부터 2000년 사이에 출생한 밀레니얼 세대Millennials들은 모방제품을 부끄러워하지 않고 파격적인 제품을 오히려 선호하여 이를 멋이라고 생각한다. 유명한 브랜드와 브랜드의 인기가 높아질수록 그 브랜드를 모방하는 모조품이 더 많이 만들어진다.

최근 유명브랜드업체들은 자체적으로 자사의 유명브랜드를 변형시켜서 유사 모방제품을 만들어 냄으로써 밀레니얼 세대들의 파격적인 유행과 패션을 흡수하고 있다. 동시에 자사의 유명브랜드는 자사가 모방한 유사 모방제품과 함께 더욱 돋보이는 효과도 있다. 즉, 기존의 유명브랜드를 수요하는 고객층을 흡수할 뿐만 아니라 가격이 싸면서도 명품과 유사한 모방제품을 수요하는 다른 고객층을 동시에 만족시키는 전략이다. 이는 보다 다양한 고객을 창출할 수 있고 매출을 증대시킨다는 점에서 유리하다.

하나의 대표적 사례로서 프랑스 패션 브랜드인 '베트멍VETEMENTS'
은 자사의 모방제품을 만든 브랜드도 공식적으로 인정해서 주목을 끌
었다. 즉, 디자이너 대빌 트랜Davil Tran은 명품 브랜드 베트멍의 비싼
가격에 저항하여 베트밈VETEMEMES이라는 '공식적인 모방품'을 만들었다.
베트밈이라는 유사 브랜드를 만든 이유는 '좋은 옷을 싸게 구매 할 수
있도록 하자'라는 것이다. 유사짝퉁제품으로서 '레인코트'는 원 제품의
디자인 및 재질과 거의 같지만 가격은 10분의 1로 아주 저렴하다. 그
러나 다른 한편으로 베트밈은 베트멍을 풍자화한 브랜드라기보다 모방
품으로 간주되어서 명품 브랜드를 그대로 복사하였다고 비난을 받기도
하였다. 어느 정도의 시간이 경과된 이후, 베트멍의 도움으로 오히려
베트밈이 다시 풍자화한 브랜드로 인정받기 시작하였다. 베트멍 디자
이너인 뎀나 바잘리아Demna Gvasalia는 베트밈의 파격적인 모방과 변형
에도 불구하고 베트밈을 인정하고 존중해 주었다. 뎀나 바잘리아는 "베
트멍은 베트밈의 레인 코트에 어떤 소송도 제기하지 않을 것이다. 우
리가 베트멍브랜드의 옷을 만들면서 즐기는 것과 같이 대빌도 베트밈

그림 40 │ 베트멍의 디자이너, 뎀나 바잘리아

"Basically when you wear it,
   it creates an attitude."

"당신이 입는 옷이 태도를 만든다."
   – 뎀나 바잘리아

의 프로젝트를 즐기기 바란다."라고 언급하였다. 대빌 트랜은 여기서 멈추지 않고 '발렌시아가BALENCIAGA'를 패러디한 라인 '불렌시아가BOOLENCIAGA'를 새롭게 만들어서 다시 인기를 얻고 있다. 패러디한 라인 '불렌시아가'에서는 약 50만원에 달하는 발렌시아가의 볼캡을 저렴하게 약 7만원에 판매하였다. 이처럼 유행의 추이변화에 따라서 진품을 만들던 기업이 모방품을 직접 만드는 것이 널리 확산되고 있다.

이와 유사하게 이탈리아 명품 브랜드인 '구찌GUCCI'는 자사 로고를 활용한 그래피티를 선보이던 아티스트인 트러블 앤드루Trouble Andrew를 받아들였다. 컬렉션 작업을 함께 하며 그의 예명인 '구찌 고스트'를 협업한 라인의 이름으로 붙이고 그래피티 디자인을 얹어 생동감을 살려주었다. 2018 리조트 컬렉션에서는 트러블 앤드루와 협업하여서 로고인 'GUCCI'를 GUCCY, GUCCIFY 등으로 바꾸어서 유사한 진품을 만들었다. 가격은 원래 진품과 거의 같다. 한 패션업계 관계자는 "명품 브랜드의 이 같은 전략의 전환은 패러디당한 유명브랜드에게 오히려 이득이 될 수 있다. 유사 브랜드를 통하여 원래 명품브랜드의 이미지를 연상시킴으로써 함께 홍보가 되기 때문에 상생효과를 얻을 수 있을 것이다."라고 평가하였다. 다른 한편에서는 "브랜드 고유의 색을 잃고 있다. 혹은 기존 소비자들의 충성도를 상실할 것이다."라는 이유로 부정적으로 보기도 한다.

최근 흔하지 않은 나만의 명품을 찾는 수요가 점차 늘고 있다. 패션이 주는 즐거움은 유지시키면서도 개성을 중요시하는 시대를 맞고 있다. 과거에는 소비자들이 명품을 명확히 알 수 있는 제품을 선호했다면 오늘날 소비자는 남과는 다른 디자인을 내포하고 있는 독창적 제품에 더 높은 가치를 부여하고 있다.

제3절

스놉효과, 디드로효과, 전시효과, 톱니효과

1. 스놉효과

(1) 스놉효과와 나만의 개성

'스놉효과snob effect'란 남과 차별되게 나만의 개성을 충족시키는 재화를 구입하는 심리를 말한다. 사람들은 가능하다면 가격이 비싸서 구매하기 어려운 고가의 명품에 호감을 갖는다. 하지만 부자들은 일반 대중들이 자신들과 동일하게 명품을 추종하는 것을 싫어한다. '스놉snob'은 잘난 체하는 속물을 의미한다. 까마귀 무리가운데서 혼자 고고하게 있는 백로 같다고 '백로효과'라고 불리기도 한다. 가령, 거리를 지나가는데 자신과 똑 같은 옷을 입고 있는 사람을 발견하면 기분이 나빠지는 것을 말한다. 자신이 줄곧 사용하던 물건이라도 그것이 대중화가 되어 누구나 사용한다면 다른 사람이 잘 사용하지 않는 상품으로 소비 대상을 바꾼다. 이는 남들에게 과시하고 싶은 과시적 소비이고 남들과 차별화되고 자신의 개성을 뽐내고 싶어 하는 소비를 말한다.

반면 고가품일수록 과시욕으로 수요가 증가하는 '베블런효과'는 '가격'에 영향을 받는다고 보았다. 하지만 타인의 시선에 따라서 소비가 좌우된다는 점에서 유사점이 있다.

세부적으로 스놉효과는 두 가지 상황으로 나타난다. 첫째, 고급스러운 제품이 시장에 나왔을 때 그 물건을 가장 먼저 사는 행위이다. 즉, 고급스러운 제품을 신속하게 구매하는 형태를 보인다. 먼저 선점하여 자신이 소유한 재화의 희소성을 일시적으로 높이고자 한다. 명품을 가장 먼저 사용해 보고자 집착하는 소비자가 이에 해당한다. 둘째, 자신이 먼저 사용했지만 그 재화가 대중화되기 시작하면 그 재화에 대한 소유욕이 사라지는 심리를 갖는다. 즉, 소유한 재화가 대중화되는 순간 더 이상 자신에게 그 재화가 특별하지 않기 때문에 이를 버리고 다시 새로운 재화를 찾는다.

스놉효과가 발생할 가능성이 크다고 판단된다면 시장점유율보다는 평생가치life time value에 중점을 두고 단골고객의 지속적 유지에 초점을 맞춰야 한다. 나아가 어느 시점 이후부터는 새로운 고객의 유입을 막아서 기존 고객의 차별성을 유지시켜줘야 한다. 즉, 신규 고객의 유입을 막는 디마케팅demarketing이 주요한 마케팅 활동이 되어야 한다. 스놉효과가 유효한 제품의 경우, 가격인하는 오히려 제품의 희소성을 저하시켜서 기존 구매자를 잃게 된다. 즉, 시장에서 가격은 일종의 품격의 대리지표로 사용되므로 가격인하는 제품의 품격하락으로 인식될 수 있다.

그러므로 스놉효과는 가격이 비쌀수록, 그리고 고급품으로 인식되는 제품 중에서도 그 제품의 소비가 개인적으로 이뤄지는 경우 그 영향은 크다. 이와 반대로 베블런효과는 가격이 비싼 고급품이라 해도 외부에 보여주기 위한 의도로 소비하는 제품의 경우에는 가격이 오르면 수요가 오히려 늘어나는 현상을 말한다.

(2) '빈센트 앤 코'의 사기극

자신을 특별한 사람으로 돋보이고 싶어서 일반 대중이 쉽게 살 수 없는 '최고가 명품'에 집착하는 스놉현상은 과거에 지속되어 왔고 현재에도 지속되고 있다. 우리가 명품을 구입하는 이유는 남들이 쉽게 갖지 못하는 희귀한 가치를 갖는 재화를 소유했다는 자기만족을 주기 때문이고 또한 유명인들이 사는 것을 자신도 한 번쯤은 구매하고 싶기 때문이다. 이러한 명품을 찾는 심리가 확산되면서 '명품' 그 이상을 원하는 사람들이 계속 증가하고 있다. 한국인들의 명품 열기를 보도한 SBS-TV의 뉴스는 '대한민국은 허영공화국'이란 제목 하에서 명품 '루이비통'이 한국사람 덕분에 먹고 살고 유별나게 한국은 명품에 대한 수요가 공급을 초과한다고 방송한 적이 있다.

한 때 최고가의 명품 브랜드, '빈센트 앤 코Vincent & Co.'라는 시계 브랜드에 얽힌 사기사건의 일화는 우리의 마음을 씁쓸하게 하였다. 2000년대 중후반 강남에서는 '빈센트 앤 코'부터 G시계까지, 잇달아 터져나온 가짜 명품시계의 사기극이 한국 사회를 뒤흔들었다. '빈센트 앤 코'는 한 시계 유통업체의 대표가 2000년에 스위스와 우리나라에 직접 법인 및 상표 등록을 한 브랜드이다. 중국에서 들여온 시계줄과 시·분침, 외장 케이스 등 값싼 국산 부품을 사용해서 경기도 시흥의 한 공장에서 만들어진 이 시계는 제조원가 8만원짜리가 5백80만원에 팔려나갔다. 2백여 개의 작은 다이아몬드를 박은 원가 3백만원짜리 시계에는 9천7백50만원의 가격표가 붙여졌다. '영국의 엘리자베스 2세와 고故 다이애나 비, 모나코 그레이스 켈리 왕비 등 세계 인구의 단 1%만 착용할 수 있는 시계'라는 그럴듯한 허위 광고가 일부 부유층과 연예인들을 매료시켰다. 경찰은 가짜 명품 시계를 스위스산 최고 명품으로 속여서 판매한 사기혐의로 그 대표를 구속했다.

가짜로 만든 브랜드의 역사와 그 규모에 상응하도록 '빈센트 앤 코'를 소개하는 홍보행사에 당대 최고의 스타들은 물론 각종 패션잡지 편집장과 에디터, 유명 코디네이터와 메이크업 아티스트 등을 총동원하였다. 유럽의 로열 패밀리가 점유하던 가치를 동등하게 소유할 수 있게 됐다는 홍보는 사람들의 욕망을 자극하기에 충분하였다. 이렇게 세간의 관심을 모은 유럽 왕실의 보물과 같은 시계 브랜드가 한국 시장에 진입했다는 달콤한 유혹은 역설적으로 유럽 왕실과 비슷하게 현대적 의미의 로열 패밀리의 계층이 존재한다는 것을 보여준다. 유럽의 왕실이 점유하던 시크릿 브랜드를 동등하게 소유하고 싶어 하던 부유층 사람들의 욕망이 섞여서 가짜 명품의 판매는 먹혀들어 갔다. '전 세계 인구의 1%만이 찬다'는 문구에 현혹된 부유층과 연예인들은 이를 전혀 의심하지 않았다. 하지만 한국의 특권층을 지향하는 부유층은 자신들이 사기를 당했다는 것을 사기사건의 뉴스를 통하여 알게 되었다.

이 사건이 있은 지 일주일 만에 '지오 모나코' 사건이 또 발생하였다. 지오 모나코는 '180년 전통의 이태리 명품시계'라고 허위광고와 함께 백화점 명품관에 고급매장까지 갖추고 많은 시계를 판매하였다. 하지만 이 명품이란 시계는 듣지도 보지도 못한 신생브랜드였다. 이러한 연속적 명품시계의 사기사건으로 주위에 기분이 우울한 사람들을 만나면 첫인사가 '혹시 명품시계 사셨어요?'라고 묻는 질문이 유행했다

고 한다. 명품인줄 알고 산 물건들이 혹시 짝퉁이 아닌가? 감정을 의뢰
하는 사람들이 늘어나자 명품감정사들이 바빠지기도 하였다.

왕실에서 애용하는 시계를 구입했다고 바로 왕족이 되지 않듯이
명품가방을 들었다고 다 명품 인생으로 평가되는 것도 아니다. 자신의
많은 재산을 사회에 환원한 세계적인 거부, 빌게이츠Bill Gates와 워런
버핏Warren Buffett은 누구보다 검소한 생활을 하는 것으로 알려져 있다.
마더 테레사Mother Teresa 수녀는 명품을 구입해 본 적이 없다. 그러나
우리는 그들의 일생을 명품 인생이라고 말한다.

그림 41 사기명품시계, 빈센트 앤 코(Vincent & Co.)

2. 디드로효과

'디드로효과Diderot effect'는 하나의 물건을 구입하게 되면 그 물건
과 어울리는 다른 제품을 구매하고 싶은 인간의 마음을 말한다. 사람
이 물건을 소비하는 것인데 구입한 물건 자체가 사람의 심리를 지배하
는 현상이 발생한다. 즉, 소비가 또 다른 소비를 부르고 욕망의 추구가

그림 42 | 드니 디드로(Denis Diderot)와 디드로효과

만족 대신 다른 욕망을 낳고 끝없는 욕망을 부르는 상황이 연출된다. 18세기 프랑스의 계몽 사상가인 드니 디드로Denis Diderot는 가난한 철학자였다. 그는 친한 친구로부터 진홍색 침실 가운을 선물받았다. 평소 갖고 싶었던 선물을 받은 그는 기뻐하면서 세련된 가운을 입고 서재의 책상에 앉았는데 갑자기 '이 우아한 실내복과 낡은 책상은 어울리지 않는다'고 생각하였다. 이에 그는 책상을 바꾸었다. 그러자 이번에는 서재 안의 다른 가구들이 어울리지 않았다. 이에 그는 다른 가구들을 하나씩 가운과 어울릴만한 것들로 모두 교체하였다. 결국 서재 안의 모든 가구들과 양탄자까지 구입함으로써 모든 것이 실내복과 어울리도록 완벽하게 바뀌었다.

완벽한 환경이 그를 행복하게 했을까? 과다한 지출은 그가 감당하기에는 부담스러운 비용이었다. 또한 익숙하던 서재의 모든 물건이 새로운 것으로 바뀌면서 낯선 서재에서 느껴지는 불편함으로 우울증까지 얻게 되었다. 바뀌고 나서야 낡고 초라했던 옛 서재가 더 나았다고 생각하였다. 따라서 낡았지만 행복했고 정리가 잘 되진 않았지만 따스한 손길이 묻어 있던 옛 서재를 더 그리워하며 바꾼 것을 후회하였다.

그는 예전의 낡은 가운에 대해서는 철저히 자신이 주인이었지만 선물 받은 새 가운에 대해서는 지배를 당했다고 표현하였다.

이후 인류학자인 그랜트 맥크래켄Grant McCracken은 자신의 저서 『문화와 소비Culture and Consumption』에서 디드로 통일성Diderot unity에 대하여 언급하였다. 예를 들어, 자동차, 가구, 의류와 같이 문화적, 미학적으로 연관성이 높은 제품에 대해서는 한 제품의 구매가 통일성있는 또 다른 제품의 구매로 이어지기 쉽다는 것이다. 특정 제품을 통하여 자신을 나타내고 동일시하고자 하는 소비자의 욕구는 제품의 성능이나 실제 필요 여부와 관계없이 특정 제품에 대한 선호, 그리고 그와 어울리는 추가적인 제품의 구매로 이어지기 쉽다. 동일한 맥락에서 제품이 다른 사람에게 쉽게 눈에 띌 수 있는 종류의 것일 때, 디드로효과가 더욱 강하게 나타날 수 있다. 디드로효과는 일상생활 속에서 찾아볼 수 있다. 그리고 효과적인 마케팅 수단으로 활용될 수 있다. 가령, 명품가방을 구매한 소비자에게 같은 제품군의 열쇠고리, 지갑 등을 구매하도록 유도하거나 또는 가전제품이나 가구 등을 구매할 때, 모든 제품을 자사의 브랜드로 통일하도록 하는 마케팅사례 등이 있다.

미국의 사회학자이자 경제학자인 줄리엣 쇼어Juliet Schor는 저서, 『과소비하는 미국인들: 왜 우리는 우리에게 필요없는 것을 원하나The Overspent American: Why We Want What We Don't Need』에서 디드로효과의 부정적 측면에 대하여 비판하였다. 특히 환경운동가, 녹색 소비자들은 과소비와 불필요한 재화에 대한 지나친 욕심을 경계하고 이를 비판한다.

디드로 딜레마의 저자인 앨리슨 헤인스Alison Haynes는 행복이란 감정도 디드로 딜레마와 비슷하다고 말한다. 완벽한 행복을 추구하는 사람은 끝없는 갈증에 계속 목마르게 된다는 것이다. 저자는 "인생 목표를 향해 나가는 과정에서 자연스럽게 얻을 수 있는 것이 행복감"이라고 말한다. 자기 일을 열심히 하면서 시간과 돈 사이에 균형점을 찾으면 행복해 진다는 것이다. 인생을 살면서 돈과 시간적 여유는 서로 상충된다. 시간적 여유를 확보할수록 돈과는 멀어지고 돈을 추구하다 보면 인생이 메말라간다. 결국 인간의 행복은 지나친 욕심을 버리고 일상에서 평범한 일들에 감사하며 살 때, 자연스럽게 마음속으로 들어오게 된다.

3. 전시효과

(1) 주변의 영향과 전시효과

전시효과 내지 과시효과demonstration effect는 어느 인간의 소비활동이 그를 둘러싼 주변의 소비생활과 생활양식에 의하여 강한 영향을 받는 것을 말한다. 전시효과는 '친구 따라 강남 간다'는 말로 쉽게 설명할 수 있다. 주변여건에 따라서 경제 주체의 한계효용이 바뀌어 버린다는 것이다. 일반적으로 소비는 소득수준에 의하여 많이 좌우되지만 항상 그런 것은 아니다. 자신의 부wealth와 이자율interest rate에 의해서도 영향을 받는다. 그리고 자신이 속해 있는 계층의 사람들과 비교하면서 생활하기 때문에 주변인의 소비 행태로부터 영향을 받는다. 미국의 경제학자, 제임스 듀젠베리James S. Duesenberry는 이 같은 소비 행동의 상호 의존 관계를 '전시효과'라고 불렀다. 이는 개인의 소비성향이 타인의 소비성향에 영향을 받고 사회의 일반적인 소비성향에 영향을 받아 타인의 소비성향을 모방하려는 소비 행동의 상호의존 관계를

말한다. 일명 과시효과, 시위효과, 데먼스트레이션효과demonstration effect라
고도 표현한다. 듀젠베리에 의하면 "사회에는 하급재로부터 고급재에
이르는 여러 상품이 있는데 사람들은 사회적으로 보다 높은 지위에 있
는 사람들과 접촉이 많은 사람일수록 재화의 소비는 증가하고 고급재
에 대한 소비가 더 증가한다."는 것이다.

[그림 43] 제임스 듀젠베리와 전시효과

　　　재화가 가진 본래의 실질효용 이외에 과시적 효용에 주목한 것
은 소스타인 베블런이다. 그에 의하면 상품은 과시하고자 하는 욕망에
의하여 소비되고 보급된다는 것이다. 요컨대 소비 수준이 상승하는 것
은 과시적 소비의 결과라는 것이다. 하지만 소비자 행동은 상호 독립
성을 유지한다고 보았다. 전시효과는 이에 대한 비판적 경제학적 이론
가설이다. 개인의 소비는 자신의 절대 소득에 영향을 받는 것이 아니
라 주위 다른 사람의 소득에 비하여 자신의 소득수준에 따라서 상대적
으로 결정된다는 것이다. 이것이 바로 상대소득 가설이다. 가령, 부유
층과 어울리는 중산층의 소비는 부유층의 영향을 받아서 증가하게 된
다. 또한 소득수준이 높은 도시지역과 소득수준이 낮은 농촌지역이 접

촉하게 되면 농촌지역의 사람들은 어느 정도 소득이 상승하는 과정에서 도시지역의 생활양식을 본받아 소비성향이 높아지게 된다. 비슷한 사례로 평범하게 살 때는 버스랑 지하철 타고 다니면서도 충분히 만족했던 사람이 로또에 당첨되고 부자동네로 이사가고 나서는 벤츠 아니면 만족을 못하게 되는 상황 등은 소비의 외부 의존성으로 설명될 수 있다.

(2) 자기 과시로 우리는 더 행복해졌는가?

인간의 과시욕은 과학이 해결하지 못하는 난제이다. 인간의 과시욕은 국경과 인종을 초월해서 삶의 모든 영역에서 나타나는 듯하다. 이러한 인간의 과시욕은 잔디문화에서도 나타나는데 잔디문화는 부를 과시하기 위해 형성되었다고 한다. 미국은 집안에 잔디를 깎지 않으면 벌금을 내야 할 정도이다. 심지어 잔디문화는 그 식물이 자라기 힘든 환경인 중동까지 퍼져서 넓은 잔디밭을 조성하였다. 과거에서 현재에 이르기까지 어떻게 하면 남들보다 더 나아 보이게 할까? 하는 것이 인간이 가진 과시욕이다. 어떤 사람들은 비싼 물을 마시고 비싼 자동차를 가지고 있음에도 삶이 망가지지 않을 만큼 경제적으로 윤택하고 능력이 있어 보이기를 원한다. 인간의 과시욕은 이하에서 설명하게 되는 구스타프 클림트가 그린 그림, 미국의 자동차, 마시는 생수 등에서 잘 나타나고 있다. 이를 차례대로 하나씩 설명하고자 한다.

먼저, 구스타프 클림트Gustav Klimt가 그린 〈부르크 극장의 내부 전경〉은 오스트리아의 연극전용 극장을 묘사한 작품으로 인간의 과시욕을 잘 설명해 준다. 빈 시의회는 황금빛 그림으로 유명한 빛의 화가, 구스타프 클림트와 그의 동료 프란치 마치에게 구 부르크 극장을 철거하기 전에 극장의 그림을 그려 달라고 요청하였다. 부르크 극장은 유럽 최대 극장 중 하나로서 마리아 테레지아 여제Empress Maria Theresia 때 지어진 '궁정 극장'이다.

그림 44 구스타프 클림트와 작품, 〈부르크 극장의 내부 전경〉

클림트는 극장의 무대가 아니라 무대에서 바라본 관람석 내부의 관람을 온 인물들을 자세하게 그렸다. 그는 150명의 모습을 마치 사진을 찍듯이 정밀하게 묘사하였다. 그 당시 비엔나에서는 우아하게 문화를 향유하고자 하는 열망이 가득 차있었고 예술문화를 즐기는 정도에 따라서 계층과 그 서열이 매겨지고 있었다. 클림트는 부와 명예의 상징인 부르크 극장과 연결되고 싶어 하는 사람들에게 부르크 극장에 자신의 얼굴을 그려 넣어줌으로써 그들의 욕구를 충족시켜 주었다. 그 그림이 완성되고 그의 작품을 본 사람들은 자신의 초상을 넣은 복제화를 그려달라고 간청하였다. 클림트는 이 작품으로 황제에게 황금공로 십자훈장을 받게 되었다.

다음으로 사막을 달리는 대표적인 자동차인 허머에 관한 이야기이다. 몇 년 전 미국의 온라인 잡지인 〈스파이크닷컴〉은 '경제불황으로 없어진 좋은 10가지 목록'을 만들었다. 그 목록에는 미군을 상징하는 가장 대표적인 자동차로서 이라크 사막을 달리던 '기름 먹는 하마' 즉, '허머hummer'가 들어있다. 허머는 유지비가 많이 들어서 부를 상징하는 대표적인 자동차이다. 미국인들은 왜 연비도 나쁘고 값도 비싼 비효율적인 허머를 선호했을까? 진화심리학자 제프리 밀러Geoffrey Miller는 자신의 책 『스펜트Spent』에서 이러한 인간의 심리를 설명한 바 있다. 그는 허머를 소유한 인간을 '화려한 날개를 가졌지만 제대로 날지 못하는 공작새'에 비유하였다. 왜 수컷 공작새는 날지도 못하는데 화려한 날개가 필요할까? 이는 핸디캡을 가졌지만 아름다운 무언가를 가지고 있어서 나름의 능력이 있다는 걸 드러내고 싶어 하는 마음을 표현한 것이다. 이러한 과시욕은 생존과 번식에 유리하다는 것이다. 인간은 남에게 과시하려고 하는 욕구 자체가 이성을 유혹하고 남에게 좋은 인상을 주려고 하는 인간의 본능적인 욕구에서 나온다는 것이다.

나아가 이러한 과시욕을 가진 사람들의 특별한 선택은 우리가 마시는 생수 한 병에서도 나타났다. 이 특별한 생수는 '파란 하늘의 구름처럼 순수한 맛, 깨끗한 글라소 스마트워터'이다. 이 생수는 수돗물 가격의 880배라고 한다. 코카-콜라 회사 측은 "글라소 스마트워터가 미국, 캐나다에 이어서 세계에서 3번째, 아시아 최초로 한국에 선보인 것은 세계 시장에서 한국이 아시아의 문화와 패션의 트렌드 리더로서 인정받고 있음을 의미한다."고 말한다. 글라소 스마트워터는 가장 '자연'에 가까운 물로 알려져 있다. 마그네슘, 그리고 칼슘과 같은 미네랄까지 스마트하게 골라 담은 똑똑한 물병은 디자인과 로맨스를 내포한 예술품과 같아 보인다.

이러한 과시욕에 집착하는 인간은 궁극적으로 자신의 만족감을 채우거나 혹은 행복하기 위함일 것이다. 그런데 이러한 과시욕으로 우리는 행복해질 수 있을까? 하버드대학 마이클 노턴Michael Norton 교수는 소비가 행복하게 해주는가를 확인하려고 소득수준과 소비성향이 다른 632명의 미국인들을 대상으로 설문조사를 했다. 그 결과에 의하면 '개인적 소비'는 별로 자신의 행복지수Happiness Index에 영향을 주지 않지만 남을 위하여 '사회적 소비'를 많이 한 사람일수록 행복감을 높여 주었다. 비슷한 관점에서 캘거리대학의 커티스 이튼Curtis Eaton 연구팀은 "부국이 될수록 국민들의 보석이나 명품 브랜드처럼 신분을 상징할 수 있는 사치품의 소비에 집착하게 된다. 이런 소비 성향은 사치품을 소유하지 못한 대다수의 사람들에게 박탈감을 준다."고 지적했다. 즉, 사람들은 경제적 번영에 도달하게 되면 제품의 내재적 가치와 무관한 지위적 상징status symbols을 추구하게 되고 결국 과시적 소비로 흘러가게 된다는 것이다.

모든 인간은 남들보다 더 나아지려는 욕구를 가지고 있다. 한국 사람들의 서로 비교하는 정도는 전 세계 어느 나라의 국민보다도 더 민감한 것으로 보인다. '엄친아', '엄친딸' 등의 단어가 나오게 된 배경에는 한국 특유의 비교 심리가 이면에 존재한다. 하지만 우리 삶에서 무엇이 좋고 나쁜지에 대한 기준은 객관적으로 판단하기는 어렵다. 각자의 삶에서 좋은 것과 나쁜 것은 취향에 의존하는 경우가 많아서 스스로 원하는 것을 선택한다. 궁극적으로 인간의 행복은 타인에게 보여줌으로써 이루어지는 것이 아니라 자기 스스로의 만족에서 오는 것임을 알아야 할 것이다.

4. 톱니효과

톱니효과ratchet effect란 한번 소비가 증가하면 소득이 감소하더라도 쉽게 소비가 감소하지 않는 것을 말한다. 소비는 자신의 현재 소득에 의해서도 영향을 받지만 자신의 과거 소득에 의해서도 영향을 받는다. 소득이 늘어나서 소비 수준이 일단 높아지면 다시 소득이 감소해도 개인의 소비는 종전으로 돌아오지 않는다. 경기가 나빠져 소득이 줄어들어도 소비가 그에 비례하여 쉽사리 줄어들지 않기 때문에 소비 수준은 안정성을 갖게 되어 경기 후퇴 속도를 줄이는 효과도 있다. 예를 들면, 과거에는 30~40인치대 TV가 주류였지만 50~60인치대의 더 큰 화면을 경험한 사용자들은 작은 사이즈로 다시 돌아가지 못하고 큰 TV를 구매하게 되는 습성이 있다. 이와 같이 늘리기는 쉬워도 줄이기는 어렵기 때문에 소비가 습관이라는 톱니장치에 맞물려 있는 것과 같다. 하지만 듀젠베리의 견해가 항상 맞는 것은 아니다. 지속적으로 소득이 감소하는 상황에서 사람들이 소비를 줄이지 않고서는 생활을 유지할 수 없기 때문에 소비가 줄어들고 장기적으로는 절대적으로 감소할 수밖에 없다.

톱니효과는 개인뿐만 아니라 기업에도 적용된다. 기업들은 시장에서 살아남기 위하여 제품의 기능을 추가하는 경쟁을 벌인다. 자동차 회사들이 발표하는 신차는 하루가 다르게 경쟁적으로 새로운 기능을 추가해서 출시된다. 이를 반영하는 대표적인 용어가 '점진적 기능추가 경쟁feature creep'이다. 동종의 신제품이 출시될 때마다 시장경쟁의 압력으로 인하여 새로운 기능이 점차 추가되는 현상을 의미한다. 자동차 사양 경쟁에서도 계속해서 톱니가 돌아가는 셈이다. 각 기업들은 기본적으로 경쟁기업들이 시장에 출시하는 신제품의 모든 기능을 반영해야 하고 동시에 몇 가지 새로운 기능을 추가하여서 신제품을 출시할 때, 시장에서 살아남는다고 생각한다. 즉, 신제품 기능 측면에서 경쟁기업과 비교해서 늘 앞서 나가야 한다. 경쟁기업의 신제품이 갖춘 기능들은 각 기업이 자신의 신제품에서 반영해야 하는 최소한의 기능이 되어야 한다.

그런데 고객들은 이러한 새로운 기능들을 지속적으로 원할까? 실제로 적지 않은 고객들이 각종 신제품에 포함된 수많은 기능들을 이용하지 않는다. 이용하더라도 사용 방법의 터득에 어려움을 겪고 기업들의 점진적 기능추가 경쟁으로 인하여 고객들의 피로감은 계속 누적되고 있다. 가령, 차세대 아이폰은 6인치대 라인업이 새롭게 신설되었다. 하지만 새 아이폰 사용자들의 20%만이 자신의 이전 핸드폰에 없던 기능을 쓴다고 답한다. 특별히 아이폰의 새로운 기능이 필요없지만 사람들은 새로운 아이폰 사용자 그룹 안에 속하고 싶고 뒤지기 싫어해서 다시 새 아이폰을 구입한다.

제4절
유인효과와 타협효과

1. 유인효과

(1) 사람들은 비교를 좋아해

경제학에서 인간은 완벽한 이성적 능력을 가졌다고 가정한다. 그런 관점에서 본다면 인간본성에 대한 기본적인 믿음을 우리와 같은 보통사람들도 갖고 있다는 뜻이다. 하지만 인간은 완벽함과 거리가 있다. 우리가 이상적인 상태에서 벗어나는 지점을 명확히 인식하는 것은 여러모로 유익하다. 인간이 어떤 제품을 선택할 때, 선택의 방식에는 절대적 선택과 상대적 선택이 존재한다. 절대적 선택은 자신만의 선택기준과 우선순위를 가지고 결정하는 것이다. 전통적 경제학에서 합리적인 인간을 가정할 때 이를 기준으로 한다. 이를 기준으로 제품을 선택하려면 제품의 품질과 기능을 정확히 알고 있어야 한다. 현실에서 절대적 선택을 하려면 인간의 이성적 숙고시스템을 최대한 긴장시켜서 인식하기 위한 시간과 노력을 들여야 한다. 반면 상대적 선택은 그 중

우선순위에 해당하는 기준을 근거로 제품 간 비교해서 그 비교우위만 정하는 방식이다. 제품에 대한 완전한 정보를 다 알 필요는 없기 때문에 제품인식을 위한 자원을 줄일 수 있다. 인간은 본능적으로 자동시스템을 사용하여 인식에 필요한 에너지를 절약하는 행태를 선호하기 때문에 특별히 중요하거나 주의를 기울여야 하는 사안이 아니면 주로 자동시스템이 작동하는 상대적 선택방식을 선호한다.

행동경제학자인 아모스 트버스키와 대니얼 카너먼은 인간이 완벽하게 이성적 능력을 가지지 못하고 있다는 것을 두 실험을 통하여 보여주었다. 첫째, 새 펜을 사는 것과 둘째, 회사에 입고 갈 정장 한 벌을 사는 것이다. 먼저 바로 앞에 위치한 사무용품점에서 25달러의 멋진 펜과 현 위치에서 15분 거리에 있는 다른 사무용품점에서 18달러의 같은 펜을 판매한다고 가정한다. 바로 앞 사무용품점에서 25달러로 살 것인가? 아니면 7달러를 아끼기 위해 15분을 걷겠는가? 실험결과에 따르면 대부분의 사람들은 7달러를 아끼기 위해 15분을 걷는다고 답하였다.

다음으로 집에서 가까이 위치한 A백화점에서 정장의 가격은 455달러이다. 그런데 15분 떨어진 B백화점에서 같은 정장의 가격은 448달러에 판다고 가정한다. 집 가까이 있는 A백화점에서 정장을 살 것인가? 아니면 15분 걸어가서 B백화점에서 살 것인가? 대부분의 사람들은 A백화점에서 정장을 구입한다고 답하였다.

두 가지 경우에 15분 걸어가서 구입할 경우 절약되는 금액은 펜과 정장 모두 7달러이다. 그런데 펜은 15분을 걸어가지만 정장은 정반대로 집 부근 백화점에서 구입한다는 것이다. 왜 이런 모순된 선택을 하게 되는 것인가? 그 이유는 절대금액에서 차지하는 절약금액의 상대적 비율을 기준으로 결정을 하기 때문이다. 즉, 펜의 가격에서 차지하는 7달러는 상대적 비율이 크지만 정장의 가격에서 절약되는 7달러의 비율은 작기 때문에 서로 상이한 결정을 내리는 것이다. 하지만 합리적이라면 두 경우 모두 같은 7달러가 절약되므로 동일한 선택이 일어나야 타당하다.

비슷한 이유 때문에 1달러짜리 수프통조림을 25센트 할인해주는 쿠폰을 챙기는 사람이 5,000달러짜리 음식을 주문할 때는 수프앙트레에 추가로 200달러를 기꺼이 지불한다. 또한 단가가 낮은 500달러짜리 새 가죽 소파를 살 때는 가격을 절약하려고 이것저것 따지고 주저한다. 그러나 2만 5,000달러짜리 자동차를 살 때 가죽시트 추가비용으로 3,000달러를 기꺼이 지불하는 것도 같은 이유에서이다. 마음의 시각을 바꾸면 자동차시트를 더 좋은 것으로 바꾸는데 드는 3,000달러로 다른 유익한 일을 할 수도 있지만 사람들은 동일한 상황에 직면했을 때, 같은 비합리적인 행동을 반복한다.

우리는 주변의 사물을 인식할 때 항상 다른 것과 관련지어서 비교하기를 좋아한다. 자신의 직업과 다른 사람의 직업을 비교하고 현재의 연인과 과거의 연인을 비교하는 식이다. 이러한 상대성을 이해하기란 어렵지는 않지만 수많은 선택에 직면할 때 일일이 그 상대성의 정도를 따지는 것이 쉽지는 않다. 그렇기 때문에 우리는 서로 비교할 때, 비교하기 쉬운 것만 비교하려는 성향이 있다. 가령, A와 B 가운데 어느 것을 고를지 망설일 때, A와 비슷하지만 A보다는 못한 C제품을 같이 진열할 때, 소비자는 A제품을 선택하게 된다. 이 때 C제품이 바로 A를 선택하게 유인하는 미끼이다. 이러한 미끼효과decoy effect는 의사결정에 슬쩍 끼어들어 우리의 선택을 쉽게 만들어 준다. 우리 인생의 선택에서 미끼효과가 영향을 주는 영역은 다양하다. 가령, 보다 나은 여행지는 어디인지? 보다 나은 배우자는 누구인지? 보다 나은 직장은 어디인지? 등 수없이 존재한다. 이러한 비교의 상대성은 삶에서 어떤 결정을 내리는데 유용하다. 하지만 비교의 상대성이 때로는 우리의 삶을 철저히 비참하게 만들 수도 있다. 왜 그런가? 우리 자신과 남을 비교하면 항상 거기에 수준차이가 보이고 부러움뿐만 아니라 불만족과 질투가 동시에 발생하기 때문이다.

이러한 비교의 상대성으로 일어난 월가의 CEO봉급에 관한 일화는 사회적으로 큰 부정적 영향을 끼치기도 하였는데 이를 소개하고자 한다. 1993년에 세계 금융시장의 중심인 월가의 금융 CEO들이 연봉인상으로 '머니 게임money games'을 벌이자 연방증권조정위원회는 처음으로 회사 고위직 임원의 보수와 특전내용을 상세히 공개하도록 지시했다. 이는 보수를 공개함으로써 이사회에서 임원들에게 터무니없는 보수와 특전을 주지 못하도록 하기 위한 것이었다. 규제나 법, 혹은 주주의 압력 같은 직접적인 방법을 사용하지 않더라도 보수의 공개자체는 임원보수를 적절히 통제할 수 있는 수단이라고 판단하였다. 그러나 그 결과는 정반대로 나타났다. 보수가 공개되자 언론은 지나친 보수를 받는 CEO를 비난하는 기사가 아니라 보수를 많이 받는 CEO들을 소개하는 기사를 실었다. 그러자 CEO들의 특전과 보수를 규제하는 조치가 내려지는 것이 아니라 CEO들이 자신의 보수를 다른 사람과 비교하는 일이 생겼고 이를 민감하게 받아들였다. 이로 인하여 봉급이 낮은 CEO들은 경쟁적으로 자신의 연봉을 더 높였다. 그 결과, 1976년 CEO의 평균보수가 일반직원의 36배였으나 1993년 CEO의 평균보수는 일반직원보다 131배나 더 증가하였다. 나아가 임금관련 컨설팅회사는 CEO들이 더 많은 보수를 요구하도록 부채질하였다. 최고의 임금을 받는 CEO도 자신의 보수가 적다고 생각하였고 그들은 회사를 그만두고 다른 자리를 찾는 악순환이 일어났다. 결국 월가의 탐욕은 실리콘밸리, 디트로이트로 확산되었고 CEO의 보수는 하늘 높은 줄 모르고 치솟았다. 결과적으로 CEO의 평균보수는 일반직원의 369배나 커지게 되었다. 이러한 터무니없는 CEO의 연봉은 빈부간의 격차를 확대시켜서 사회에 큰 해악을 미쳤다.

그림 45 | 헨리 멘켄과 인간의 끝없는 비교

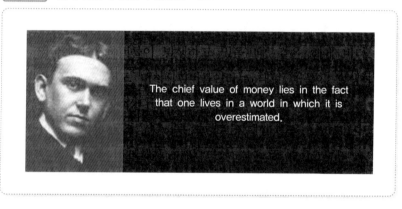

The chief value of money lies in the fact that one lives in a world in which it is overestimated.

20세기 초 냉소적인 사회비평가였던 헨리 멘켄Henry L. Mencken은 남자가 자신의 보수에 만족할 때는 "아내의 언니남편보다 많이 벌 때"라는 말을 했다. 이렇게 비교하는 것이 가장 쉽고 확실한 비교가 된다고 보았기 때문이다. 인간은 욕망이 끝이 없어서 가지면 가질수록 더 많은 것을 갖고 싶어 하고 남들과 비교하기를 좋아해서 이러한 경쟁은 과열되는 경우가 허다하다. 서로 비교하는 상대성의 문제를 해결할 방법은 없을까? 이 문제를 해결할 방법은 스스로 적당한 만족수준을 정하고 비교의 순환고리를 끊는 것이다. 하지만 중요한 선택에 있어서 비교를 해야 할 때가 있다. 이 때는 신중하게 상대적 비율이 아니라 상대성의 정도를 신중하게 생각하고 무엇이 이득과 손실이 되는지를 객관적으로 따져보는 노력이 필요할 것이다.

(2) 블랙홀과 같은 유인효과

일반적으로 새로운 제품이 출시되면 기존 제품의 시장에서 점유율은 감소하고 기존제품의 시장점유율의 감소폭은 신제품과 비슷할수록 더 클 것으로 예상된다. 그러나 이 예상이 실제 시장에서 정확히 일어나는 것은 아니다. 마케팅분야의 연구자인 휴버, 페인, 푸토는 1982년 논문에서 '기존 제품에 비하여 비대칭적으로 열등한 신규대안, 미끼대안, 유인대안이 등장하게 되면 새로 진입한 대안과 유사한 기존 대안의 선택 확률이 오히려 증가할 수 있다'는 것을 증명하고 이것을 '유인효과attraction effect'라고 불렀다. 여기서 '기존 제품들에 비해 비대칭적으로 열등한 대안'의 의미는 여러 기존 대안 가운데 한 대안에 대해서는 절대적으로 열등하지만 다른 대안에는 절대적으로 열등하지 않는 신규 대안을 말한다.

대다수 사람들은 외부의 정보를 받아들일 때, 인지 상의 한계가 있으므로 모든 정보를 객관적이고 합리적으로 판단하기가 어렵다. 따라서 수많은 재화를 한번에 보고 구매를 결정해야 할 때, 다양한 제품을 서로 비교하는 가운데 유인효과에 영향을 받아서 제품을 선택한다. 소비자가 유인효과를 무시할 수 없는 것은 제품의 극단적인 선택을 회피하는 심리, 즉 타협효과가 존재하기 때문이다. 타협효과compromise effect 란 특정 속성에 대한 선호가 불분명할 경우 양극단에 위치한 대안은 회피하고 비교적 안전하다고 느끼는 중간 대안을 선택하려는 경향을 말한다. 인간의 뇌는 여러 대안 가운데 정확한 정보가 없어서 선택에 갈등을 일으킬 때 작용하는 특징이 손실회피성이다. 바로 타협효과의 원리는 이를 근거로 중간을 선택하여 손실회피를 하게 한다.

사이먼슨Simonson과 트버스키Tversky는 유인효과가 상당히 다양하게 일어날 수 있음을 보이기 위하여 실험을 하였다. 두 사람은 실험 참가자들에게 실험에 참가한 답례로 크로스펜과 6달러의 현금 가운데 하나를 선택하도록 하였다. 참가자의 64%는 6달러를, 36%는 크로스펜을 선택했다. 그러나 다른 실험 참가자들에게 크로스펜과 크로스펜보다 조금 못한 제브라펜, 그리고 6달러의 현금 등 3개의 대안 가운데 하나를 선택하도록 하였다. 그 결과는 크로스펜의 선택이 46%로 증가하고 현금선택이 54%로 줄었다. 이렇게 크로스펜보다 질이 낮은 대안이 추가되었을 때 크로스펜의 선택비율이 36%에서 46%로 증가한 것은 그 질이 떨어지는 대안이 크로스펜을 더 돋보이게 만들어주었기 때문이다.

이러한 유인효과는 우리 생활 속에도 많은 사례가 있다. 가령, 소득수준이 높아지고 와인이 몸에 좋다고 알려지면서 사람들이 와인을 선호한다. 최근 레스토랑에서 식사할 때, 와인을 주문하는 사람들이 증가하였다. 사람들이 와인을 주문할 때, 목록을 보고 직접 와인을 주문하는 고객도 있고 소믈리에에게 물어보고 하우스와인house wine을 주문하기도 한다. 하우스와인은 유럽 가정에서 식사 중 내놓는 와인이다. 이는 가정에서 식사할 때, 각 가정에서 직접 양조한 와인을 마시는 것에서 유래된 것이다. 저명한 와인평론가인 휴 존슨Hugh Johnson은 "호텔, 레스토랑의 서비스 품질 혹은 소믈리에의 능력을 가늠해보려면 하우스

와인을 주문해서 마셔봐야 한다."고 추천한다. 일반적으로 소비자가 좋아하는 와인이란 식사메뉴와 잘 어울리고 가격대비 품질이 좋으며, 이왕이면 원가가 저렴하고 입맛에 맞아야 한다. 이러한 와인의 선택에서도 유인효과는 작용한다. 예를 들면, 소믈리에가 우리에게 로버트파커RP 95점인 15만원 A와인과 로버트파커RP 85점인 10만원 B와인 등 두 종류의 와인을 권한다고 가정하자. 와인소비자는 가격과 점수를 비교해서 와인을 선택하고자 할 것이다. 이 때 소믈리에가 제3의 대안으로 로버트파커RP 90점인 15만원의 C와인을 추가로 권유한다면 우리는 어떤 결정을 할 것인가? 우리의 선택은 유인효과 덕분에 대부분 A를 선택하게 될 것이다.

이러한 유인효과는 합리적인 분산투자를 위해 포트폴리오portfolio를 구성할 때도 작용한다. 사람들은 여러 대안 중 같은 위험에는 높은 수익률을 선택하고 같은 기대 수익률에는 낮은 위험을 선호한다. 이러한 분산투자 기준에 기초하여 효율적 경계선efficient frontier이란 것을 만들었다. 우리가 투자를 할 때 10%의 수익률과 20%의 변동성을 가진 투자기회A와 8%의 수익률과 10%변동성을 가진 투자기회B라는 두 개의 선택이 주어졌다고 하자. 둘 중에서 선택하려면 그 결정은 쉽지 않을 것이다. 수익률과 변동성이 상충trade-off관계인 A와 B의 투자기회는 투자자의 선호에 따라서 달라질 수 있기 때문이다. 그런데 여기에 7%의 수익률과 10% 변동성 투자기회C가 추가된다면 어떤 제안이 유리할 것인가? 루케Luce, 1959가 주장한 정규성 이론regularity assumption, 1959에 의하면 A, B의 의사결정에 C는 아무런 영향을 주지 못한다는 것이다. 그러나 상대적 비교에 익숙한 사람들의 유인효과에 의하면 'B가 C보다 좋은 투자기회'라는 비교 대상이 생김으로써 사람들은 기존에 C의 투자 기회가 없을 때 보다 B의 투자기회를 A투자기회보다 더욱 선호한다는 것이다.

이처럼 마케팅 전략이나 외부적 환경에 의하여 우리의 심리가 영향을 받을 때가 많다. 우리 자신의 선택은 항상 자신만의 선호를 반영하는 건 아니고 때로는 주위 사람이나 상대방의 의도에 따라서 유도된 결정을 따르는 경우도 많다. 그러한 유도된 결정을 선택하더라도 선택행위 자체에 강압이 없었다면 자유롭다고 느낀다. 설사 타인에 의하여 유도된 선택을 하더라도 우리의 뇌는 그 선택이 자신의 판단이라고 믿는다. 이러한 유도된 선택은 때로는 잘못된 선택을 가져와서 큰 손실을 초래하기도 하므로 자신만의 주의 깊은 원칙을 세울 필요가 있다.

2. 타협효과

앞서 언급하였듯이 사람들의 판단은 절대적으로 하기 보다는 비교를 통하여 상대적으로 결정하는 경우가 많다. 우리는 특정 재화에 대한 선호가 불분명한 경우에는 극단적인 대안은 회피하고 심리적으로 무난해 보이는 중간에 속한 대안을 선택하려는 경향이 있다. 누군가 의도적으로 만들어 놓은 맥락에 따라서 사람들은 무의식적으로 상대적인 판단과 선택을 한다. 그 설정된 맥락으로 인하여 사람들은 지각적 편향을 일으키는 휴리스틱을 보이게 된다. 중간을 선호하는 타협효과의 중요한 이론적 근거는 바로 인간심리의 '손실회피성향loss aversion'이다. 소비자는 여러 선택가능한 상품집합 속에 포함된 제품을 다른 제품과 비교하여 각 제품이 갖는 이득과 손실을 파악하고 순이익이 큰 제품을 선택함으로써 나름의 합리성의 근거를 가지고자 한다. 마케팅 전문가들은 고객의 심리를 이용하여 이런 맥락을 잘 만들어 낸다. 이를 위하여 판매자는 자신이 권유하는 제품이 합리적인 선택이라는 점을 소비자에게 납득시켜야 한다. 판매자는 '단순히 이 제품이 다른 제품보다 우수합니다'라고만 설득할 경우 소비자는 그 이유를 알고 싶어 한다. 판매자는 소비자를 설득할 나름의 논리를 가지고 있을 때, 소비자는 쉽게 추천하는 선택을 받아들인다.

전통경제학의 가정과는 다르게 사람들이 무엇을 선택할 때, 극단적인 것을 회피하려는 극단적 회피심리를 가지고 있다. 특히 두 가지 선택대안이 존재하는 상황에서 세 번째 대안이 추가될 때, 중간수준의 대안을 선택할 가능성이 높아지는 것은 바로 이와 같은 심리 때문이다. 이는 경제학의 기본원리인 합리적인 선택 모형이나 가치극대화 모형과는 전혀 맞지 않는 현상이다. 즉, 사람들은 자신에게 최대효용과 가치를 제공하는 제품을 선택하기 보다는 제품을 선택하는 정당성이나 합리적 이유를 가장 쉽게 제공하는 제품을 선택하는 경향이 있다. 이 경향은 소비자 선호가 불확실한 상태의 제품구매 과정에서 많이 발생한다.

이를 증명하기 위하여 1992년에 경영학자, 이타마르 시몬슨Itamar Simonson과 심리학자, 아모스 트버스키Amos Tversky는 사람들이 같은 종류의 제품을 고를 때 선택하는 기준을 확인하기 위하여 품질과 가격을 기준으로 실험을 했다. 이들은 품질이 좋아질수록 가격도 올라가는 세 종류의 미놀타 카메라를 가지고 동일한 실험을 했다. 카메라 A는 나쁜 품질과 저렴한 가격(169달러), 카메라 B는 중간품질과 중간가격(239달러), 카메라 C는 고급품질과 높은 가격(469달러)을 제시하였다. 첫째, 106명의 실험 참가자에게 A와 B가운데 둘 중의 하나를 선택하도록 했다. 카메라 A와 B의 선택비율은 각각 50대 50의 결과가 나왔다. 둘째, 다음 실험에서 카메라 C를 추가한 다음, 세 가지 카메라 대안 가운데 하나를 선택하도록 했다. 실험 결과는 의외의 선택으로 나타났다. 즉, 카메라 A, B, C를 선택한 비율이 각각 22%, 57%, 21%였다. 카메라 C 의 추가로 중간인 카메라 B가 압도적으로 인기가 높았다. 소비자가 이 러한 결정을 내리는 동기는 타인에게 본인의 결정에 대한 정당성이나 합리적 이유를 설명해야 할 때, 더욱 강하게 나타났다. 즉, 소비자는 어떤 대안이 가장 높은 효용을 제공하는지 판단하기 어려울 경우 자신 의 결정을 정당화할 수 있는 가장 타당한 이유를 제시해 주는 대안을 선택한다. 가령, 부모님에게 허락을 받고 어떤 제품을 구매하는 고객의 경우, 판매자의 타협으로 추가한 대안은 매우 합리적이고 매력적인 의 사 결정으로 다가온다. 따라서 판매자는 실제 팔고 싶은 제품이외에 극단적인 두 가지 제품을 추가하여 제시함으로써, 자신의 제품을 타협 점으로 여기도록 만들 수 있다.

　　현명하게 따져보는 소비자는 사실이 아니라고 주장할 수도 있다. 실제 타협효과가 올바른 정보를 바탕으로 비교할 수 있고 많은 사용 후기까지 확인할 수 있는 온라인 쇼핑매장에서도 나타나는지를 실험한 연구자들이 있다. 2012년 이타마르 시몬슨Itamar Simonson과 탈리 라이히 Taly Reich는 실험에 참가하는 소비자들에게 쇼핑 사이트에서 다양한 옵 션, 가격, 소비자들의 후기를 보여주었다. 한 그룹은 두 가지 중 하나 를 선택하고 다른 그룹은 세 가지 중 하나를 선택하게 했다. 상품에 대한 다양한 정보, 특히 제품의 품질에 대한 정보가 제공되자 사람들 의 선택 기준은 많이 바뀌었다. 가격보다는 카메라의 특성과 기능을 기준으로 선택하여 타협효과가 많이 없어졌다.

하지만 현실에서 의사결정을 할 때, 대부분의 사람들은 여러 가지 일들로 인하여 제품구매에서 항상 꼼꼼하게 따져보고 일일이 그 품질을 확인해보는 사람들은 많지가 않다. 대부분의 사람들은 일생일대의 운명을 결정하는 중요한 선택이 아닌 경우, 일상생활에서 숙고시스템을 가동시키는 것은 피곤하기 때문에 적당하게 자동시스템에 편승해서 결정하는 일들이 많다. 따라서 대부분의 일상적 선택은 이에 속하는 타협효과에 의존하여 습관처럼 행한다. 가령, 미국의 셀프 주유소는 기름의 품질에 따라 세 등급의 주유기를 배치한다. 주유소도 소비자의 심리를 이용하여 가장 비싼 주유기를 중간에 배치한다. 사람들은 일상적으로 주유할 때 자동시스템에 따라서 무의식적으로 숫자를 일일이 확인하지 않고 중간 주유기를 선택하는 습관이 있다. 또한 사람들이 식당에 갈 때마다 타협효과는 습관적으로 나타난다. 예를 들어, 제주도 여행을 갔다가 음식점에서 많이 경험한다. 메뉴에 회 한 접시에 5만원, 7만원, 10만원이라는 세 가지 메뉴가 제시되면 사람들은 적당히 중간 메뉴인 7만원짜리를 가장 많이 선택한다. 10만원짜리가 없고 5만원과 7만원짜리 두 메뉴만 있다면 5만원짜리를 선택하는 사람들이 많을 것이다. 횟집 주인은 가장 많이 팔고 싶은 메뉴가 있다면 중간 가격대에 이를 두면 될 것이다.

재테크를 할 때도 타협효과는 작용한다. 주식처럼 가격변화가 심한 상품의 경우에는 미래를 예측하기가 어렵고 그 회사를 정확히 파악하는 것도 어렵다. 투자자들은 정보가 제한되거나 불확실한 정보 하에서는 중간을 선택하는 게 낫다는 심리를 갖기 쉽다. 일반의 소액투자자들은 고가주와 저가주 가운데에 위치한 중간지대 주식을 선호하는 것이 일반적이다. 또한 대부분의 투자자들에게 자신의 투자성향을 질

그림 46 이타마르 시몬슨과 아모스 트버스키의 타협효과

문하면 '매우 공격적' 혹은 '매우 안정적'이라고 답하는 경우는 그렇게 많지 않다. 심지어 매우 공격적인 투자자조차도 원금은 최소한 보장되어야 한다는 은행예금자 수준의 위험회피성을 보인다.

이러한 타협효과는 서양과 동양에 따라서도 다르게 나타난다. 서양사람들은 어려서부터 자신의 주관과 의사를 명확히 표현하도록 교육받고 실천해 왔다. 따라서 자신의 의견을 명확히 표현하지 않거나 이래도 좋고 저래도 좋은 사람은 주관이 없거나 기회주의자로 보는 경향

이 있다. 그러나 동양사람들은 자신의 주관과 선호를 명확히 표현하기보다는 집단의 인화와 단결을 강조하는 교육이 강하고 너무 자신의 선호와 의사를 고집하는 것은 여러 사람을 불편하게 하는 것이라는 문화가 배어있다. 동양문화는 유교문화의 영향으로 인하여 '중용의 미덕'을 중요시 하는 경향이 있어서 중간을 선택하는 경향이 서양보다 더 강하게 나타난다고 한다. 우리 속담에도 '가만히 있으면 중간은 간다'라는 말이 괜히 나온 것은 아니다.

제5절
투자심리

1. 치명적인 마태원리

워런 버핏Warren Buffett의 멘토이자 투자의 아버지로 불리는 벤저민 그레이엄Benjamin Graham은 '현명한 투자자'에서 투자란 '철저한 분석' 하에서 '원금의 안전'과 '적절한 수익'을 보장하는 것이라며 투자와 투기의 차이를 구분했다. 이에 반하여 투자와 달리 투기는 이성보다는 감정에 의존하고 기회에 편승하여 확실한 승산 없이 큰 이익을 노리는 극단적인 모험적 행위를 말한다. 인간의 투기의 과열로 일어난 버블의 역사는 오래전부터 있었고 반복적으로 일어났다. 버블의 역사는 기원전 2세기의 로마시대까지 거슬러 올라가며 농장이나 노예, 말 등에 대한 투기 열풍이 있었다. 인간의 투기적인 성향은 본능에 가까워서 집착하게 되면 과열되는 현상이 주기적으로 일어났다. 로마시대에는 투기꾼을 '그라시graeci'라고 불렀다. 그라시란 '그리스 사람'을 뜻하는데 서양의 역사가 그리스로부터 시작된 것같이 투기의 역사도 그리스 사람에서 출발한 것으로 보인다. 영어의 투기는 speculation인데 그 기원이 라틴어 speculatio라고 한다. 고대 그리스 시대에는 신성한 신전 주변에 각종 상인과 투기꾼, 사기꾼들이 몰려들었다고 한다. 기원전 7세기경 철학자인 탈레스Thales는 한 해 올리브 수확량이 대폭 늘어날 것으로 판단하여 밀레투스 지방의 기름착유장을 모조리 빌렸다. 올리브 생산자는 탈레스가 빌린 착유장에서 기름을 짜주지 않으면 시장에 올리브유를 판매할 수 없어서 탈레스는 큰 돈을 벌었다고 한다. 이를 통하여 탈레스는 사색하는 철학이 투기에도 성공할 수 있음을 보였다고 한다.

　　로마시대의 투기는 발전된 형태를 보인다. 당시 로마법에는 자유로운 자산 이전을 보장하고 있었기 때문에 고리대금, 외환거래, 환어음 발행이 가능했다. 원거리 국제 무역에 따르는 환어음 결제를 비롯하여 무역에서 발생하는 위험을 헤지하는 보험형태의 다양한 파생상품들까지 현재와 거의 유사한 제도들이 존재하였다. 또한 당시 로마의 국가 기능 가운데 조세 징수에서 신전 건립까지 상당 부분을 법인체인 퍼블리카니Publicani라는 조직이 담당하였다. 퍼블리카니는 현재의 주식회사처럼 파르테스partep라는 주식을 발행하였는데 일반인들이 여기에 많이 투기를 하였다. 즉, 시장이 번성하면서 퍼블리카니의 주식 투기 열풍이 발생했고, 이들의 투기로 인하여 많은 사람이 실패로 곤궁해졌다고 한다. 공화정 말기의 정치가인 키케로Cicero는 '고가주'라는 단어를 사용하여 "부실한 퍼블리카니의 주식을 사는 것은 보수적인 사람이면 피하는 도박과 같다."고 말했다고 한다. 이는 바로 이 시대의 주가 변동을 증명하는 것으로 보인다. 또한 로마시대에도 오늘날과 비슷한 주거지 투기가 존재했다고 한다. 로마시대에 인슐라insula라는 지상 6~7층의 상가와 주거용 건물이 조성되었는데 1층은 상점이 있고 2층부터 주거지로 사용되었다. 부유층들은 헐값으로 인슐라 건물을 지어서 서민에게 비싼 임대료를 받아 부를 축적했다. 오늘날 서민 아파트와 비슷하게 헐값에 지은 인슐라는 각종 화재사고, 부실공사가 난무했다고 한다.

물질에 대한 인간의 집착과 욕망은 경제흐름과 역사를 바꾸었다. 개인적 이기심과 경제효율성의 지나친 추구는 빈부의 격차를 심화시킨다. 마태복음 13장 12절에는 "무릇 있는 자는 받아 넉넉하게 되고 없는 자는 그 있는 것도 빼앗기리라."고 기록되어 있다. 경제학적으로 해석하면 이는 일종의 불균형 성장전략의 일종으로 빈익빈 부익부 현상을 가져올 수 있다. 콜롬비아 대학의 로버트 머튼Robert K. Merton 교수는 이를 '마태원리'라 불렀다. 마태원리는 경제원리 중의 하나로 보이지만 이로 인하여 계층 간 갈등과 경제시스템을 붕괴시키는 원인이 된다. 부자와 귀족의 탐욕과 욕심이 지나쳐서 경제적 불평등이 확대되고 사회적 불만과 갈등이 증폭되어서 국가붕괴로 연결된 사례는 적지 않다. 천년이나 지속된 로마제국도 이와 비슷하게 붕괴되었다. 로마공화정 초기에는 최상류층이 소유한 1%의 재산은 평균 로마 시민의 20배 정도로서 빈부 격차가 크지 않았다. 초기에 귀족들은 로마를 지키는데 앞장서서 전쟁터에서 먼저 목숨을 바쳤다. 고대 유럽의 가장 위대한 장군인 카르타고의 한니발Hannibal은 수만 명의 군인과 37마리의 코끼리와 함께 그 험한 알프스 산을 넘어 로마를 공격했다. 로마 원로원 의원 3분의 1이 칸나이전투Battle of Cannae에서 이 한니발의 군대에 저항해서 싸우다가 죽었다. 이 원로들의 헌신적 죽음이 로마군을 더 결집시켰고 끝까지 포기하지 않고 싸우게 만들었기에 로마는 승리할 수 있었다. 이처럼 로마의 번성은 로마의 지도자와 가진 자들의 솔선수범과 헌신이 있었기에 이루어진 결과물이었다.

그러나 서기 400년경 로마 제국이 붕괴직전에 부의 불평등한 분배는 최악에 달했다. 대다수의 시민들은 귀족의 소작인으로 전락하였고 귀족들은 무려 일반 평민의 약 20만 배의 재산을 소유하였다. 오랜 기간 동안 마태원리가 작용하여 귀족들은 끊임없이 소유욕과 탐욕을 추구하였다. 나아가 귀족들은 자기 재산을 지키기 위해 사병을 확대하였다. 귀족들은 로마보다 개인의 재산보호를 위하여 사병을 양성하였으나 정작 로마를 위해서는 기꺼이 내놓지 않았다. 결국, 로마는 약해진 군사력으로 인하여 5세기경 게르만족의 공격을 받고 멸망한다. 그 멸망의 원인은 내부적으로 빈부격차가 심하여 사회적 결속력은 붕괴되었고 갈등은 극에 달하였으며, 탐욕과 자기재산보호에 혈안이 된 귀족들이 로마를 위하여 헌신하거나 희생하지 않았기 때문이다.

이러한 사례는 로마와 맞선 카르타고의 전쟁에서도 나타났다. BC 3세기~BC 2세기의 3차에 걸친 로마와 카르타고의 포에니전쟁Punic Wars의 주된 의도는 지중해의 패권 장악을 위한 것이었다. 1차 포에니전쟁 당시에 로마는 전투기술, 선박기술 등에서 카르타고에 비하면 상당히 후진적이었다. 또한 로마의 치명적인 약점은 그 당시 로마가 공화정이었기 때문에 그 지휘관인 집정관이 1년 임기로 교체되었기에 전쟁의 장기적인 전략을 세울 수 없었다. 그 중 스키피오Scipio 장군은 임기가 만료되는 말년에 성급하게 임기 내 전쟁을 끝내려고 전쟁을 서두르다가 카르타고 군의 전략에 전멸당하였다. 하지만 세상에 영원한 것이 없듯이 카르타고의 시민들은 오랜 번영으로 부유해지자 아무도 전쟁에 안 나가려고 했고 주 병력은 애국심이 없고 돈으로 움직이는 용병으로 대체하였다. 3차 포에니 전쟁에서 해상 통상권을 로마에 완전히 장악당한 이후, 카르타고는 자금이 없어서 용병을 고용하지 못하자

전투력이 급속히 약화되면서 패하게 되었다. 3차 포에니 전쟁에 얽힌 우스운 이야기는 정작 3차 포에니 전쟁에서 승리한 로마의 명장 아이밀리우스 스키피오Aemillus Scipio가 음식에 대한 탐욕이 지나쳐서 고도비만으로 죽었다는 것이다. 지금 우리 사회도 마태원리가 점점 더 심해지고 있다. 일부에서는 경제성장을 위하여 부자들에게 세금을 삭감하고 대기업을 지원하면 경제가 살아나고 그 혜택이 모든 국민에게 돌아갈 것이라고 한다. 과연 부자와 대기업위주 성장전략이 모두를 행복하게 해줄까?

그림 47 현명한 투자자, 벤저민 그레이엄 - "개인투자자는 투기자가 아니라 투자자로서 일관되게 행동해야 한다."

"The individual
investor should act
consistently as an
investor and not as
a speculator."

― Ben Graham

2. 고르디우스의 매듭

'인생은 B와 D 사이의 C인 선택choice이다'라는 말이 있듯이 우리는 살아가면서 매일, 매 순간에 선택을 한다. 사소한 것이든지, 중요한 것이든지 결정을 해야 하고 그 결정을 통해 기회를 얻기도 하고 잃어버리기도 한다. 따라서 어떤 결정을 내리는 지가 중요한 포인트가 된다. 의사결정권자들은 결정을 내릴 때 더 신중하고 명확한 의사결정 기준도 필요하다. 그리고 현명한 의사결정을 내리기 위해 미래를 예측할 수 있는 역량도 필요하다. 그런데 우리의 행동이 최적화의 관점에서 보면 합리적이지 않은 부분이 많다. 실제로 인간은 자신의 제한된 능력과 환경 내에서 자신이 만족할 수 있을 만한 효용을 얻고자 노력한다.

현실적으로 제한된 합리성 때문에 인간은 정확히 최적선택을 하기 어려우므로 우연히 발생한 일에서 지나치게 의미와 법칙을 찾으려는 경향도 보인다. 다른 한편으로 사람들은 의사결정의 정확성을 높이고 싶어 하지만 그에 수반되는 심리적인 노력은 줄이기를 원한다. 올바른 결정을 내린다고 해서 그것이 반드시 좋은 결과로 나타난다는 보장도 없다. 상황과 맥락에 따라서 같은 선택이 전혀 다른 결과를 초래하기도 한다. 이처럼 의사결정에는 불확실성이 많고 미래를 알 수 없기 때문에 완벽한 의사결정이란 없다. 그 대신에 인간은 합리적rational 이지 않지만, 이치에 맞는reasonable 의사결정을 하고자 노력한다. 워런 버핏은 "일상 곳곳에 숨어 있는 생각의 오류들을 제거할 수 있다면 사람들은 지금보다 더 현명하고 지혜로운 선택을 할 수 있을 것이다."라고 말한 바 있다. 따라서 탁월한 선택의 노하우는 잘못된 선택을 피하는 것이다.

역사적으로 탁월한 의사결정으로 '고르디우스의 매듭을 끊는다cutting the Gordian knot'는 문장으로 표현한다. 고르디우스의 매듭Gordian knot은 복잡하고 어려운 문제를 놀라운 발상을 통해 단번에 해결하는 것을 말한다. 동양에서도 이와 유사한 표현으로 쾌도난마快刀亂麻가 있다. 이는 헝클어진 삼麻을 단칼에 자르듯이 복잡하게 얽힌 문제들을 단

숨에 처리한다는 의미이다. 전설에 따르면 고르디우스의 매듭을 풀 수 있는 사람만이 아시아를 지배할 수 있다고 알려졌다. 이러한 이야기는 노래로 만들어져서 젊은이들 사이에 퍼져 있었고 알렉산더_{Alexandros} 대왕도 마침내 이를 듣게 되었다. 그는 이 매듭을 풀려고 많은 시도를 하였으나 쉽게 풀리지 않아서 칼로 고르디우스의 매듭을 단칼에 베어 버렸다. 이후에 전설적으로 전해지는 예언과 같이 그는 아시아를 정복하게 된다.

그림 48 알렉산더 대왕과 고르디우스의 매듭(Gordian knot)

고르디우스의 매듭은 금융시장에도 적용된다. 전설적인 가치투자자인 벤저민 그레이엄은 "투자자들의 가장 크고 악명 높은 적은 바로 당신 자신이다."라고 말한다. 금융시장에서 고르디우스의 매듭은 바로 우리 자신의 마음을 다스리는 것이다. 투자자들이 복잡하고 어려운 투자의 최적 시기를 선택하는 문제는 바로 현명한 의사결정에 달려있다. 특히 우리의 투자결정은 분석능력이나 고도의 지식보다 더 중요하다. 단 한 차례의 잘못된 의사결정은 투자자의 전 재산을 날려버릴 수도 있기 때문이다. 금융시장에서 고르디우스의 매듭인 자신의 마음을 통제하여 자기 원칙을 지키면 탐욕과 공포도 극복할 수 있고 자기원칙을 꾸준히 지켜나가는 의지력이 있으면 높은 실적을 거둘 수가 있다. 레이 다일로Ray Dalio는 이를 다음과 같이 표현하고 있다.

"나는 직면하는 문제를 반드시 풀어야 할 퍼즐로 생각한 것이 내 삶에 도움이 되었다. 퍼즐을 해결함으로써 나는 미래에도 같은 문제를 해결할 수 있는 원칙이라는 보석들을 얻었다. 이 보석들을 수집하는 것은 나의 의사결정에 지속적으로 도움을 주므로 더욱 어렵고 수준 높은 게임을 할 수 있다."

많은 사람들은 워런 버핏이 성공할 수 있었던 비결이 그의 놀라운 지적 능력에 있다고 말한다. 하지만 1990년대 말에 기술주를 편입하지 못해서 과소성과를 보였던 암흑시절의 경험을 살펴보면 그의 성공비결이 그의 지적 능력이 아닌 현명하고 지혜로운 선택에 있음을 보여주었다. 당시 그는 많은 언론으로부터 비난을 받았고 이제 손을 놓아야 한다는 질책도 받았다. 그는 당시에 S&P 500지수 대비 40%나 더 낮은 실적을 보였다. 그렇지만 그는 그 자신만의 원칙을 고수했고 결국 투자에 성공하였다.

이와 반대로 1987년 모토로라Motorola는 위성시스템을 활용한 지구적 전화네트워크를 구상해서 전 세계 어디서나 전화통화가 가능한 아이디어를 만들어 내었다. 수익을 내기까지는 약 11년이 걸리고 50억 달러라는 큰 투자가 필요한 장기 프로젝트였다. 당시 이리디움Iridium이라는 세계 최대의 민간 부문의 투자회사가 설립되었는데 이는 모토로라가 최대주주였다. 그러나 이리디움은 설립된 1년후 실패하여 파산보호 신청을 했고 민간 투자자에게 매각되었다. 그 때부터 11년 뒤인 1998년 원거리 고객 전화서비스는 비로소 시작되었다. 그 당시 이리디움이 국제전화를 최초로 시도했지만 바로 파산한 이유는 의사결정 상의 실수였다. 당시 CEO로 있었던 로버트 갤빈Robert Galvin은 2시간 동안 엔지니어의 설명이 있은 후 현금흐름, 회수기간 등의 구체적인 재무분석 없이 바로 직관에 기초하여 투자안을 승인했다. 주관적 판단이 가져온 재앙은 결국 이리디움의 파산을 가져왔다.

참혹한 실패를 초래한 의사결정의 다른 사례는 1986년 1월 28일 발사된 우주왕복선 챌린저호에 관한 것이다. 챌린저호는 발사 후 73초 만에 공중에서 폭발해 7명의 우주비행사가 모두 사망하였다. 그런데 챌린저호의 폭발은 이미 예견된 사고였다. 당시 챌린저호 프로젝트에 참여했던 모톤 티오콜Morton Thiokol 회사는 발사 예정일에 기온이 영하로 떨어져서 고체연료 추진 장치의 접합 부품인 고무패킹이 수축할 것이고, 그 사이로 연료가 유출되어서 기체가 폭발위험이 있다는 판단을 미국항공우주국NASA: National Aeronautics and Space Administration측에 전달했다. 폭발사고 후 원인 규명을 위하여 모든 자료를 사후 분석한 결과, 챌린저호가 발사일에 오링o-rings에 문제발생의 확률은 99%가 넘었다. 실제 프로젝트 추진 상에서 충분한 위험자료가 제기되었고 기술자들도 엔진의 이상이 발생할 확률을 200분의 1정도로 높게 판단했다. 하지만 고위관리자들은 단지 일부 사례만을 분석하여 엔진 이상의 발생확률은 10만분의 1정도에 불과한 것으로 오판하였다.

이처럼 판단편향은 사람들의 판단과 의사결정에 중요한 장애를 일으킨다. 판단편향을 가진 사람들은 대개 자신의 판단능력을 실제보다 과대평가하기 때문에 자신의 판단능력을 향상시키기 위하여 학습하려고 하지 않는다. 따라서 우리는 판단능력을 향상시키기 위해서 일정한 노력이 필요하다. 즉, 어떤 일이 진행되기 전에 자신의 판단을 확률

형태로 남겨두고 실제 일의 진행결과와 비교해 보는 노력이 필요하다. 그런 반복된 시도를 통하여 우리 자신의 판단능력을 측정하고 교정할 수 있는 기회를 가짐으로써 이를 향상시켜 나갈 수 있다.

3. 행동경제학을 활용한 똑똑한 투자

행동경제학은 인간을 이성적이라고 가정하지도 않지만 비이성적으로도 보지 않는다. 오히려 있는 그대로의 인간을 받아들이려는 데서 시작한다. 행동경제학은 인간이 편향bias과 휴리스틱heuristic을 가질 뿐만 아니라 제한된 정보로 인하여 비합리적인 의사결정을 할 수 있음을 인정한다. 기존의 전통적 경제학에 의하면 문제해결을 하기 위하여 인센티브를 주는 제도의 전환이나 개혁 즉, '제도'에 초점을 두었다면 행동경제학은 사람의 심리적인 편향이나 어림짐작에 의존하는 의사결정 등 '사람' 그 자체에 초점을 두고 있다. 기존의 전통적 경제학의 문제해결 방법인 제도개혁은 제도에 유인과 처벌을 부가하여 해결을 시도하는데 그 부작용도 만만하지 않다. 제도 수정은 많은 시간과 인력의 소요뿐만 아니라 제도에 반대하는 저항과 갈등을 설득하고 조정하는데 많은 에너지가 들어간다. 뿐만 아니라 제도나 정책을 설계할 때 고려해야 하는 추가요소는 인간이 늘 바쁘고, 항상 어딘가에 신경을 쓰고 있으며 부지런하지 않다는 점을 충분히 감안해 줘야 한다. 즉, 사람이 어떤 행동을 하게 하려면 최대한 접근하기 쉽게 만들어줘야 한다. 이러한 제도수정의 부작용을 고려해서 직면하는 다양한 문제들을 행동경제학적인 방법으로 해결하고자 하는 시도가 증가하고 있다. 행동경제학은 1980년대까지만 해도 경제학의 변두리에 있었으나 2000년대 전후 급성장한 사실은 노벨상 수상자들을 보면 그 위상의 변화를 확인할 수 있다. 노벨경제학상을 수상한 행동경제학자로는 1978년 허버트 사이먼Herbert A. Simon부터 1988년 모리스 알레Maurice Allais, 2002년 대니얼 카너먼Daniel Kahneman, 2009년 엘리너 오스트롬Elinor Ostrom, 2013년 로버트 실러Robert Shiller, 2017년 리처드 탈러Richard H. Thaler에 이르기까지 행동경제학은 이제 경제학의 주류에 편입되었다.

　　이들이 진행한 행동경제학 관점의 투자행동을 현실에 적용하는 것은 많은 투자자들의 관심을 받기에 충분하였다. 이들의 인간의 투자행동 분석에서 '비이성적 과열irrational exuberance', '탐욕과 공포greed and fear', '주가는 걱정의 벽을 타고 넘는다climbing a wall of worry' 등의 비이성적 인간을 표현함으로써 합리성으로 설명할 수 없는 인간행동과 그에 따른 시장변화를 설명하고 있다. 이미 주식시장에서는 주가가 합리성을 가지고 움직이는 경우는 극히 희귀한 현상이 되었다. 따라서 주식시장을 설명할 때, 많은 투자자들은 인간심리의 움직임을 중요시하게 되었다. 주식시장을 설명하는 경제이론이나 금융이론보다는 투자자들의 심리적 충동, 탐욕이나 공포 등이 만들어 내는 편견과 변덕이 오히려 시장에서 주가변화를 더 잘 설명할 수도 있다. 또한 투자자의 심리적 불안이나 편견이 투자의 의사결정에 미치는 영향은 매우 크다.

그림 49 **노벨경제학상을 수상한 행동경제학자** - (왼쪽부터) 허버트 사이먼, 모리스 알레, 대니얼 카너먼, 엘리너 **오스트롬**, 로버트 실러, 리처드 탈러

만약 행동경제학자들이 비이성적이고 잘못된 판단을 하는 시장의 다른 경쟁자나 참가자의 행동을 예측가능한 형태로 설명해 줄 수 있다면 이를 이용하여 현명한 투자자들은 자신의 수익을 증가시킬 수 있을 것이다. 이러한 투자자의 인지오류cognitive error를 행동경제학으로 응용한 펀드는 최상위의 운용실적을 보여주고 있다. 가령, 시장에서 거품이 발생하거나 바겐세일을 할 경우 다수의 투자자의 선택과는 정반대로 역발상의 투자를 함으로써 수익을 증가시킨다. 이것이 바로 행동경제학 관점에서 투자자의 오류를 이용한 '역발상 투자contrarian investment'의 예이다. 이 펀드들은 투자자의 과대반응과 과소반응을 잘 이용한다. 사람들은 생생하고 감정적인 이야기에 과대반응하고, 지루한 정보를 들으면 과소반응한다. 특히 주가하락으로 돈을 잃으면 사람들은 과대반응한다. 따라서 그 같은 상황을 역이용하면 수익을 낼 수 있을 것이다. 또한 자신의 능력에 대한 지나친 과신overconfidence도 행동경제학 관점에서 투자를 망치는 지름길이다. 대부분 사람들은 스스로가 투자자로서 '평균 이상'의 능력을 갖추고 있다고 생각하기 때문에 지나치게 많은 돈을 한곳에 '몰빵'하거나 거품 증시에 투자한다. 거품이 붕괴되더라도 다른 투자자들보다 빨리 빠져나올 수 있을 것으로 믿기 때문이다.

자산운용사 풀러&탈러 투자회사는 긍정적인 뉴스에 시장이 지나치게 소극적으로 반응하거나 부정적 정보에 과도하게 반응하는 경우, 시장과 반대의 방향을 선택하는 전략을 취함으로써 큰 수익을 얻었다. 풀러&탈러 투자회사는 행동경제학자 리처드 탈러 시카고대 교수와 워싱턴주립대의 47년 투자경력의 러셀 풀러Russell Puller 교수가 1999년 공동으로 설립하였다. 그 회사의 선임 포트폴리오 매니저인 라이페 지오비나조는 행동경제학자인 대니얼 카너먼 교수의 프린스턴대학 제자이고 이 회사의 이사회에는 카너먼 교수도 참여한다. 풀러&탈러가 운용하는 펀드의 한 투자 사례를 살펴보자. '카펠라 에듀케이션'은 미국 미네소타주 미네아폴리스에 본사를 둔 온라인 교육 전문 업체이다. 이 업체는 2006년 나스닥에 상정되었는데 사이버 대학원과 소프트웨어 전문 교육기관 등을 운영한다. 이 회사는 2017년 3분기 시장 전망치를 35%나 웃도는 놀라운 수익을 거두었다. 이에 증권사들이 그 회사의 전망치를 상향 조정하였으나, 이후 실제 카펠라 주가는 12% 상승하는데 그쳤다. 지오비나조는 카펠라의 주가가 충분히 오르지 않았다고 생각했고 카펠라에 대한 보다 자세한 분석을 한 후 투자 비중을 확대했다. 당시 카펠라의 경우 주요 지표에서 경쟁 교육 업체에 앞섰기에 지오비나조는 카펠라 주가는 시장에서 저평가되고 있었다고 판단한 것이다. 이후 카펠라 주가는 6개월간 40% 가까이 상승하였고 결과적으로 풀러&탈러의 펀드도 큰 수익을 올렸다.

풀러&탈러 투자회사는 이처럼 과대평가 혹은 과소평가와 같은 인지적 빈틈을 이용해서 투자한 '비헤이비어럴 스몰캡 에퀴티 펀드FTHSX'는 2011년 9월 이후 2018년 10월말까지 192.52%의 수익률을 기록했다. 이는 자산의 80% 이상을 소형주에 투자하는 펀드로서 5년 성과가 상위 2% 안에 들어갔고 최고의 펀드평가등급인 별 5개를 받았다. 3년 간 누적수익률은 49.6%로서 비교대상인 미국의 소형가치주펀드의 수익률(33%)을 크게 상회하였다. 최근 1년 수익률은 28%를 초과하였고 대형주 중심의 S&P500의 수익률(18.6%)을 뛰어넘었다.

탈러 교수는 사람들이 특정기업에 과대반응하고 있다는 판단이 들면 해당 기업의 내부자들이 주식을 사고파는 행태를 파악한다. 만약 시장이 궤도를 벗어나면 기업의 펀더멘털과 사업모델을 다시 확인한다.

라이페 지오비나조도 투자할 때, 투자자들의 과대반응이나 과소반응 등 인지적 편견을 중시하였다. 그 중에서도 특히 고정관념 또는 초기 정보에 집착하는 '앵커링anchoring효과'에 주목하였다. 어떤 기업이 '깜짝 실적'을 냈다는 것은 달리 말하면 시장이 해당 기업의 잠재력을 '과소 평가'했음을 의미한다. 그러나 이것을 알고 난 이후도 시장의 전망치가 충분히 조정되지 않은 경우가 허다하다. 과소반응과 초기정보에 집착하는 '앵커링효과'도 인지적 편향cognitive bias의 하나이다. 투자자가 숫자 (가령, 기업매출액 등)에 집착하기 시작하면 이어 새로운 정보를 얻을 때, 기존 수치를 크게 조정하지는 않는다. 초기에 앵커링을 내린 숫자에 집착하기 때문이다. 사람은 실수를 저지르는 존재라서 앵커링효과에서 벗어나기는 어렵다. 탈러 교수는 "주식시장의 장기 수익률은 상당히 높지만 주가가 단기적으로 변동이 심하면 투자자는 손실회피편향 loss aversion bias을 가지고 있어서 손해를 보더라도 빠져나가는 경우가 자주 생긴다."고 말한다. 또한 행동경제학 관점에서 볼 때, 자신의 능력에 대한 지나친 과신overconfidence도 투자실패의 지름길이다. 대부분 투자자들은 자신이 '평균 이상'의 능력자라고 자만하기에 큰 돈을 한 곳에 '몰빵'하거나 거품 증시에 투자하기도 한다. 자신은 거품이 붕괴되어도 다른 투자자들보다 빨리 빠져나올 거라고 생각하거나 다른 투자자들과는 다르다고 생각하기 때문이다.

그런데 행동경제학적 접근방식을 사용한 경우 펀드의 성과가 어느 정도인지를 측정하는 것은 쉽지가 않다. 행동경제학에 입각한 투자와 가치투자는 어떤 관계에 있는가에 대한 의문을 가질 수도 있다. 가치투자는 저평가되었거나 장래가 밝은 주식에 투자해 두는 방식이고 행동경제학적 투자는 인지적 편견으로 과잉평가 혹은 과소평가되어 시장의 균형을 벗어난 주식에 대하여 그 반대방향으로 선택하는 방식으로서 접근법은 좀 다르지만 장기적인 가치투자를 지향한다.

4. 인간 실수를 예측한 투자

존 메이너드 케인스John Maynard Keynes는 "시장 가격은 아무도 예측하지 못하는 어느 날에 반드시 제 가치로 돌아온다. 실패를 두려워하지 말라. 인생에서 실수를 범하는 것을 걱정하지 말라. 돈을 잃으려면 사회 초년생 시절에 잃어야 파멸을 맞지는 않는다."고 하였다. 이와는 좀 다른 관점에서 마이클 블룸버그는 "시장이 비이성적일 수 있다는 걸 아는 건 중요하다. 하지만 당신 역시 비이성적일 수 있다는 점을 인식하는 것도 큰 도움이 된다."고 말하였다. 투자자는 자신의 선택이 분명 이익을 가져오는 '올바른 의사결정'이라 믿는다. 손실을 보려고 투자하는 사람은 없지만 투자자는 자신의 믿음이 빗나가거나 배신당하는 경험을 자주 한다. 이처럼 시장은 단기적으로 비이성적일 수 있고 투자자들도 비이성적이 되는 경우가 자주 발생한다. 이하에서는 비이성적인 인간들이 시장에서 보여주는 비이성적인 가격뿐만 아니라 이에 대응하는 비이성적인 투자자의 행태를 살펴보고 이에 대비한 투자의 사례와 대응방식을 살펴볼 필요가 있다.

한국에서 열린 '2018 동아 국제금융포럼' 기조 강연에서 리처드 탈러는 "시장은 합리적이지 않다. 시장 가격이 모두 본질적 가치를 반영하는 것도 아니다. 비합리적인 시장에 대응하여 '쿠바CUBA펀드' 사례를 통하여 소비자의 행동을 이해할 필요가 있다."고 말한 바 있다. 1994년 미국에서 출시된 쿠바펀드의 실체는 미국 주식에 69%, 나머지는 멕시코 주식에 투자하는 펀드이다. 이 펀드는 쿠바 주식을 한 주도 포함하지 않아서 쿠바와 무관하다. 그런데 이름이 '쿠바'였기에 투자자들 중 쿠바와 관련된 펀드로 착각을 한 사람들로 인하여 시장에서 이 펀드는 순자산가치보다 15% 낮은 가격에 거래됐다. 하지만 2014년 12월에 버락 오바마 전 대통령이 쿠바 제재를 해제하겠다고 발표하자마자 이 쿠바펀드의 가격은 편입된 주식 가격에 대비하여 70%나 상승하였다. 탈러 교수는 "쿠바와는 아무 상관이 없는 펀드가 이름이 쿠바라는 이유로 가격이 뛰었다. 만약 한국에서 이름만 '북한'인 펀드를 만든다면 이 펀드의 가격 등락을 예측할 수 있을 것이다."라고 비이성적인 투자자의 행동을 소개하였다.

이 처럼 인간이 항상 최선의 선택을 할 정도로 합리적인 '경제적 인간'일 수 없다면 실수할 수 있음을 감안하여 이를 보완할 수 있는 투자결정 방법을 알아볼 필요가 있다. 투자를 어렵게 만드는 요인 중에 하나는 인간의 예측력이 한계가 있고 다양한 변화에 대응한 신속하고 적절한 대응이 쉽지 않다는 점이다. 그래서 '포뮬러 플랜formula plan'을 선택하기도 한다. 이는 인간의 예측에 따른 타이밍 선택을 처음부터 포기하고 투자의 의사결정을 미리 설정된 매매행동에 따라서 기계적으로 투자하는 방법을 말한다. 특히 '오토메이션 투자방법'이란 투자자가 주가변동의 규모나 시기를 예측할 수 없다는 한계를 받아들이고 환경의 변화를 고려하지 않고 일정한 계획 하에 주식을 매수하거나 매도하는 것을 말한다. 즉, 주가가 떨어질 때 사서 오를 때 파는 것을 기계적, 자동적으로 반복한다. 이처럼 일정한 공식에 따르는 투자자들은 예정된 공식에 따라서 주가가 상당부분 오르면 매도한다. 그런데 이 '포뮬러 플랜 투자자'들이 예정대로 1954년 말에 상당부분 오른 주식을 전량 매도하였다. 그러나 그들은 그 이후 5년 동안 주식시장이 2배로 상승하는데도 불구하고 다시 구매할 수 없었다. 이와 같이 일정한 기준에 의해서 위험과 변수를 최대한 제거하는 이 방법은 안전한 방법 중 하나이지만 강세장에서는 상대적으로 비효율적인 기법이다. 즉, 위험을 줄이는 안전한 투자방법이지만 주식시장이 계속 강세장이면 다시는 주식매수의 기회를 갖지 못하는 결함을 갖고 있다.

그림 50 피터 린치(Peter Lynch)의 투자조언

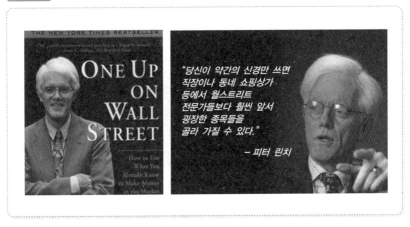

그렇다면 행동경제학적 접근은 어떤가? 이것이 바람직한 투자로 유도할 수 있을 것인가? 이에 관하여 많은 전문가들이 다양한 관점을 표현한 바 있는데 하나씩 살펴보자. 투자조사업체 '모닝스타morningstar'의 스티븐 웬델Stephen Wendel은 풀러&탈러 펀드가 뛰어난 실적을 내지만 그 같은 펀드를 소지해야 한다는 의미로 해석하는 것은 무리라고 말했다. 즉, 행동경제학적 접근이 다른 방법을 쉽게 능가할 것이라고 믿는 것은 지나친 과신이라고 생각하였다. 벤 잉커Ben Inker는 투자자들이 행동주의 장점을 활용하는 가장 바람직한 방법은 이를 통하여 다른

사람의 실수를 찾는 도구가 아니라 스스로 겸손하게 행동해야 함을 깨닫게 하는 도구로 사용하는 것이라고 말한다. 산타클라라 대학의 금융학 교수인 마이어 슈태트만Meir Statman도 "우리가 투자에서 쉽게 이길수 있다고 보는 것 자체가 편견임을 아는 것이 큰 도움이 된다."고 하였다. 피터 린치Peter Lynch도 "우리가 약간의 신경만 쓰면 직장이나 월스트리트 전문가들보다 훨씬 뛰어나게 유망한 종목들을 선별해 낼 수있다."고 말한다.

한편, '디멘셔널펀드 어드바이저스Dimensional Fund Advisors'의 창립자, 데이빗 부스David Booth는 주관적 판단이 종종 투자자들을 잘못된 길로 안내한다는 점을 인정한다. 하지만 그는 사람들이 종종 비합리적으로 행동한다고 해서 시장이 적절한 가격을 제시하지 못한다고 보는 것은 잘못이라고 말한다. 비합리적인 사람들이 행동하여도 시장은 대체로 적절한 가격을 제시할 수 있다는 것이다. 하지만 우리는 시장의 가격산정 실패가 일어나는 시기와 이를 활용하는 방법을 알기가 어렵다고 보았다. 오히려 그는 시장이 효율적으로 운영되는 것처럼 가정하고 행동하는 게 최고의 전략이라고 주장한다.

5. 비효율성을 이용한 가치투자의 정석

완벽하게 효율적인 시장에서 투자의 높은 성과를 올리는 것은 쉬운 일이 아니다. 효율적인 시장에서 투자의 성공 가능성은 높게 잡아도 50대 50정도이다. 오히려 시장의 비효율성의 존재 자체가 성공적인 투자를 위한 필요조건이다. 투자자가 성공하기 위해서는 비효율성즉, 불완전성과 왜곡된 가격을 이용할 수 있어야 한다. 증시의 가장 오래된 투자 원칙은 저가에 매수해서 고가에 매도하는 것이다. 가령, 10만원에 거래되는 주식을 4만원에 매수하는 가치투자의 방법이 필요하다. 이는 아마 일반적인 재화시장에서는 거의 가능성이 없다. 그러나 주식시장에서는 다양한 투기심리가 작용하여 시장이 비효율적이기 때문에 발생가능성이 있다. 주식시장의 결과가 다양해지고 주기적으로 변하는 이유는 바로 인간의 심리적 속성으로 인한 것이다. 인간은 감정적이고, 일관되지 못하며, 꾸준하지 않고, 단순하지도 않다. 주식시장은 군중심리, 인간의 광기와 탐욕 등 심리적 요인이 크게 작용하여 등락을 거듭하기 때문이다. 그 어떤 기업의 주가도 매일 일정하지는 않고 등락을 거듭하기 마련이다.

비효율성을 내포한 시장에서 확실히 성공적인 투자를 하려면 우리는 우선적으로 주식에 대한 내재가치의 정확한 평가를 하여야 한다. 이것이 이루어지지 않으면 투자자가 꾸준히 지속적으로 성공하기는 어려울 것이다. 회사를 가치 있게 만드는 요소에는 다양한 것들이 작용할 것이다. 기업자원, 경영진, 특허, 인재, 브랜드인지도, 성장 가능성 등 많은 요소들이 기업의 가치를 결정한다. 그 중에서도 워런 버핏이 강조한 요소는 무엇보다 수입과 현금 유동성을 창출할 수 있는 회사의 능력이다. 워런 버핏이 말한 기업의 내재가치란 그 기업이 미래에 얻는 수익을 현재가치로 할인한 값이라고 말했다. 즉, 기업의 내재가치란 미래수익의 현재가치를 말한다.

주식의 가격은 단기가 아닌 장기에는 기업의 내재가치에 수렴한다. '가치투자의 원리'에 의하면 주식시장에서 어느 기업의 주가가 그 기업의 내재가치보다 낮다면 이를 매수하고 주가가 가치에 수렴하기를 기다려야 한다. 워런 버핏은 위기를 기회로 보는 가치투자의 대가이다. 그는 불황증시에 투자자가 저렴한 주식을 사면 나중에 큰 수익을 얻을 수 있는 기회를 갖는다고 말한다. 투자신탁회장인 사와카미 아쓰토는 '일본의 워런 버핏'이라 불리는데 그의 투자 원칙도 워런 버핏과 같이 '가치 있는 자산을 저가에 매수하고 고가에 매도하여 수익을 얻는 것'이다.

그러나 비효율성의 존재 그 자체만으로는 높은 성과의 충분조건은 아니다. 투자에서 성공하려면 다른 투자자들보다 긴 안목과 통찰력을 길러야 한다. 즉, 성공적인 투자자가 되려면 갖추어야 할 두 가지 조건이 있다. 첫째, 가치 투자를 하기로 결심하고 주식의 내재가치를 분석해야 한다. 둘째, 가치투자로 구입한 자산을 꾸준히 보유하고 기다리는 것이다. 이를 위해서는 여유있는 자본과 참을성을 가지고 있어야 한다. 즉, 장기투자의 개념으로 주식에 투자하는 것이다.

이와는 반대로 단기 증권 가격의 등락은 심리와 기술적 요인에 의해 영향을 받는다. 사람들의 심리에 따라서 가격과 가치의 관계는 정해진다. 투자자의 심리변화는 단기적으로 주식의 기본 가치와 관계없이 주가에 영향을 미친다. 따라서 투자에서 가장 중요한 학문은 경제학이나 재무학보다는 심리학이다. 현실적으로 투자자들은 주식을 가치보다 저렴하게 매입하면 고수익과 저위험이 함께 이루어진다고 본다. 가장 위험한 투자방식은 위험을 회피하지 않고 최고로 인기있는 주식을 높은 가격에 매수하는 것이다. 리스크를 고려하지 않고 투자하면 장기적으로 성공하기 어렵다. 주식을 투자할 때, 리스크를 감안하고 리스크가 높을 때 이를 제거하는 것이 필요하다. 워런 버핏Warren Buffett, 피터 린치Peter Lynch같이 투자의 대가들이 일반 투자자와 다른 점은 고수익을 얻고 수십 년간 일관된 실적을 유지하며 큰 실수를 회피하였다. 훌륭한 투자자가 되기 위해서는 일반 투자자보다 더 큰 수익을 얻을 뿐만 아니라 동시에 낮은 리스크 속에서 높은 성과를 낼 수 있어야 한다.

그러나 인간의 돈에 대한 욕망은 탐욕으로 변한다. 주식시장에서 이성이 마비되고 감정에 휩쓸리는 주된 이유도 바로 돈에 대한 탐욕이 강해지기 때문이다. 투자자들에 내재된 이 탐욕은 수익을 따라서 대중과 운명을 같이하도록 군중심리를 만들어서 희생과 대가를 치르게 만든다. 공포 역시 탐욕과 마찬가지로 지나친 걱정으로 투자자가 필요한 행동을 취하기 어렵게 만든다. 그리고 많은 투자자들은 부자가 될 수 있다는 희망으로 불합리한 선택도 마다하지 않는다. 다수가 선택하면 의심도 하지 않고 시장의 흐름을 따른다. 사람들은 다수가 선택하면 자신의 생각은 중요하지 않고 의심도 버리고 내재된 리스크 회피도 가볍게 취급해 버린다. 다수가 우루루 몰려가며 선택하는 것을 보게 되면 경제적, 심리적 압박감을 받게 되고 처음에 투자자들이 가졌던 자신의 신념은 잊어버리며 대중의 움직임에 따라서 휩쓸린다.

하지만 신중한 투자자들은 위험한 선택에 동참해서는 안된다. 성공 기회를 얻으려면 군중이 선택하는 방향과는 반대로 선택해야 한다. 즉 약세장에서는 공격적으로, 강세장에서는 신중하게 행동해야 한다. 자신의 투자원칙을 확고하게 유지하며 최소한의 기준을 충족시키는 투자 종목을 목록으로 만들고 그 안에서 최고로 가치 있는 종목에 투자해야 한다. 투자의 세계는 미래를 예측할 수 없고 이론적으로 논리가 성립하지도 않는다. 좋은 실적을 올리려는 노력보다 손실을 회피하려는 노력이 더 중요하다. 손실 회피의 노력은 더 성공의 기회를 제공하고 결과를 더 신뢰할 수 있게 한다. 특히 가치에 기반한 투자는 성공을 가져다 줄 수 있다. 과열된 시장이나 냉각된 시장이 언제 올지 그리고 어떻게 변화할지 알 수는 없다. 확실한 가치, 가치에 비해 낮은 가격, 비판적인 군중심리에 기초하여 투자를 하되 인내심과 끈기를 가지고 장기적 투자를 해야 한다. 리스크 통제는 옳은 일을 하려고 노력하는 것보다 위험가능성이 높은 일을 하지 않는 것이다. 영국의 수학자, 러셀은 "고민은 어떤 일을 할 때보다 무슨 일을 할 것인지 아니면 말 것인지 망설일 때에 더 많이 생긴다."라고 언급한 바 있다. 일반적으로 낮은 리스크와 고수익은 같이 양립하기는 어렵고 서로 상반되게 나타나기 때문에 투자자들은 둘의 적절한 균형을 이루는 선택을 할 수밖에 없다.

| 그림 51 | 공화당 하원의원을 지낸 하워드 버핏의 아들, 워런 버핏의 가치투자

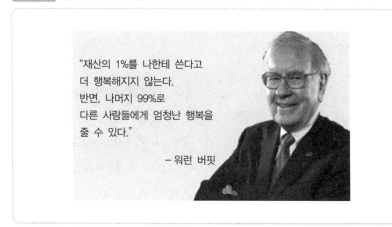

"재산의 1%를 나한테 쓴다고
더 행복해지지 않는다.
반면, 나머지 99%로
다른 사람들에게 엄청난 행복을
줄 수 있다."

- 워런 버핏

6. 현재중시편향을 이용하는 금융기관

현재중시편향present bias이란 사람들이 상이한 시점 간에 의사결정을 할 때, 현재에 보다 과중되게 편향되어 있는 것을 말한다. 이는 달리 쌍곡선 할인 혹은 하이퍼볼릭 디스카운팅hyperbolic discounting이라고

도 한다. 현재중시편향이 있는 사람이 즉시 혹은 가까운 미래를 먼 미래보다 더 선호하는 것은 자신에 대한 통제self control가 약하기 때문이다. 만약 소비자가 현재중시편향이 강하다면 금융기관이 현재중시편향성을 감안한 금융상품을 출시하면 더 큰 성과를 거둘 수 있을 것이다. 가령, 소비자들이 미래의 저축보다는 지금 당장 소비에 더 큰 선호를 가진다면 저축과 보험에 강제성을 부여하거나 단기금융상품 위주로 가입을 유도하는 것이 필요할 것이다. 반대로 현재중시편향이 약한 소비자라면 먼 미래에 보다 높은 수익률이 제공되는 장기상품가입을 추천할 수 있을 것이다. 소비자가 자발적으로 저축과 보험을 가입하는 것은 현재중시편향 때문에 쉽지 않으므로 소득의 일정액을 저축하면 기업이나 정부가 일정금액을 지원 혹은 세제혜택을 제공하여 저축의 유인을 주는 것이 필요하다.

혹시 '카페라테효과caffe latte effect'를 들어본 적이 있는가? 이는 매일 카페라테 한잔 값을 꾸준히 모으면 나중에 목돈을 만들 수 있다는 의미를 표현하는 것이다. 미국의 재정 전문가 데이비드 바흐David Bach가 '4달러짜리 스타벅스 카페라테'를 예로 들며 처음으로 이렇게 불렀다. 카페라테효과에 의하면 기호식품에 습관적으로 지출하는 하루 5천원이 30년 뒤 물가 상승률, 이자 등이 고려되면 약 2억의 목돈이 될 수 있다는 것이다. 시간으로 돈을 만드는 복리계산법에 대하여 천재 물리학자인 아인슈타인은 "복리는 세계 8대 불가사의 중 하나이다. 이를 아는 사람은 돈을 벌고 무지한 사람은 손해를 본다. 인류 최고의 발명은 복리다. 복리야말로 우주에서 가장 강력한 힘이다."라고 표현하였다. 우리가 목돈을 만들려면 지금이라도 복리로 불어나는 카페라테효과를 누리기 위해서 하루라도 빨리 푼돈을 목돈으로 만들어 나가야 할 것이다.

그림 52 **데이비드 바흐** – "The single most important decision you're going to make in your 20s is to pay yourself first."

하지만 앞서 말했듯이 대부분의 사람들은 미래보다 현재를 중시하고 즉각적으로 욕망을 충족하려는 충동에 따라 행동한다. 인간은 대부분 자기통제가 약하여 일을 미루기를 좋아하고 시간이 지나서 과거의 선택에 대한 후회를 반복한다. 이 현재중시편향으로 인하여 선호에 일관성이 없어지거나 즉흥적으로 만족을 위한 선호를 선택한다. '핑계없는 무덤은 없다'고 이러한 미루는 행동의 사례를 모아보면 아래와 같이 다양하다.

"급여통장으로 사용중인 보통예금 통장은 수시로 입출이 편리하지만 금리는 낮다. 그러나 CMA나 MMF 계좌로 옮겨야지 생각만하고 수년째 그대로 사용중이다. 금융상품은 복잡하고 보기만 해도 현기증이 나기에 원금이 보장되는 상품만 주로 가입한다. 과거 은행 창구에서 추천해서 가입한 연금상품에 매달 자동이체되지만 어떤 상품인지 그리고 어떻게 운용되는지 잘 모른다."

이처럼 현재중시편향으로 인하여 미루는 습관은 신용카드를 과도하게 쓰거나 미래 은퇴를 대비해 투자를 하지 않는 행동으로 나타난다. 또한 조정할 의사가 있거나 조정해야 할 상품을 그대로 유지하기도 한다. 최선의 상품을 찾기 위한 노력을 너무 빨리 중단하고 그냥 금융회사가 추천하는 상품들을 구체적으로 따져보지 않은 채 가입하고 또 재평가하지 않는 행동을 보인다.

반면 금융회사는 소비자들의 현재중시편향을 이용하여 이익을 얻을 전략을 구사한다. 금융회사에서 흔히 사용하는 전략을 살펴보면 첫째, 소비자가 돈의 미래 가치에 대한 이해가 부족하다고 생각하고 수령액을 매력적으로 제시하는 방법이다. 가령, 40세 남자가 10년간 월 50만원씩 납입하면 25년 후 65세부터는 매년 450만원을 받는 조건의 상품에 가입을 유도한다. 오직 10년만 매년 600만원씩 납입하면 65세 이후 노후에 매년 450만원을 죽을 때까지 받으니 아주 좋은 상품 같다. 그런데 돈의 미래가치를 따져보자. 연간 물가상승률 2%로 가정할 경우 25년 후에 받게 되는 450만원을 현재가치로 환산하면 약 274만원이다. 받는 금액을 월 단위로 환산하면 월 23만원 정도의 연금을 받는다. 남은 수명에 걸쳐서 연금액의 가치는 더욱 감소한다.

둘째, 소비자들이 일단 상품을 구입하면 이후 더 이상 관심을 갖지 않는 것을 고려하여 사후 혜택을 삭감한다. 상품 가입 혜택으로 초기 비용을 삭감하거나 비용을 낮게 책정해서 구입을 유도한다. 이후 상품의 조건이나 특성의 변경에 별 반응이 없고 확인을 해도 미룰 것이라 보고 가입상품의 이율을 낮추는 등 제공하는 혜택을 축소한다.

셋째, 소비자들의 상품파악을 어렵고 복잡하게 만든다. 보험 상품을 단순 비교할 수 없게 조건을 계속 바꾸거나 연금 상품에 많은 선택권을 주어 책임을 회피한다.

2018년 4월초 금감원의 퇴직연금 통계의 보도자료에 의하면 2017년 전체 퇴직연금 수익률은 1.88%인 반면에 그 해 소비자물가지수 상승률이 1.94%를 보임으로써 연금의 실직수익이 마이너스로 나타났다. 이의 원인은 퇴직연금 적립금이 거의 원리금이 보장되는 상품들 즉, 예금 및 확정금리형 상품 등으로 운용되기 때문이다. 퇴직연금 중 실적배당형의 경우, 2017년 기준으로 약 6%대 이상의 수익률을 보이기도 했지만 그 비중은 매우 낮다. 실적배당형 주식형펀드의 투자상품 비중이 매우 낮은 것은 여러 이유가 있지만 그 중 선택 가능한 상품의 수가 많은 것이 주된 요인이다. 투자자 입장에서 너무 많은 펀드유형은 선택하기 어렵고 수익보장도 확실하지 않으므로 오히려 확실하게 수익을 보장하고 알기 쉬운 예금을 선택한다. 금융회사 입장에서도 다양한 상품을 제공하지만 실적배당형 상품을 흔쾌히 추천하지 않는 이유는 추천했는데 원금까지 손실을 볼 경우 그 책임이 돌아올까 염려스럽기 때문이다.

요컨대 현명한 금융소비자가 되기 위해서는 금융지식도 습득하고 이러한 행동편향을 극복하는 것이 필요하다. 우리는 금융투자를 통하여 수익을 기대하면서도 경제교육을 받는 것에 대해서는 별로 생각하지 않는다거나 복잡한 금융지식에 대해서는 거부감을 갖는 등 이중적인 태도를 보인다. 즉, 돈은 벌고 싶은 데 돈을 벌기 위한 금융지식에 대한 교육이나 시간투자는 싫어한다. 골프를 잘 치기 위해서는 골프레슨을 받아야 하듯이 합리적인 금융투자를 하려면 금융교육을 받고 그 이해력을 높여야 한다. 참고로 금융의 이해력을 높이는 방법의 하나로 직접 금융교육기관에서 교육을 받을 시간이 없다면 금융감독원 금융교육센터www.fss.or.kr에 접속하면 온라인으로 수준에 맞는 금융교육을 받을 수 있다.

7. 금융소비자와 금융기관의 Win - Win전략

행동경제학자들은 늘 주장하듯이 금융소비자의 인식, 태도, 지식 등은 항상 한계가 있기 때문에 상황과 조건에 따라서 비합리적인 선택과 판단의 오류가 주기적으로 일정하게 나타난다고 주장한다. 금융회사의 영업행위에서 금융회사와 금융소비자 간에 정보적 비대칭성과 교섭력 격차가 일어날 수 있다. 그런데 금융소비자들은 의사결정에서 주관적 편향을 가지기에 의사결정을 할 때, 휴리스틱, 즉, 어림짐작으로 선택하곤 한다. 또한 금융소비자는 정보가 불확실하거나 제한될 경우 합리성이 제약을 받으므로 최적의 투자가 어려워진다. 나아가 금융소비자가 정확한 정보를 제공받더라도 확신이 부족하거나 리스크를 두려워할 수 있기 때문에 의사결정을 내리지 못할 수도 있다. 따라서 공급자인 금융회사가 충분하고 정확한 정보를 제공하더라도 금융소비자가 확신이 없거나 리스크의 두려움이 크면 거래는 이루어지기 어렵다. 따라서 행동경제학에서는 정부가 의사결정 과정에 개입하여 금융소비자가 합리적으로 선택하도록 도와주는 것을 제안한다. 즉, 정보나 선택지를 효과적으로 활용하고 판단할 수 있는 능력, 기회, 동기부여 등을 강화시켜 나가야 한다고 주장한다. 정부나 금융기관은 금융교육을 통하여 정보의 비대칭성을 수정하고 금융시장의 투명성transparency을 강화하며, 금융회사의 영업행위와 관련된 법제도 개선을 통하여 금융소비자의 직접적인 시장교섭력을 강화시켜 주는 것이 필요하다. 특히 금융소비자에게 친절하게 금융교육을 제공함으로써 행동경제적 관점에서 나타나는 심리적 편향bias과 판단의 오류 등을 예방하고 수정하도록 선택설계choice architecture로 안내하는 것이 필요하다.

소비자들은 금융행동을 할 때, 여러 가지 심리적 편향과 휴리스틱을 보여주고 있는데 일상생활에서 누구나 경험하는 다음과 같은 행동을 보여준다. 가령, 마이너스 통장을 몇 년째 사용하면서도 새로 적금을 든다. 미리 많이 납부한 세금을 연말정산을 통하여 돌려받거나 연차나 월차를 사용하지 않아서 받은 수당 등도 월급과 같은 돈인데 공돈으로 생각하여 쉽게 지출해 버린다. 비슷하게 저축과 대출에 대해서도 구분하여 생각하기 때문에 낮은 이자를 받고 저축을 하면서도 높은 이자를 지불하는 마이너스 대출을 받고 있다. 이것이 바로 사람들이 돈에 다른 이름표를 붙여 놓은 '심리적 회계psychological accounting'로 발생하는 문제이다. 우리는 상대방의 심리적 회계가 마음에 들지 않아서 서로 다툰 적이 없는가? 특히 부부사이에서 일어나는 돈에 대한 갈등은 바로 돈에 대한 심리회계가 서로 일치하지 않기 때문에 자주 일어난다. 가령, 아내는 여행을 좋아해서 이에 지출하는 돈은 아깝지 않다고 생각하지만 남편은 술 마시는 것을 좋아해서 술에 많은 돈을 지출한다고 하자. 이 부부는 마음속에 돈에 대한 심리회계가 다르므로 이 문제로 자주 갈등을 일으킬 수 있다.

또한 우리는 '휴리스틱'을 통해 신속하고 단순하게 판단을 내린다. 여러 대안 중 하나를 선택해야 할 때 가장 익숙한 것을 선택하고 반대로 가장 모호한 것을 피하려고 한다. 금융회사들은 이와 같은 소비자들이 상이한 심리회계와 상황에 따라서 어떤 휴리스틱을 사용하는

지를 파악해야 한다. 이에 기초하여 금융회사는 자신들의 금융상품과 서비스의 판매전략을 세울 수 있다. 금융회사가 각 소비자가 원하는 맞춤형 정보와 금융상품을 제공한다면 소비자는 그 맞춤형 정보와 상품을 거부할 이유가 없을 것이다.

금융상품의 실적을 평가하는 방법은 많은데 금융회사는 자사 상품에 가장 유리한 평가만을 보여주려고 정보를 제한할 수 있다. 금융소비자들은 이런 돌출된 정보에만 초점을 두고 중요하지만 돌출되지 않은 정보는 과소평가하거나 무시해서 잘못된 의사결정을 한다. 이것이 바로 금융회사와 금융소비자 간에 발생하는 정보의 비대칭성으로 발생하는 문제이다. 나아가 금융회사의 홈페이지나 모바일 앱 등 다양한 정보를 전달하는 사이트에서 특정한 상품을 선택하도록 상품들을 보여주는 순서나 방식을 조정할 수도 있다. 금융소비자들은 골치 아프게 머리를 써서 고민하기 보다는 휴리스틱을 이용하면 시간과 노력을 줄일 수 있기 때문에 쉽게 휴리스틱으로 선택하고자 한다. 이에 따른 실수와 피해를 줄이기 위해서 감독 당국은 금융회사들의 상품 정보의 제시방법을 표준화해서 상품을 쉽게 비교할 수 있도록 하거나 돌출된 정보가 올바른 결정에 도움이 되도록 만들 필요가 있다. 고객 중심을 외치는 금융회사는 그 슬로건에 충실하게 지속적으로 금융소비자들이 범하는 실수를 예방하기 위한 노력을 해주어야 할 것이다. 이런 바람직한 모습은 금융소비자의 편향을 제거하는 것이 금융회사에게도 이익을 줄 수 있어야 가능할 것이다.

영국의 금융행위감독청FCA: Financial Conduct Authority은 행동경제학을 적용하여 금융소비자를 계몽하고, 금융회사들을 감독하고 있는데 이는 우리도 적용할 필요가 있는 사례가 될 것이다. 영국의 FCA는 대다수의 소비자들이 저축하는 상품에 따라서 상당한 이자율 차이가 존재하지만 대부분 계좌 변경을 하지 않음으로써 이자율 수익을 놓치고 있는 것을 확인하였다. 이에 따라 소비자들이 더 나은 저축 계좌를 찾게 만들고 기업들의 경쟁을 촉진하기 위한 목적으로 FCA는 행동경제적 접근방식을 사용하여 5개의 기업과 130,000명의 소비자들을 대상으로 다음과 같은 실험을 하였다.

> 첫 번째 실험그룹에 대해서 연간 입출금내역서statement의 첫 페이지에 더 나은 대안 계좌에 대한 정보 공개를 해주는 switching box를 넣어 주었다. 이 switching box에는 현재 계좌의 이자율과 가장 높은 이자율best interest rate의 다른 계좌와 경쟁사의 가장 높은 이자율best competitor rate을 표시하였다. 또한 계좌 변경을 통한 이익을 그래프로 제시하였다.
>
> 두 번째 실험그룹에 대해서 이 switching box를 입출금내역서의 맨 뒷페이지에 넣었다.
>
> 세 번째 실험그룹에 대해서 최고 내부 계좌 이자율과 최고 외부 계좌 이자율이 첫 페이지에 포함된 연간 입출금내역서statement에 return switching form을 추가하였다. 이 return switching form은 소비자의 상세정보를 미리 작성하여 더 높은 이자율의 계좌로 전환할 때 사인만 하고 제출하도록 하였다.
>
> 네 번째 실험그룹에 대해서 이자율 감소를 겪었던 계좌를 보유하고 있는 소비자에게 Email이나 SMS를 보내는 실험을 하였다. 실험그룹이 아닌 일반 소비자그룹에게는 현재 법규에 의해서 이자율 감소 60일 전에 편지를 발송하고 실험그룹에게는 추가적으로 이자율이 변동하는 날의 근처에 Email 또는 SMS를 발송하였다. Email은 편지의 내용과 유사한 내용이

제시되었으며 SMS는 내용이 더 짧았다.

다섯 번째 실험그룹에 대해서 이자율 변동하는 날 또는 1주일 전 또는 후에 이자율 변화를 상기시켜주는 SMS를 보냈다. 이 SMS는 계좌 변경을 장려하거나, 더 높은 이자율의 계좌는 없다고 안내한다.

실험결과를 살펴보면 return switching form을 포함한 세 번째 실험그룹은 일반소비자그룹의 계좌변동퍼센트비율 3% 대비 11.7%로 나타나서 8~9% 포인트만큼 계좌 변경을 증가시켰다. Email or SMS 를 보낸 네 번째 실험그룹은 일반소비자그룹의 평균 4.7%에서 최대 8.2%로 계좌 변경을 증가시켰다. 첫 번째 실험그룹은 일반소비자그룹의 2.7% 대비 5.6%까지 계좌 변경을 증가시켰으나 뒷페이지에 switching box를 넣은 두 번째 실험그룹은 효과가 없었다.

한편, 금융소비자와 금융기관이 서로 상생하는 프로그램에 관한 하나의 사례가 있다. 필리핀 민다나오의 카라가 그린 은행Green Bank of Caraga은 실제 금연을 위한 저축 프로그램인 '케어스CARES1'을 금융상품 으로 출시하였다. 이는 금연과 저축을 연계하여 자신을 통제하는 수단 으로 넛지를 사용한 것이다. 금연 희망자들은 최소 1달러를 넣고 계좌 를 개설할 수 있고 6개월 동안 담뱃값을 이 계좌에 입금한다. 6개월 후에 고객은 소변검사를 받아서 최근에 담배를 피우지 않았음을 확인 받으면 입금한 돈을 돌려받는다. 그러나 통과하지 못하면 계좌는 폐쇄 되고 잔고는 자선단체에 기부된다. 넛지를 통한 아이디어 상품인 금연 연계 은행상품을 통하여 금연자의 금연달성률이 53%나 증가하였다.

금융기관을 통제하는 정부나 공급자인 금융회사가 충분하고 정확한 정보를 제공하더라도 각 소비자에게 가장 적합한 금융상품을 찾아주고 소비자의 실수를 다 막아줄 수는 없다. 중요한 것은 금융소비자 스스로가 자신에게 가장 적합한 금융상품을 찾기 위하여 정보를 학습하고 신중하게 선택해야 한다. 신중하고 꼼꼼한 주의력을 기울이지 않고 감정적으로 선택한 후 금융상품이 너무 복잡하다거나 경험이 적어서 실수가 나왔다고 후회해 봐야 소용이 없다. 비슷하게 장래 노후연금을 위하여 연금가입이 현재 시작되어야 함에도 이를 미루는 것은 미래를 위한 현명한 선택이 아니다. 소비자들 스스로 수익을 줄 수 있는 금융투자에 대한 합리적인 기준과 계획을 세워서 미래를 대비하는 것이 필요하다.

8. 일본의 잃어버린 20년

확증편향은 투자자에게도 항상 일어난다. 우리 뇌는 자신의 생각이 사실임을 확인할 수 있는 방법을 찾는다. 모든 투자자들은 자신이 원하거나 흥미를 가진 투자프로그램이 있으면 이에 긍정적인 정보에 즐거워하고 이를 과신하거나 비슷한 유형의 정보를 얻으려고 한다. 투자자들은 자기생각이나 판단이 정확하기를 희망한다. 따라서 주택 시장의 호황으로 큰 수익을 본 투자자는 자신의 통찰과 실력 덕분에 그렇게 된 것이라고 생각한다. 반대로 만약 자신이 투자한 부동산 가격이 하락하면 시장이나 다른 투자자를 탓하거나 그저 운이 따르지 않아서 실패한 것으로 간주한다. 이에 더하여 투자자들은 투자를 결정할 때, 스스로의 가치와 판단에 기초하여 투자하기 보다는 다른 투자자들이 움직이는 것에 민감하게 반응한다. 즉, 군중심리는 부동산 투자에서 흔히 나타나는 현상이다. 군중심리에 의한 움직임이 항상 좋은 결과를 가져오는 것은 아니지만 이를 지켜보는 투자자들은 거기에 편승해야만 유익이 되는 결정을 한 것으로 생각한다.

이러한 투자자들의 확증편향과 군중심리가 작용하면서 여기 저기 투자처를 찾아서 부동산을 구입함으로써 전 세계 부동산 시장이 부동산 거품으로 몸살을 앓고 있다. 동아시아 국가로부터 유럽과 아메리카에 이르기까지 부동산 시장에 밀려드는 매수자들로 인해 부동산 가격이 폭등하고 있다. 이러한 심리적 편향과 집단심리는 투자자들로 하여금 투자대상에 대한 정확한 분석을 소홀하게 여기고 특정 투자 대상에 대한 판단을 흐리게 한다. 이하에서는 투자자들의 군중심리로 인하여 부동산 버블을 경험하고 20년간 경기침체를 경험한 일본의 사례를 소개하고자 한다.

일본과의 국제무역에서 무역적자를 계속 보였던 미국은 1985년 9월 제임스 베커James Becker 재무장관이 일본과 무역협상에서 달러 평가절하를 결정하는 '플라자 합의Plaza Agreement'를 체결한다. 1985년 플라자 합의 이후 엔고 현상은 일본경제 성장을 정체시켰고 일본은 금리를 대폭 인하하여 경기부양을 하였다. 일본은행은 기준금리를 인하하였고 시중은행은 대출을 확장하였다. 1987년 정부의 확장 통화정책과 금리인하로 대출증가는 소비자의 현금보유를 확대시켰고 소비자들은 이 유동자금을 부동산과 주식에 투자하여서 부동산 시장은 245% 확대되었고 주식시장도 240%나 상승하여 버블 현상을 보이기 시작했다. 일본에서 땅값이 가장 많이 상승한 1987년에는 한해 평균 30.7%가 상승했다. 당시 일본 물가 상승률이 엔화절상과 유가하락 등의 요인으로 연 평균 0.93%에 불과한 것을 고려하면 지가는 너무 높이 상승하였다. 당시 도쿄에서 번화가의 한 도쿄지역의 토지를 팔면 미국 캘리포니아주 전체를 살 수 있다는 이야기가 나올 정도였다. 당시 일본에서는 '종신 고용제'를 기반으로 한 직원 사택을 제공하는 문화가 확산되면서 기업들이 도심 부동산을 구입하는 열풍이 일어났다. 이로 인해 도심에 부동산 매물의 품귀현상이 발생하자 다시 '리조트개발 붐'으로 열풍이 이동하였다.

이런 경기과열과 지나친 통화 공급확대 정책을 우려하는 관점도 많았으나 정부는 통화확대 정책을 계속 유지해 나갔다. 결과적으로 부동산 가격은 5년 동안 4배 이상 상승하였다. 이를 확인한 정부는 자산 가격의 과도한 폭등을 억제하기 위하여 다시 금리를 높이고 부동산대출 규제를 시작하였다. 결국 기업들이 레버리지를 감당하지 못하고 파산하면서 은행권 부실로 이어졌다. 2006년 일본 평균 지가는 1991년의 4분의 1에 불과한 수준까지 떨어졌다. 일본은 부동산 버블이 붕괴되고 장기적인 경기 침체를 겪으면서 '잃어버린 20년'을 맞았다. 1980년대 초에 시작된 일본 부동산 버블은 버블의 붕괴 후 그 이전보다 악화된 치명적인 결과를 보여주었다.

이와 같은 일본의 버블 생성과 붕괴의 과정을 심리적인 측면에서 살펴보는 것은 버블현상을 이해하는데 도움이 된다. 당시 1980년대 중반 일본 국민들은 경제에 대한 '과도한 자신감'을 가지고 있었다. 그 당시에 일본은 막대한 경상수지 흑자와 저금리 기조를 통한 통화량 증가에 힘입어 적극적인 해외시장 개척에 나서 외국기업과 건물들을 구입하기 시작했다. 1988년 소니Sony가 CBS의 레코드 부문, 1989년 콜롬비아 영화사를 인수하였고 미쯔비시는 뉴욕의 록펠러 센터Rocke Feller Center를 구입하여 미국 경제부흥의 상징과도 같은 건물을 구입함으로써 미국과 전 세계를 놀라게 했다. 이를 계기로 일본 국민들은 과도한 자신감을 갖게 되었다. 일본인들은 미국 도시들의 건물을 차례로 구입하는 열풍이 불었다. 1988년 말 기준 LA의 오피스건물의 1/3, 와이키키 해변의 유명호텔의 3/4이 일본인 소유라는 뉴스가 보도되는 등 해외 도시의 부동산 구입 붐은 계속되었다. 문제는 부동산 실물자산의 실제 가치는 크게 변동이 없음에도 불구하고 시장가격은 급등하여 실제가치와 시장가격의 괴리가 점차 확대되었다. 부동산 가격이 활황일 때 사람들은 계속 가격이 상승할 것이라는 기대심리를 갖게 되고 가격 상승에도 불구하고 수요도 계속 증가하는 기이한 현상이 발생한다. 또한 투기에 참여하지 않은 사람만이 손해를 본다는 피해의식과 사회적 분위기가 일어난다. 집단적으로 냉정하게 판단할 수 있는 이성은 마비되고 투기의 광풍은 거세진다.

그런데 부동산 가격의 지나친 상승으로 어느 시점에 이르면 구매자가 사라지는 시점에 이르게 된다. 결국 자산 가격의 상승은 멈추게 되고 높은 수준에서 가격이 유지되지 못하며 일시에 폭락하게 되는 거품경제가 오게 된다. 일본에 거품경제가 오자 미국의 부동산을 소유한 일본 부동산 회사들은 도미노 현상처럼 도산하기 시작했다. 1990년대 중반에 부동산가격 하락 및 경기부진이 지속되자 대규모 부실 대출을 책임져야 할 금융기관은 민간대출을 줄이면서 자금중개 기능이 위축되었고 실물경제도 동반 침체되는 악순환이 반복됐다. 1990년 부동산 가격이 급락하자 수많은 기업과 은행이 연속적으로 도산하였고 일본경제는 이때부터 10년 넘게 0%의 성장률을 보일 정도로 큰 충격을 받았다.

이처럼 부동산 버블의 대가는 20년간에 걸쳐서 불황의 긴 터널을 거쳐야 할 정도로 그 희생은 매우 컸다. 다행히 일본은 버블 붕괴 이후 '잃어버린 20년'의 위기를 재정 확대를 통해서 극복하였다. 긴급 경제대책을 마련하고 공공투자를 확대하여 2000년 이후 제조업 부활과 경기 회복을 달성할 수 있었다. 최근의 아베노믹스Abenomics를 통하여 일본경제가 회복을 보이기까지 거품의 붕괴로 지불해야 했던 사회적 비용은 실로 엄청난 것이었다.

이와 같이 일본의 잃어버린 20년의 상황은 우리에게도 낯선 이야기는 아니다. 우리나라도 경제제도나 경제의 체질 등이 유사한 점이 있기 때문에 이를 통해서 주의해야 할 점도 많다. 특히 한국도 부동산 버블의 수준은 실제 주택의 가치를 고려할 때 매우 심각한 수준에 이르렀다고 판단된다. 따라서 어느 순간 주택가격이 급락하면 일본과 같은 장기부동산 침체에 들어갈 수 있고 이로 인하여 경제침체가 올 수도 있는 위험을 가지고 있다. 물론 한 경제에 버블이 형성되는 과정은 각 국가마다 동일한 것은 아닐 것이다. 그러나 세계화와 금융자율화로 자본이동이 자유화되면서 한 국가에서 발생한 거품경제는 그 형성에서부터 붕괴로 인한 비용까지 전 세계적으로 파급되는 경향을 보인다는 것이다. 2008년의 미국발 금융위기는 전 세계의 경제에 광범위하게 그 영향을 미쳤다. 그리고 거품의 붕괴로 인한 경제의 침체는 경험적으로 거품형성으로 인한 호황기에 비해 길게 나타나고 거품붕괴의 사회적 비용은 투기대열에 참가한 주체이건 아니건 모두에게 그 피해와 영향을 미친다.

결론적으로 군중심리에 편승해서 부풀려진 부동산 시장에서 군중을 따라다니면 부동산 거품이 증폭될 수밖에 없고 그 과정에서 어느 시점에 거품이 사라지게 되면 국가경제는 침체되고 거품에 동참한 사람들뿐만 아니라 일반 국민도 그 피해를 모두 부담하게 될 것이다. 모든 사람들이 가는 방향이 항상 옳거나 합리적인 이유가 있는 것은 아니다. 주위의 모든 이들이 부동산 이야기를 입에 올리고 언론이 지나치게 낙관적인 생각을 내놓고 있다면, 반대의 경우도 생각하고 신중한 시각을 가질 필요가 있다. 때로는 다수의 군중이 향하는 것과 반대로 선택하는 것이 현명할 수도 있다. 즉, 비관적일 때 매수하고 다른 모든 이들이 낙관적일 때 매도하는 것이다. 역발상의 투자가 버블의 피해를 피하는 하나의 방법이다.

그림 53 | 플라자 합의 후 일본부동산의 세계시장 점유율

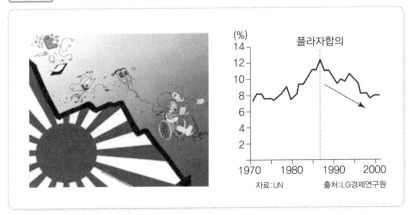

---

9. 부동산버블과 젠트리피케이션

부동산버블real estate bubble도 합리적 버블과 비합리적 버블로 구분된다. 합리적 버블은 시장메커니즘에 따라 자산의 가격수준 범위 안에서 가격이 오르는 것을 말한다. 비합리적 버블은 시장메커니즘의 근거 없이 가격수준이 이탈하는 것이다. 이 부동산 버블은 선진국이나 후진국을 막론하고 경제호황기에 발생하는 현상으로서 이러한 구분은

그 유형을 검증하는데 유용하다. 비합리적인 버블의 대표적인 사례는 1980년 후반에 일본의 도쿄이다. 세계적인 도시인 도쿄는 봉건시대부터 정치와 문화의 중심지였다. 1980년대 후반에 일어난 지가폭등은 비합리적 버블로 간주된다. 도쿄 지역에는 '토지신화土地神話'라는 용어가 생겨날 정도로 토지 가격이 3배정도로 상승하여 거품이 매우 심하였다. 그 이후 장기불황과 함께 부동산 거품은 꺼졌고 수많은 투자자들이 고통을 받았다.

지난 20년간의 일본의 장기 불황은 일본의 부동산 투자의 문화와 인식을 전환시키는 계기가 되었다. 부동산버블 붕괴 이후 도쿄 도시 외곽 지역에 땅값이나 임대료 상승은 거의 일어나지 않았다. 일부에서는 일본의 지가가 계란 값처럼 오랜 기간 동안 변화가 없다는 의미에서 계란 값 같다고 표현한다. 그런데 최근 들어 '2020년 도쿄 올림픽' 개최를 맞이하여 도시 개발이 활발히 진행되고 도쿄 지역의 지가가 상승하고 있다. 한국의 명동과 같이 일본에서 가장 비싼 지가를 보이는 곳이 긴자지역으로 이미 1992년 버블가격을 넘어섰다.

부동산 버블 과정도 도시성장과 경제에 상반된 영향을 미친다. 버블로 도시환경이 개선되고 치안이 좋아지는 등의 장점이 있다. 그 반면에 단점은 중산층 이상의 사람들이 이익을 얻고 투기수요가 심화되는 것이다. 이로 인하여 1964년 영국의 사회학자인 루스 글래스Ruth Glass가 사용했던 젠트리피케이션gentrification 현상이 필연적으로 일어난다. 젠트리피케이션 현상이란 임대료가 저렴한 낙후된 지역에 중산층 이상의 사람들이 몰리고 지역이 발전하면서 기존에 거주 중이던 원주민을 밀어내는 현상을 말한다. 젠트리피케이션이 도쿄 내에서도 센스가 돋보이고 길거리가 예쁜 상권에 부동산 가격이 더욱 비싸져서 서서히 나타나고 있다.

한국의 남대문 시장과 비슷한 요코야마초yokoyamacho는 300년 전부터 이어져 온 역사가 깊은 상권이다. 무엇보다 일본 전 지역의 도매 상들이 모여드는 네트워크의 중심 역할을 한다는 점에서 의미가 큰 곳이다. 해외에서 유입되는 관광객이 늘어나면서 대형 호텔들이 하나 둘 들어서고 2~3년 사이 이곳의 풍경이 하루가 다르게 달라지고 있다. 하지만 이곳 상인들은 일반적인 젠트리피케이션으로 인해 겪고 있는 갈등과 그 상황이 다르다. 일본의 자영업자들은 대를 이어가며 독자적인 기술이나 품질을 바탕으로 상가를 운영하며 부를 쌓아온 곳이 많고 오랫동안 안정적인 기반을 바탕으로 '지역의 리더' 역할을 한 이들이 대부분이다. 요코야마초 상권만 하더라도 100년 이상 대를 이어 가며 장사를 하고 있는 이들이 대부분이다. 이들은 '이 상권을 지켜내야 한다'는 사명감이 강하다. 하지만 건물을 관리하는 데 들어가는 '관리비'는 물론 건물이나 땅 소유에 따른 '고정자산세'를 감당하기가 어려운 이들이 적지 않다.

이로 인해 요코야마초 상권은 젠트리피케이션으로 인한 부작용을 완화하고 상권의 정체성을 지키기 위해 상인들이 자발적으로 다양한 협의체를 구성해 왔다. 일본에선 건물주가 마음대로 상가 임차인을 쫓아내는 것이 법률적으로 어렵기 때문에 '지역공동체 커뮤니티 활성화'에 초점을 맞추었다. 그 결과물로 탄생한 것이 디자인협의회이다. 디자인협의회의 역할은 새롭게 들어서게 될 건물이 기존 상권과 어우러질 수 있도록 디자인적 컨설팅을 해주거나 개선책을 마련해 준다. 요코야마초는 상업지역이기 때문에 호텔이나 아파트 등 어떠한 용도의 건물도 들어설 수 있지만 특별 조례에 따라서 앞으로는 상권 내에 새

로운 건물을 건설하기 위해서 무조건 디자인협의회와 논의를 거치도록
제도적인 틀을 마련했다. 부동산개발업체들 또한 새롭게 공급할 수 있
는 물량이 포화 상태여서 좋은 건물을 지속적으로 보유함으로써 수익
을 얻는 쪽을 택할 수밖에 없는 구조이다. 또한 자산의 가치를 올리기
위해 개별적으로 노력하는 데는 한계가 있다. 젠트리피케이션의 부작
용을 줄이는 것은 상권 내 상인들만의 문제가 아니라 모두의 문제로
'지역공동체와의 상생'은 선택이 아닌 필수가 되었다.

그림 54 | 젠트리피케이션 과정

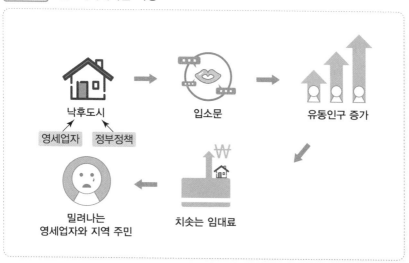

이러한 사례는 유럽에서도 찾아 볼 수 있다. 프랑스 파리는
1970년까지 정부의 대규모 상업시설 장려 정책으로 소규모 점포들이
사라지면서 골목상권 위기를 맞았다. 이에 2006년 소매업 보호를 위해
도시기본계획인 파리도시계획을 수립했고, 보호조치가 필요한 곳을 '보
호 상업가'로 지정했다. 파리시는 해당거리 1층에 위치한 상업, 수공업

공간은 변경불가 등의 방식으로 강화했다. 그 결과 파리시는 소매상업의 활성화에 크게 기여했다. 이와 동시에 2004년에는 '비탈 카르티에 Vital Quartien'사업으로 소상공인과 골목상권을 보호했다. 파리시는 파리 SEMAEST Societed' Economie Mixte d'Améagement del'Est de Paris에게 파리시가 지정한 지구 1층 점포와 토지에 대한 선매권을 주었다. 파리SEMAEST는 이 상가들을 경쟁력이 약한 업종 위주로 지역 상인들에게 저렴하게 임대했다. 결국 파리시는 지역업종의 다양화에 일정부분 목표를 달성했다. '공공의 적극적 보호조치'로 젠트리피케이션에 대응한 것이다.

영국 런던시도 1980년대 말부터 국가와 지역사회주도의 재생사업이 활성화되면서 임대료가 높아졌다. 이에 '쇼디치 지역사회조합'이 결성되고 고유문화와 주민들의 권리를 지키기 위한 노력을 했다. 쇼디치 지역의 젠트리피케이션 대응전략은 민간 주도로 협동조합 발전회를 만들어 지역을 활성화했다. 이와 함께 정부는 공공디자인 프로젝트 재생사업을 지원했고, 자치구는 다양한 타 지역 축제개최 등을 지원했다. 결국 문화·예술의 기반으로 쇼디치는 탄생했다. 이는 지역의 특성과 변화를 파악한 공공의 지원 및 전략이 있었기 때문이다. 즉, 공공의 적극적 보호가 아닌, '지역수요 맞춤형 공공지원'으로 젠트리피케이션에 대응한 것이다.

한국형 젠트리피케이션은 삼청동, 가로수길, 홍대, 망리단길 등의 상권에서 나타나고 있다. 사람들의 발길이 많지 않던 곳에 매니아 등을 상대로 참신한 아이디어와 개성으로 매장을 오픈하고 하나의 명물로 상권이 형성되었지만 임대료가 올라가게 되고 자신들이 가꾸어 놓은 장소를 떠나게 되는 사례가 발생하게 된 것이다. 이는 사회적 문제로 대두되면서 정부와 지자체가 해결책 찾기에 분주하다. 특히 일본은 '잃어버린 20년'을 겪으며 부동산 버블이 꺼지는 과정을 모두가 지켜봤던 오랜 역사적 경험을 바탕으로 '사람이 살기 좋은 곳을 만들어야 모두에게 이익이 된다'는 인식이 건물주나 상인들은 물론 부동산 개발업자들 사이에 체화되어 있다. 일본을 통해 우리도 신의 한 수를 배워야 할 것이다.

그림 55 젠트리피게이션의 각 나라별 대응전략에 따른 결과물

10. 주식과 부동산에 대한 문화적 편향

주식과 부동산은 사람들의 대표적인 재테크 수단이다. 하지만 '주식'과 '부동산'을 바라보는 사람들의 감성은 다르다. 부동산은 단순히 투자대상을 넘어서 내집마련이라는 꿈과 소유주로서 사회적 신분을 변화시키는 상징이다. 또한 주식투자는 상승과 하락을 반복하지만 한국에서 부동산 가격은 오르기만 하고 중장기적으로 떨어지는 사례를 찾아보기 어렵다. 따라서 주식 투자에 비하면 부동산 투자는 안정되고 일반 투자자에게는 꿈과 희망을 준다. 특히 한국 사람들은 주택에 대한 소유욕이 강하여 다른 것은 없더라도 내 집은 마련해야만 든든하다는 의식을 갖고 있다. 이에 무리해서라도 대출을 받아 집을 구입한 사람에게 '내 집 마련의 꿈을 실현했다'며 잘했다고 칭찬한다. 반대로 재테크로 돈을 빌려 주식투자를 했다면 주위 사람들 대부분이 잘못될까 봐 걱정한다.

부동산 투자에 대한 이런 편향성은 무엇 때문에 일어나는 것인가? 미국 하버드대 경제사학자인 니얼 퍼거슨Niall Ferguson 교수는 1987년부터 2007년까지 20년간 10만달러를 미국 주식시장과 부동산시장에 투자했을 때 어떤 수익률 차이를 보이는지 비교 분석했다. 분석 결과에 따르면 부동산은 해당 기간에 대략 2.5~3배 상승한 데 비해 주식은 S&P500 주가지수를 기준으로 5배 가까이 상승한 것으로 나타났다. 같은 기간 영국의 집값은 4배 정도 상승했지만, 주식은 FTSE 지수를 기준으로 7배 정도 상승한 것으로 확인됐다.

반면, 국내의 경우에 부동산가격 상승폭이 주식보다는 높다. 일시적으로 코스피지수가 부동산에 비하여 더 높이 상승하자 주식과 펀드 열풍이 불기도 하였으나 지난 30년간 부동산은 '부동산 불패신화'라는 용어를 만들어 냈다. 투자금액의 70% 이상이 부동산 시장에 몰릴 정도로 일반투자자들은 부동산에 더 많은 관심과 투자를 하였다. 주식으로도 부동산만큼 수익률을 올릴 수 있지만 많은 투자자들은 부동산 투자를 선호한다. 많은 투자자들이 부동산을 선호하는 이유는 부동산에 대한 역사적이고 문화적 편향성을 갖기 때문이다. 첫째, 역사적으로도 부동산은 한국뿐만 아니라 전 세계적으로 사람들은 집이나 토지를 가지기를 원했다. 유사시에는 땅에 작물을 심어서라도 생존할 수가 있기 때문이었다. 땅이 많으면 소작농을 고용하거나 혹은 임대를 주고 수확된 작물을 나누어서 이득을 챙길 수도 있었기 때문이다. 이와 같이 부동산은 재산 증식뿐만 아니라 생존의 근본이 되었기에 지속적으로 모든 인간들은 부동산을 소유하고자 하였다. 둘째, 부동산은 단순히 재산 축적을 위한 투자 대상을 넘어서 심리적 안식처가 되고 토지나 부동산을 소유한 소유주라는 신분변화를 의미한다. 또한 부동산은 이를 기초로 비즈니스를 할 수 있고 임대료도 받을 수 있어서 추가적인 부를 얻을 수 있는 수단으로 생각한다.

이러한 의미를 갖는 부동산 시장에서는 다양한 편견이 가득 차 있는 심리적 요소가 작용하고 부동산 소유와 동시에 자산증식을 희망하는 인간의 이중성이 움직이는 욕망의 요소가 포함되어 있다. 따라서 주식가격과 비슷하게 부동산의 가격은 다양한 변수들에 따라 움직이지만 그 변화의 주된 요인은 심리적 요인이다. 사람들은 불투명하고 불확실한 미래에 직면하면 전통경제학이 주장하는 독자적이고 소신있는 행동보다는 행동경제학이 주장하는 주변 사람의 행동을 모방하려는 경향이 강하다. 많은 사람들의 움직임을 따라가는 것이 미래의 위험을 최소화하면서 수익을 높일 수 있다고 생각한다. 이러한 군중심리에 의존하면 보다 정확한 정보를 얻기 위하여 전문가를 찾는다. 그러나 이 세상에 미래를 정확히 예측할 수 있는 사람은 없다. 점쟁이도 당장 한 치 앞을 예상하지 못한다. 마찬가지로 전문가도 미래를 정확히 알 수 없지만 예상되는 경향성을 알려준다. 그러나 그 전문가의 예상이 틀릴 수도 있으므로 너무 과신하면 때로는 맹목적인 투자만큼이나 실패할 수 있다. 예언은 항상 틀릴 수 있다는 의미로 '모든 예언자seer마다 속아주는 사람sucker이 있다'라는 말이 있다. 여기서 유래한 것으로 전문가에 대한 과도한 의존을 시어서커 환상seersucker illusion이라고 한다. 전문가들도 인지적 편향에서 자유로울 수 없고 이해관계의 상충의 문제도 갖고 있다. 전문가의 의견을 듣는 것은 좋지만 서로 다른 의견을 갖는 여러 명의 전문가 의견을 듣고 종합하는 것이 보다 바람직하다. 투자의 기회는 항상 찾아오므로 조급할 필요는 없다. 투자자가 마음에 새겨들어야 할 격언은 '쉬는 것도 투자'라는 것이다.

11. 자산배분에 관한 유대인의 교훈

'분산'투자에 관한 기본철칙은 '모든 계란을 한 바구니에 담지 마라'이다. 우리가 자산을 분산투자하는 이유는 이익을 더 얻기 위함이 아니라 다음의 세 가지 이점이 있기 때문이다. 첫째, 모든 투자에는 위험이 수반되므로 다양한 자산에 투자하여 위험을 분산시킬 수 있다. 둘째, 분산투자는 보다 높은 유동성 확보가 가능하다. 즉, 긴급자금이 필요할 때 투자 자산 중 일부를 보다 쉽게 매도할 수 있다. 셋째, 투자 포트폴리오의 변동성은 성과 상승과 하락의 빈도수와 상승 및 하락의 폭에 의해 측정된다. 분산투자는 주가의 고점과 저점 사이의 차이를 축소시켜 변동성을 완화하는데 도움이 된다.

유대인의 경전 탈무드에 최초로 자산배분asset allocation에 대한 투자지침을 언급하고 있다. 탈무드에는 "모든 사람이 자신이 보유한 돈을 셋으로 나눠서 토지에 3분의 1을 투자하고, 사업에 3분의 1을 투자하고 나머지 3분의 1은 유보금으로 가지고 있어라."라고 말하고 있다. 토지는 부동산, 사업은 주식, 유보금은 현금으로 바꾸어 보면 2200년 전 유대인의 투자지침은 현대에도 적용이 가능하다.

보통 투자자들이 투자에 실패 했을 때 그 실패요인으로 잘못된 종목 선정과 잘못된 타이밍을 탓한다. 그러나 1980년대 이후부터 이루어진 연구결과에 의하면 투자성과에 결정적 역할을 하는 변수는 종목선정, 매매 타이밍보다는 적절한 자산배분이라고 한다. 자산배분의 아버지란 별명을 가진 게리 브린슨Gary P. Brinson과 그의 동료들은 1991년에 발표한 논문에서 미국의 91개 연기금을 대상으로 1977년부터 1987년까지 10년간 전체 자산을 주식과 채권 등 주요 금융상품에 어떻게 배분했는지가 전체 수익률의 91.5%를 결정한다는 것을 확인하였다. 반면에 종목선정과 매매방법이 수익률에 미치는 영향은 7%에 불과하였다. 따라서 자산배분을 현명하게 할수록 장기적으로 더 높은 수익률을 올리고 수익률의 변동성도 낮아서 자산을 보다 안전하게 관리할 수 있음을 보였다. 그렇지만 자산배분은 돈을 주식이나 채권 등 투자 대상에 어떻게 배정할 것인가를 고민하는 것이므로 이를 위하여 다양한 정보와 지식의 경험이 필요하다. 가령, 자산을 주식에 20%를 배정하기로 했다면 그 자금을 인덱스 펀드index fund나 ETF(상장지수펀드), 혹은 사모펀드private equity fund에 투자해야 할지를 결정해야 한다.

예일대 기금 CIO(최고투자책임자)인 데이비드 스웬슨David f. Sweson 은 자산배분을 통해 예일대 기금을 세계 최고의 기금으로 만든 것으로 유명하다. 그가 예일대 기금을 맡기 전인 1985년에만 하더라도 대부분 의 기부금은 안정적 채권에 투자되었다. 왜냐하면 그 당시 원금은 그 대로 유지되어야 하고 기부금 특성상 필요할 때 언제든지 현금화되어 야 했으므로 주식 등 위험자산에 투자를 기피하였기 때문이었다. 데이 비드 스웬슨은 기존의 기부금의 투자배분 방식에 발상전환을 시도하였 다. 즉, 자산배분을 전환하여 채권 비중은 줄이고 다양한 투자처로 주 식비중을 증가시켰다. 장기적으로 채권에만 투자하면 물가상승률 대비 하여 투자의 실질가치를 높일 수 없고 나아가 수익률도 저하되기 때문 이었다. 주식에 대한 투자배분을 증가시키되 직접 주식에 투자한 것이 아니라 인덱스 펀드, 헤지 펀드, 사모 펀드 등 다양한 투자 수단을 통 해 자산배분을 하였다고 한다. 또한 스웬슨은 자산배분자금을 맡길 때 에도 자산운용회사의 지배구조도 중요하므로 소유주가 바로 전문투자 가인 운용회사를 전문경영인이 운용하는 운용회사보다 선호하였다. 전 문경영인의 운용회사는 단기이익에 치중하는 경향이 있다고 보고 선택 하지 않았다고 한다.

금융시장은 투기버블 현상이 일어나는 등 예측이 되지 않는 불 확실성이 존재하는 곳이다. 언제, 어떤 사건으로 블랙스완black swan이 찾아올지 모른다. 즉, 금융시장은 전혀 예상할 수 없었던 일이 실제로 나타나는 경우가 비일비재하다. 다시 말해서 시장은 결코 이성적으로 만 작동하지 않으므로 이로 인해 큰 위험과 손실을 피해가려면 안전한 자산관리가 필요하다. 그러므로 성공적 자산운용을 위해서는 무엇을 사고파느냐의 선택이전에 어떻게 시황에 맞춰 자산을 배분하고 관리하느냐가 더 중요한 것이다.

12. 부자들의 습관

투자자들은 여러 가지 행동 편향을 가지고 있고 그 영향을 받는다. 그리고 행동 편향은 감정에 따라 행동을 결정하게 만든다. 베버-페히너의 법칙Weber-Fechner's law에 따르면 인간의 감각에 영향을 미치는 외부 자극의 강도는 절대적인 것이 아니라 상대적이라고 한다. 가령, 이는 1만원짜리 수박을 살 때는 몇 백원이라도 더 싼 걸 사려고 비교하던 사람이 컴퓨터를 구입할 때 수십만원의 보조 악세사리를 부담없이 구입하는 현상을 말한다. 사전에 투자의 계획에 따라서 일정하게 투자하지 않고 상황에 직면하여 투자하게 될 경우, 손실을 보면 이성보다 감정이 앞서서 판단력을 잃어버린다. 이러한 결과물인 버블은 투자를 망설이던 사람들까지 시기와 질투심으로 인해 투자 대열로 들어서게 만든다. 투자자들은 버블로 인해 손실이 났을 때 손실을 회피하고 싶고 자신의 판단 착오를 인정하고 싶지 않기 때문에 하락한 주

그림 56 베버-페히너의 법칙(Weber-Fechner's Law) - 인간이 느끼는 감각의 크기는 자극의 절대 크기보다는 자극이 얼마만큼 변했는지를 자극의 크기로 느끼게 된다.

식을 계속 보유하려 한다. 즉, 처음에는 보수적으로 여러 곳에 분산 투자하지만 손실액이 클수록 큰 금액이 작게 느껴져서 손실을 본 주식에 더 큰 금액을 다시 투자한다. 이것이 우리가 치러야 할 손실회피 비용이다. 우리는 손실이 일어난 것을 확정하기 싫은 매몰비용의 오류에 빠져서 이미 투자한 곳에 계속 투자하려고 한다. 그러나 시간이 길어질수록 더 많은 돈을 잃게 되고 만회할 기회마저 잃는다. 결국 개인투자자는 손실의 폭탄을 끌어안게 된다.

한편, 투자회사는 통계가 지닌 맹점을 이용하는데 그 중 하나가 생존자편향survivorship bias이다. 생존자편향이란 생존자, 즉 성공자들만을 대상으로 성공요인을 고려함으로써 잘못된 판단을 내리는 편향을 말한다. 성공한 회사는 상장되고 실패한 회사는 상장 폐지되는데 주가지수들은 성공적인 기업의 주가 변동만 집계하고 실패한 기업은 통계에서 제외한다. 이러한 생존자 편향은 일상 생활에서 성공을 실패보다 더 크게 인식하게 한다. 실패자들은 말이 없기 때문이다. 또한 우리 사회에서 실패자는 본인부터도 부끄러워서 드러내려 하지 않고 사회도 실패자를 원하지 않는다. 결국 주식시장에서 성공한 사람과 실패한 사람이 균형되게 탐지되지 못하기에 편향도 많은 것이다.

사람들은 자극적인 광고와 펀드 판매순위 등에 관심을 갖고 쉽게 현혹되는 경향이 있다. 펀드 판매순위가 환경에 얼마나 많은 영향을 받는지 수익률 순위를 어떻게 평가하는지 깊이 생각하지 않는다. 투자자들은 주로 광고로 알게 된 펀드가운데 과거에 가장 높은 수익을 낸 펀드에 투자한다. 이러한 확증편향 때문에 실제 두 사건 사이에 아무 상관이 없는데도 상관이 있다고 믿는 '착각상관illusion corelation'의 함정에 빠지게 된다. 가령, 이는 아침에 컵이 떨어져서 깨지면 엉뚱하게

도 오늘 안 좋은 일이 있을 것이라고 생각하는 것이다. 많은 투자자들이 금융전문 자료를 열심히 읽는 이유는 새로운 정보를 얻기 위해서가 아니라 자신들이 믿고 있는 것을 확인하기 위해서이다. 그러나 하나의 의견에 깊이 몰입되어 있으면 다른 의견을 받아들이지 못하고 잘못된 선택을 할 수 있다. 이러한 이유로 우리는 어떤 결정을 내리거나 가설을 세울 때 반드시 반대의 경우를 생각하는 습관을 들여야 한다. 이처럼 투자를 어렵게 하는 많은 편향들을 극복해야 성공할 수 있다.

톰 콜리Tom Corley는 그의 저서 『습관이 답이다』에서 5년 동안 그가 만난 233명의 후천적 부자들과 128명의 가난한 사람들의 습관을 연구하면서 부자가 되느냐, 가난해지느냐는 습관이 결정한다는 것을 알게 되었다. 우리가 일상적으로 하는 행동의 평균 40%는 습관이라고 한다. 습관에는 일반습관과 핵심습관이라는 두 가지 유형이 있다. 일반습관은 인간의 자동시스템에 의해서 무의식적으로 행하는 반복적 행동을 말하고 핵심습관은 숙고시스템에 의하여 의식적으로 가지고자 의도하는 행동을 말한다. 그러므로 핵심습관을 바꾸면 더 효율적으로 습관을 관리할 수 있게 된다.

백만장자들의 습관을 조사한 바에 의하면 그들 중 88%는 매일 30분 이상 자기계발을 위한 독서를 하고, 76%는 매일 30분 이상 유산소운동을 한다. 그들 중 89%는 매일 7~8시간 동안 잠을 자고, 50% 정도는 업무가 시작되기 전, 3시간 전에 일어났다. 백만장자 중 67%는 TV시청 시간이 하루에 1시간도 되지 않았다. 이들은 선택한 책의 유형에서도 주로 성공한 사람들의 전기나 역사책을 읽고 오락거리용 책은 대부분 읽지 않았다. 가난한 사람들은 소득원이 주로 하나이지만 백만장자들은 소득원이 다양하였다.

우리 자신이 부자가 아니라는 점이나 부자들처럼 살아가지 못하는 것을 한탄만 해봐야 바뀌는 것은 없다. 또한 부모를 잘못 만나서라거나 사회가 잘못되어서 등 다른 사람이나 환경만 탓해서는 바뀔 것이 없다. 그 어떤 목표를 가장 빨리 달성하는 길은 스스로 변화되고 자신이 그 목표를 달성하기 위한 습관을 가지도록 노력하는 것이다. '철의 여인'이라고 불린 마가렛 대처Margaret H. Thatcher 영국수상은 인생철학을 그의 아버지로부터 물려받았다고 한다. 그것은 "생각을 조심하라, 말이 된다. 말을 조심하라, 행동이 된다. 행동을 조심하라, 습관이 된다."이다. 부자가 되고 싶은가? 그러면 먼저 인간의 행동편향을 극복하고 좋은 습관을 가지려고 노력해 보자.

13. 세익스피어의 '끝이 좋으면 모든 것이 좋다'

올바른 판단은 투자할 때도 정말 중요하다. 투자 당시에 주어진 정보 내에 많은 대안 중에서 '최선의 결정'을 내린다. 그러나 시간이 지나서 되돌아보면 그 '판단과 결정'이 잘못되었다고 후회하는 경우가 흔히 일어난다. 왜 이런 후회가 반복될까? 사람들의 판단과 결정에 개입하는 대표적인 편견은 확증편향이 있다. 사람들은 현실세계의 정보와 증거가 복잡하고 불분명한 가운데 자기 신념에 맞고 선호하는 정보는 있기 마련이다. 사람은 보고 싶은 것만 보고 믿고 싶은 것만 믿는 경향이 있다. 이런 편향된 사고는 의사결정뿐만 아니라 정보수집 단계에서부터 나타난다. 자신의 신념과 일치하는 정보는 받아들이고 신념과 일치하지 않는 정보는 무시하는 확증편향은 우리가 무의식적으로 범하는 습관의 일종이다.

확증편향을 경계하는 말들로는 투자의 귀재인 워런 버핏Warren Buffet이 "현명한 사람들이라면 새로운 정보를 잘 걸러내서 기존의 견해들이 온전하게 유지되도록 하는 일이다."라고 말했다. 그리고 심리학자, 레이먼드 니커슨Raymond S. Nickerson도 "확증편향은 상당히 강력하고 영향력이 있어서 개인, 집단 또는 국가 차원에서 대부분의 갈등, 논쟁, 오해를 불러일으킨다는 사실을 사람들이 잘 인식해야 한다."고 말했다. 데이비드 맥레이니David McRaney도 『착각의 심리학』이란 책에서 사람들은 생각이 다른 새로운 이야기를 불편해한다며 다음과 같이 말한다. "그들의 필터가 당신의 필터와 같다면 당신은 그들을 좋아하겠지만 그렇지 않다면 그들을 싫어할 것이다. 당신은 그들의 정보를 얻고자 하는 것이 아니고 자신의 믿음을 확인하려는 것이다."라고 확증편향을 지적하고 있다. 이처럼 누군가 위험하다는 경고를 하더라도 확증편향에 빠진 사람들은 자신이 보는 관점에 매몰되어서 보고 싶은 자료와 증거에만 관심을 가지고 충고나 경고를 무시하는 경향이 있다. 때로는 전문가들도 다양한 정보를 접하지만 자신만의 확증편향에 사로잡혀서 편향된 정보에 치중해 있다는 것을 인식 못할 때가 많다.

부동산 투자에 있어서도 비슷한 사례를 자주 접한다. 가령, '지금 집값이 많이 오른 것 같은데 집을 사도 될까요?'라고 질문하는 사람들은 이미 마음속에 어느 정도 결심을 한 상태에서 본인 판단에 부합하는 정보를 찾는다고 봐야 한다. 만약 특정 지역에 투자하려는 마음이 있을 때, 주위의 사람이 그 지역은 걱정하지 말고 투자하라고 조언해 준다면 불안한 마음을 접고 투자할 것이다. 반면에 '지금 실물 경제 상황이 어렵고 금리마저 오르면 원리금상환도 부담될 것이다'라고 부정적 조언을 하면 자신이 원하는 답을 들려줄 다른 조언자를 찾아나설

가능성이 높다. 우리는 자신의 마음속에 결정을 내리면 다른 좋은 선택 안이 있어도 본인의 생각을 바꾸지 않는다.

얼마 전까지도 부동산 전문가들은 "그래도 서울이다. 서울 아파트에 마지막 기회가 온다."라며 이런 저런 투자조언을 한다. 정부의 부동산 대책 발표로 주택시장 규제가 지속되고 다주택자에 대한 규제도 강화되면서 '똘똘한 한 채'에 집중하는 투자가 가장 현명하다고 분위기를 조성한다. 최근 서울의 실질주택보급률은 72%이고 자가 보유율은 49%로 유일하게 50%를 밑돌고 있다. 따라서 전국에서 서울이 무주택층의 비율이 가장 높으므로 매매 시세가 하락할 경우 무주택자들은 유주택으로 전환할 수도 있다. 이처럼 수요층이 항상 증가할 여지가 있어서 주택가격이 떨어지지 않는 하방 경직성을 강화시켜줄 요소라는 것이다. 그리고 서울은 오래된 아파트 비율이 가장 높은 도시여서 개발호재가 많다는 것이다. 그런데 부동산 전문가들이 언급하는 부동산 정보에 호재 아닌 곳이 있었는가? 여기 혹은 저기를 가리키면서 교통이 편리해지고 생활환경이 좋아진다고 희망적인 전망과 기대감을 이야기한다.

하지만 우리나라도 10여 년간의 부동산가격 급등으로 버블에 관한 논의가 시작되고 있다. 최근의 언론보도를 보면 하우스 푸어나 소위 깡통주택에 대한 뉴스도 자주 언급되고 있다. 특히 미중 무역 전쟁이 최악으로 가고 있고 일본의 한국수출규제로 무역전쟁이 발생할 경우 경제사정이 크게 악화되면서 부동산시장은 폭락할 위험도 없지 않기 때문에 상당 기간 부동산 경기가 침체될 가능성이 예상된다. 미래에 내집 마련의 꿈을 가진 실수요자들은 주택시장을 냉정하게 바라보고 경제상황과 부동산 가격의 움직임에 대한 정확한 통계정보에 기초하여 결정함으로써 확증편향 등 심리적 편향이나 군중심리에 편승하지 않는 지혜가 필요하다.

그림 57 셰익스피어와 글로브 극장

　　인류 역사상 가장 위대한인 시인, 윌리엄 셰익스피어William Shakes-peare는 "집에서 멍청하게 게으름 피우면서 청춘을 낭비하지 말고 이 넓은 세상의 기적을 보라."는 좌우명을 몸소 실천하였다. 그는 부동산 투자로도 큰 돈을 번 사업가이기도 하다. 16세기 영국의 극장은 돈이 절로 굴러들어오는 금고였다. 특히 자기 극단이 있고 자신이 쓴 작품으로 공연할 경우 돈방석에 앉을 수 있었다. 셰익스피어는 7명의 동료를 규합하여 영국 궁정의 궁내장관 극단인 '로드 체임벌린스 맨'을 창설하고 1598년에는 템스 강 남쪽 연안에 그 유명한 글로브 극장이라는 자체 극장을 갖추었다. 그 극장은 얼마 지나지 않아서 런던에서 큰 성공을 이루었다. 셰익스피어는 연극으로 벌어들인 엄청난 돈을 투자할 투자처를 찾았다. 그는 이 돈으로 런던에 집을 사고 고향에도 건물과 땅을 구입하였다. 부동산으로 수입이 크게 증대하자 47세가 되었을 때, 고향에 돌아가 부동산 사업에 전념하였다고 한다. 우리는 셰익스피어를 역사상 가장 위대하고 영향력 있는 극작가로만 알고 있지만 부동산 사업으로 성공하는 등 그의 삶의 많은 부분은 아직도 의문 속에 남아 있다. 보통 위대한 예술가들은 대부분 당대에는 비참하게 산 사람이 많았다. 셰익스피어는 당대에 극작가로도 성공했을 뿐만 아니라 부동산 사업으로 큰 부를 얻었다. '끝이 좋으면 모든 것이 좋다'는 그의 유명한 희극제목처럼 그의 인생도 그러하였다. 투자에 있어서도 올바른 결정이란 셰익스피어의 말처럼 끝이 좋아야 할 것이다.

14. 부동산시장은 행동편향의 종합백화점

부동산시장은 주식시장에 못지않게 다양한 행동편향behavioral biases 이 발생한다. 부동산시장에서 찾아볼 수 있는 편향을 열거하면 군중심리 혹은 양떼효과herding, 낙관주의, 대표성 편향representativeness, 귀인편향attribution bias, 손실회피, 앵커링anchoring 및 거짓 준거점false reference points, 친근성편향familiarity bias 등이 존재한다. 이하에서는 부동산시장에서 나타나는 이들 효과를 하나씩 살펴보고자 한다.

부동산은 주식, 채권과 같은 다른 투자자산에 비하여 유동성, 정보투명성, 정보객관성이 낮아서 주관적으로 평가하고 투자하게 되는 경우가 많다. 이와 같은 자산은 합리성보다는 감정과 주위사람들의 움직임에 민감하게 반응하여 투자가 이루어지기 쉬운 자산이다. 따라서 군중심리나 양떼효과가 자주 나타나서 급등하면 같이 상승에 편승하고 급락하면 같이 움직이는 현상이 자주 일어난다. 특히 부동산분야에서 공급자는 집의 특성을 잘 알고 있지만 수요자는 집에 대하여 잘 알지 못하기 때문에 정보의 비대칭성이 심하게 나타난다. 반면 주식시장은 개별 기업의 정보가 공개되고 매년 평가가 이루어지므로 주가가 어느 정도 기업의 경영상태를 반영한다고 볼 수 있다.

이러한 이유로 부동산 시장은 자주 버블이 일어나서 불합리성과 비효율성을 보여준다. 부동산 시장은 주식 등 다른 자산에 비하여 버블이 자주 일어나고 그 크기도 다른 자산의 추종을 불허한다. 이러한 버블의 주된 원인은 바로 사람들의 심리적 편향요인이 크게 작용하기 때문이다. 부동산시장이 상승국면일 때 작용하는 심리적 편향으로는 낙관적 편향, 대표성 편향, 귀인편향attribution bias 등이 작용하고 반대로 하강국면일 때는 손실회피, 앵커링anchoring 및 거짓 준거점false reference points, 친근성편향familiarity bias 등이 작용하여 가격을 적정가격이하로 하락시킨다. 특히 부동산자산은 유동성이 낮고 거래비용이 높으며 적정거래시점에 거래를 할 수 없기 때문에 거래가격이 적정하게 유지되지 못한다.

특히 양떼효과는 초보 투자자들에서 자주 나타나는데 다른 사람들의 움직임에 자극받아 함께 움직이다가 큰 손실을 입는 경우가 많다. 이런 편향적인 행동은 사람들이 바로 이웃들의 행동에 영향을 받아서 발생하는 현상이다. 즉, 사람이 전혀 다른 사람에 영향을 받지 않고 완전한 독립성을 유지한다면 독립사고와 독립적 결정으로 감정에 휘둘리지 않을 것이고 실패하지 않겠지만 사람은 사회적 동물이기에 주위의 자극에 쉽게 자극을 받고 군중심리에 빠져들어 간다. 다수가 선택하니 위험이 작을 것이라고 생각하는 것이다.

부동산시장에서는 그 외에도 프레임효과, 앵커링효과, 가용성편향, 근접효과 등이 자주 나타난다. 부동산시장에 나타나는 이들 효과는 다음과 같이 설명할 수 있다.

첫째, 프레임효과의 예로는 각자 자산의 특성보다는 부동산이 있는 지역이나 구역에 더 큰 초점을 두고 부동산을 평가한다. 즉, 프레임을 자체 부동산보다는 그 부동산이 위치한 지역과 권역을 더 중요시한다.

둘째, 앵커링효과의 예로는 보유하고 있는 부동산의 판매가격의 수준을 너무 높게 설정하거나 매몰비용sunk cost을 잊어버리지 못하고 최소한 본전은 찾아야 겠다는 생각에 매입가 이하로는 절대 부동산을 팔지 않으려 한다.

셋째, 가용성편향, 근접효과에 집착하여 투자자들이 자신이 가장 많이 알고 있는 부동산종류에만 투자하려는 모습을 보인다. 가령, 자신이 잘 알고 있는 토지나 아파트에만 투자하거나, 잘 알고 있는 국내 부동산에만 투자하려고 한다. 나아가 자신이 살고 있는 주위의 부동산에 주로 투자하고 멀리 위치한 부동산에는 투자하려하지 않는 경향을 보인다.

제6절

갈택이어

1. 눈앞의 이익과 장기이익

갈택이어竭澤而漁는 '연못의 물을 말려버린 뒤 물고기를 잡는다'는 말로 눈앞의 이익을 얻기 위해 장래를 생각하지 않는 것을 비판하는 사자성어이다. 이 용어는 춘추시대 진나라 문공이 중요한 전쟁이었던 성복전투에서 초나라와 전투를 벌이면서 유래하였다. 초나라의 군사 수가 진나라 군사보다 훨씬 많아 고전을 면하기가 어려운 상황이었다. 문공은 호언狐偃과 옹계雍季라는 두 신하에게 "초나라의 병력이 우리보다 많은데 어떡하면 좋겠는가? 우리가 이길 방법은 없는가?"라며 의견을 물었다. 이에 호언은 "예절을 중시하는 자는 번거로움을 두려워하지 않고, 싸움에 능한 자는 속임수를 쓰는 것을 싫어하지 않는다고 들었습니다. 속임수를 써 보는 것이 어떻겠습니까?"라고 조언한다.

반대로 이 말을 들은 또 다른 신하인 옹계는 "연못의 물을 모두 퍼내어 물고기를 잡으면 잡지 못할리 없지만, 다음 해에는 물고기가 없게 될 것이고, 산의 나무를 모두 불태워 짐승을 잡으면 잡지 못할리 없지만, 다음 해에는 짐승이 없게 될 것입니다. 속임수는 지금 쓸수 있지만, 그 뒤로는 다시 쓸 수 없으니 장기적인 방법은 될 수 없습니다."라고 조언한다.

두 신하의 의견을 경청한 문공은 신하들에게 말하기를 "옹계의 말은 백 년 후까지의 이로움을 내다본 것이다. 어찌 일시적인 이익이 백세의 이익보다 크다고 하겠는가?"라고 언급하였다. 결국 옹계의 의견을 받아들인 진나라는 적은 군사력을 가지고 속임수를 쓰지 않으면서 승리를 거두게 되었다. 이 이야기는 '여씨춘추呂氏春秋'에 실려 있고, 비슷한 이야기가 '한비자韓非子'에도 나온다. 어떻게 진 연합군은 속임수를 쓰지 않고 강력한 초 연합군에게 승리를 거둘 수 있었을까? 그 답은 문공의 최고 미덕인 신뢰에 기반한 것이다. 상대를 존중하고 배려하고 약속을 지키면서 신뢰를 쌓았기 때문에 성복전투에서 결속할 수 있었다. 이에 대하여 공자孔子도 "진문공이 인덕仁德과 신의信義를 가지고 천하의 패자霸者가 되었다."라고 했다. 신의란 동서고금을 막론하고 상대방을 감동시키는데 결정적인 역할을 한다.

문공은 "최고 미덕인 신뢰는 19년이라는 긴 망명의 세월 동안 신하들이 배신하지 않고 그를 진심으로 따를 수 있게 한 핵심요인이다."라고 말하였다. 하지만 문공의 삶을 돌이켜 보면 그의 삶은 파란만장하였다. 아버지였던 헌공이 사랑하는 여인인 여희의 아들에게 왕위를 물려주기 위하여 다른 아들들을 죽이려 했다. 동생은 군주가 되기 위하여 외국에서 떠도는 그를 핍박했다. 여기저기 떠돌아다니는 망명자 신세에 불과한 그를 초나라 성왕은 제후의 예로 극진히 환대하면서 이후에 무사히 귀국하게 되면 무엇으로 보답하겠느냐고 물었다. 이에 대하여 문공은 "제가 군주의 은혜를 입어 진나라로 돌아간 뒤 훗날 진나라와 초나라가 중원에서 만난다면 저는 군주의 군대를 피해서 30리씩 세 번 총 90리를 물러나겠습니다. 그래도 군주께서 기어이 치고자 하시면 저는 활과 채찍을 들고 군주와 겨루겠습니다."라고 답한다. 결국 이는 현실이 되어 초나라와 진나라의 긴박한 전쟁 상황인 성복전투에서 문공은 진나라 군사를 3일의 행군거리인 90리를 양보하며 약속을 지켰다. 그는 이를 인의라고 여겼다.

이러한 그가 춘추오패가 될 수 있었던 이유로는 그가 지난날의 고난을 잊지 않고서 거친 옷을 입었고 인재를 널리 확보하려고 노력하였으며 자신의 잘못을 반성할 줄 아는 군주였기 때문이다. 그리고 지혜로운 신하의 조언에 귀를 기울였기 때문에 긴 망명생활을 거쳐 예순 살이 넘어서 왕위에 오를 수 있었다. 문공의 삶은 우리에게 인내와 기다림이 리더의 중요한 자질임을 알려주고 있다. 모든 사람들의 삶에는 그 유형은 다르지만 인내와 기다려야 하는 순간이 있다. 이를 견디지 못하고 눈앞의 이익을 얻기 위하여 속임수를 쓰거나 나쁜 술수를 이용한다면 원하는 결과를 얻기 어렵다는 사실을 깨우쳐 준다.

그림 58 ┃ 환갑이 넘어 군주가 된 진나라 문공과 갈택이어

2. 아마존의 눈물

영화 〈아바타Avatar〉는 전 세계인들을 영화에 매료되도록 유인했던 영화이다. 이 영화는 과거 어느 영화보다도 화려한 3D 그래픽기법뿐만 아니라 영화가 전달하고자 하는 메시지가 큰 의미를 남겼다. 영화의 줄거리를 설명하면 지구인이 에너지 고갈문제를 해결하기 위해 대체에너지를 찾아 우주를 탐험한다. 그리고 마침내 '나비Na'vi'라는 토착외계인이 평화롭게 살고 있는 아름다운 행성을 발견하고 그곳에 기지를 설치하여 언옵타늄(초전도물질)이라는 에너지를 채굴하기 시작한다. 지구인은 나비Na'vi의 외형에 인간의 의식을 주입시켜서 원격 조종이 가능한 새로운 생명체인 '아바타'를 탄생시킨다. 그리고 언옵타늄을 채굴하기 위하여 생태계를 무분별하게 파괴하고 나비족 살인을 자행한다.

영화 〈아바타〉에서 설정한 인간의 탐욕과 이익을 위하여 나비족과 싸우는 일은 우리 지구 내에서도 일어나고 있다. 모 방송국에서 방영했던 '아마존의 눈물'은 문명이 침범하는 아마존에서 전 지구의 나비족이 흘리는 눈물이다. 가장 큰 면적을 차지하고 있는 브라질을 비롯하여 페루, 콜롬비아, 베네수엘라, 에콰도르, 볼리비아, 가이아나, 수리남 등 8개국이 아마존 밀림지역을 공유하고 있고 전체면적은 한반도 면적의 30배가 넘는다. 중남미의 아마존은 지구의 허파라 할 정도로 원시림이 잘 보존되고 있고 문명으로부터 보호되어온 지역이었다. 개발이라는 이름 하에 파괴되는 아마존의 밀림은 이 지구에 살고 있는 모든 생물들에게 중요하고 필수적인 삶의 터전이지만 사람들로부터 관심을 받지 못하고 경제개발의 목적을 위하여 무참히 파괴되어 왔다.

전체 지구 산소의 20%~25%를 생산하기 때문에 지구의 허파라고 불리는 아마존 밀림지대는 세계에서 가장 큰 열대 우림지로서 세계 담수량의 20%이상을 공급하고 가장 긴 아마존 강을 가지고 있다. 그 속에는 수많은 종류의 동식물과 생물다양성이 유지되고 있을 뿐만 아니라 온실가스 중 지구온난화를 일으키고 있는 주범인 이산화탄소를 가장 많이 흡수하는 곳으로서 세계자연의 보고이다. 아마존 열대우림에는 지구 생물종의 3분의 1이 서식한다고 한다. 다른 한편으로 아마존 밀림은 철광석, 금 등의 지하자원도 풍부하고 목재의 주된 공급처가 되고 있다.

따라서 아마존은 경제개발을 위한 인간 욕망의 대상이 되어서 무분별한 개발과 생태계 파괴로 몸살을 앓고 있다. 아마존 열대우림의 파괴는 농지와 가축 사육을 위해 목초지를 확장하기 위한 불법벌목과 지역경제 발전을 명분으로 내세우는 광산개발이 주된 요인이 되고 있다. 1970년대 중반부터 현재까지 약 20%의 아마존이 유실되었고 무분별한 개발로 인하여 서울의 약 9배에 달하는 숲이 매년 파괴되고 있다고 한다. 아마존은 유럽인들에게 발견된 이후 자원착취로 황폐화되어 왔다. 유럽인들은 천연고무나무에서 나오는 천연 라텍스의 경제성을 발견하였고 미국과 유럽에 엄청난 고무를 공급하였다. 고무가격이 폭락하자 고무나무 농장주들은 축산업으로 눈을 돌렸고 대규모 벌목이 시작되었다. 또한 가축방목을 위한 초지나 사료로 쓰기 위한 콩 등 농작물경작지로 전환해 나갔다. 아마존 열대림의 벌목으로 벌목된 지역은 홍수 피해가 심각하다. 또한 가뭄으로 토양의 물이 말라서 사막화가 일어나고 있다.

특히 아마존과 같은 큰 삼림지대는 급격한 기후변화climate change

를 예방하고 지구온난화global warming를 방지하며 생물의 서식지로 생태계 안정에 중요한 기능을 한다. 아마존은 광합성이 활발한 활엽수로 대부분 구성되어서 산소를 생산하고 이산화탄소를 크게 감소시키는데 이를 통하여 지구 온난화를 막아주는 역할을 한다. 실제로 연간 온실가스 배출량의 25%~30%는 이산화탄소인데 산림파괴로 이를 흡수하지 못해서 지구온난화가 일어난다. 삼림파괴는 이런 생태계의 기본 기능을 해치고 동식물의 멸종을 초래하고 있다. 무분별한 개발을 위한 삼림의 벌목을 막는 것은 지구온난화를 예방하고 식수확보, 생물다양성 보존 등을 위해서 매우 필요하다.

그러므로 아마존 전체 면적의 58.4%를 차지하는 브라질을 비롯하여 아마존 열대림을 가진 국가들은 아마존의 개발과 보존 사이에서 고민하고 있다. 아마존은 세계 열대우림의 40%(750만㎢)를 차지하므로 브라질은 2009년부터 열대우림 파괴를 줄이기 위한 프로젝트를 진행하는 등 환경보존에도 일정 노력을 기울였다. 그런데 2018년 대통령 당선자 자이르 보우소나루Jair M. Bolsonaro는 대통령후보 시절에 당선되면 아마존 열대우림 개발을 위하여 파리기후변화협약Paris Climate Change Accord 에서 탈퇴하겠다고 주장하다가 국제사회의 비판을 받았다. 실제 그는 2019년 취임하자마자 7개월 동안 환경부축소, 아마존개발규제 완화, 원주민 토지와 산림보호를 위한 경계확정 중단, 아마존에서 농림목축업 장려 등 적극적인 개발정책을 시행하여 아마존 보존에 역행하고 있다. 심지어는 국제사회가 조성한 아마존보호를 위한 아마존기금과도 충돌하여 보호기금운용이 중단될 위기에 있다.

사실 지구의 허파이자 전 세계인의 재산인 아마존 밀림은 전 세계 사람들의 환경보전뿐만 아니라 생물종의 보전과 유증을 위해서 앞

으로 잘 보존되어야 한다. 당장 눈앞의 조그만 이익을 얻기 위하여 장
기적으로 전체 지구와 전 세계 사람들의 쾌적한 환경과 삶을 결정하게
될 밀림지대를 없애버리는 것은 갈택이어에서 말하는 근시안적인 선택
일 것이다. 아마존 열대밀림지대는 이제 더 이상 중남미국가들만의 것
이 아니다. 아마존이 병든다면 지구 생태계는 큰 재앙을 맞아서 파괴
되고 말 것이다. 이대로 간다면 중남미국가들은 낮은 소득으로 인하여
환경보전보다 경제개발을 더 선호할 수밖에 없을 것이고 환경자원보호
를 위한 규제를 지켜내기에는 어려움이 많다.

그림 59 **지구의 허파인 아마존의 파괴와 희귀동물**

　　따라서 아마존 밀림지대의 보전은 더 이상 중남미국가들 만의
노력에 맡겨둘 것이 아니라 전 세계국가들의 관심과 지원이 이루어져
야 한다. 더 이상 중남미국가들에게 지구의 허파인 아마존을 파괴하지
말라고 요구하는 것은 중남미국가들이 처한 경제적 현실과는 맞지 않
는다. 이들은 당장 먹고 살 수 있는 돈을 필요로 하기 때문이다. 아마
존 보존을 위한 자금을 모으고 기구를 설립하고 자원봉사자를 모집하
는 등 전 세계국가들과 시민들이 나서서 아마존을 보존하는 일에 동참
하는 것이 필요하다. 가령, 전기와 홍수를 예방하기 위하여 댐을 건설

하려는 아마존 국가들을 대신해서 태양광발전을 세우고 홍수를 예방하는 제방을 건설하는 등 경제적 지원에 나서야 한다. 경제개발을 위하여 돌이킬 수 없는 환경파괴를 더 이상 방치해서는 안 될 것이다. 앞으로 전 세계가 아마존의 눈물에 관심을 가지고 협력하여 지구의 허파를 지켜나가야 할 것이다. 아마존의 숲이 사라지면 우리의 미래는 어떻게 될까? 지구는 더 뜨거워지고 기후변화는 더 급변하여 모두가 살 수 없는 미래가 도래할 수도 있다.

3. 맹그로브 숲의 다양한 효과

2004년 인도네시아 술라웨시섬Sulawesi Island에 지진과 함께 높이 20m나 되는 초대형 쓰나미(초대형 파도)가 해안을 덮쳤다. 특히 섬의 주도인 팔루는 쓰나미로 큰 피해가 발생했다. 지형 조건 때문에 파도가 집중된 이 도시에는 최대 6m 높이의 쓰나미가 덮쳤다. 이와 같은 인도양 일대의 대재해를 연구한 과학자들은 맹그로브 숲과 쓰나미 피해와의 관계를 보고하였다. 이에 의하면 맹그로브 숲이 있는 지역의 쓰나미 사상자가 숲이 없는 지역보다 8% 이상 적었다고 주장하였다. 또 다른 연구팀은 100㎡당 맹그로브 30그루 이상이 밀집된 숲이 있다면 쓰나미의 위력을 약 90% 정도 약화시킬 수 있다는 연구 결과를 보고하였다. 맹그로브 숲이 쓰나미를 막아내는 천연의 방파제 역할을 하는 그 요인으로는 땅 속부터 촘촘하게 얽힌 맹그로브의 뿌리와 가지가 있기 때문이다. 맹그로브 나무는 주로 동남아시아 및 전 세계의 아열대, 열대 지방 해안에서 서식한다. 이 나무는 이산화탄소 흡수 능력이 뛰어나며 물 속 땅에 그물처럼 뿌리를 내리면서 잘 자라기 때문에 수질을 정화하고 해안지역의 땅을 보호하는 기능도 한다. 여기에 맹그로브 숲이 쓰나미의 피해도 막아준다는 연구까지 보고된 것이다.

그런데 최근 전 세계의 맹그로브 숲은 급속히 파괴되고 있다. 이미 전 세계 맹그로브 숲의 40%~50% 가량이 사라졌고, 이런 추이대로 가면 100년 후에는 숲이 완전 소멸될 수도 있다는 예상이 나온다. 특히 동남아시아 지역의 맹그로브 숲의 파괴가 빠르게 진행되고 있다. 가장 큰 원인은 돈을 벌려는 인간의 욕심으로 블랙타이거 새우를 기르기 위하여 새우 양식업자들은 천연 영양분이 많은 맹그로브 숲을 파괴한 뒤 그 자리에 양식장을 만든다. 그런데 이 양식장은 3년~4년 지나면 오염되어 더 이상 사용할 수 없게 된다. 그러면 양식업자들은 돈을 벌기 위하여 또 다른 맹그로브 숲을 파괴하고 양식장을 반복적으로 만든다. 이 새우는 몸집이 크고 살이 많아서 한국에서도 수입되고 수요가 많은 수산물이다.

이처럼 세계적으로 블랙타이거 새우의 수요가 증가하면서 공급을 맞추기 위하여 양식장은 계속 늘어나고, 이에 상응하는 만큼 숲은 사라진다. 쓰나미 피해를 크게 입은 인도네시아의 팔루, 동갈라 지역도 맹그로브 숲이 크게 파괴된 대표적인 지역이다. 베트남은 세계 블랙타이거 새우의 세계 2위 생산국인데 필터 역할을 하던 맹그로브 숲이 너무 줄어들어서 지하수에 바닷물이 스며들기 시작한 지역이 발생하고 있다.

이에 동남아 10개국은 맹그로브 숲 복원을 위하여 관심을 기울이고 있고 이들 지역을 돕기 위하여 국제기구도 대책 마련에 노력하고 있다. 맹그로브 숲의 파괴도 현재 눈앞에 보이는 이익을 위하여 작은 것을 탐하다가 큰 것을 잃는 소탐대실의 사례를 보여주고 있다. 사람들은 대개 현재 하는 일이 마음대로 잘 안되면 그 어떤 희생을 치르더라도 모든 수단과 방법을 동원해서 그 일을 달성하려고 한다. 그런데 당장 눈앞의 이익만 보고 멀리 내다보지 못한다면 이는 현명한 선택이라고 볼 수 없다. 우리는 '갈택이어'의 고사성어에서 다시 한번 교훈을 얻어야 할 것이다.

그림 60 │ 인간의 탐욕이 부른 해일방파제, 맹그로브 숲의 파괴 전후 인공사진

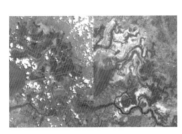 

제7절

휴브리스

1. 오만과 몰락

휴브리스hubris는 보통 그리스 신화에 자주 나온다. 가장 대표적인 휴브리스는 그리스의 비극인 오이디푸스Oedipus의 이야기에서 주인공은 모든 것을 알아내려고 신의 영역까지 침범하는 오만을 휴브리스라고 하였다. 이는 질서있는 세계 속에서 인간의 행동을 규제하고 있는 한계를 불손하게 무시하는 자만 또는 교만을 일컫는 말이다. 보통이런 짓을 하면, 복수의 여신인 네메시스Nemesis가 '선과 악의 구분 없이 그 과도함을 응징했다'고 한다. 역사학자인 아놀드 토인비Arnold J. Toynbee는 역사를 바꾸는 데 성공한 창조적 소수가 그 성공으로 교만해져서 추종자들에게 복종만을 요구하며, 인의 장막에 쌓여서 지적·도덕적 균형을 상실하고 판단력을 잃어버리는 현상을 휴브리스라고 정의하였다. 토인비에 의하면 휴브리스로 인하여 한 사회를 성장시킨 창조성이 시간이 지나면서 오히려 사회를 쇠퇴시키는 경우가 있다고 한다.

이후 휴브리스는 과거의 성공 경험에 집착하여 나서다가 실패하는 사람들을 통틀어 일컫는 말로 뜻이 확대되었다. 즉, 주변사람이나 세상변화는 아랑곳 않고 자신의 과거 경험이나 능력만을 믿고 과거에 했던 방식대로 일을 하다가 실패하는 사람들의 오만을 의미한다. 휴브리스형 인간은 기존 방법과 사고를 답습하고 새로운 방식이나 창의성을 고려하지 않는 스타일로서 이러한 사례는 우리 삶의 다양한 영역에서 일어날 수 있다.

2008년 11월 엘리자베스 여왕 2세Elizabeth II는 1990년 이후에만 노벨 경제학상 수상자를 8명이나 배출한 런던정치경제대학LSE: London School of Economics의 신축 건물 개관을 축하하기 위하여 방문했다. 그날 여왕은 인사말을 하면서 2007년 말 미국에서 시작된 금융위기로 영국을 비롯한 세계의 모든 이들이 큰 고통을 겪게 된 상황과 관련해서 "왜 아무도 이를 알아차리지 못했나?"라는 질문을 던졌다. 위기를 사전에 미리 감지해서 대비책을 마련하였어야 하지 않느냐는 의미로 한 말이다. 이날 엘리자베스 여왕의 인사말을 의미있게 경청한 인도 출신의 경제학자, 메그나드 데사이Meghnad Desai는 2015년 『휴브리스』라는 저서를 통하여 경제학자들이 경제위기를 예견하지 못한 이유와 위기를 피하는 방법을 설명하였다.

그에 의하면 '휴브리스'가 금융위기의 원인이라고 보았다. 거시경제학의 양대 산맥인 케인스 학파Keynesian School는 시장에 대한 정부의 적극 개입을 강조하고 신고전주의 학파Neoclassical School는 정부의 과도한 개입을 반대하며 시장의 자율을 강조하는 입장으로, 평행선을 달리면서 자신들의 이론이 옳다고 생각하는 오만에 빠졌다는 것이다. 결과적으로 경제의 흐름과 변화, 그리고 그 안에서 싹튼 위기를 감지하지 못했다는 것이다. 2007년의 세계 금융위기 원인으로 데사이는 자기 것만 옳다고 고집하는 오만함이 결국 국가경제와 국민의 삶을 망가지게 했다고 진단하였다.

최근 정치권뿐만 아니라 우리 사회 저변에서 일어나는 이해집단 간의 갈등도 휴브리스 탓일 수도 있다. 우리가 휴브리스에서 벗어나려면 자기 것만 옳다고 하는 오만과 독선을 버리고 자기 자신을 다시 둘러보고 남의 이야기에도 진심으로 경청하는 겸손한 자세를 가져야 하지 않을까?

[그림 61] **아놀드 토인비와 창조적 소수** – "역사에서 가장 큰 비극은 지난 역사에서 아무런 교훈도 얻지 못하는 것이다."

2. 세계의 항로를 바꾼 수에즈운하와 파나마운하

휴브리스에 적용되는 또 하나의 좋은 일화가 있다. 수에즈운하Suez Canal는 지중해와 홍해를 연결해 주는 수로로서 1869년 11월 17일에 개통되었다. 지중해와 홍해 사이를 통과할 때, 육로로 혹은 아프리카로 돌아서 가지 않고 유럽과 아시아를 해상으로 바로 연결해준다. 수에즈운하를 이용하여 영국에서 인도로 항해할 경우, 아프리카를 우회해서 돌아가는 수로와 비교하면 무려 6,000마일이나 항해거리를 단축시켜준다. 이 수로에 대한 왕들의 관심이 많아서 기원전부터 운하가 부분적으로 건설되어 있었다. 역사기록에 의하면 기원전 650년경 이집트의 파라오 네카우 2세Nekau II가 운하 건설에 착수하여 약 12만 명의 사망자를 내며 거의 완공단계까지 이르렀지만 적이 이용할지도 모른다는 걱정으로 완공을 포기하였다. 이 운하를 완공한 것은 페르시아의 다리우스 1세Darius I였지만 서기 650년경 침니현상으로 인하여 운하의 뱃길이 끊겼다고 한다.

이후 수에즈운하계획을 제안한 것은 나폴레옹이었고, 총감독을 맡아 완공한 것은 토목기사이자 외교관이었던 페르디낭 드 레셉스 Ferdinand de Lesseps였다. 그는 이집트의 왕인 모하메드 사이드Mehemet Said로부터 허가를 얻어 1858년 첫 삽을 뜬 후, 무려 10년 동안 불굴의 의지로 흙을 파내고 대역사를 완공했다. 그 성공으로 그는 커다란 자부심과 함께 운하계의 대스타로 부상하였다.

수에즈운하의 성공으로 16세기부터 이야기되어 왔던 파나마운하 Panama Canal에 대한 건설도 다시 논의되기 시작하였다. 뉴욕에서 샌프란시스코까지 배를 타고 항해하려면 파나마운하가 없던 때에는 남아메리카를 돌아서 가야 했고 이는 거의 22,500km의 긴 항로였다. 하지만 파나마운하를 통과할 수 있다면 항로의 길이는 9,500km로 단축된다. 이에 프랑스가 파나마운하 건설에 앞장섰고 그 건설 책임자로서 수에즈운하의 대역사를 성공시켰던 프랑스의 레셉스를 임명하였다. 그는 10년간 수로를 파는 공사로 수에즈운하를 완성하여 자타가 인정하는 운하계 거물이었고 12년 후에 다시 파나마운하공사의 총책임자가 되었다.

레셉스는 자신의 존재가치를 다시 한번 증명하려는 공명심에 가습이 부풀었다. 사람들은 그 당시 불가능하다고 생각했던 수에즈운하를 성공적으로 건설하였기에 그가 파나마운하도 쉽게 개통시킬 것으로 믿었다. 단순한 자료에 기초해서 보면 수에즈운하는 162km인데 반하여 파나마운하는 태평양 연안의 발보아Balboa에서 대서양 연안의 크리스토발Christobal까지 64km에 불과하였기에 사람들의 생각은 맞는 것 같았다. 그래서 1881년에 그는 전 세계의 이목이 집중된 파나마운하공사에 착수하였다. 하지만 그는 토목공사에서 가장 기본인 지형과 날씨를 무시하고 수에즈운하와 똑 같은 방법으로 공사를 진행하였다. 결과는 8년간 열대우림의 지형과 높은 습도와 열대성 말라리아로 많은 인명이 죽어나가는 등 악전고투하다 공사를 포기할 수밖에 없었고 그의 회사는 파산하였다. 두 운하공사는 지형과 기온과 날씨에서 서로 달랐다. 수에즈운하가 세워진 곳은 해발 15m인 사막의 평원이었고, 파나마운하 공사현장은 해발 150m의 열대 밀림이었다. 레셉스는 이러한 극명한 기후환경의 차이와 135m의 고도차를 무시하고 수에즈에서와 같은 방법으로 파나마의 산을 파는 작업을 하였다.

주위의 전문가들이 수면차를 해결하기 위하여 배를 계단형으로 올리고 내리는 갑문방식을 건의했으나 레셉스는 귀를 기울이지 않았고 공사방법을 바꾸려는 시도를 하지 않았다. 그는 과거의 위대한 성공경험에 매몰되어서 주위의 적절한 조언을 받아들이지 않았고 현명한 판단을 하지 못하였다. 레셉스가 그런 행동을 했던 것은 바로 그의 '휴브리스Hubris' 때문이라고 볼 수 있다. 그의 잘못된 판단으로 엄청난 인명손실과 비용손실이 발생하였다. 8년간 공사에 동원된 55,000명 인원 대비 40%에 달하는 22,000여명의 근로자가 사고와 말라리아로 희생되었다. 공사는 실패했으나 공사비는 약 10조원이 투여되어서 사라졌고 회사는 파산했다. 자신도 정신병을 앓으며 안타까운 최후를 맞았다. 파나마운하의 공사를 시작할 무렵에 레셉스뿐만 아니라 사람들은 갑문식 공법을 알고 있었고 파나마운하의 지형에 가장 적합한 공법이었지만 레셉스는 자기 아집에 빠져서 이를 무시하였다. 결국 레셉스의 휴브리스에 의한 판단실수로 천문학적인 돈을 허비했고 20년이 넘는 시간을 낭비했다. 무엇보다도 공사 중 수만 명이 목숨을 잃었고 자신도 이 실패로 정신착란으로 고생하다가 죽었다.

그로부터 15년 후인 1904년 미 육군 공병대가 투입되었다. 파나마운하는 땅을 파서 수위를 일치시키고 계단식 수문과 부력을 이용해서 배를 상하로 움직이며 수평 이동하는 갑문식 운하로 공법을 변경하였다. 10년간 400조원이 넘는 비용과 43,000명의 인원이 동원되어서 6천여명의 희생을 치르고 1914년에 완공되었다. 파나마운하의 완공은 많은 희생과 비용이 들었지만 매년 파나마 국민 총생산의 25%에 이르는 통행료 수입을 가져다주었고 이 지역을 통과하는 배들의 물류비용

그림 62 정복자인 다비시툰 비문에 새겨진 다리우스 1세와 레셉스, 1869년 개통 당시 수에즈운하

을 크게 절감시켰다.

이와 반대로 유연한 사고를 가지고 휴브리스와 고정관념의 틀에 빠지지 않고 극복한 사례들도 있다. 자주 언급되는 사례 중 하나는 〈허드슨의 기적Miracle on the Hudson〉이라는 영화로 제작되기도 한 유명한 'US 에어웨이스 1549편 불시착 사고'에 관한 이야기이다. 2009년 1월 뉴욕에서 155명을 태운 항공기가 이륙 2분 만에 새떼와 충돌하여 엔진이 멈추는 사고가 발생했다. 비행 관제사는 사고대응지침에 따라서 기장에게 인근 공항으로 회항하여 비상 착륙할 것을 지시했다. 그러나 40년 경력의 베테랑 기장은 동력을 모두 잃은 비행기로 초저고도에서 공항 회항이 불가능한 현장상황을 직관하고 매뉴얼과 다르게 인근의 허드슨 강에 비상 착륙하는 방법을 선택한다. 그 선택으로 절체절명絕體絕命의 위기에서 155명의 승객 전원을 살리는 기적을 만들었다. 당시의 사고를 시뮬레이션하여 본 결과에 의하면 만약 기장이 일반적 사고대응 지침대로 하였다면 탑승객 전원의 사망은 물론, 시가지에 추락할 경우 끔찍한 재난이 발생할 수도 있었다. '체슬리 슐렌버거Chesley B. Sullenberger' 기장은 위기 상황에서 현장상황을 냉철하고 유연하게 판단하고 기적을 만들어 내었다.

휴브리스의 또 다른 사례는 뉴욕병원의 숙련의사와 신참의사의 진료 결과에 관한 이야기이다. 뉴욕 한 병원의 숙련된 의사와 신참의사들의 환자사망률을 비교해 보았을 때, 일반적인 예상과는 다르게 숙련된 의사의 성과가 더 좋지 않았다. 왜 이런 결과가 나왔을까? 연구팀은 실제 그 병원에 입원했던 6,500명의 환자 기록과 이들을 무작위로 배정받아 담당했던 주치의 69명의 경력을 조사하였다. 경력 20년 이상의 숙련의사가 진료한 환자들이 5년 이하 신참의사가 진료한 환자에 비하여 사망률이 70% 더 높게 나타났다. 예상 밖의 결과가 나온 이유는 숙련의사들이 과거의 경험에 의존하고 새로운 의료기술과 지식의 습득에 소홀하였기 때문이다. 따라서 병원은 경력 20년이 넘는 의사들에게 정기적으로 면허를 갱신하도록 요구하였다. 이처럼 과거의 성공에 빠져있으면 이것이 장애가 되어서 미래의 성공으로 나아갈 수 없다. 그러므로 휴브리스에 빠져서 자만하지 않고 꾸준히 노력하고 새로운 시도와 도전을 하느냐가 미래의 성공을 보장한다.

이상과 같은 휴브리스의 사례를 통하여 과거에 한번 성공한 조직이나 사람은 자신이 성공하게 된 능력과 방법론들에 너무 집착하는 경향이 있음을 확인하였다. 사람들이 과거의 성공에 취해서 과거의 습관과 방식만을 답습하게 되면 결국 조직이나 개인의 성장과 변화는 더이상 기대하기 어려워질 수 있다. '휴브리스'의 고정관념에 빠진 사람은 자신이 보고 싶은 것만 보고, 듣고 싶은 것만 듣고자 한다. 초기 잘못이 발생한 경우 이 실패에 대한 책임을 물을게 아니라 적임자로 교체하는 것이 필요하다. 손실이 계속 발생하면 정확한 보고와 함께 이에 대한 엄밀한 분석과 대책을 마련해야 하고 수시로 진행경과에 대한 환류와 점검을 통하여 휴브리스에 빠지지 않도록 해야 할 것이다.

〈포춘 500〉에 올랐던 최고 기업들 중에서 최근 30년간 약 11개의 기업만이 살아남았다고 한다. 이들 기업의 경영인들이 가진 공통적인 덕목은 강력한 추진력, 겸손, 자기반성이었다. 성공을 위한 인간의 가장 중요한 능력은 첫째, 새로운 상황에서 유연한 사고와 판단능력이라 할 수 있다. 그리고 판단의 순간에 가장 조심해야 할 것이 고정관념의 프레임을 버려야 한다. 둘째, 자신중심의 사고가 아닌 타인중심의 사고를 하고 자기중심편향에서 벗어나야 할 것이다.

제8절

PE법칙

1. 중요한 순간과 유종의 미

살면서 인간은 누구나 힘든 일을 경험하지만 잘 극복하는 사람과 그렇지 못한 사람이 있다. 특히 힘든 일을 극복하지 못한 사람은 그 아픈 기억 때문에 계속 괴로워한다. 이러한 차이를 만들어 내는 요소로서 대니얼 카너먼 교수는 인간의 '경험자아experiencing self'와 '기억자아remembering self'가 다르기 때문이라고 설명한다. 경험자아는 현재 내가 경험하는 것을 느끼는 자아인데 지금 벌어지는 기쁜 일이나 쾌락을 즐기고 반대로 고통이나 괴로움을 피하려 한다. 반면에 기억자아는 지나간 경험을 회상하고 평가하는 자아인데 어떻게 회상하느냐에 따라서 실제 경험자아와 기억자아의 차이가 발생한다. 이처럼 인지적 착각은 경험 자체와 경험에 대한 기억 사이의 혼동에서 발생하고 중요한 것은 기억자아라고 한다.

PEpeak and end법칙이란 인간경험의 기억은 그 경험의 절정과 마지막 순간에 의하여 결정된다는 것이다. 찬물에 손을 담그는 실험이나 내시경 검사는 이 법칙을 잘 뒷받침해주는 것으로 나타난다. 여기서는 내시경 검사의 실험을 소개하고자 한다. 의사 레델마이어Redelmeier와 심리학자 카너먼 교수 팀은 '대장내시경 검사를 받은 682명의 환자의 경험과 기억에 대한 연구결과'를 통하여 고통의 강도를 비교적 약하게 해서 검사시간을 늘릴 때 경험의 질이 좋아지고 내시경검사의 전체평가가 향상된다는 것을 발견하였다. 이 같은 현상을 추가적 '지속시간효과additional duration effect'라고 표현하였다.

세부적으로 실험 연구팀은 대장내시경을 받는 환자를 두 그룹으로 분류하였다. A그룹 환자들은 고통이 처음부터 급격하게 상승하여 8분 정도에 정점에 도달하면 바로 검사를 끝내고 내시경을 제거하였다. 반면 B그룹 환자들은 고통이 서서히 증가하다가 14분 정도에 정점에 도달한 후 서서히 줄어드는 방식으로 28분 동안 지속하고 내시경을 제거하였다. 결과는 어느 쪽이 더 고통을 느꼈을까? 정답은 B그룹이 아닌 A그룹이었다. 객관적으로 '경험하는 자아'는 B그룹이 훨씬 더 고통스러웠을 것으로 보이지만 '기억하는 자아'는 A그룹이 더 고통스럽다고 답했다. 실제 검사를 마치고 1시간이 지난 후에 고통의 정도와 또 재검사를 받을 의향을 물었을 때, B그룹이 덜 고통스럽게 기억하고 재검사에 대한 의향비율도 훨씬 높았다. A그룹은 고통스러운 순간에 검사가 끝났으므로 고통을 인상 깊게 기억하지만 B그룹은 고통이 점차 감소하다 끝났기 때문에 고통이 별로 기억에 남지 않았다고 한다. 즉 어떻게 끝났느냐가 기억에 중요하게 남는다.

한편, 연구팀은 결장경 검사를 받고 있는 환자 154명을 대상으로 고통의 정도와 전반적인 느낌을 조사했다. 환자에게 검사 중 1분마다 고통의 정도를 묻고 검사 후에 전반적인 평가나 인상을 물었다. 조사결과에 의하면 결장경 검사의 전반적인 느낌은 고통이 가장 컸을 때와 마지막 3분 동안 느낀 고통의 평균치에 크게 의존하는 것으로 나타났다. 또 검사 시간이 4분과 69분으로 크게 차이가 났지만 검사시간은 전반적인 평가와 관계가 없었다. 고통이 가장 심할 때와 마지막 몇 분 동안 느끼는 고통이 전체조사의 평가를 좌우하였다. 따라서 이를 '피크 앤드효과'라고 부르게 되었고 지속된 시간은 무시하게 되었다. 나아가 검사가 끝났을 때 결장경을 곧바로 환자 몸에서 꺼내지 않고 1분 정도 기다려서 천천히 꺼내었다. 이는 바로 꺼내는 경우보다 환자들에게 더 좋은 느낌을 주었다. 즉, '마지막이 좋아야 전체가 좋다'는 것을 의미한다고 볼 수 있다.

인간으로 하여금 비합리적인 판단을 가져오는 것은 경험자아가 아니라 기억자아이다. 기억자아는 우리 삶의 경험 속에서 고통과 즐거움을 평가하고 의미를 부여한다. 경험한 것의 기억을 평가하는 PE법칙에 따르면 정점과 끝점에서 경험한 기억이 대표적 순간의 감정적 가치로 평가되며 이것이 전반적 평가를 결정한다. 예를 들면, 일상에서 많은 사람은 즐거운 경험과 고통의 경험을 동시에 가진 해외여행을 마치고 돌아온다. 그리고 일정 시간이 지나고 나서 다시 해외여행을 가고 싶어 한다. 그 여행에서 특히 인상적인 추억으로 즐거운 경험을 하였거나 혹은 여행의 끝 지점에서 즐거운 경험을 한 사람일수록 해외여행에 대한 갈망은 더 커진다.

이를 통하여 주목할 점은 특정한 상황을 '어떻게 끝냈느냐'가 사람의 다음 선택과 행동에 큰 영향을 미친다는 것이다. 사람들의 즐거웠거나 아팠던 기억은 불완전할 뿐만 아니라 어떤 특정한 순간에 일어난 일들에 의하여 좌우된다. 설령 고통스런 상황에 직면한 사람도 그 것을 잘 마무리 한다면 '경험자아' 자체는 상처를 입겠지만 '기억자아' 는 긍정적인 인상을 만들어 내어서 좋은 기억으로 남을 수도 있다. 또 한 다음 선택과 행동을 할 때, 교훈으로 남아서 현명하게 대처하는데 도움이 될 수 있다. 역경은 인생의 변장된 축복으로서 오히려 인생의 밑거름이 될 수도 있기 때문이다.

결론적으로 인생에서 중요하지 않은 순간은 없다. 하지만 상대적 으로 더 중요한 순간이 있을 수 있다. 인생은 좋은 일과 안 좋은 일이 엮어져 있어서 사람들은 좋은 일은 즐거워하고 더 얻기를 원하지만 안 좋은 일은 괴로워하고 멀리하기를 원한다. 즉, 즐거움은 증폭시키고 싶 어 하고 고통은 축소시키고 싶어 한다. 따라서 인생의 행복의 관점에 서 보면 경험자아와 기억자아가 모두 중요하다. 경험자아와 기억자아 가 모두 즐거움과 고통을 느끼기 때문이다. 즉, 경험자아가 매 순간 느 끼는 행복감과 그 순간 느끼는 기억자아의 행복감의 평가가 모두 중요 하기 때문이다. 그 중에서도 인간을 더 행복하게 해주는 것은 기억자

그림 63 Peak-End Rule

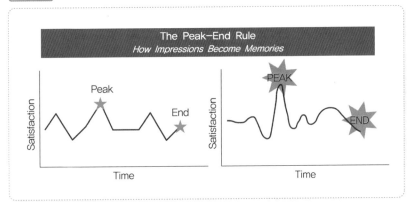

아를 보다 잘 활용하는 방법을 이해하는 것이다.

2. 우리는 동지

'아름다운 이별'이란 말처럼 역설적인 말이 또 있을까? 사람들은 만남에서 불꽃이 사라지는 순간에 이별을 생각하게 된다. 그리고 이별을 지속적으로 생각하는 사람들은 실제로 이별하기도 한다. 인생에서 일반적으로 사랑의 불꽃의 효력은 3년 정도로 간주되고 그 이후에는 상호 신뢰와 의지로 살아간다고 한다. 인간관계에서 이별하거나 지속하거나 간에 항상 마무리는 중요하다. 마무리를 잘해야 한다는 의미로서 독일 속담에 '끝이 좋아야 모든 게 좋다Ende gut alles gut'라는 유명한 말이 있다. 이와는 정반대로 시작의 중요성을 강조하는 의미로서 우리나라 속담에 '돌다리도 두들겨보고 건너라'라는 말이 있다. 잘못된 출발은 엉뚱한 결과를 가져오고, 실패로 끝날 확률도 높을 수 있다. 시작이 중요한 이유는 궁극적으로 끝을 잘 맺기 위함일 것이다. 시작과 끝이 모두 중요하다. 하지만 하나만을 선택하라고 한다면 끝은 더 중요하다.

이를 우리의 삶에 적용해 보면 쉽게 이해가 된다. 가령, 노년이 행복하면 젊은 시절의 고생이나 시련도 아름다운 추억으로 기억되지만, 노년이 행복하지 못하면 젊은 시절의 부귀영화도 한낱 헛된 것에 불과할 수도 있다. 시작도 좋고 끝도 좋으면 더 이상 바랄 것이 없으나 시작이 잘못되었더라도 결국 끝을 잘 맺으면 대부분의 영화의 결론과 같이 행복한 것이다.

시대를 대표하는 영화배우가 된다는 것은 얼마나 어려운 것인가? 한 시대를 대표했던 영화배우이자 〈맨발의 청춘〉의 주인공인 신성일과 엄앵란 부부의 삶은 그 끝이 얼마나 중요한지를 우리에게 보여주었다. 이들 부부의 삶속에서 인간은 생각보다 자주 실수하고 실수를 알면서도 이를 반복하기도 하였다. 결혼생활의 결승점에 이르기까지 험난한 여정이지만 끝까지 인내하고 노력한 결과, 행복한 삶이라는 '피크앤드 효과'와 고통의 '지속시간의 무시현상'도 확인하게 된다.

이들 부부는 1960년 영화, 〈로맨스 빠빠〉에 함께 출연하면서 만남이 시작되었고 이후 52편의 영화에 함께 출연했다. 첫 만남이후 4년 뒤에 두 사람은 '세기의 결혼식'을 올리면서 하객과 시민 4천명으로부터 축하를 받으며 부부가 되었다. 그러나 두 사람은 11년 뒤인 1975년부터 생활 습관 차이를 이유로 별거에 들어갔다. 그 후 엄앵란은 자신들에 대한 이혼설 등 이상한 소리가 나올 때마다 "우리는 동지야 동지, 영화映畫하는 동지! 우리는 끝까지 전진해야 돼!"라고 대응하였다. 반면에 신성일은 2011년 출간한 자서전에서 공개적으로 자신이 외도했다는 사실을 밝혔다. 하지만 엄앵란은 사람들이 자기 부부에 대하여 심심하면 이혼했다고 소문을 내는데 신문에서 언급한 대로 이혼했으면 50번도 했을 것이라고 말했다. 그녀는 사람에 따라서 이렇게 살기도 하고 저렇게 살기도 하는 것이지 교과서적으로만 살 수 있느냐며 죽을 때까지 신성일과 살 것이라고 말했다.

그런데 신성일이 2017년 6월 폐암 선고를 받던 날에 엄앵란은 병원비를 부담하면서 딸에게 "내 남편이니까, 난 그걸 책임져야 한다. 우리는 동지야. 끝까지 멋있게 죽어야 한다."고 말하였다고 한다. 엄앵란이 표현한 '동지'라는 말속에는 사랑과 원망, 슬픔, 연민 등이 함축되어 있을 것이다. 엄앵란은 남편에 대하여 "우리 남편은 아픈 와중에도 마지막 작품을 남기려고 의지를 보였고 그는 뼛속까지 영화인이다. 이

런 사람이 버티고 있어서 오늘날 한국 영화가 가능했다.”고 말하며 배
우로서 존경을 표현하였다. 이어서 엄앵란은 “남편은 대문 밖의 남자
지, 집 안의 남자는 아니었다. 일에 미쳐서 집은 나한테 맡겼다. 인생
늘그막에 둘이서 재미있게 살려고 했는데 내 팔자가 그렇다.”라고 말하
면서 아쉬운 표정을 지었다고 한다. 그리고 임종할 때, 신성일은 딸에
게 “엄마(엄앵란)에게 참 수고했고, 고맙다. 미안하다고 전해줘라.”고
말했다고 한다. 기자와의 인터뷰에서 엄앵란은 “남편에게 마지막으로
하고 싶은 말이 있다. 우리 남편은 저승에 가서 못살게 구는 여자만나
지 말고 순두부 같은 여자 만나서 지내라.”고 말했다. 처음 만난 해로
부터 59년, 백년가약을 맺은 지 55년이 된 아내가 먼저 세상을 떠난
남편에게 남기는 ‘애증의 마지막 말’에 기자들도 함께 웃음을 지었다고
한다.

　　이들 부부는 만남에서부터 이별하기까지 파란만장한 일들이 많
이 있었고 일반인들에게 공개되지 않은 인생사가 많았을 것이다. 특히
엄앵란이 신성일의 수많은 실수를 받아주고 이해하기 까지 많은 고통
과 번민의 시간이 있었음을 이해할 수 있다. 한편으로는 인생에서 그
와 함께 했던 너무 소중했던 순간들에 대한 기억자아 때문에 그녀가
신성일을 포기할 수 없게 만들었는지도 모르겠다. 결과적으로 그녀는
소중했던 순간들에 대한 기억자아를 강하게 받아들였고 마지막까지 한
인간에 대한 신뢰를 유지시켜 나감으로써 자칫 파국으로 끝날 수도 있
는 수없는 순간들을 이겨내었다. 결국 이는 신성일의 마음을 움직여서
수고와 미안함을 표현하게 하여 많은 사람들에게 감동의 행복스토리로
남도록 만들었다.

그림 64 신성일·엄앵란 부부의 '우리는 동지'

비슷한 이야기가 독일에서 친구 간의 우정으로 전해지고 있다. 독일 뉘른베르크 박물관을 방문하면 종교개혁 당시에 가장 유명했던 앨버트 뒤러Albrecht Duerer의 '기도하는 손the praying hands'이라는 그림을 볼 수 있다. 이 그림에는 어린 시절에 무척이나 가난했기 때문에 미술 공부를 하고 싶었지만 학비를 댈 수가 없었던 두 화가, 앨버트 뒤러와 친구의 아름다운 우정이 담겨 있다. 앨버트 뒤러와 그의 친구는 그림으로 우정을 쌓았는데 가난해서 학업을 계속할 수 없었다. 이에 뒤러의 친구는 "네가 먼저 학교에 가서 공부를 하렴. 나는 식당에 가서 돈을 벌어 너의 학비를 내겠다. 네가 공부를 마치면 그 다음에 네가 나를 위해서 지원해 주면 둘 다 공부를 할 수 있지 않겠니?"라고 제의한다. 뒤러는 이를 받아들였고 친구의 도움을 받아서 미술학교를 졸업하였다. 졸업 후 뒤러는 그 친구를 찾아갔다. 친구가 일하는 식당에 도착했을 때, 친구는 마침 식당의 한 모서리에서 뒤러를 위해서 무릎 꿇고 다음과 같이 간절히 기도하고 있었다고 한다.

"주님! 저의 손은 이미 식당에서 일하면서 굳어서 그림을 그리는 데는 쓸 수 없게 되었습니다. 내가 할 몫을 뒤러가 할 수 있도록 도와주시고 주의 영광을 위하여 아름다운 그림을 그릴 수 있게 하소서!"

이를 지켜보던 뒤러는 자기를 위해서 희생하며 기도하고 있는 친구의 손을 바라보고 있는 순간에 커다란 감동을 받았다. 그리고 붓을 들어서 친구의 기도하는 손을 스케치했다. 이 그림이 바로 '기도하는 손'이다. 누군가를 위한 희생과 고통의 순간은 희생하는 사람의 기억자아뿐만 아니라 언젠가는 혜택받은 자의 기억자아까지도 강한 인상과 감동을 남겨서 위대한 성과를 남길 수도 있다. 이는 나아가 모두에게 롤모델이 되는 더 큰 감동으로 다가 오는 순간을 가져오기도 한다.

그림 65 앨버트 뒤러(Albrecht Duerer)의 기도하는 손

제9절

그루밍

1. 악마의 손길

그루밍grooming이란 가해자가 피해자를 길들여서 자기의 원하는 목적을 이루는 것을 말한다. 최근 자기 분야에서 괄목할 만한 업적을 성취한 사람들이 자신의 명성을 이용하여 권력형의 그루밍 성폭력을 범하는 사례가 증가하고 있다. 우리 사회에는 유능한 판사나 검사가 부하 직원들이나 후배들을 성추행하거나 유명한 대학교수가 제자들을 상습적으로 성추행했다는 뉴스가 끊임없이 나오고 있다. 심지어 영향력있는 목회자가 성경이 금하고 있는 제7계명을 쉽게 어기고 그것도 자신의 욕심을 위하여 '하나님의 이름'을 빙자하고 연약한 영혼을 짓밟는 인면수심人面獸心의 성폭력을 했다는 기사를 접하게 된다.

영국 작가, 새뮤얼 존슨Samuel Johnson에 의하면 영국인들은 만나면 첫 대화로 날씨를 언급한다. 영국은 밝은 날이 별로 없고 날씨가 별로 좋지 않다. 그런데 영국의 문화인류학자, 케이트 폭스Kate Fox는 이러한 영국인들이 사람을 만날 때, 날씨를 먼저 언급하는 것은 만남의 어색함을 줄이고 원하는 대화를 하기 위한 전제로 시작하는 것이라고 한다. 특히 이성 간의 만남에 있어서 영국인의 날씨이야기는 '안면트기 대화grooming talk'이고 인간이 보이는 '짝짓기 몸짓social grooming'의 일종이라고 언급한 바 있다.

1980년대에 이르러서 사회적 그루밍social grooming은 가톨릭 사제들의 아동 성추행 패턴을 설명하는 용어로 쓰이기 시작했다. 가해자는 피해자에게 진로나 고민 상담 등을 해 주고 신뢰를 얻은 후 경계심을 무너뜨려서 그 관계를 성적으로 발전시키는 단계가 자연스럽게 여겨지도록 만든다. 이 개념에는 성범죄 피해가 발생한 후 피해자를 회유하거나 협박하는 등의 폭로를 막는 행위도 포함한다. 성직자들은 아마 종교적으로 신뢰를 주기 때문에 성직자들의 연속된 행위들 속에는 피해자가 이상하게 생각할 여지가 적고 이상하게 생각하더라도 문제삼지 못할 것이며, 설사 문제 삼더라도 설득할 수 있다는 확신을 갖는 모양이다.

종교인이 그루밍 범죄를 범한 대표적인 사례로는 메노나이트 교파의 신학자 존 하워드 요더John Howard Yoder, 1927-1997의 그루밍을 들수 있다. 메노나이트Mennonite란 네덜란드 종교개혁자인 메노 시몬스Menno Simons, 1496-1561가 세운 재세례파 운동의 최대 교파이다. 이 교파는 미국에서 '아미시'라는 교파를 형성하고 있다. 존 하워드 요더는 가장 영향력 있는 메노나이트 신학자일 뿐 아니라 20세기를 대표하는 신학자로 꼽힌다. 미국 인디애나주의 고센대학을 졸업한 그는 1947년 21세의 나이로 유럽에서 전후 복구사업과 선교를 위해 일하였다. 그는 1950년부터 스위스 바젤대학교에서 역사신학으로 1957년 칼 바르트

Karl Barth 밑에서 박사학위를 받았고 제2차 세계대전 후 재세례파-메노나이트Anabaptist-Mennonite 전통으로 부터 나타난 신학계의 새로운 인물로 등장하였다.

메노나이트가 낳은 20세기 최고 신학자 중 한 명으로 평가받는 요더는 1967년부터 고센신학원GBS: Goshen Biblical Seminary과 아나뱁티스트 메노나이트 신학원AMBS: Anabaptist Mennonite Biblical Seminary의 전신인 고센 성경대학원에서 교수로 재직하며 활동하였다. GBS는 메노나이트 성경대학원과 합병하여 1993년 AMBS가 되었다. 1988년 미국 기독교 윤리학회 회장을 역임한 요더는 자타가 공인하는 최고의 신학자로 평가받았다. 요더는 '평화신학'의 선구자로서 평화에 관한 책을 다수 집필하였다. 그는 "참된 교인은 평화의 일꾼이 되어야 하고 평화의 일꾼들이 모인 교회가 바로 평화 공동체"라고 말하였다. 이 처럼 요더는 평화와 화해를 강조하는 메노나이트 신학을 체계화한 신학자이다.

그런데 신학자로서 존경받던 그가 교수로 재직하면서 신학생들을 상대로 이상한 '성적 실험sexual experiments'을 행한다는 문제제기가 끊임없이 일어났다. 하지만 요더가 신학교나 교단에서 차지하는 위치로 인하여 공개적인 논의는 거의 이루어지지 않았다. 1970년대에 AMBS는 전교생 중 여학생의 비중은 얼마 되지 않았다. 신학원은 1973년 '교회와 사회에서의 여성'이라는 과목을 신설하면서 1970년에 6%(87명 중 5명)였던 여학생 수는 1979년에 37%(222명 중 83명)까지 증가하였다. 이 시대에 미국 사회에서 본격적으로 여성권리의 확장운동인 '페미니즘feminism'이 붐을 이루었기에 자연스럽게 학교 안에서도 이에 관심 있는 여학생이 증가하였다. 요더는 이 운동을 적극 지지하였고 이 강좌의 자문교수로 봉사하였으며 학문적으로 지도하였다. 1974년 8월에 요더는 자신을 멘토로 생각하는 여학생들에게 '실험'을 빙자하여 '도움을 요청하는 글call for aid'을 보냈다. 그는 이 글의 대상자로 1) 그리스도인의 상호 관계성 안에서 자매라고 생각하는 자, 2) 성숙한 독신자, 독신이면서 폭넓은 경험을 갖고 있는 사람, 3) 방어에 비판적으로 대응할 수 있는 사람으로 구분하였다. 이는 그럴듯하게 대상자를 포장했지만 결국 자신이 성범죄 대상을 걸러내는 작업의 일부였다. 그는 여성에게 우발적이고 폭력적인 방법이 아니라 지적인 방법으로 접근을 시도하였다.

신학교에서 유명한 교수인 요더는 그를 따르는 제자인 그녀들과 오랜 시간동안 일정한 신뢰를 구축하고 나서 성적 접촉을 시작했다. 그는 예수 안에서 한 형제와 자매가 된 사람들이 친밀감intimacy을 어느 정도 표현가능한지를 측정하기 위하여 신학적, 윤리적, 심리학적 연구를 수행하였다고 주장하면서 자신의 성적 행동을 '학문'으로 가장하였다. 요더는 피해자들에게 계속해서 '우정'과 '자매'라는 말을 강조했다고 한다. 그는 여성들을 설득하여 성적인 행위를 하도록 강요하였고 성적 접촉을 나눈 이들에게 "완벽한 기독교 신학을 이루기 위한 실험이다."라고 말했다.

요더의 제자인 밀러가 총장으로 재직하였기에 학교는 여러 피해자와 목격자의 진정으로 요더의 부적절한 행위를 알았지만 공개적으로 요더를 징계하지 못하였고 요더가 학교를 떠나는 1984년까지도 공식 제재가 없었다. 요더는 AMBS를 떠난 뒤에도 여전히 노트르담대학교에서 기독교윤리학을 가르쳤고 그의 '성적 실험'을 거기서도 계속하였다. 요더에게 성폭력 피해를 당한 사람이 몇 명인지는 정확히 밝혀지지는 않았지만 1992년부터 1995년까지 메노나이트교단이 조사한 바에 의하면 수십명에서 100명에 이른다고 알려졌다. 1996년에 교단은 공식적으로 요더의 치리절차를 종료했다. 그러나 요더를 파면이나 면직하는 징계를 내린 것이 아니라 오히려 요더의 회복과 치료에 초점을 맞추고 피해자들의 목소리는 외면했다.

요더의 성적 실험이 권위를 이용한 성폭력이었다는 것을 명확히 한 사람은 2015년 1월 메노나이트 학술 계간지에 '야수의 송곳니를 뽑다Defanging the Beast'라는 제목으로 논문을 쓴 레이첼 왈트너 구센Rachel Waltner Goossen이었다. 메노나이트교회MCUSA와 아나뱁티스트성경대학원AMBS은 존 하워드 요더의 사망후 18년이 지나서야 성폭력 피해자들에게 여러 차례 피해자들의 아픔을 외면한 것을 공식적으로 사과하였다. 오랜 세월동안 AMBS는 학교와 요더의 불명예를 방지하는데 급급하였지만 결국 잘못을 인정하였다. 교단을 대표하는 신학교와 총회가 교회에서 발생한 성범죄를 공개 사과하는 것은 종교계에서 흔하지는 않다. 나아가 메노나이트 교회는 2015년 총회에서 교회 내 성폭력근절을 위한 구체적 행동 지침을 발표하였다.

그루밍 가해자는 목회를 할 수도 없고, 실형을 살고 나온 가해자에게는 꼬리표가 붙는다. 가해자가 바뀌지 않으면 피해자가 계속 발생할 수 있다. 최근 일부 종교단체와 지도자들의 일탈 행동 등으로 성직자의 사회적인 위상과 신뢰도가 낮아져서 성직자를 희망하는 젊은이가 줄고 있다고 한다. 요더의 구루밍을 계기로 일부 교회는 성폭력 예방을 위한 프로그램과 피해자를 위한 회복 프로그램을 마련하였다. 이제 평소 성폭력 예방 교육도 이루어지고 실생활에서 지켜야 할 구체적인 지침도 제공되고 있다. 예방을 위하여 목회자, 교인 모두 이런 교육을 받아야 하고 경각심을 가져야 한다. 신뢰 회복을 위한 이러한 노력은 교단 차원의 대책 기구도 반드시 필요하지만 교단 밖에서도 필요하다. 목회자와 교인의 양쪽이 균형감있게 활동하면서 사전에 그루밍을 예방하고 상호 견제하는 시스템을 잘 구축해 나가야 할 것이다.

그림 66 그루밍의 여섯 단계

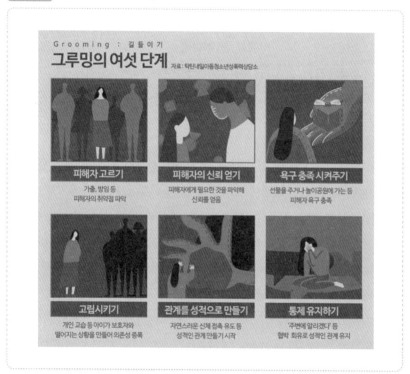

2. 인간의 이중적인 본성

성추문 사건에 대한 미투Me Too운동의 시작은 2017년 10월 할리우드 영화제작자인 하비 와인스타인Harvey Weinstein으로 부터 시작되었다. 하비 와인스타인은 무려 30여 년간 영화계 종사여성들을 성추행하였고 입막음을 위하여 최소 8명과 합의를 했다는 기사가 뉴욕타임즈에 실렸다. 그 동안 페미니즘 운동에 적극 나서고 진보적 정신을 보였던 와인스타인이었기에 그의 이중적인 본성에 대중은 심한 배신감을 느꼈다. 성추행의 폭로가 터졌을 때, 와인스타인이 가장 우선했던 것은 주변의 힘있는 사람에게 도와달라는 연락을 했다고 한다. 이처럼 자신의 권력을 총동원해서 약자와 언론의 입막음을 시도하였다. 그의 노력은 허사로 돌아가고 그의 비행은 만천하에 공개되었다. 결과적으로 그의 회사는 후폭풍으로 2018년 2월에 파산하였다. 하비 와인스타인 사건으로 불거진 미투운동은 전 세계로 번지고 이는 21세기의 시대흐름이 되고 있다.

이제 미투운동은 정치계뿐만 아니라 신성하고 거룩해야 할 종교계로 번지며 엄청난 바람이 불고 있다. 신도들은 성직자에 대한 존경심과 신뢰감을 갖고 있어서 성추행 및 성희롱의 대상이 되어도 여전히 성직자를 신을 가까이 모시는 '영적 지도자'로 생각하여 알리거나 신고하기를 주저한다. 피해자는 가해자의 지위뿐만 아니라 내부 공동체의 주변사람들의 시선이 부담스러워서 신앙공동체를 떠나는 것을 선택하기 쉽다. 그러나 성범죄가 발생했을 때 신앙공동체는 일단 불미스런 일이 외부에 알려지는 것을 은폐하려는 압력이 크고 그로 인하여 성범죄가 더 발생할 환경이 된다는 점에서 종교계 성범죄는 폭로와 공동대응이 더욱 요구된다.

존 곤죠렉John Gonjorek은 교회 내 성폭력이 개선되지 않는 것은 교회가 이 문제를 조직적으로 제도마련을 하지 못해서 반복적으로 일어난다고 말한다. 공동체 내의 성범죄에 대하여 엄격한 방지제도와 절차가 마련되고 적극적으로 대응해야만 근절될 수 있다는 것이다. 즉,

교단의 법을 엄격히 강화하고 성범죄 전담 기구를 만들며, 성범죄 처벌 수위를 높이고, 전체 성직자를 대상으로 정기적으로 성폭력 예방교육을 의무화하는 등의 제도마련이 필요하다. 나아가 성범죄는 개인과 집단의 대응뿐만 아니라 법적 처벌까지 준비되어야 근본적으로 줄일 수 있을 것이다. 지금과 같이 대응을 주저하는 피해자와 조용히 넘어가기를 조언하는 주변인과 가해자를 두둔하는 공동체 등이 성범죄의 발생과 재발을 오히려 돕는 결과를 초래한다.

성추행의 가해자들은 대응이 어려운 취약한 피해자를 선택하고 상당 기간 신뢰를 얻으려 한다. 가톨릭의 보스턴 교구 사제들의 아동 성추행 사건을 영화화한 〈스포트라이트〉에서 주인공인 게오건 신부는 아버지가 없는 결손가정의 아이들을 성추행의 대상으로 삼았다. 결손가정의 어머니들은 자녀들에게 부족한 아버지 역할상을 그 신부에게 기대하였다. 게오건 신부는 성추행한 것을 아이들이 자신에게서 아버지상을 찾아주는 친밀한 행동으로 미화하여 자신을 정당화하기 까지 했다. 또한 한국에서 미성년자 상습 성폭행으로 면직당한 성직자들은 범행 과정에서 직위를 이용하여 "누구나 나를 좋아하기에 너의 잘못이 아니다."라고 말하여 안심시키고, 피해자의 거부의사에 대하여 협박과 설득을 했다고 한다. 이들은 수련과 사역이라는 명목으로 고립된 환경에서 미성년자들에게 범행을 저질렀다.

종교 공동체를 살리고 개혁하려면 종교계가 '자신들만의 세계'에 스스로 고립되고 재발을 방치할 생각이 아니면 이를 부인하거나 숨길 것이 아니라 불의에 정면으로 대응하고 바로잡아야 한다. 즉, 종교계가 성추행과 성폭행을 추방하려면 이런 사건을 숨기고 은폐하려고 노력할 것이 아니라 잘못을 공개하고 시시비비를 명백히 밝혀서 이런 추악한 일이 재발하지 않도록 제도적 장치를 마련하는 것이다. 이러한 움직임이 가톨릭교회 내에서 최근 일어나고 있다. 가톨릭 교회 내부에서 오랫동안 성직자에 의한 아동을 성폭행하고 학대하는 문제가 비일비재하게 일어나는 것으로 알려지고 있다. 이에 프란치스코 교황은 가톨릭 교회 내에서 성폭력이 발생하고 투명하게 대처하지 못한 것을 '치욕과 고통'이라고 자책하고 피해자들을 만나 위로했다. 주교와 사제 등 지도자가 이런 끔찍한 범죄를 저지르고 또 교회가 이에 정의롭게 대처하지 못함으로써 많은 이들을 분노시키고 실망시켰다고 표현하였다. 또한 교황은 교황청대사관을 찾아 성직자들이 가해한 피해자 8명을 만나서 위로하고 희생자들을 위한 기도를 드렸다. 따라서 사제들의 성범죄와 성추문을 제도적으로 근절시키기 위하여 천주교 주교회의가 성폭력 방지 특별위원회를 신설하였다. 그리고 천주교 주교회의는 '사제의 성폭력'을 교회법과 사회법에 따라서 엄중 처벌하겠다고 공포하였다.

과거에 누군가가 성폭력을 당했다고 고백하면 사람들은 '심정적으로는 공감한다'는 말을 종종 한다. 하지만 이 말 뒤에는 '그런데 나서고 싶지는 않아'라는 의미가 내포되어 있었다. 그러나 미투운동 이후에는 여성들이 떳떳하게 자신이 당한 억울함을 당당하게 표현함으로써 그 누구나 대상이 될 수 있다는 점에서 엄청난 동참을 이끌었다. 또한 각계각층의 사람들에게 자기관리에도 엄격한 잣대를 적용시켜야 한다는 계기를 마련해 주었다. 이제 우리 사회는 미투운동을 통하여 분명히 성추행이란 불법이 자행되었는데도 오히려 피해자가 부끄러워하고 숨어지냈던 잘못된 문화와 환경을 청산해야 한다. 또한 피해자를 또한번 가해하는 2차 가해가 일어나지 않도록 조심해야 한다. 가령, 피해자에게 '너도 뭔가를 기대했던 것 아니냐'는 식으로 말하거나 '두 사람이 모두 잘못한 것 아니냐는 등으로 말하는 것은 피해자를 또 다시 가해하는 행위이다. 이 잘못된 성추행이 피해자의 잘못이 아니고 당연히 가해자가 얼굴을 들고 다닐 수 없도록 만드는 즉, 사회적이고 사법적으로 처벌받도록 만드는 법과 사회적 문화가 조성되어야 한다. 이런 관점에서 '위드유With You'는 심정적 공감이나 지지의 말이 아니라 적극적 개입이라는 것을 의미한다. 세상을 조금씩 좋게 바꿔나가는 것은 수많은 개인들이 같이 동참할 때 가능하다. 사회의 위드유가 뿌리내리려면 수많은 개인의 위드유가 있어야 한다.

　마지막으로 사회적 불의와 불법을 바로잡아서 사회를 올바르게 이끌어야 할 종교계가 추악한 성추행과 성폭력의 온상이 되어서 사회의 지탄대상이 되었다는 것은 참 아이러니가 아닐 수 없다. 지금이라도 종교계는 사회의 등불이 아닌 범죄의 온상이 되었다는 점에서 뼈아픈 자기반성이 있어야 한다. 오히려 사회가 먼저 미투운동과 위드유운동을 통하여 이를 먼저 정화시키려고 노력하였다. 아직도 종교계는 개혁하려는 사회의 적극성에 비하면 뒤쳐져 있는 것으로 보인다. 종교계는 언제쯤 이에 대한 대대적인 자기반성과 정화운동이 불길처럼 일어날 수 있을까?

그림 67 **나비효과와 미투운동**

3. 제주도 여교사의 길들이기

2018년 6월 제주도 서귀포의 한 아파트 욕실에서 초등학교 여교사가 의식을 잃고 119에 실려가는 사건이 발생하였다. 발견 직후 구급대원들이 그녀에게 심폐소생술을 시도하며 급히 병원으로 이송했지만 1시간 만에 사망하였다. 이를 119에 신고한 사람은 40대 남성인 손씨였다. 그는 "피해자가 어딘가에 부딪쳐서 경련을 일으키고 있다."고 담담하게 신고하였다. 그 여교사의 사망원인은 다수의 폭행흔적과 췌장 파열로 인한 과다 출혈로 진단이 나왔다. 그런데 이상한 점은 폭행으로 인한 과다 출혈로 사망했다는 진단과 다르게 욕실 현장에서는 혈흔이 전혀 보이지 않았다. 누군가 고의로 혈흔을 지웠다고 판단한 경찰은 최초의 신고자인 손씨를 긴급 체포했다.

경찰 조사에서 용의자 손씨는 "여교사 김씨와 종교적으로 조언을 주고 받는 멘토−멘티 관계인데 자신을 무시해서 홧김에 우발적으로 배를 찼고 살해할 의도는 없었다."고 고의적 살해 혐의를 전면 부인했다. 변호인 측도 물체에 부딪혀도 이런 외상은 발생하기에 살해 고의성을 단정할 수 없다는 주장을 했다.

경찰은 조사과정에서 알 수 없는 의혹이 많았기에 계속 조사했고 방송프로그램인 '그것이 알고 싶다' 제작진도 그 의문에 동참하여 진실을 추적했다. 방송제작진은 특히 용의자의 진술에서 모순점을 발견하고 진술 내용과 자료들을 바탕으로 사건을 재조사하였다. 제작진은 '그녀는 왜 폭행을 당해야 했고 두 사람은 어떤 관계였을까?'라는 의문에서 출발하였다. 두 사람 주변을 탐문하고 법의학적 분석을 의뢰하는 등 사건의 내막을 하나씩 추적하였다. 법의학자들의 부검에 의하면 고인이 사망 직전에만 폭행을 당한 것은 아니고 지속적으로 폭행이 있었다. 왜냐하면 시신에서 드러나는 멍들의 색이 다 다른 것은 멍든 시간이 모두 다르기 때문이다. 이는 우발적 폭행이 아니라 상습적으로 폭행이 있었음을 말한다.

추가적으로 유족이 공개한 음성녹음과 메시지와 함께 사건은 새로운 국면에 접어들었다. 제작진은 취재과정에서 다른 피해자들이 존재했음을 확인했고 또 다른 피해자를 만나면서 지속적인 피해를 입었다는 증언들을 들었다. 이 증언에 따르면 외조부와 각별한 관계였던 여교사 김씨는 외조부의 죽음으로 심리적 방황을 할 때 손씨를 만났다고 한다. 피해자 김씨는 가장 힘들었던 시기에 종교를 내세우며 다가온 손씨에게 기대고 싶었을 것이라고 전문가들은 분석한다. 가해자 손씨는 종교를 빙자하여 피해자 김씨를 강압과 통제, 협박, 회유를 통하여 자신만을 따르도록 길들였고 사실상 노예로 만들었다. 손씨는 이런 사실이 다른 사람에게 알려지지 않도록 김씨를 고립과 통제 하에 두었다. 손씨는 피해자 김씨에게 몇 년 동안 끊임없이 폭력과 강압을 가했고 큰 액수의 돈을 지속적으로 강탈하였다.

피해자 김씨가 생활한 집의 주인인 강씨도 피해자였다. 주인 강씨와 가해자 손씨는 고교 동창이었다. 가해자 손씨는 의도를 가지고 있었지만 겉으로 평소 동창인 강씨의 고충을 잘 들어주고 위로해 주며 함께 슬퍼해 주었다. 강씨는 아무도 몰라주던 자신의 마음을 손씨가 알아주는 것에 감동하였다. 그래서 강씨는 처음에 스스로 진로나 결정을 혼자 정하지 못해서 손씨에게 의지하였고 손씨가 바른길을 제시해 줄 것만 같아서 하라는 대로 하였다. 이런 과정에서 강씨는 손씨에게 종속되기 시작하였다. 손씨는 강씨 대신 집주인 행세를 하기 시작하였다. 강씨는 손씨 가족을 위하여 노예처럼 일했지만 돌아오는 것은 구박과 구타였다. 강씨는 자존감이 많이 낮아서 손씨만 따라가면 잘 될 것이라고 믿고 살았다고 한다. 이와 같이 가해자 손씨는 오래 전부터 제주지역의 수십 곳에서 사이비 교주 행세를 하면서 주위에 스스로 결정을 하지 못하고 마음이 심약해진 사람들을 범행 대상으로 삼고 포섭하는 작업을 지속하였다. 여교사 김씨 외에도 여러 명의 피해자가 존재하는 것으로 드러났다. 일종의 현대판 노예사건이 발생한 것이다.

따라서 손씨가 그루밍의 대상으로 삼은 사람들은 한결같이 삶의 충격이나 실패로 마음이 심약해져서 스스로 결정을 못하고 누군가에게 의지하려는 사람들이었다. 그러면 왜 피해자들은 가해자로부터 피해를 당하면서도 벗어나지 못한 것인가? 가해자는 처음에는 피해자들에게 신앙을 빙자하여 아픔을 위로하고 극도의 친절을 베풀어서 의존하게 하였다. 그 다음으로 주위의 가족과 친척으로 부터 분리시켰다. 피해자들을 주위의 가까운 대상으로 부터 단절시킨 후 가해자는 본색을 드러내어서 통제와 폭행, 압박을 가하고 피해자들을 착취한 것이다. 범죄심리학 전문가들에 의하면, 이 경우 폭행과 착취가 있어도 피해자들이 신고하지 못하는 이유는 가해자가 원래 나쁜 사람이었던 것이 아니고 본인이 힘들 때 고마웠던 사람이었기 때문에 폭력을 행사해도 나를 해친다는 생각을 하지 못한다는 것이다. 심리학 이론에 따르면 이 때 나타나는 피해자들의 공통된 상황은 바로 '학습된 무기력learned helplessness 상태'라는 것이다. 이는 스스로 상황을 피할 수 없거나, 혹은 극복할 수 있음에도 자포자기하는 것을 말한다. 즉, 피해자들은 가해자로부터 자신이 억압받는 것을 안다. 그러나 가해자가 교묘하고 치밀하게 피해자를 압박하기에 자신이 노력해도 통제된 상황에서 빠져 나가지 못할 것이라는 무기력에 빠진다는 것이다.

용의자 손씨는 버클리음대를 나왔다고 소개하고 목소리도 좋고 피아노를 치는 등 음악적 재능이 있는 것처럼 보였다. 또한 자신이 일본에서 선교활동을 한다는 등 재력도 있는 것처럼 연출을 하였다. 그러나 조사 결과, 손씨는 해당 대학에 입학한 적도 없고 일본에서 활동도 다 거짓이었다. 손씨의 거짓말과 갈취에 쉽게 넘어간 사람들은 너무나 어리석다는 비판을 피하기 어렵다. 악마의 손에 초등학교 교사는 마음에 큰 상처를 입었다. 그는 그녀의 상처를 파고들며 삶을 짓밟고 결국 살해까지 하였다. 손씨는 정말 인면수심의 악마였다.

제10절

부정행위

1. 우리는 왜 부정행위와 도덕성 사이에서 고민하는가?

'미국적인 삶This American Life'이라는 라디오 프로그램이 1970년대 케네디예술센터Kennedy Center for the Performing Arts에서 15만달러 상당의 현금과 물품이 사라진 이야기를 방송한 적이 있다. 이 큰 금액이 사라지면 보통 우리는 도둑이 들어서 훔쳐간 것으로 생각하기 쉽다. 하지만 의외로 현금과 물품을 가져간 사람은 도둑이 아니라 예술을 사랑하여 자원봉사를 한 노인들이라는 점이다.

일반적으로 거의 대부분의 사람들이 사소한 부정행위를 조건과 환경이 되면 자연스럽게 범하게 된다. 부정행위가 습관적으로 자리잡기 전 혹은 시작단계에서 예방하거나 줄이는 것이 효과적이다. 특히 기회가 주어지고 유혹이 있을 때 간단한 각성장치 하나가 마련된다면 이를 효과적으로 방지할 수 있다. 케네디예술센터에서도 재고관리 시스템을 개선하여 자원 봉사자들에게 재고를 정확히 점검하고 물품마다

가격표를 붙이며 판매한 물품을 금액과 함께 판매대장에 기록을 의무화함으로써 이러한 현상은 근절되었다.

따라서 사소한 부정행위가 일어나지 않도록 하려면 조그만 장치가 필요하다. 자연스런 기회가 주어지면 사람들은 현금은 안들고 가지만 물건은 쉽게 들고 간다. 이를 막으려면 통제장치를 마련해야 한다. 가령, 회사나 공동체의 시간을 개인적으로 사용한다든지 공동체의 자원과 물건을 집에 가져가서 사용하는 것도 다 사소한 부정행위에 속한다. 그럼에도 대부분의 사람들은 이러한 사소한 부정행위는 부정행위가 아니라고 생각한다. 규모가 큰 부정행위에 대해서만 양심의 가책을 느끼고 사소한 것은 별로 문제시하지 않는다. 우리 속담에 '바늘도둑이 소도둑 된다'는 말이 있듯이 사소한 부정이 통제없이 조금씩 커지기 시작하면서 나중에는 규모가 큰 것도 습관화되면 별로 문제의식을 느끼지 않게 된다. 그러므로 대부분의 사람들은 조건이나 규범이 잘 마련되어 있으면 정직한 사람으로 남으려 한다. 그러나 이들이 미약하여 유혹을 받으면 얼마든지 부정직한 사람으로 넘어갈 수도 있다.

이러한 사례를 통하여 알 수 있는 사실은 대부분의 사람들이 전반적인 삶을 돌이켜 보면 스스로를 상당히 괜찮고 착한 사람이라고 생각하기 때문에 자신이 저지르는 사소한 부정행위는 너그럽게 봐준다. 이 때문에 조금씩 부정행위를 통한 이득을 취하면서도 동시에 자신을 합리화할 수 있는 범위 내에서 부정을 한다. 이는 스스로가 나쁜 사람으로 보이는 것에 저항감을 느끼기 때문이다. 즉, 사람들은 자신이 느끼는 나쁜 사람이라는 기준을 스스로 설정하고 마음속에 설정한 임계점을 넘기지 않으면 된다고 생각한다. 물론 이 임계점은 사람마다 다 다를 수 있다.

이런 점에 비춰볼 때 행동경제학자인 댄 애리얼리는 바르게 도덕적인 삶을 유지하는 것은 마치 다이어트를 하는 것과 같다고 표현한다. 점심과 저녁을 채식위주로 먹어서 다이어트를 했으니 케이크의 몇 조각은 먹어도 괜찮다는 식이다. 자신은 전반적으로 훌륭하고 착한 사람이므로 조금의 부정행위는 너그럽게 봐줄 수 있다는 식이다. 충분히 봐줄 수 있을 정도의 사소한 부정행위만 하는 착한 사람이면 그것으로 충분하다는 것이다. 이처럼 전통적 경제학과는 다르게 사람들의 행위는 경제적인 동기보다 도덕성에 더 크게 좌우되는 경향이 많다. 사람들은 실제 돈보다는 상품이나 물건으로 표시된 것에 더 부정행위의 유혹을 느낀다고 한다. 가령, 대학 기숙사의 냉장고에 콜라 캔과 현금을 넣어두면 학생들은 콜라는 가져가지만 현금은 도둑질이라는 생각에 가져가지 않는다. 택시 운전사들도 일반인 승객은 길을 돌아가는 부정행위를 범할 수 있지만 시각장애인에게는 쉽게 부정행위를 저지르지 않는다. 이들에게 심지어 자신이 손실을 보면서도 편의를 제공한다. 이는 시각장애인을 속이는 것에 더 큰 죄의식과 부담감을 갖기 때문일 것이다.

한편, 생각해 봐야 할 문제점은 사람이 설정하는 도덕성의 임계점 혹은 기준점을 어떻게 정하느냐 하는 것이다. 세상에는 도덕의 수준을 측정할 수 없는 일들이 많고 명확히 구분할 수 없는 경우도 많다. 나아가 우리는 타인에게 아주 엄격하지만 자신에게 놀라울 정도로 너그럽다. 사람들은 누구나 자기 합리화에 익숙해질수록 올바른 길에서 벗어나고 도덕적 기준을 크게 완화시킨다. 이와 반대로 전통경제학의 주장에 따르면 사람들은 어떤 상황에서든 그에 대한 합리적인 분석을 거친 뒤 이를 토대로 효용을 극대화하는 선택을 하거나 법의 위반행위도 결정한다. 노벨경제학상 수상자이자 시카고대학의 개리 베커 Gary Becker교수는 경제적 합리성을 법률 위반행위에 적용한 연구로 유명하다. 어느 날 그는 시험 시간이 촉박한 상황에서 주차할 공간을 찾을 수 없었다. 그는 자신이 주차 공간을 찾아 시험 시간에 늦지 않을 편익과 적발시 부담해야 할 기대벌금(비용)을 비교하여 순이익이 되는 불법주차를 하기로 마음먹었다는 것이다. 이처럼 경제학자들은 비용편익분석cost benefit analysis을 하는 과정에서 행동의 선악 여부에 대한 고려는 하지 않는다. '합리적 범죄의 단순 모델Simple Model of Rational Crime, SMORC'은 이렇게 도출되었다. 이 모델에 따르면 사람은 감정이나 신뢰를 기반으로 하는 의사결정은 하지 않는다. 단지 체포되거나 처벌받을 가능성에 비하여 많은 이익을 얻을 가능성이 높을 때 사람들은 부정행위를 저지른다는 것이다. 하지만 현실에서 사람의 위반행동이 항상 비용과 편익에 대한 합리적 경제성분석이나 계산과 일치하지는 않는다. 오히려 이러한 경제성 분석에 의존하여 의사결정을 하기 보다는 대부분의 사람들은 자기 자신을 정직한 사람이라고 말할 수 있는 범위 내에서 부정행위를 저지른다. 현실 속의 사람들은 자신의 경제적 이익이 최대화되는 행동을 하기 보다는 다른 사람과 자신의 이익이 거의 균등하게 되도록 하는 중립적인 행동을 할 뿐만 아니라 남에게 은혜를 베푸는 행동을 하기도 한다는 것이 실험을 통해서 확인되고 있다.

우리는 어떻게 때로는 남을 속이면서 동시에 스스로를 정직한 사람으로 보이고 싶어 하는 것일까? 사람들은 어떻게 이렇게 이중적일 수 있을까? 그 해답은 인간의 마음속에 있다. 즉, 인간은 자신이 정직한 사람으로 보이고 싶어함과 동시에 다른 사람을 속여서 이득을 보고자 하는 욕구가 잠재되어 있다는 것이다. 이러한 주장에 대하여 동의

하는 사람과 동의하지 못하는 사람이 있을 수 있겠지만 이는 인간이 마음속에 가지고 있는 선과 악에 대한 이중성을 지적하는 것으로 봐야 한다. 그런데 댄 애리얼리는 마음속에 들어있는 이 이중성을 가지고 사람들은 두 가지 동기부여를 받아서 행동을 한다고 주장한다. 그 두 가지는 '자아동기부여ego motivation'와 '재정적 동기부여financial motivation'이다. 자아동기부여는 다른 사람이 자신을 정직하고 존경받을 인물로 봐주길 바라는 것을 말한다. 재정적 동기부여란 사람들은 다른 사람을 속여서 이득을 얻고자 하며 그것이 가능한 한 크길 바라는 것을 말한다.

　요컨대 우리의 부정행위의 시작과 규모나 수준은 도덕성에 대하여 사람들이 각자 가지고 있는 기준과 관련이 있다. 이 도덕성의 기준의 관점에서 인간은 놀라운 인지적 유연성cognitive flexibility을 보여준다. 상황과 환경에 따라서 사람은 편안한 마음으로 받아들일 수 있는 범위에 대하여 자기 자신과 타협한다. 우리는 스스로 자아의 이미지를 훼손하지 않는 범위 안에서 부정행위로 이득을 볼 수 있는 기준선을 파

그림 68 　**시카고대학의 게리 베커** - "인간은 매우 합리적이며, 이기적이든 이타적이든 자신의 만족을 극대화하는 방향으로 선택할 뿐이다."

악하려 끊임없이 노력한다. 따라서 사람들은 자기기준에 따라서 어느 정도의 부정행위가 절대적으로 '죄'가 되는지에 대하여 스스로의 기준을 갖고 있다.

2. 화이트칼라 범죄자들

1700년대에 살았던 대니얼 데포Daniel Defoe라는 학자는 '투기와 강도 중 어느 것이 더 중한 범죄인가?'에 대하여 투기꾼의 속임수는 노상강도의 행위보다 1만 배나 더 죄질이 나쁘다고 말했다. 최근 투기꾼들의 지능적인 범죄는 강도나 절도보다도 더 악성범죄라 할 수 있다. 상대적인 관점에서 강도나 절도는 특정인과 그 가족들에게 피해를 미치지만 그 파급효과는 그렇게 크지 않다. 그러나 투기범이나 사기범의 범죄행위는 사회와 국민전체에 피해를 미친다. 가령, 부동산 투기는 전체 국민과 지역뿐만 아니라 국가경제에 큰 피해를 주고 빈익빈 부익부 貧益貧 富益富의 소득격차를 확대시켜서 국민 간 위화감과 건전한 사회의 도덕적 기초를 파괴한다는 점에서 죄질이 아주 나쁘다. 이와 유사하게 우리 주변에 일상적으로 벌어지는 변호사들, 주식 중개인들, 펀드매니저들, 보험회사원들은 적정한 수준보다 높은 수임료나 수수료를 물리는 방식으로 부정하게 돈을 가져간다. 또한 증권회사나 보험회사들이 손해를 안보는 이면에는 수수료와 수당 명목의 수익모델을 근간으로 수익을 내고 있다. 자신들은 스스로 도덕성이 높다고 자부하고 자신들의 부정행위는 고객의 호주머니를 직접 강탈하지는 않으므로 사소하다고 생각한다.

특히 화이트칼라 범죄는 1939년 미국의 범죄학자, 에드윈 서덜랜드Edwin Sutherland가 처음 언급하였다. 이는 부유한 사람과 권력 있는 사람들의 범죄활동을 의미한다. 즉, 화이트칼라 범죄란 높은 사회적 지위 혹은 존경받는 사람이 자신의 직업과정에서 벌이는 범죄로 정의된다. 화이트칼라 범죄의 유형으로는 기업범죄, 경제범죄, 환경범죄, 공무원범죄 등이 이에 속한다. 최근 대표적인 화이트칼라 범죄로 개인 범죄행위인 조세범죄, 신용카드범죄 또는 정부나 기업에서 자신의 지위를 이용한 횡령범죄 등도 이에 속한다.

일반적으로 사기치는 사람들은 상대방에게 자신과 함께하면 미래에 희망이 있다는 거짓된 신뢰를 준다. 이미 가해자에 대한 믿음을 주면 피해자는 아무 의심없이 사기꾼을 신뢰하고 거짓 제안에 당하게 되는 것이다. 사기꾼들은 피해자가 원하는 욕구를 파고들어서 이를 충족시켜줄 것처럼 유인한다. 사기꾼들은 대개 시중의 투자수익보다 높은 수익을 보장한다고 유혹하고 피해자들은 이에 속는 경우가 많다. 돈을 더 벌려는 욕구가 강하면 상대에 대한 믿음을 먼저 확인하는 절차를 잊어버리는 경우가 많다. 사기꾼들은 이러한 유인에 약한 사람을 잘 파악하고 접근한다. 그리고 피해자의 말에 전적으로 맞장구를 치고 관심이 있는 척하며 끝까지 들어 준다. 특히 상대가 아름다운 이성이라면 더 쉽게 넘어간다.

특히 한국사람들은 비도덕적이거나 불법적이라도 돈을 벌 수 있다면 한 순간 눈감으면 된다고 생각하는 경향이 있다. 이들을 노리는 사기꾼들은 사회적 기관이나 정부를 비판하거나 법이 잘못되었다고 비판하며 부당한 행위를 정당화시키고 미래의 부는 지금 당신 자신의 선택에 달려있다고 유인한다. 가령, 금융이나 부동산 범죄자는 피해자와 우호적인 관계를 구축하기 위하여 공통적인 취미나 관심사를 만들어서 접근한다. 범죄자의 관심은 돈을 횡령하는데 있으므로 범죄의 결과나 그에 대한 책임은 안중에도 없다. 그 범죄로 인한 남은 일들과 후유증은 타인의 일이며 이를 타인에게 전가시킬 생각을 한다.

이처럼 화이트칼라 범죄는 그 피해가 끝이 없고 해악성이 크지만, 피해가 간접적이어서 반드시 형법상 범죄로서 취급되지 않는 경우가 있고 범죄자들이 일반 범죄를 범하는 것과 같은 죄의식을 느끼지 않는 경우가 많다. 어떻게 하면 사회의 범죄를 줄일 수 있을까? 이에 대한 일반적인 답은 경찰관의 수를 늘리고 처벌을 강화해야 한다는 것이다. 기업범죄의 경우, 예방을 위하여 사람들은 대개 철저한 관리 감독과 단호한 조치를 취해야 한다고 답한다. 부정부패를 척결하는 규제를 만들 때마다 정부는 적절한 해결책으로서 청렴과 투명성을 제시한다.

그러나 위에 언급한 규제와 처벌강화가 능사는 아니다. 윤리적인 영역에서 문화적 변화를 이끌어내는 것은 매우 어렵고 힘들다는 사실을 열쇠장이가 주는 교훈이라는 글을 살펴보면 이해할 수 있다. 이 글에 의하면 세상에는 3가지 부류의 인간이 있다. 즉, 첫째, 1%는 어떤 일이 있어도 절대 남의 물건을 훔치지 않는 사람, 둘째, 1%는 어떤 일이 있어도 자물쇠를 열고 남의 물건을 훔치는 사람, 셋째, 나머지 98%는 조건이 제대로 갖춰져 있는 동안에만 정직한 사람 등이다. 대다수인 98%의 사람들은 강한 유혹을 느끼면 얼마든지 정직하지 않은 사람 쪽으로 옮겨갈 수 있다. 자물쇠는 문이 잠겨있지 않을 때 유혹을 느낄 수 있는 대체로 정직한 사람들의 침입을 막아줄 뿐이라는 것이다. 즉, 문이 자물쇠로 잠겨있지 않으면 대부분의 사람들은 물건을 슬쩍할 유혹을 느낀다는 것이다.

이러한 상황을 바꿀 수 있는 흥미로운 실험이 캘리포니아대학 로스앤젤레스 캠퍼스UCLA에서 시험의 부정행위에 대하여 진행된 바 있다. 스스로를 무신론자라고 주장한 집단을 대상으로 두 집단을 구분하여 실험을 진행하였다. 한 집단은 바로 부정행위로 유혹을 하였고 다른 집단은 성경에 손을 얹고 진실되게 행동하도록 맹세한 후에 부정행위로 유혹하였다. 결과는 후자의 부정행위의 비중이 전자보다 낮게 나타났다. 이처럼 단지 도덕적인 규범을 떠올리도록 하는 것만으로도 부정행위를 감소시킬 수 있었다. 나아가 시험을 칠 때, 정직서약을 서류의 맨 앞에 두고 서명하게 하는 것도 도덕성을 준수하게 하는 효과가 있다고 한다. 이는 정직서약이 없는 경우보다 더 효과적이었다. 또한 정직서약을 시험지의 끝부분에 두는 경우는 전면에 두는 것보다 부정행위를 줄이는 효과가 줄어들었다고 한다.

비슷한 사례로서 공공시설물의 분실이 자주 발생하는 곳에서 이러한 도덕적 각성의 효과를 사용할 필요가 있다. 가령, 공공 화장실의 화장지는 공유물이므로 개인적인 용도로 가져가지 말라는 문구를 화장지 옆에 붙여서 도덕적인 규범을 떠올리게 하면 사람들은 규범을 지

그림 69 서덜랜드(Sutherland)와 화이트칼라 범죄를 풍자한 카툰

키게 된다. 이처럼 우리는 부정행위의 유혹이 있는 상황에 대비해서 도덕적 각성장치를 미리 마련해두는 것은 부정행위를 줄이는 현명한 조처임을 알 수 있다.

3. 이해상충

이해상충conflict of interest이 발생하는 경우는 다양하게 일어난다. 때로는 이를 이익충돌이라고도 한다. 특히 공적 이익과 사적 이익의 충돌이 일어나는 경우도 있지만 전문직과 고객 혹은 판매자와 고객 간에도 이익충돌이 발생하기도 한다. 일반적으로 많이 알려진 이해상충은 공직에 근무하는 공무원의 업무처리에서 많은 사례가 언급되고 있다. 즉, 공직자가 공익을 위한 행동을 하지 않고 자신의 사적 이익을 앞세워 일을 할 때 발생한다. 공직사회에서 발생하는 비리는 겉으로 드러난 범죄보다 업무수행 과정에서 사적 이해관계에 기초한 부당 의사결정이나 알선·청탁 등 이권개입의 형태로 나타난다. 이러한 은밀한 과정에서 발생하는 비리는 그 확인이 어렵고 행위 자체의 윤리적 판단이 쉽지 않기 때문에 비리를 근절하기가 매우 어려운 게 사실이다.

이처럼 공직분야에서 이해상충은 많이 알려져 있지만 그 외의 전문직과 고객, 혹은 판매자와 고객 간에도 많은 이해충돌이 일어나고 있다. 의료계도 이해상충이 난무하는 분야이다. 의료진료에 있어서 우리 사회가 의사들에게 기대하는 윤리원칙으로 해악금지의 원칙first do no harm이 있다. 이는 의사가 최우선적으로 고려해야 하는 관심사는 다른 무엇보다 환자의 건강과 안전, 그리고 신체적─정신적 안녕well-being 이어야 한다는 것이다. 그런데 의사 개인은 자신의 진료 수입, 부수적인 재정적 이득, 연구비의 수혜, 임상결과의 논문게재, 명성의 획득, 과학적 성취를 통해 인정받는 것, 소속 기관의 보직, 소속 학회의 임원 등, 부와 명예 및 권력에 대한 욕망이나 또 다른 이해관계에 관련될 수 있다.

우리가 믿고 의지하는 의사가 우리가 생각하는 것처럼 양심적인 사람이 아닐 수 있는 사례는 많이 존재한다. 최근에 많은 사람들이 장시간 앉아서 일하면서 목이나 허리 디스크로 고생하는 사람들이 많다. 그런데 어떤 개인 병원을 가면 환자의 디스크의 상태를 측정하려면 특진을 신청하도록 유도하고 대부분 CT촬영과 MRI촬영을 하라고 한다. 방문환자를 이렇게 검사하는 것은 병원이 너무 수입을 우선한 것은 아닐까? 이와 다르게 디스크 증상으로 공공병원을 방문하면 모든 환자를 바로 CT나 MRI 촬영부터 하자고 요구하지는 않는다. 먼저 디스크 증상이 있는지 물리적인 검사를 통하여 확인하는 절차를 거친다. 이를 통하여 정말 디스크가 온 것인지 가벼운 증상인지를 구별하려고 노력한다. 즉, 공공병원은 병원의 수입을 환자의 치료보다 더 우선하지는 않는다. 이점에서 공공병원과 개인병원이 다른 것 같다.

댄 애리얼리도 그의 저서, 『거짓말하는 착한 사람들』에서 비슷한 이야기를 하고 있다. 그는 어릴 때, 마그네슘 폭발 사고로 3도 화상을 입었다. 이로 인하여 그의 얼굴 왼쪽은 수염이 있고 오른쪽은 흉터로 수염이 없어서 얼굴이 비대칭이다. 화상전문의는 수염처럼 보이는 작은 점들을 문신으로 새겨 넣는 시술을 제안했다. 그러나 얼굴을 대칭으로 보이게 하려면 그가 매일 왼쪽 수염을 면도해야 하는데 이것이 싫었기 때문에 시술을 안 받겠다고 의사에게 말했다. 그러자 전문의는 "내가 아주 간단하고 보기 좋게 해결방법을 제시했는데 감사하게 생각해야지 왜 그걸 싫어하느냐?"고 몰아 세웠다고 한다. 화상전문의가 이렇게 행동한 이유는 다른 곳에 있었다. 그는 이미 두 명의 화상환자를 대상으로 비슷한 수술을 두 번했는데 한 명에게 더 해야 그 시술에 대한 연구논문을 유명한 저널에 게재할 수 있었기 때문이었다. 이는 명백히 이해상충으로 환자의 관심사를 우선하지 않은 행동이다. 사람에 따라서는 이 사례를 별로 대수롭지 않게 여기고 서로 좋은 것 아니냐고 넘어갈 수도 있다. 그러나 이는 환자의 치료에 자신의 이익을 결부시키고 있기에 부정한 행위이다. 이처럼 평소 완벽하게 친절한 사람도 불공정하고 부정한 행동을 할 수 있고 자신은 여전히 선량하고 도덕적인 사람으로 여긴다.

이해상충이 어떤 사람의 세계관이 되고 특정한 관습과 습관으로 고착되어버리면 이를 교정하는 것은 매우 어렵다. 이러한 이해상충이 교묘한 인간의 심리를 이용하여 파고들 때는 이를 방지나 방어하기는 아주 어렵다. 사람들은 다른 사람이 자신에게 정성스런 선물을 주거나 도움을 주면 그 사람에게 신세를 졌다고 생각한다. 기업들은 이러한 사람의 호혜성의 심리를 이용하여 사람들의 마음속에 자기 기업에 대한 충성심을 심어두려고 노력한다.

미국 제약 회사가 의사에게 로비를 한다는 것은 널리 알려져 있는 사실이고 그 규모가 매우 크다고 한다. 한 해 동안 제약회사들이 소비자에게 하는 광고의 액수는 약 50억 달러인데 제약회사들이 의사들에게 하는 로비의 비용은 최소한 200억 달러라고 한다. 미국제약회사의 잘 알려져 있는 로비방식은 다음과 같다. 첫째, 영업 사원들이 의사들을 개인적으로 점심 식사에 초대해서 점심을 대접하며 비싼 레스토랑에서 자사의 의약품을 환자들에게 처방해 달라고 부탁한다. 둘째,

제약회사가 의사들을 관광명소나 휴양지에서 개최하는 심포지움symposium 에 초대해서 간단한 발표를 부탁하고 발표비로 돈을 지불한다. 셋째, 새로운 의약품의 경우, 초반에 무료로 의사들에게 의약품을 제공하고, 그 의약품을 처방해서 의사가 받은 돈은 의사가 전액 챙기도록 한다. 때때로 제약회사는 컨설팅 비용으로 어떤 의사에게 수천달러를 지급하기도 한다. 또한 제약회사는 의료 연구기관에 건물이나 연구 자금을 기증하기도 한다. 그들은 자신의 영향력이 연구 결과와 환자처방에 반영되길 바라기 때문이다. 그 결과로 특정 제약회사의 특정 의약품이 의과대학에서는 교수와 의과대 학생 그리고 환자에게 전달되고 각인된다. 이러한 접근방식이 널리 알려져 있는 사례들이다.

한국에서도 제약회사와 의사 간의 유착관계는 어제 오늘의 이야기가 아니다. 심지어는 우리나라를 대표하는 유명병원이 의료약품 도매상을 운영한다. 병원, 제약회사, 의료도매기업이 유착이 되어서 환자의 의료비 부담을 증가시키고 의약품 거래질서에 혼란을 초래하고 있다는 뉴스가 나오기도 했다. 공개적으로 법이 규제하고 있기 때문에 유착관계는 잘 드러나지 않지만 아직도 여전히 법의 범위가 미치지 못하는 방식으로 이해상충에서 자기 자신의 이해를 우선시하는 행동들이 일어나고 있다. 법의 영역을 건드리지 않으면서 효과적인 영업전략으로 제약회사들이 채택하고 있는 방법도 있다고 한다. 즉, 법의 규정에 의하면 리베이트는 주는 사람과 받는 사람이 모두 처벌되므로 요즘은 제약회사들이 미모의 여성들을 영업직으로 고용해서 '수단과 방법'을 가리지 않고, 약을 판매하라고 지시하는 경우가 많다고 한다. 그 치열한 경쟁의 결과로 극단적인 일탈적 행동들이 나타나기도 한다는 것이다.

공직에서 발생하는 이익충돌을 회피하기 위한 방법으로는 제척

excusion이나 블라인드 신탁blind trust 등이 주로 사용된다. 제척은 이익 충돌에 해당되는 사람이 있다면 다른 사람으로 하여금 자신의 업무를 대신하도록 하는 것이다. 블라인드 신탁은 공직자의 이익충돌을 야기 할 만한 재산의 통제권을 포기시킴으로써divestiture 사전에 방지하는 것 이다. 그러나 관련된 당사자가 이를 밝히지 않는다면 이는 부정행위가 될 수 있을 것이다. 사적인 영역에서 이해상충이 일어날 경우, 이를 제 기하고 증명하기는 매우 어렵다. 또한 개별적인 사안들을 모두 열거하 여 법으로 규정해 두는 것은 그 만큼 어렵다.

　　이러한 이해상충의 관리 방법은 사안에 따라 적절하게 활용되어 야 하지만 무엇보다도 당사자의 마음과 자세가 가장 중요하다. 이해상 충의 문제는 개인의 객관성에 대한 판단에 영향을 미친다는 점에서 개 인의 판단을 넘어서는 절차를 필요로 하며 가능한 한 회피하는 것이 바람직할 것이다. 나아가 이러한 이해상충 문제를 개인의 윤리와 도덕 에 맡겨두지 말고 정부나 관리기관 혹은 소속기관이 좀 더 철저히 관 리하는 것이 부정을 방지하고 신뢰성을 줄 수 있을 것이다.

그림 70　댄애리얼리와 저서, 『거짓말하는 착한사람들』

4. 전문가 의견의 진실

어떤 분야에서 진정한 전문가란 자신의 경험과 지식을 정확하게 제공할 의무를 갖는다. 이는 사회가 직업윤리의 정신으로 전문가에게 요구하는 것이다. 어떤 경제적 유인관점에서 전문가가 특정집단이나 개인에게 유리하도록 객관적이지 않거나 진리에 반하여 진술하거나 행동한다면 전문가의 윤리의식을 결여한 것이다. 전문가는 개인의 이익도 중요하지만 전문가가 책임의식을 가져야 할 것은 사회적 공익이다. 전문가는 자신의 소신과 믿음에 기초하여 객관적인 사실을 진술하는데 항상 최선을 다해야 한다. 순간적인 돈과 직위의 유혹에 빠져서 진리가 아니거나 장기적으로 사회발전에 유익하지 않은 방향을 제시하는 것은 결국 자신의 경력에 치명적인 오점을 남길 뿐만 아니라 사회에도 큰 해악을 초래하게 된다. 전문가는 자신의 가치관과 신념 그리고 사회에 대한 책임감으로 그 역할을 충실히 해야 하고 돈을 준 기관의 이익만을 도와주는 사람이 되기보다는 기관뿐만 아니라 사회 전체의 이익이 되는 방향으로 역할을 해줘야 할 것이다. 특히 전문가는 자신의 말과 행동에 책임이 따르기 때문에 자신의 소신과 믿음에 배치되는 일을 해서는 안된다. 좋은 게 좋은 거라고 현실과 타협한다면 잘못된 결정으로 많은 후회를 초래할 수도 있고 선의의 피해자를 발생시킬 수도 있다. 안타깝게도 현실에서는 한 순간에 돈과 지위에 현혹되어 부당한 방법으로 자신의 지식과 전문성을 사용하다가 낭패를 보거나 심지어 법의 심판을 받는 경우도 주위에서 자주 본다. 현실과 타협해서 자신의 소신과 신념을 굽히고 돈과 지위를 따라가는 것도 바로 전문가들의 부정행위이다.

그런데 전문가들은 항상 자신이 소신과 신념에 따라서 합리적으로 판단하고 공정하게 처신한다고 말한다. 그리고 시장도 언제나 바른 방향으로 움직인다고 믿기에 자신이 지금 하고 있는 일이 옳은 방향으로 잘되고 있다고 생각한다. 2008년 미국의 금융전문가들도 자신들은 합리적으로 올바른 방향으로 의사결정을 하였다고 주장한다. 그러나 이들이 금융시장에서 벌인 경제활동은 미국경제와 세계경제를 원치 않는 방향으로 움직이게 만들어서 금융위기를 초래하였다.

아카데미상 수상작인 다큐멘터리 영화, 찰스 퍼거슨Charles Ferguson의 〈인사이드 잡Inside Job〉에서는 당시 월가의 주요한 역할을 해야 할 세 그룹에 대한 행동을 영화로 보여주고 있다. 실망스럽게도 실제 영화는 금융기업들과 대학의 전문가들, 시민들을 보호해야 하는 행정부의 세 주체가 서로에 대한 감독과 견제의 역할을 방임함으로써 2008년 금융위기가 일어나는 과정을 묘사하고 있다. 이 영화에서 전문가들이 어떻게 돈에 쉽게 유혹되고 의뢰기관이 원하는 대로 보고서를 쓰며 원하는 대로 진술하는지를 보여준다. 이 영화를 보는 관객들은 자신은 결코 그렇게 행동하지 않을 것이라고 생각할 것이다. 하지만 그 당시 골드만삭스Goldman Sachs가 전문가인 당신에게 상당한 금액의 보수를 제안한다면 아무런 관련이 없을 때처럼 양심적으로 투자하도록 객관적으로 조언하지는 못할 것이다. 다른 한편으로 의뢰기관은 전문가들을 존중하는 듯이 대하면서 때로는 전문가를 대단한 학자로 비행기를 태우기도 한다. 그리고 자신들이 원하는 방향으로 자신들의 관점을 강조함으로써 전문가들이 그 관점에 동화되도록 유도하기도 한다. 이런 과정에서 전문가들은 초심을 잃기도 하고 그 관점에 동화되어 편견을 갖게 되기도 한다.

　　사람들이 스스로 정직한 사람으로 여기면서도 자신의 이기적인 동기를 합리화하는 데 사용한다면 이해상충을 예방할 최상의 방법은 이해상충을 공개하는 것이다. 완전공개는 전문가들이 자신이 가지고 있는 편견을 스스로 인정하게 함으로써 죄를 짓지 않게 해줄 뿐만 아니라 고객들에게 전문가 의견의 출처와 근거를 명확히 알 수 있게 한다. 또한 전문직 종사자들은 보수를 지급받는 방식 때문에 이익충돌에 사로잡힌다. 고객은 해당 분야에 대한 전문성이 없기 때문에 전적으로 이들에게 의존할 수밖에 없다. 만약 재무상담사와 같은 금융전문가들이 이익충돌에 좌우되지 않기를 바란다면 그들이 자기 고객의 이익에 반하는 어떤 다른 동기를 갖도록 해서는 안된다. 가령, 재무상담사가 고객이 돈을 벌 때는 보너스를 지급받지만 돈을 잃을 때는 그 어떤 대가도 치르지 않는다면 이들은 도덕적 해이가 발생하여 과도하게 불확실한 금융상품에 돈을 투자하도록 자문할 수도 있다. 이처럼 고객과 재무상담사 간에 이해충돌이 발생할 여지가 있으면 고객에게 매우 불

그림 71　2008년 금융위기를 조명한 다큐, 〈인사이드 잡(Inside Job)〉 - "대공황 이후 규제는 물 샐 틈 없는 격벽과 같았습니다. 규제 완화는 이런 벽을 없애는 일이죠."

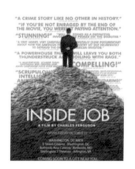

리하게 작용할 수 있다. 이를 막기 위해서는 서로 간의 이해상충을 막는 것이 필요하다. 우리는 중요한 결정을 내려야 할 때, 전문가들도 자신의 편견에 사로잡혀 있을 수 있다는 사실을 알고 가능하면 이해관계가 없는 전문가를 찾아서 조언을 구하는 것이 보다 바람직하다.

5. 힘들 때 자주 실수하는 이유

여러 가지 일과 사람들 간의 이견의 조정이나 갈등으로 인하여 하루가 무척 길고 힘들 때가 있다. 이런 날에는 스트레스를 많이 받아서 건강에 해로운 음식의 유혹에 빠진다. 피곤함과 정크푸드 간에 알 수 없는 연관성이 있다. 평상시에는 정크푸드를 멀리 하다가도 스트레스가 많으면 정크푸드를 쉽게 선택한다. 이는 인간이 내면에 건강을 위하여 정크푸드를 가급적 먹지 말아야 한다는 이성과 일단 맛있으니 먹고 보자는 감정 간의 싸움에서 선택된다. 사람들이 다이어트를 잘 지키다가도 스트레스 때문에 다이어트를 포기하거나 어떤 위기나 안 좋은 일을 당하면 끊었던 담배를 다시 피우는 것도 이런 까닭이다. 즉, 올바른 것에 대한 합리성을 쉽게 포기해 버리는 것이다. 가령, 그리스 신화에서 오디세우스Odysseus도 바다의 요정 세이렌Seiren의 아름다운 노랫소리의 유혹에서 벗어나려고 돛대에 자신을 묶고 밀랍으로 귓구멍을 막음으로써 바다에 뛰어들지 않을 수 있었다.

깊고 정교한 생각을 담당하는 뇌의 한 부분이 다른 일을 하느라 바빠서 효과적으로 생각하는 능력이 줄어든 상태일 때 사람들이 더 쉽게 유혹에 빠진다고 한다. 의도적이고 정교한 이성적 능력을 다른 일이나 과제에 소진했을 경우에는 그렇지 않은 사람들에 비하여 보다 감

그림 72 **로이 바우마이스터(Roy Baumeister)** - "자아고갈이란 의지력이 사라지는 것이다. 의지력이 사라지면 유혹에 쉽게 넘어가게 된다."

정이나 충동에 지배를 받는다는 것이 학계에서 알려져 있다. 우리가 유혹을 피하려고 내리는 모든 결정은 어느 정도 이성의 힘에 의지하여 어느 정도의 자제력이라는 인내를 요구한다. 그런데 이성으로 자제하려는 수고를 반복하게 되면 점차 그 의지력은 줄어들고 소진된다. 사람들이 하루 종일 수많은 유혹에 '안돼!'라고 자제하는 시간이 길어질수록 저항할 힘은 점점 약해져서 유혹에 굴복하고 만다. 이러한 이성적 추론 능력과 욕망사이의 상호작용을 플로리다주립대학 교수인 로이 바우마이스터Roy Baumeister가 '자아고갈ego depletion'이라고 정의하였다. 우리는 유혹에 저항하여 스스로 자제노력을 반복해서 그 힘이 모두 소진되고 나면 결국 쉽게 무너진다. 자아고갈의 이런 특성 때문에 특히 하루의 일과에서 보면 하루가 끝나가는 저녁에 자제력은 더 고갈된다. 하루 종일 유혹에 저항하다가 밤늦은 시간에 야식을 먹는 사람들이 많은 것도 비슷한 이유로 해석할 수 있다. 의지력이 약한 사람일수록 유혹에 쉽게 굴복할 수밖에 없다. 뿐만 아니라 일이나 과제의 수준이 어려울수록 부정행위를 하거나 정도를 벗어나 편법으로 일을 처리하려는 경향이 더 증가하게 된다.

이처럼 우리는 일반적으로 자제력이 소진될 경우 욕망을 통제하기가 더 어려워지며 정직성도 그만큼 저하된다고 봐야 한다. 이성적으로 너무 오래 자제력을 발휘한다는 것은 매우 어렵다는 사실을 감안할 때, 우리는 실제 삶 속에서 우리 행동을 비도덕적인 쪽으로 이끄는 상황들을 선택적으로 제거하거나 과도하게 일을 벌이지 않는 것이 현명한 결정이 될 것이다.

6. 학벌위조와 리플리증후군

때로는 선의의 하얀 거짓말이 필요한 순간이 있다. 우리는 자신을 위한 이기적인 동기에서 거짓말을 하는 것이 아니라 상대를 위하여 일부러 칭찬을 해주기도 한다. 뚱뚱한 부인이 새 옷을 입고 "여보 나 뚱뚱해 보여?"라고 물으면 남편은 "정말 잘 어울려!"라고 말해준다. 때로는 하얀 거짓말이 필요할 때도 있다. 하지만 사람들은 보통 자신이 부풀리고 과장한 것을 믿고 싶은 경향이 있다. 예를 들어서 '처음 만난 사람들에게 내가 받은 인상은 보통 정확하다. 나는 단 한 번도 내가 저지른 실수를 부정한 적이 없다'와 같은 이런 진술에 대하여 '그렇다'라는 대답을 평균보다 많이 한 사람들이 자기기만의 경향이 높다고 한다. 자기기만의 경향이 있는 사람들은 특히 자기 능력을 과대평가한다. 이렇게 자기기만이 습관이 되고 다른 사람들이 이에 현혹되기 시작하면 자기만족이 증가하면서 자신이 정말로 매력적인 인물이라는 믿음과 그릇된 자신감을 갖는다.

자기기만의 긍정적인 면은 자신에 대한 터무니없이 강한 믿음은 아무리 지루한 작업이라도 끝까지 매달릴 수 있는 힘을 주며 다른 방식으로 시도하도록 동기를 부여한다. 사람들은 자신의 실수와 실패는 변명을 하고 자신의 성공은 크게 과장한다. 자신이 실패한 사실을 부정하지 못하는 상황이면 사람들은 항상 남탓이나 환경탓을 한다. 이는 자신의 능력이 더 낮다고 스스로를 속임으로써 의외의 일에서 성공할 수도 있다고 생각한다. 이와 반대로 부정적인 면으로는 자기 자신에 대한 지나친 낙관적인 믿음은 그릇된 확신을 주어서 돌이킬 수 없는 최악의 결과를 가져온다. 자신을 다른 사람들에게 부풀리고 과장하여 믿게 하거나 혼란을 준다. 특히 학력을 부풀려서 명문대학에 다녔다는 식의 자기기만은 거짓이 드러날 경우, 자신에게 엄청난 고통과 비용을 줄 뿐만 아니라 이를 믿었던 사람들에게도 큰 상처를 준다. 우리 자신과 주변 사람들이 정직하지 않을 때, 그로 인하여 우리는 모든 사람을 의심하게 되고 불신사회에서 살아야 한다. 결국 우리 삶은 거짓말하는 사람들로 인하여 일일이 확인해야 하므로 모든 면에서 지체되고 한층 더 힘들어질 수밖에 없다.

이런 자기기만의 증상이 지나치면 현실세계에서 충족되지 않는 욕구나 열등감으로 스스로 인정받지 못하는 사람들이 자신을 부정하고 새로운 자신의 모습을 형성하는 과정에서 상습적으로 거짓된 말을 하고 거짓되게 행동한다. 이들은 '현실자아'가 없어지고 '허구자아'가 진실이라고 믿는 반사회적 인격장애인 리플리증후군Ripley Syndrome을 앓고 있다. 즉, 리플리증후군이란 허구의 세계를 진실로 믿고 거짓을 습관적으로 일삼는 반사회적 인격장애를 말한다. 이 증후군을 가진 사람들은 현실 세계를 부정하고 자신이 꾸며낸 허구의 세계를 믿으며 결국 타인에게 피해를 주게 된다. '리플리'라는 이름은 패트리샤 하이스미스 Patricia Highsmith의 범죄 소설, 『재능 있는 리플리 씨』에서 나온 것이다. 소설의 주인공인 톰 리플리는 비참한 자신의 인생을 부정하고 부유하고 풍족한 삶을 살고 싶은 열망 때문에 친구이자 재벌의 아들인 디키 그린리프를 살해하고 친구의 인생을 가로챘다.

리플리증후군을 갖고 있는 사람들이 고학력 지향사회에서 범하는 행위가 학력을 위조하고 권력을 얻기 위하여 거짓말로 사람들을 현혹시킨다. 우리나라에도 내면적인 가치보다 외면적인 학벌, 지위, 권력 등이 인정을 받는 사회분위기 속에서 남을 속여서라도 인정받길 원하는 심리가 생겨나고 있다. 이러한 자기기만의 심리가 지나쳐서 학벌을 사거나 남을 짓밟고서라도 높은 지위나 권력을 차지하려는 욕구를 양산할 뿐만 아니라 심지어 학력위조, 지위 혹은 권력 사칭까지 서슴지 않고 자행하는 사람들을 만들어 내고 있다.

[그림 73] **패트리샤 하이스미스의 범죄 소설, 『재능 있는 리플리 씨』**

최근 극도로 출세지향을 풍자화한 'SKY 캐슬'이라는 드라마가 인기를 얻었다. 'SKY 캐슬'에 등장하는 다섯 가정은 명문가를 만드는 것에 정성, 인성, 명성, 극성, 본성이라는 각기 고유한 신념을 가지고 있다. 여기서 주목할 신념은 사회적 지위와 명성에 집착하는 '출세지향적 인간관'이다. 그 드라마에서 보여주는 것은 교육이란 정직, 책임, 존중, 배려, 소통, 협동 등 윤리와 사회적 가치의 학습 등은 없고 오로지 지위와 명성을 얻기 위한 수단에 불과하다는 것이다. 그리고 이런 신념은 대한민국 부모들의 마음을 지배하는 절대적인 가치로서 자리잡고 있는 것은 아닐까? 출세지향적 사상을 대표하는 속담으로 '자리가 사람을 만든다'는 말이 있다. 이 말의 원래 의미는 사람이 높은 지위를 얻게 되면, 그에 맞는 성품과 능력을 갖추기 위해서 노력함으로써 결국 그 지위를 감당할 수 있게 된다는 것이다. 그런데 이 속담이 한국의 교육열과 교육방식에 적용되는 과정에서 원래 의미가 왜곡되었다. 즉, 훌륭한 사람이 되려면 먼저 자리를 얻어야 한다는 출세지향 혹은 출세제일주의로 그 의미가 뒤바뀌었다. 이에 출세가도를 달리기 위한 첫 관문인 최고의 학벌을 얻기 위하여 수단과 방법을 가리지 않는 행동들이 나타나고 있다. 한국 사회에서 이러한 사회병리 현상의 일환으로 각계각층의 학력위조 사건이 수없이 발생하였고 이로 인하여 한국사회는 충격에 빠졌으며 우리 사회가 병들어 있음을 보여주었다. 대표적인 사례는 '사라 킴' 사건이다. 한 미국 유학생이 하버드대와 스탠퍼드대의 두 곳에 동시 합격했다고 속여서 언론의 주목을 받았던 사건이다. 이러한 학력위조 사건의 부작용도 일어나기도 하였다. 어떤 연예인은 학력위조 의혹을 제기하는 이들에 의해서 부당하게 시달리다 결국 법정 공방까지 가서 그 학력을 확인받는 상황도 발생하였다.

이처럼 고학력과 학벌을 중시하는 우리 사회에서 리플리증후군을 갖게 되는 사람들을 만들어 내고 있는 측면도 있다. 우리 사회는 오랜 기간 동안 지속되어 온 학력중심사회와 학벌주의로 모든 사람을 평가하는 편견을 당연하게 받아들인다. 따라서 학벌이 좋은 사람에게 평생 좋은 기회와 높은 지위를 주는 것을 당연하게 여겨왔다. 사람이 일의 능력과 관계없이 학력만 좋으면 평생 많은 기회와 높은 자리를 누리는 사회는 병든 사회이다. 마찬가지로 아무리 능력이 있어도 학력을 내세울 것이 없는 사람에게 기회조차 주지 않는 사회는 바람직한 사회가 될 수 없다.

능력에 따라서 인재를 선발하고 배치하는 것은 사회발전을 위하여 중요한 가치기준이다. 그런데 학벌과 능력은 별로 인과관계가 없다는 사실은 널리 알려져 있다. 학벌은 사람의 지적 능력을 측정하는 일부분일 수는 있지만 그 사람의 능력과 가치를 평가할 수 있는 전부는 될 수 없다. 또한 일의 능력과 인격은 학교에서 잘 가르쳐주지 않는다. 나아가 대학의 학벌은 학생들을 동일한 출발선에서 평가하지 못한 부분들이 많아서 능력에 관한 절대적인 기준은 되기 어렵다. 예를 들면, 가난해서 혹은 외딴 오지에서 교육을 받을 수 없는 환경에서 자란 사람과 부모의 재력이나 능력으로 좋은 교육을 받은 사람에 대하여 학력을 기준으로 사람들의 능력을 비교하고 평가하는 것은 정확한 평가라고 할 수 없다. 또한 사람에 따라서는 어린 시절부터 뛰어난 학습능력을 보이는 사람도 있지만 대기만성형으로 어린 시절에는 두각을 보이지 못하다가 나중에 뛰어난 학습능력을 보이는 사람도 많다.

그러므로 학벌과 능력을 동일시하지 말고 사람의 직무능력과 실력을 평가하여 인재를 대우하는 사회분위기가 조성된다면 리플리증후군을 가진 사람도 줄어들고 학벌지상주의가 만든 우리 사회의 병적인 현상들도 치유될 수 있을 것이다. 나아가 능력에 기준한 인재의 평가와 선발은 우리 사회의 부정부패를 줄이고 투명하고 건전한 사회발전뿐만 아니라 조직의 효율화와 성과제고에도 크게 기여하게 될 것이다.

7. 타인을 위한 부정행위

기업은 외부환경의 시스템으로부터 투입자원을 공급받아서 기업의 내부시스템에서 이들 자원을 산출물로 전환하여 기업외부로 되돌려 보내는 역할을 한다. 이러한 기업이 직면한 환경은 불확실하고 항상 변동하며 환경변화의 속도도 매우 빠르고 변화의 수준도 고도화되고 있다. 나아가 일어나는 변수들도 다양하고 복잡하여 어떤 문제들이 발생할지 예측하기 어렵다. 따라서 직장의 업무 환경 또한 여러 요인이 복합되어 불확실성이 크다. 이러한 불확실한 요인들로 인하여 조직이 집단적으로 일하는 과정에서 조직을 위한다는 명분 하에 경쟁의 승리 혹은 빠른 성과를 얻기 위하여 부정행위가 일어나기도 한다. 조직이 과도한 경쟁에 노출되거나 살아남기 위하여 일하다보면 정상적인 과정을 밟기보다는 부정한 방법으로 경쟁에서 이기려는 부정행위의 유혹을 받는다.

기업조직이 행하는 대표적인 부정행위의 사례는 회계장부를 조작하는 분식회계인데 이는 반복적으로 일어나고 있는 범죄행위이다. 미국에서는 엔론, 월드컴, 타이코인터내셔널, 글로벌크로싱, 아델피아 등 대기업의 잇단 회계부정의 스캔들이 일어나서 경기 침체가 가속화되었고 증시가 폭락하였다. 미국 정부는 기업의 회계부정을 막으려고 기업회계개혁법(사베인스-옥슬리법Sarbanes-Oxley Act)을 만들었다. 또한 기업의 회계감시를 강화하기 위한 기업회계감독위원회PCAOB를 설립하였다. 우리나라도 대우나 한보그룹 등이 회계조작을 시도한 것으로 드러나서 이에 가담한 회계법인들이 문을 닫기도 하였다. 최근에 삼성 바이오로직스의 분식회계 논란이 언론에 회자되고 있다.

그런데 일본은 회계사들뿐만 아니라 거래하는 은행직원이 기업에 파견되어서 기업 회계장부를 감사할 수 있는 이중적인 감시구조로 되어있다고 한다. 우리나라는 미국식 제도를 받아들여서 회계사들이 회계감사를 전담하는 것으로 되어있다. 규모가 큰 기업들은 회계사를 직접 고용하여 기업의 연례보고서, 의결권위임권유장 등 기업의 상태를 주주들에게 알려주는 문서를 작성한다. 중소기업들은 외부의 회계사에게 의뢰하여 세금정산과 연차보고를 위임한다. 회계라는 일은 그 자체로 전문성이 있어서 일반인들이 알기에는 어려움이 있다. 회계사들은 '일반적으로 인정된 회계원칙GAAP: generally accepted accounting principles'이라는 모호한 기준을 따른다. 덕분에 회계사는 재무제표를 어떻게 해석하느냐에 따라서 어느 정도 재량권을 행사할 수 있다. 기업 평가에 자유 재량권을 가지고 평가할 수 있는 회계원칙으로 '성실성의 원칙'이 있다. 이 성실성의 원칙은 누구를 위한 성실성인지, 어느 정도가 성실성인지, 어떻게 이를 반영해야 한다는 것인지, 모호한 면이 있다.

기업의 회계보고를 담당한 회계사들이 만약 담당 책임자가 기업의 이익을 부풀리지 않고 손실을 그대로 반영하여 회계보고서에 정직한 기업상태를 밝히는 회계보고서를 작성했다고 가정하자. 만약 기업의 책임자가 정직한 회계보고서를 보고받고 수치들이 마음에 들지 않는다고 다시 작업해 오라고 지시할 수 있다. 기업의 책임자는 잘못되었다는 것도 아니고 노골적으로 수치를 바꿔오라고 부정을 지시하지는 않았지만 마음에 들지 않는다는 모호한 표현으로 뭔가 다르게 다시 작성해 오라고 지시한다. 회계사들은 기업책임자의 숨은 뜻을 찾아서 업무를 처리할 수밖에 없고 마음에 들도록 수정한다. 수정을 못하겠다고 하면 그만 두는 방법밖에 없다. 이처럼 수치를 바꿔서 다시 작성된 회계보고서가 기업의 상태를 낙관적으로 기술하고 있다면 그 결과에 대한 책임은 누가 져야 하는가? 이러한 상황에서 회계사들의 책임은 중대하다. 기업책임자와 직원들을 위하여 회계사는 부정행위를 할 수도 있다. 기업과 지속적인 관계를 유지하거나 계속 근무하기 위해서 회계사는 다시 수정한 회계보고서를 최고경영자에게 보고할 것이다.

이처럼 부정행위는 조직차원에서 일어날 수 있다. 경쟁에서 이기기 위하여 혹은 다른 이유로 기업은 은밀하게 조직의 직원에게 전체를 위하여 어느 정도의 재량권을 사용하여 부정행위를 유도하기도 한다. 사람은 이기적 동기뿐만 아니라 이타적 동기도 있기 때문에 조직의 이익을 위하여 부정직한 행동을 하기도 한다. 때로는 주위의 다른 사람을 위하여 부정행위를 범한다는 아이러니가 발생할 수도 있다. 이처럼 인간은 다른 사람에게 동조적이고 이타적인 인간의 속성이 있기에 자신을 희생시키면서도 타인을 돕거나 조직을 위하여 일하는 비이성적인 행동이 현실에서 나타날 수 있다.

조직 내에서 혹은 사회적으로 부정행위가 어느 정도 발생하는지를 파악하는 것은 거의 불가능하다. 이는 그 사회가 얼마나 투명하고 정직한가에 영향을 많이 받을 것이므로 국가 간 혹은 한 국가 내에서도 상이하다. 조직 내에 부정행위를 줄이고 보다 투명한 조직으로 만드는 방법은 없는 것일까? 이를 위하여 조직의 집단적 행동에서 발생하는 의사결정의 원리를 파악함으로써 그 부정행위의 고리를 차단하는 노력이 필요할 것이다. 가령, 감시를 받고 있다는 느낌을 주는 것만으로 사람들의 나쁜 행동이나 부정행위를 금지시킬 수 있다는 실험이 있다. 영국 뉴캐슬대학 교수들인 멀리사 베이트슨Melissa Bateson, 대니얼 네틀Daniel Nettle, 길버트 로버츠Gilbert Roberts가 공동으로 진행한 실험에서 부정행위는 주위의 감시가 있으면 현저히 줄어들었다. 이들은 학교 교직원들을 위하여 무인판매대에서 차와 커피 그리고 우유를 제공하고 대금은 '정직상자honesty box' 앞에 자율적으로 음료가격에 따라서 투입해 달라는 안내 문구를 달았다. 이 안내 문구는 5주 동안은 꽃의 이미지가 첨부되고 5주 동안은 뚫어지게 쳐다보는 사람 눈의 이미지로 장식했다. 실험결과에 의하면, 정직상자의 돈은 꽃의 이미지가 첨부된 경우보다 사람의 눈이 첨부된 경우에 세 배 가까이 증가하였다. 사람들을 정직하게 행동하게 하는 것은 자신이 감시를 받고 있다는 느낌만으로도 가능하다는 점이다. 이처럼 직접적으로 감시하는 것 뿐만 아니라 단순히 감시를 받는다는 느낌만으로도 사람들을 정직하게 만들 수 있고 부정행위를 줄일 수 있다.

그러므로 조직 내에서도 서로 투명성과 정직성을 강화하기 위하여 서로 건전하게 감시하는 것이 대안이 될 수 있다. 그런데 한 집단 내의 구성원들이 서로 친밀해지면 서로의 부정은 눈감아 주는 경우도 생기고 건전한 감시기능은 약화될 수 있다. 또한 부정행위를 할 때, 그 행위는 이기적 동기와 이타적 동기가 혼합된 상태에서 일어나기에 자신이 그 이득을 누리지 않을 때 더 큰 부정행위를 행할 수도 있고 다른 한편으로 이타적 차원에서 행한 부정행위는 합리화하기 쉽다. 결국 우리는 자신의 부정행위가 전체 혹은 다른 사람을 위하는 것일 때 쉽게 정직성을 포기하기도 한다.

그림 74 회계부정의 스캔들로 인한 기업회계개혁법(사베인스 - 옥슬리법) 제정

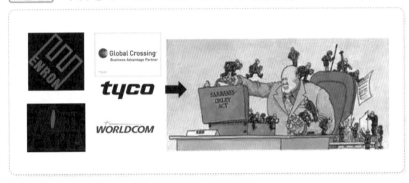

제4장

행복한 삶

제1절

행복으로 가는 길

1. 인생을 움직이는 행복으로 가는 길

　　최근 세상은 직관만으로 이해할 수 없을 정도로 복잡하고 다양해졌다. 기술의 발달과 함께 일을 처리하는 시간은 단축되고 일의 종류와 분량은 점점 늘어나는 시대가 되었다. 인간은 생존을 위한 기술을 습득하고 바쁜 조직과 사회에서 그 역할을 다하기 위하여 노력하는 과정에서 여유는 없어지고 행복에 대한 생각이나 행복하기 위해서 무엇을 해야 하는가?에 대한 지혜를 모을 시간이 없다. 생존경쟁이 치열한 조직과 사회 속에서 살아가다 보면 우리는 자신의 불행이 외부 환경과 사회형태에 기인하고 있다는 사실조차도 잊어버리게 된다.

　　복잡한 세상에서 직면하는 문제에 대처하려면 삶을 위한 나름의 철학, 사고방식과 태도가 필요하다. 유사 이래 모든 인간은 힘든 일이나 고통은 멀리하고 행복을 가까이 하고자 한다. 2500년 전부터 철학자, 신학자, 심리학자, 뇌과학자 등 많은 사람들이 자신의 분야에서 사람을 행복하게 만드는 것들을 찾으려고 노력하였지만 얻은 결과는 미미하였다. 하지만 행복을 떨어드리거나 좋은 삶의 위험 요소를 찾으라고 한다면 쉽게 열거할 수 있다. 자신의 삶이나 주위 사람들의 삶에서 이를 찾아낼 수 있다.

좋은 삶을 살고 싶은가? 인생을 살며 부딪치는 문제에 대처하는 방법, 현명한 삶을 만들어가는 비밀은 '불행은 피하고 행복은 늘리는 것'이다. 그런데 이 방법이 어려운 것은 많은 이들이 정작 불행을 줄이는데 신경을 쓰지 않기 때문이다. 또한 불행이나 불행한 마음을 치유하고자 그 불행을 생각하면 더 두려워지고 극복하지 못할 것 같은 무력감을 느낀다. 때로는 내가 왜 불행한지를 스스로 설명하지 못할 때도 있다. 왜냐하면 태어나면서부터 자신의 주위 환경과 사회를 배경으로 형성된 심리가 자신을 좌우하고 있기 때문이다. 따라서 자기의 내면에서 행복의 시초를 찾아내는 것도 매우 어렵다.

『불행피하기 기술』의 저자인 롤프 도벨리Rolf Dobelli는 40여 년간의 심리 연구와 스토아철학, 성공한 가치투자가들의 생각을 근거로 '영리하게 인생을 움직이는 52가지 비밀'이라는 생각도구 상자를 제시하였다. 어떤 사람이 그에게 "대체 훌륭한 삶이 뭔가요? 정의를 해주세요."라고 물었을 때 그의 대답은 "자신도 모른다."는 것이었다. 그의 이러한 답변의 배경에는 '신이 무엇인지는 정확히 말할 수 없지만 신이 무엇이 아닌지는 정확히 말할 수 있다'라는 중세의 부정신학negative theology이 자리잡고 있다. 바로 행복은 부정의 길, 포기의 길, 내려놓음의 길이라는 것이다. 즉, 훌륭한 삶을 가져다주는 것이 무엇인지는 모르겠지만 훌륭한 삶을 저해하는 것들은 확실히 말할 수 있다는 것이다. 훌륭한 삶은 무엇을 함으로써 대단한 행복을 추구하는 데 있는 것

그림 75 롤프 도벨리(Rolf Dobelli)의 행복을 찾는 똑똑한 방법 - "좋은 삶은 대단한 뭔가를 추구하기 이전에 멍청한 것, 어리석은 것, 잘못된 것을 피할 때 이루어진다."

이 아니라 멍청함이나 어리석음, 유행 따르기를 피함으로써 삶의 질을 더 높일 수 있다고 보았다.

워런 버핏의 동료이자 멘토로 알려진 찰리 멍거_{Charlie M. Munger}는 유머 감각이 뛰어났는데 그도 행복에 관하여 비슷한 이야기를 하고 있다. 그는 "나는 무엇보다 내가 어디서 죽을지 알고 싶다. 그러면 그 장소에 절대 가지 않을 테니까."라고 말했다. 그는 또한 "대단해지는 건 고사하고 멍청해지지 않으려고 했을 뿐인데 이런 태도가 장기적으로 얼마나 큰 성공을 가져왔는지 놀랍다."라고 말한 것도 같은 차원이다.

행복으로 가는 길은 자기 스스로 내면적으로 생각과 마음을 다스리는 것만으로 가능하지는 않다. 물론 자신의 기분과 행동을 좌우하는 숨은 동기를 파악하고 이해하는 것은 필요하지만 이것이 행복을 줄 수는 없다. 마음의 생각은 때로는 긍정적인 면보다 부정적인 영향력을 행사하기도 한다. 그러므로 1950년 노벨문학상 수상자인 버트런트 러

그림 76   버트런드 러셀 − "세 가지 열정이 내 인생을 지배해 왔으니, 사랑에 대
한 갈망, 지식에 대한 탐구욕, 인류의 고통에 대한 참기 힘든 연민이 바
로 그것이다."

셀Bertrand Russell은 그의 저서인 『행복의 정복』에서 행복으로 가는 길
을 제안한다. 즉, 내면에 많은 생각을 하는 것보다는 다른 행복한 일들
이나 좋아하는 일들을 찾아서 관심을 돌리라는 것이다. 가령, 사랑하던
사람과 헤어지거나 잃었다고 해서 그 사건에 대해서만 계속 생각하면
더 불행해 질 수도 있다. 다시 행복해 지려면 다른 취미에 관심을 돌
리거나 다른 사람을 만나서 대화하며 세상을 보는 눈을 넓히다보면 자
신을 괴롭혔던 일에 관한 생각이 줄어들고 빨리 잊혀질 수도 있을 것
이다. 즉, 행복은 불행을 해결하려는 시도보다는 불행을 회피하거나 불
행과는 거리가 먼 행동이나 다른 세상으로 자신의 관심을 돌리는 행동
을 통하여 얻을 수 있다는 것이다. 비슷하게 우리가 어려운 문제에 직
면하면 너무 그 문제를 깊이 생각할 것이 아니라 그 문제를 접어두거
나 잠시 그 문제를 떠나 있는 것이 문제해결에 도움이 될 수도 있다.
이것은 국면을 다르게 전환하는 방법의 일종이다.

요컨대 러셀이 말했듯이 조직과 사회가 자신을 힘들게 한다고

기피할 것이 아니라 조직과 사회는 자신이 학습하고 발전하는 삶의 토대이자 행복을 주는 원천이다. 우리는 조직과 사회를 잘 활용하여 자신의 행복을 찾아가는 지혜를 발휘해야 한다. 행복으로 가려면 남에게 피해를 주지 않는 한도 내에서 자신이 좋아하고 원하는 것을 하며 살아가야 한다. 자신에게 행복이 없다면 행복이 떠나간 원인을 찾아서 이를 제거하거나 혹은 불행을 피해서 우리의 관심과 에너지를 전환해 나가야 할 것이다.

2. 내면의 자기만족

우리는 살아가는 동안 자신이 올바른 선택을 내렸는지 주위사람들에게 끊임없이 묻는다. 이러한 심리의 이면에는 다른 사람들이 우리의 선택을 인정해주길 바라는 강한 정서적 욕구가 내포되어 있다고 한다. 페이스 북이나 소셜 미디어의 '좋아요'도 주위의 인정을 보여주는 대표적인 사례이다. 최근 한 조사에 따르면 전 세계의 SNS 이용자 수는 24억 6천만 명으로 세계 인구의 1/3에 육박하고 있다. 많은 사람이 소셜 네트워크 서비스sns: Social Network Service를 이용하여 자신의 일상과 생각, 느낌을 알리고 공유한다. SNS 상에서 자신이 하는 일, 생각, 가진 것, 좋아하는 것 등을 보여준다. SNS 상에 올린 자신의 사진과 글을 통하여 우리는 자신의 무의식적인 내면을 보여주고 있다.

우리가 SNS를 통하여 자신의 일상을 보여주고 거기에 웃고 우는 이유는 모든 사람이 가진 기본적 욕구인 인정과 승인의 욕구need of approval and seeking에 있다. 인간은 생존과 성장에서 사랑과 인정이 필요하다. SNS를 이용하는 이들의 심리의 이면에는 누구로부터 인정받고,

사랑 받고 싶은 기본적인 욕구가 들어있다. 또 SNS는 본연의 기능인 소통communication과 연결network을 돕고 이용자의 감정과 이상, 심지어 마음 깊은 곳의 무의식을 드러내는 역할도 하고 있다. 현실에서 자신을 지지해줄 사람들이 별로 없을 때, SNS 상에서 타인이 표현한 '좋아요'는 자신이 인정받거나 위안을 얻는 점에서 즐거움의 좋은 대안이 될 수 있다. 이에 네트워크를 공유하는 '페친', '인친'들이 '좋아요'의 긍정적인 반응을 주면 기분이 좋아지지만 아무도 관심을 갖지 않으면 기분이 안 좋고 불안감을 느낀다. 또한 SNS에서 자신의 일상을 드러낸 사람들은 다른 사람들의 의견을 중요시하기 때문에 자신이 내린 판단을 신뢰하지 못할 수도 있다.

최근 들어 SNS는 소통을 위한 수단으로 사용하려는 처음의 의도와 다르게 '인정을 갈구하는 기계'로 변모되고 있다. 이와 관련하여 잉글랜드 프리미어 리그EPL: England Premier League의 전설적 감독, 알렉스 퍼거슨Alex Feguson은 "SNS는 인생의 낭비이다. SNS 말고도 할 수 있는 일은 수만 가지 있다."라고 말한 바 있다. SNS를 통하여 과도한 관심을 받은 사람들은 그 짜릿함에 점차 중독되고 정도를 벗어나서 더 자극적인 사진이나 글들을 올린다. 내 글이 얼마나 타인에게 관심을 받고 있는지, 타인이 자신의 글에 '좋아요'를 얼마나 눌러주는지가 무의식적 자존감의 척도가 된다. 자신이 올린 글이나 사진에 타인이 관심을 안보이면 불안해한다. 이처럼 관심과 무관심, 환희와 좌절에서 아슬아슬한 줄타기를 한다. 그리고 SNS는 '자신의 최고의 순간'을 기록하는 경우가 많아서 구경하는 사람들은 자신의 평범한 삶을 이들과 비교하는 순간, 한없이 초라함을 느끼기도 한다. 자신이 없는 것들과 채우지 못한 욕구들을 타인이 마음껏 즐기는 것을 보면 마음속에 부러움과

그림 77　SNS를 가장 많이 사용하는 세대, 20대

함께 열등감이 생기기도 한다.

　　한편, SNS에서 수많은 자극적 메시지들을 접하게 되면 우리 자신의 자존감이 쉽게 무너진다. 우리는 자신이 가진 결핍감defectiveness과 연결되어 있는 부족한 부분들은 채우고 열등감을 극복하려고 관련된 정보들을 받아들이려 한다. 인간의 취향은 다르기 때문에 자신에 대한 통찰을 보여주는 스키마schema는 모두 다른 색채를 지니고 있다. 어떤 사람은 외로움, 우울함과 관련된 주제의 메시지를 싫어하지만 어떤 사람은 다른 사람들이 즐겁게 살아가는 모습을 보며 열등감에 사로잡힌다.

　　결국 '좋아요' 숫자를 올리는 것은 왜곡된 자기 이미지를 양산하여 외적 평판을 중시하는 데서 나타나는 부정적 현상으로 이어질 수 있다. 친구 모임에서 무슨 이야기가 오가는지 유심히 살펴보면 이야기의 90%가 다른 사람에 관한 것이다. 그만큼 우리는 외적 평판에만 신경쓰고 있다. 사람들의 평판은 우리 자신의 실제와는 다를 수 있고 외적평판이 우리의 삶에 미치는 영향은 매우 적다. 사실 외적평판은 엄밀하게 나 자신이 겪는 행복 혹은 불행과는 관련이 없다. 그러므로 외적 평판인 다른 사람의 '좋아요'에 집착이나 인정을 구하지 말고 내면의 자기 모습을 성찰하는 시간을 갖는 것이 건강한 자존감을 가지는 길이다. 워런 버핏은 "다른 사람은 비판하더라도 정작 나는 내가 하는 일을 좋아할 때 행복하다. 반대로 다른 사람들은 나를 인정하지만, 내가 하는 일에 만족감이 없을 때 불행하다."라고 표현하였다. 우리는 자신의 내면의 점수표를 높이는데 노력해야 진정한 자기만족을 높여서 행복을 얻을 수 있다.

3. 블랙박스 사고

영국의 '드 하빌랜드 코메트de Havilland Comet 1'은 세계 최초의 제트여객기 기종으로 명성을 날리고 있었다. 그런데 1953년과 1954년 사이에 이 여객기들이 잇달아 수수께끼같이 공중 폭발사고를 당했다. 1954년 영국국제항공 BOAC 소속으로 싱가포르발 로마경유 런던행의 '드 하빌랜드 코메트 781편'이 높은 고도에서 레이더로부터 사라지더니 엘바섬 근처의 지중해에 추락하는 사고가 발생했다. 이 사고로 탑승객과 승무원 35명의 전원이 사망하였다. 부검결과의 특이한 점은 희생자들이 보기 드문 부상을 입었음을 확인하게 된다.

이 때문에 상업용 제트 항공산업의 운명이 위기에 처하자, 윈스턴 처칠Winston Churchill 수상은 이 사고에 대한 정부 조사를 지시하였다. 근무 태만의 가능성과 음모론부터 인간적 실수까지 모든 가능성을 조사하게 하였다. 무엇 때문에 비행기가 추락하여 희생자들이 이상한 부상을 당했을까? 영국 정부의 조사결과에 의하면 사각형의 창문이 사고 원인으로 밝혀졌다. 여객기는 높은 고도에서 비행하므로 기체가 신축과 팽창을 반복한다. 신축과 팽창과정에서 사각형 창문 모서리에 균열이 발생하였다. 이 균열이 몸통으로 번져서 급기야 기체가 동강나는 큰 사고로 연결되었던 것이다. 오늘날 비행기 창문이 모두 둥그스름하게 생긴 것은 이 때문이다. 이 사고를 조사했던 데이비드 워런David Warren은 사고가 나도 파손되지 않고 보존될 수 있는 비행기록 장치를 장착하자고 제안했고, 이 제안이 받아들여졌다. 이 기록 장치가 바로 블랙박스로 이름붙여졌다. 오늘날 블랙박스는 조종실에서 이루어지는 조종사들의 대화 등 초당 수천 개의 데이터를 기록함으로써 사고가 발생하면 그 원인을 정확하게 분석하게 해준다.

항공 산업만큼 실수를 중대하게 받아들이는 분야는 없을 것이다. 그 만큼 인명피해가 크기 때문이다. 영화 〈허드슨 강의 기적〉의 실제 주인공인 체슬리 슐렌버거Chesley B. Sullenberger 기장은 허드슨 강에 불시착한 뒤 "항공 분야의 모든 지식, 모든 규칙, 모든 절차는 누군가 어디선가 추락했기에 존재하는 것이다."라고 말했다. 이는 추락으로부터 미래의 안전한 비행이 탄생했다는 의미이다. 이러한 블랙박스 사고black box thinking는 생각 도구에 관한 책을 쓴 매튜 사이드Matthew Syed가 도입한 개념이다. 이 원칙은 삶의 다른 영역에도 활용되는 정신적 도구이다. 블랙박스사고란 실수를 통하여 배우고자 하는 의지와 끈기, 제도와 문화를 모두 포괄하는 것이다. 즉, 블랙박스에 남아있는 비행기 데이터 분석이 비행기사고의 발생빈도를 크게 감소시켰듯이 일상의 실수를 면밀히 분석하면 실수의 재발을 막을 수 있다는 것이다.

그러나 우리는 블랙박스사고와는 반대로 행동할 때가 많다. 만약 몇 년 전에 한 주에 10만원을 주고 매수한 종목이 무참하게 하락하여 주당 1만원 밖에 되지 않는다면 우리의 머릿속에서 무슨 생각을 할까? 우리는 주가가 회복되기를 바라거나 그 회사의 경영진을 비난할 것이다. 현실이 바람직하면 모두가 좋아하고 환영한다. 이와 반대로 받아들이고 싶지 않은 현실에 직면하게 되면 대부분의 사람들은 현실을 부정하거나 남 탓을 하는 경우가 많다. 그 만큼 실패에서 배운다고 하지만 이는 쉽지가 않다. 실패한 사람은 비난과 책임을 감내해야 하기 때문에 실패를 인정하기보다 숨기거나 포장하려 한다. 매튜 사이드는 의사가 실패를 대비하여 환자에게 합병증을 언급해 두거나 사법당국이 명백한 무죄증거를 무시하거나, 정치인이 효과없는 정책을 밀어붙이는 것들은 모두 실패를 인정하지 않으려는 자세에서 나온 것이라고 지적한다. 하지만 실패의 재발을 막고 미래의 성공을 높이려면 실패를 용인해 주는 환경이 조성되어야 한다. 이에 기초하여 우리는 부정하고 싶은 현실도 받아 들여야 하고 실패없는 미래를 위하여 철저한 현실수용과 블랙박스 사고가 필요하다.

그림 78 매튜 사이드(Matthew Syed)의 『블랙박스 사고』

20세기의 지성 버트런드 러셀은 "계속 성공하지 못하는 극작가는 자신의 작품이 쓸데없지는 않은지 생각해봐야 한다."라고 했다. 이렇게 철저하게 자신을 수용하기 위해서는 자신의 블랙박스사고가 필요

하다. 중요한 결정을 내리는 순간에 자신만의 블랙박스를 만들어서 머 릿속을 스치는 모든 가정, 생각, 결론을 기록해 본다. 결정이 잘못된 것으로 드러난다면 블랙박스를 찾아보고 어떤 생각이 실수로 이어졌는 지 정확히 분석해야 한다. 실수의 원인을 밝혀가다 보면 실수는 줄어 들고 성공가능성은 높아져서 삶은 더 행복해 질 수 있다. 삶에서 간혹 추락하는 것은 괜찮다. 작은 실패의 고통은 때로는 인생의 큰 행복을 위하여 약이 되기 때문이다. 중요한 것은 추락의 원인을 알고, 그 다음 부터 그 실수를 반복하지 않는 것이다. 우리의 삶에서 추락의 원인을 알지 못하면 반복해서 추락하게 될 것이다.

4. 인맥다이어트(인맥포맷)

　　최근 SNS가 발달하여 클릭 한번으로 간단히 친구나 관계를 형 성할 수가 있다. 일일이 전화번호를 몰라도 아이디만 알아도 대화를 나눌 수 있다. 이처럼 직접 만나 보지 못한 사람들과 관계를 맺으면서 개인의 인맥은 점차 증가한다. 사람들은 경쟁사회에서 앞서기 위해서 타인과의 관계를 끊임없이 의식하면서 인맥을 늘려왔다. 동시에 그 와 중에도 인간은 고립감을 느끼는 '군중 속의 고독'을 느끼기도 한다. 그 런데 최근 형식적이고 넓은 인간관계를 맺으면 많은 시간이 소요되고 별 이익이 없다고 생각하여 인맥다이어트를 하는 사람들도 있다.

　　인맥다이어트의 정의는 '인맥'과 '다이어트'를 합친 말로서 불필 요한 인간관계를 정리하는 행위를 말한다. 번잡한 인간관계에 스트레 스를 받거나 직장활동, 사회활동 등의 바쁜 생활에 별로 도움이 안되 는 관계를 스스로 정리하는 것이다. 현대인들의 일부는 자신이 형성해 놓은 인맥의 거품을 없애는 인맥 다이어트를 통하여 적절한 인맥을 유지하려고 한다. 기술의 발전은 인간의 신체적 활동뿐만 아니라 두뇌 활동을 포함하여 모든 것을 단순하고 효율적이게 만든다. 이러한 움직임으로 인간은 복잡한 사고를 싫어하고 인문학의 영역에서도 정답을 요구하기도 한다. 최근 체중을 줄이듯 형식적인 관계를 정리하고 자신에게 집중하는 '인맥다이어트'가 새로운 트렌드가 되고 있다.

취업포털사이트, 인크루트incruit가 시행한 한 설문조사에 의하면 인간관계로 피로감을 느낀 적이 있느냐?는 질문에 85%가 그렇다고 답하였다. 그 중 46%의 응답자가 인맥다이어트를 실행에 옮겼다고 밝혔다. 인맥다이어트를 하는 이유는 인간관계에서 오는 스트레스 때문으로 보인다. 이처럼 사람들은 인간관계의 스트레스 때문에 정서적 유대감을 갖지 못하더라도 혼자가 되기를 선택하기도 한다. 특히 SNS를 통하여 인맥이 양적으로 크게 증가하고 개인의 사생활이 모두 공유되면서 사생활침해와 혼란이 증가하였다. 이에 어떤 사람들은 많은 사람들과 관계를 유지하기 보다는 마음을 함께 하는 소수의 사람들과 질적으로 밀접한 관계를 유지하고자 한다.

우리는 살면서 이런 저런 이해관계로 연결되어서 다양한 인맥과 모임을 형성한다. 바쁜 일상을 살면서 가끔은 편하게 대화할 수 있는 상대가 필요하고 서로에게 위로와 힘이 되어줄 사람이 필요한 것도 사실이다. 하지만 기존의 인맥 쌓기를 스펙으로 여기거나 SNS 팔로우를 늘리는 것을 하나의 경쟁력 혹은 힘이라고 생각했다면 너무 많은 인간관계가 시간과 노력에 비하여 별 의미 없는 것으로 여겨질 수도 있다. 인간관계 자체는 나쁜 것이 아니지만 SNS를 확인한다거나 남들의 반응에 목을 매고 있다거나 사람들의 관심사에 내가 있어야 한다고 생각하고 행동한다면 그 인생은 너무 타인의 반응에 의존하는 삶을 살고 있는 것이다. 젊은 세대들은 SNS 계정을 보통 3개를 가지고 있다고 한다. 즉, 모두에게 공개할 수 있는 계정, 회사 사람들은 보지 않았으면 하는 계정, 측근만 봤으면 하는 계정 등이다.

그림 79 현대인들의 '인맥다이어트'

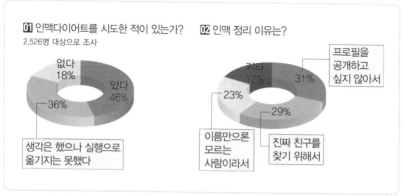

자료: 취업포털 인크루트

우리 자신의 인맥은 어느 정도인가? 인맥 다이어트를 할 정도로 복잡한가? 인맥다이어트는 모든 사람에게 잘 보이기를 그만두기로 결심한 것일 수도 있고 자신이 정말로 필요할 때, 곁에 남아 줄 사람이 거의 없는 경우일 수도 있다. 또는 과도한 인간관계로 인해서 혼자 있고 싶은 마음이 행동으로 나타날 수도 있다. 이러한 현상은 젊은 계층에 국한되는 것은 아닌 듯하다. '알쓸신잡'으로 유명해진 소설가 김영하는 그의 산문집, 『말하다』에서 친구의 의미에 대하여 "마흔이 넘어서 알게 된 사실 하나는 친구가 사실 별로 중요하지 않다는 거예요. 잘못 생각했던 거죠. 친구를 훨씬 덜 만났으면 내 인생이 더 풍요로웠을 것 같아요. 젊을 때에는 그 친구들과 영원히 같이 갈 것 같고 앞으로도 많은 좋은 일이 있을 것 같아서 내가 손해보아도 맞춰주지만 다 헛되다.”라고 말했다. 그는 “쓸데없는 술자리와 맞출 수 없는 변덕스럽고 복잡한 여러 친구들의 성향이나 성격을 맞추느라 시간을 허비했다며 차라리 그 시간에 책을 읽거나 잠을 자거나 음악을 듣는 것이 나았을 것이다.”라고 이야기한다.

몇 번의 인맥다이어트를 하고 나면 결국 자신의 존재만 남게 되고 자신의 존재를 알고자 하는 노력이 시작된다. 그러한 노력을 통하여 자연스럽게 자신과 맞는 인맥과 모임을 찾게 된다. 자신을 소중히 여기고 우선시하는 인맥다이어트는 나름의 합리성을 갖는다. 최근 젊은 층들은 자기만의 기준을 가지고 ‘티슈인맥’으로 불리는 일회성 관계를 형성하기도 한다. 즉, 인간관계에도 선택과 집중을 하는 것이다. 그리고 일회성 관계, 그 자체를 문제라고 지적하는 움직임에 대해서도 어떤 사람들은 “사람은 태어날 때부터 깊은 관계를 유지하는 사람이 있고 그렇지 못한 사람이 있다. 넓은 인간관계가 맞는 사람이 있는 반면 일대일 관계는 문제가 없지만 조직생활은 맞지 않는 사람도 있다.”라고 표현한다. 이들은 친밀하지 않은 사람들과의 만남을 피하고 원하지 않는 단체나 모임에서 자유롭게 사는 삶이 정신 건강에도 유익하다고 생각한다.

인맥관리는 자신의 발전에도 필요하지만 그 만큼 시간과 노력이 투여되어야 하는 일로서 양면성을 갖는다. 인맥다이어트도 인간관계로 소모되는 에너지를 줄여주는 긍정적인 역할을 할 수 있는 장점이 있지만 다양한 사람을 만날 수 있는 기회를 스스로 줄임으로써 여러 인간관계의 경험에서 오는 성장 기회는 놓칠 수 있다. 또한 관계의 정돈이 아니라 단절로 나아갈 경우 삶의 질이 더 나빠질 수 있다. 결국, 내가 누구인지의 해답은 자기 자신 안에서 찾을 수 있고 스스로 결정해야 한다. 하지만 우리는 사회적 동물이기 때문에 혼자 할 수 없는 것들이 많다. 그러므로 적절한 인맥다이어트는 혼자 있는 시간과 다른 사람들과 함께 보내는 시간의 '균형'을 맞추는 것이 중요하다. 양적으로 확대하기 보다는 질적으로 깊은 인간관계를 맺는 것도 한 방법이 된다.

5. 소명에 대한 믿음

백범 김구 선생은 '모든 것은 나 자신에 달려있다'라는 글에서 "돈에 맞춰 일하면 직업이고 돈을 넘어 일하면 소명이다. 직업으로 일하면 월급을 받고 소명으로 일하면 선물을 받는다."라고 표현했다. 결국 모든 것은 나로부터 시작되고 모든 것은 나 자신에게 달려있다는 것이다. 소명疏明이라는 말은 원래 신으로부터 '부름을 받았다called'는 의미로서 종교적 봉사를 위한 특별한 부름에 사용되었다. 최근에는 범위가 확대되어서 다른 영역에서도 자신의 일에 소명의식을 갖는 경우가 증가하고 있다.

미국의 긍정심리학자인 소냐 류보머스키Sonja Lyubomirsky는 『행복도 연습이 필요하다』라는 저서에서 사람들이 보통 자신의 일에 대하여 세 가지 관점을 갖는다고 한다. 첫째, 일을 직무job로 보는 사람은 일의 목적을 금전적인 보상에 둔다. 둘째, 경력과정career으로 보는 사람은 권력과 명성, 출세를 위하여 일한다. 셋째, 소명calling으로 보는 사람은 자신의 일에 특별한 의미와 가치가 있다고 믿고 일에서 삶의 만족과 즐거움을 얻는다. 그런데 실제 설문조사에 의하면 직업의 형태와 관계 없이 세 가지 관점을 가진 삶의 비중은 대략 1/3 정도로 비슷하였다는 점이다. 표본과 시기를 달리한 조사결과도 크게 차이가 없다는 것이다.

그런데 그 중에서 자신의 일을 소명으로 생각하는 그룹이 나머지 두 그룹보다 수입, 지위 등에서 더 좋은 결과를 보였고 열정과 활력수준도 높았으며 삶에 더 만족한 것으로 나타났다. 반면 가장 불만인 그룹은 일의 목적이 돈을 버는 그룹인데 열정도 낮고 삶의 만족도 낮았다. 경력과정으로 보고 경쟁과 성취를 중요시하는 그룹은 활력도 낮고 스트레스도 높아서 결근일수가 많았다. 우리는 일을 하면서 금전적 수입, 지위 향상, 일의 의미를 모두 고려하지만, 이 중 어떤 것을 가장 중요하게 여기느냐는 사람마다 다르다. 그리고 일에 대해 어떤 관점을 가지느냐에 따라서 일을 하는 태도와 행동이 달라지고, 성과와 행복도 달라진다.

어떤 사람들은 자신의 삶을 깊이 생각하지 않고 일에 대한 의미와 보람도 느끼지 못한다. 단지 돈을 벌기 위하여 억지로 일하고 생존 경쟁에서 살아남기 위하여 스트레스와 긴장감 속에서 살아간다. 이런 사람들의 삶은 우울하고 힘이 들며 즐거움이 없어서 불행하다. 자신의 삶이 이와 유사하다고 생각되면 자신의 삶을 뒤돌아보고 삶의 속도를 늦추며 일에 대하여 다시 생각해 보는 것이 필요하다. 자신의 삶과 일에 대하여 나의 시간과 노력을 의미있게 사용하고 있는지, 일에서 의미있는 역할을 하고 있는지 등 되돌아보는 시간을 가질 필요가 있다.

반대로 너무 철저한 소명의식이 오히려 사람들을 힘들게 하고 행복을 해친다고 주장하는 입장도 있다. 버트런드 러셀은 "자기 일을 과도하게 중요하다고 믿는 것은 신경쇠약에 가까운 증상이다."라고 말했다. 물론 원대한 목표를 추구하는 것은 훌륭한 일이지만 소명에 집

그림 80 백범 김구 선생 - '모든 것은 내 자신에 달려있다'
소냐 류보머스키(Sonja Lyubomirsky) - '행복도 연습이 필요하다'

착하는 사람은 힘들기만 할 뿐 행복하지 않다고 이야기한다. 소명이
우리를 행복하게 한다는 낭만적 표현은 잘못된 것이고 자신과 자기 일
을 과도하게 중요하게 여기는 것은 바로 소명의 위험성이라는 것이다.
우리는 소명으로 가득한 삶을 성공적으로 산 사람만을 기억하거나 바
라보는 선택적 경향이 있다. 하지만 자신의 능력과 소질과 동떨어진
소명의식은 일을 열심히 하더라도 실패할 확률이 높다. 이렇게 자신의
능력, 소질, 주위 환경과 어울리지 않는 맹목적 열정으로 소명을 좇는
사람은 대부분 불행한 삶을 살게 된다.

요컨대, 자신의 일에서 소명은 목표를 위해 노력하거나 약점을
개선하도록 우리에게 긍정적인 영향을 미친다. 하지만 소명에 너무 지
나치게 집착하면 행복을 느낄 수는 없게 된다고 한다.

6. 음주운전자의 심리

도로 위에 달리는 시한폭탄인 음주운전자의 난폭운전으로 일반

운전자들은 도로에서 각자도생 즉, 스스로 제 살길을 찾아야 한다. 교통법규나 처벌의 강화가 잠재적 피해자를 돕지는 못한다. 사고가 일어나고 목숨을 잃거나 심각한 부상을 입더라도 아무도 이를 없던 일로 되돌리지는 못한다. 한국은 교통사고 사망자통계에서 전 세계 1위로 기록되어 운전후진국이라는 오명을 받고 있다. 한국교통안전공단KTSA: Korea Transportation Safety Authority의 조사에 따르면 최근 5년간 전국에서 발생한 교통사고 10건 중 1건은 음주운전으로 나타났다. 즉, 전체 교통사고 중 음주운전 사고는 전체 10.3%에 해당되었다. 같은 기간 중 음주운전으로 인한 사망자수는 전체 교통사고 사망자수의 12.3%로서 사고 건수보다 비중이 더 높다. 치사율은 비음주사고에 비하여 음주사고에서 36.4%로 12.3% 포인트 더 높았다. 그리고 음주운전 사고로 경찰에 적발된 이들의 음주상태는 면허 취소수준인 혈중 알코올 농도 0.1% 이상의 만취상태였다.

이러한 음주운전의 심각성을 막기 위하여 2019년 6월에 '윤창호법'이 뒤늦게 시행되었다. 이 법에서 인명피해가 발생하는 경우, 무기징역까지 줄 수 있다는 '엄벌주의 방식'을 규정하고 있다. '음주운전은 살인행위'라는 캠페인으로 사회적 경각심은 높아졌으나 지금 이 순간에도 음주사고와 교통법규 위반으로 인한 사망사고가 재발되고 있다. 유명 연예인, 스포츠 스타, 정치인과 고위인사 등 거의 모든 사회구성원을 망라하여 음주운전사고가 일어나고 있고 그 피해는 심각하다. 고위공직자 청문회에서 많은 공직후보자들이 음주운전 이력으로 이미지가 실추되고 검증에서 탈락한다. 지난 2010년에 충남 태안의 청포대 해수욕장에서 농림수산식품부 직원 등 공무원 8명의 목숨을 앗아간 교통사고가 발생했다. 당시 지역에 내려온 농림수산식품부 과장 외 7명이 저녁회식 후 숙소로 가던 중 운전하던 태안군청 직원이 바위를 들이받아 모두 숨졌다. 운전자는 만취상태로 운전했는데 혈중 알코올 농도가 0.154%로 운전면허 취소 수준이었다. 당시 해당부처는 이들을 순직으로 처리하려 했으나 여론은 '음주운전도 공무수행으로 봐야 하느냐?'고 매우 비판적이었다.

끊임없이 일어나는 음주운전 사건으로 인하여 음주운전의 위험과 근절책이 다시금 논의되고 있다. 음주운전과 이로 인한 사망사건은 우리 사회의 공공 안전을 위협하는 주요 요인의 하나로 떠올랐다. 반복되는 음주운전으로 심각한 사고가 발생하는데도 왜 재발방지가 안 되는 것일까? 행동경제학적 관점에서 보면 음주운전자들은 공통된 심리적 편향을 갖는다. 즉, '음주운전한 다른 사람은 몰라도 나는 사고가 안날 거야. 다른 사람은 걸려도 나는 안걸려'라는 확신편향을 갖는다. 즉, 이러한 불행은 자신과는 무관하다고 생각한다. 음주운전자들은 이기적으로 자신만 생각하고 다른 사람을 생각하지 않는다. 또한 음주운전을 해도 거의 대형사고를 내는 경우는 없으므로 음주운전을 반복한다. 우리는 비극적 음주운전 사건을 접하면 앞으로는 절대 음주운전은 하지 말아야지 하고 다짐한다. 하지만 시간이 흐르면서 그 사건은 뇌리 속에서 지워져 버리고 대부분의 사람들은 대수롭지 않게 다시 음주운전을 한다. 음주운전이 공공의 적이 된 것은 오래되었지만 음주운전자들은 음주운전이 심하게 잘못했다고 생각하지 않는다.

음주운전의 규제와 처벌도 엄격해져야 하지만 이것만 강화한다고 해서 법규위반이 근절되지는 않는다. 살펴본 바와 같이 음주를 한 비정상적인 상태에서 음주운전은 심리적 요인과 신체둔화가 복합적으로 작용하기 때문에 그 위험성이 더 크다. 즉, 음주는 운전자의 시력을 약화시키고 졸음을 초래하며 운전의 판단능력을 저하시켜서 운전이 난폭해지고 조급하게 만든다. 여기에 자신에 대한 과신편향과 자기확신 편향 등이 결합되면 상승작용으로 그 위험성은 매우 커진다.

이와 같은 요인들을 잘 파악하고 음주방지대책을 세우는 것이 필요하다. 무엇보다도 음주운전은 자신과 가족, 이웃을 해하는 심각한 범죄이다. 이를 살인죄로 처벌해야 한다는 말도 그 위험성을 표현한 것이다. 음주운전 근절을 위해서 사회 문화도 매우 중요하다. 차를 몰고 술자리에 온 사람에게는 술을 권하지도 말고 술을 마시려 할 때는 금주시키는 문화를 정착시켜야 한다. 우리 사회는 아직도 '술 먹고 하는 실수'에 대하여 관대한 정서가 있다. 즉, 음주 후 또는 만취 상태에서 실수는 봐주겠지 하는 기대심리를 갖게 하여 음주운전을 양산하고 있다. 술 취한 사람들은 자신을 술 취하기 전과 동일하게 정상이라 생각한다. 따라서 음주와 운전은 같이 할 수 없도록 규제, 문화, 교육, 홍보 등이 함께 이루어져야 한다. 또한 사람들의 생각의 전환과 함께 마음속 편향도 교정이 필요하다. 즉, 자신은 술에 강하여 영향을 안받고 단속에 안 걸린다거나 단속에 걸리면 재수가 없어서 걸렸다고 생각

그림 81　윤창호법 시행 - '음주운전은 실수가 아닌 살인입니다'

한다. 이러한 자기과신과 자기확신편향은 음주운전에서 반드시 교정이
되어야 한다.

7. 습관의 힘과 작심삼일의 극복

인생을 다시 시작하고 싶은 욕망으로 사람들은 '새해 결심'을 반
복한다. '한국인의 위시리스트Wish List'라는 빅데이터 분석에 따르면 새
해 소망 1위는 건강이다. 즉, 대부분 한국사람은 새해에 건강을 위한
목표를 세운다. 건강을 가장 중시하는 것은 '한번 뿐인 인생YOLO: You
Only Live Once'이란 욜로YOLO트렌드에서 자신이 중요하기 때문이다. 하지
만 건강을 위한 실천목표를 지키는 사람의 비중은 약 77%의 사람들이
일주일 정도에서 대부분 중도에 포기한다. 단지 약 19%의 사람들만이
2년 정도까지 결심을 지속시킨다고 한다. 이를 보면 새해 결심은 결심
일 뿐 삶의 변화로 이어지지는 않는 것 같다.

캐나다 칼턴대의 팀 파이킬Tim Pychyl이라는 심리학 교수는 새해
결심이나 새해 목표를 이루기 힘든 이유는 습관화가 잘 안되기 때문이
라고 한다. 습관화를 위해서 뇌가 목표를 자연스럽게 인식하도록 해야
하고 좋은 감정을 불어 넣어서 뇌를 감정적으로 훈련시키는 것이 중요
하다고 한다. 로버트 마우어Robert Maurer UCLA 의대교수는 이미 습관
화된 일들을 급진적으로 고치려고 하면 뇌가 거부반응을 일으킨다고
한다. 작심삼일을 극복하려면 작은 일에서부터 시작해서 점차적으로
확대하는 스몰스텝small step이 중요하다고 한다. 평소에 운동을 안 하던
사람이 바로 매일 한 시간씩 운동하겠다고 결심하기보다는 하루에 10
분이라도 꾸준히 하면서 점점 목표시간을 증가시키는 것이 좋은 생각이

라고 한다.

쥐들의 식사습관에 대한 한 연구에서 쥐들도 자신이 가장 좋아하는 음식에 대한 확연한 선호가 있다고 한다. 사람들은 쥐들도 과거에 어떤 음식을 연속해서 오랫동안 먹었다면 그 다음 끼니는 당연히 다른 음식으로 옮겨갈 것으로 생각한다. 하지만 쥐들은 선호하는 음식을 동일하게 반복해서 먹는 확률이 80%를 넘는다고 한다. 이처럼 음식에 대한 선택이 잘 안 바뀐다는 것을 알 수 있다. 식사습관에 있어서 인간도 쥐들과 비슷한 성향을 가지고 있다. 하지만 경제학자들은 같은 음식을 반복해서 먹으면 만족감이 줄어드는 한계효용체감의 법칙을 주장한다. 그런데 뇌과학자들의 실험에 의하면 다양한 음식가운데 사람마다 선호하는 음식이 다르고 선택할 수 있으면 자신이 좋아하는 음식을 다시 선택한다. 왜 이런 현상이 발생하는 것인가?

인간과 같은 영장류의 뇌는 두 부분으로 구성되어 있다. 한 부분은 자동시스템이고 다른 한 부분은 숙고시스템이다. 우리 뇌는 일상생활에서 반복적인 일들에 대해서 자동시스템을 사용하고 중대한 일이나 큰 목표나 보상이 걸린 선택에 대해서는 숙고시스템을 사용한다. 매일 음식을 선택하는 결정은 숙고시스템을 사용하기 보다는 자동시스템을 사용하기 때문에 인간은 습관적으로 선택하는 음식을 다시 선택하는 경향이 있다고 한다. 이를 통해 알 수 있는 것은 습관화된 일들은 자동시스템으로 처리하게 되고 습관이라는 행동패턴이 굳어져 버린다. 그러므로 사람들은 일상의 삶에서 다양한 선택의 가능성이 열려있지만 각자의 취향에 따라서 매번 유사한 선택을 한다. 늘 사던 브랜드를 사고 늘 다니던 단골집을 찾는다. 인간은 고민하지 않고 늘 하던 대로 삶을 영위하고 싶어 한다. 이처럼 자신의 습관을 그대로 유지하고 바꾸기를 싫어한다. 그 이유는 습관을 바꾸려면 익숙하지 않은 숙고시스템을 사용해야 하고 새로운 습관을 몸에 익숙하게 하려면 반복적으로 많은 에너지와 노력을 투입해야 하기 때문이다.

우리의 삶에서 습관은 안락하고 안전한 삶을 살게 해준다. 하지만 습관에 의존해서 현실에 안주하는 삶에는 변화나 발전이 없고 성장하기가 어렵다. 즉, 습관에 안주한 사람들은 성공을 얻기가 어렵고 삶에서 자주 후회하게 된다. 사실 나쁜 습관에서 벗어나서 좋은 습관을 많이 가질 때, 인생은 즐거워지고 삶이 풍성하며 성공적인 인생이 될 수 있다. 나쁜 습관을 고치는데 방해가 되는 작심삼일을 극복하기는 쉽지가 않다. 행동경제학자들이 제안하는 작심삼일作心三日을 극복하기 위한 방안은 다음과 같다.

첫째, 우리의 마음은 미완성 상태를 불완전한 것으로 인식하기 때문에 이를 완성하고 싶은 마음이 있다. 따라서 계획만 세우지 말고 뭐든지 작은 것부터 시작하는 것이 좋다. 그리고 감당하기 힘든 목표일수록 내일 혹은 모레 등 미루지 말고 일단 시작하는 것이 필요하다.

둘째, 사람의 마음은 자기 스스로에게 질문을 던지고 자신과 대화할 때, 훨씬 강한 동기를 부여받는다. 스스로에게 할 수 있는지를 물어보고 자신감을 불어넣는 것이 좋다. 가령, "하고 싶니? 한번 해볼까?"라고 자신에게 물어보자.

셋째, 목표에 대하여 부정적인 생각을 갖지 않도록 하는 것이 필요하다. 가령, 다이어트를 하다가 다이어트에 안 좋은 음식을 먹을 때, 다이어트는 물 건너갔다고 부정적으로 생각하면 평소 양보다 더 먹게 되고 목표는 멀어진다.

넷째, 습관에 관한 목표달력을 만들고 주위사람들에게 공개하는 것이 필요하다. 특히 타인의 평가나 관심에 민감한 사람일수록 그 효과는 높다.

다섯째, 포기하고 싶을 때, 충동을 이기기 위하여 주의를 돌리도록 한다. 충동을 억제하기 위하여 주의를 다른 곳으로 돌리는 주위환기나 전환방법을 활용하는 것이 필요하다.

그림 82 **로버트 마우어와 스몰스텝(small step)** - "빠르게 실패하지 말고 느리더라도 성공하세요."

8. Old 습관 vs New 습관

우리의 일상은 늘 해오던 습관으로 가득 차있다. 우리가 매일 반복하는 습관들 가운데 인간이 과거에 신중하게 생각해서 내린 결정의 결과물들이 모인 것들이 많다. 이처럼 습관이 형성되는 이유는 뇌가 에너지를 적게 사용하여 일을 처리하려고 하기 때문이다. 우리의 뇌는 에너지의 25%를 사용하는데 우리가 생각을 하고 신경쓴다는 것은 많은 에너지를 필요로 한다. 그래서 인간의 뇌는 습관적인 선택을 함으로써 인지활동에 에너지를 적게 사용하고 관심이 없는 분야에는 에너지를 투여하지 않는다.

과거의 습관들이나 관행들은 직장생활에서 중요한 영향을 미친다. 특히 안 좋은 과거의 관행들은 직장을 비효율적으로 운영되게 만들어서 성과를 떨어드리고 점차 도태되게 만든다. 물론 익숙하지 않은 새 습관이나 환경은 초기에는 조직에 혼란과 두려움을 준다. 새 습관에 적응하려면 한 동안 많은 인내와 에너지를 투입해야 한다. 다른 관점에서 익숙하지 않은 것을 극복해 나가면서 즐거움을 느끼기도 하고 점차 익숙해지면서 개선된 습관을 갖게 된다. 새 습관에 익숙해지면 다시 안락함과 평안을 얻게 되고 새 습관이 다시 일상화되어 익숙한 습관이 된다. 그런데 어떤 습관이든지 간에 조직이나 사람은 현상유지 편향이 있어서 처음에는 과거의 방식으로 하고 싶어 하고 변화를 좋아하지 않는다.

이러한 습관 형성에 관한 함축적 의미를 주는 '화난 원숭이 실험'이라 불리는 실험을 소개하고자 한다. 이 실험은 『시대를 앞서는 미래 경쟁 전략』이라는 책의 저자인 개리 해멀Gary Hamel과 코임바토레 크리슈나라오 프라할라드Coimbatore Krishnarao Prahalad가 기술하였다.

첫째 날, 이들은 실험을 위하여 네 마리의 원숭이들을 커다란 우리에 가두어 놓고 천장에 줄을 매달아 바나나를 달아 놓았다. 원숭이들은 천장에 있는 바나나를 보고 먹으려고 줄을 타고 기어오르자 사람이 호스로 찬물을 뿌려서 원숭이를 떨어뜨렸다. 이런 식으로 우리 안의 원숭이들이 여러 번 찬물을 맞았다. 이에 원숭이들은 '아! 저 바나나는 못 먹는 바나나구나.'라고 생각하게 되었다. 결국, 사람이 물을 뿌리지 않아도 그 어떤 원숭이도 줄을 타고 오르지 않았고 바나나는 계속 남아 있었다.

둘째 날, 우리 안에 있는 원숭이들 중 두 마리를 새로운 원숭이와 교체했다. 새로 들어온 신참 원숭이는 천장에 매달려 있는 바나나와 줄을 보고 바나나를 따 먹기 위하여 줄을 타려고 했다. 그러자 전날 들어와서 벌어진 일을 알고 있는 고참 원숭이들은 이 신참 원숭이를 할퀴고 때리면서 물세례를 받지 않도록 말리는 행동을 한다. 결국 우리에 새로 들어온 신참 원숭이도 바나나 먹는 것을 포기하게 되었다.

셋째 날, 첫날 들어온 남은 두 마리의 고참 원숭이마저 우리 밖으로 꺼내고 두 마리의 새로운 신참 원숭이를 교체하였다. 이들은 새롭게 우리에 들어가자 바나나를 따 먹기 위하여 줄을 타려고 했다. 그러자 둘째 날 들어와서 올라가면 무슨 일이 벌어지는지 모르지만 올라가려다 저지당했던 두 원숭이들은 왜 저지해야 하는지 이유도 모른 채, 신참 원숭이들을 못 올라가게 막았다.

이러한 실험은 우리가 생활하는 조직의 축소판 실험으로 생각할 수 있다. 조직에도 늘 해오던 습관과 관습이 있다. 새로운 조직원들은 '왜 나를 막는 겁니까?'라고 문제 제기를 해야 하지만 그렇게 하지 않는다. '여기는 원래 이래야 하는 건가 보다'라고 조직의 운영 방법을 배운다. 회사에서 문제가 발생하면 우리는 대부분 전임자들이 했던 방식대로 문제를 해결한다. 이러한 기존의 지식, 사고방식, 생각, 고정관념과 습관을 미래에도 적용해서 문제를 해결하는 전략을 '지식활용exploitation'이라고 한다. 물론 과거의 해오던 관습과 경험은 실수하지 않고 일을 처리하는 한 방법이다. 하지만 기존에 안주하기 보다는 나은 선택이 있다면 최선의 선택을 찾아내는 '방법탐색exploration'이 필요하지 않을까?

사회심리학자들에 의하면 사람들은 나이가 들수록 자신과 정치적, 경제적 성향이 다른 사람 혹은 미적 취향이 다른 사람과 이야기하는 것을 불편해 한다고 한다. 우리가 다른 분야의 사람들을 만나려고 의도하지 않으면 거의 만나기 어렵다. 우리가 불편을 감수하면서 새로운 사람을 만나는 이유는 습관을 고치고 틀에 고정된 사고로부터 벗어나서 보다 신선하고 새로운 아이디어와 습관을 얻고 싶기 때문이다. 생각하지 못한 아이디어와 새로운 습관을 도입함으로써 삶에서 얻게 되는 기쁨과 성과는 매우 클 수 있다. 그 기쁨과 성과를 원한다면 우리는 에너지를 기꺼이 소비해야 한다. 우리 뇌는 양면성을 가지고 있다. 즉, 습관이라는 틀을 벗어나기 어렵게 디자인되어 있지만 새로운 목표를 즐겁게 추구하도록 디자인되어 있기도 하다. 어느 뇌 영역을 사용할 것인지는 우리가 선택해야 한다.

> **그림 83** 개리 해멀(Gary Hamel)과 C. K. 프라할라드(C. K. Prahalad)의 『시대를 앞서는 미래 경쟁 전략』 – "미래는 미래를 점치는 수정구슬을 가진 이가 아니라 기성세력의 편향과 편견에 도전장을 낸 이의 것"

9. 미신이 인간에게 행운을 주나?

미신superstition이란 과학적 관점에서 헛된 것에 대한 믿음이나 신앙을 말한다. 아무런 객관적이고 합리적인 근거도 없이 무엇에 이끌려서 어떤 사람은 과학적 근거도 없는 것을 무조건 믿는다. 현대에는 이런 것을 미신 혹은 비과학적인 것으로 간주하지만 과거에는 정말로 믿거나 종교로 발전하기도 하였다. 이러한 비합리적 미신들이 도대체 어떻게 생겨나는 것인가? 그 출처는 잘 알려지지 않은 것들도 많지만 알려진 것들도 많다. 미신은 과거 상고시대부터 인간이 불안과 위험에 직면했을 때 생겨난 것이다. 과학이 발달하지 못했던 과거에 당시 인간의 지식으로 그 인과관계를 설명할 수 없는 일들이 발생하면, 관련한 경험 등을 기초로 금지하는 일들이 생기고 이것이 미신으로 발전하게 된다. 사람들은 미래의 불확실성과 위험에 대하여 많은 불안감을 가지고 있으므로 근본적으로 무엇인가에 의존하고자 하는 마음이 있다. 중세이후 신에 대한 신앙이 생기면서 신을 믿는 사람들은 종교에 의존하여 불안감에 위로를 받고 문제를 해결하고자 한다. 미신에 의존하는 사람들은 주로 종교가 없는 사람들이지만 종교를 믿는 사람들 중에도 아직 있다.

이렇게 미신에 의존하는 사람이 여전히 존재하고 수많은 미신 속에 살다보니 '미신 경제학voodoo economics'이라는 말이 나올 정도이다. 사람들은 인과관계가 없는 일에 대해서도 그 전에 일어난 일들이 원인이 되어 나쁜 결과를 가져왔다고 믿는다. 우리는 돼지꿈을 꾸고 재물이나 행운이 들어올 것을 기대하지만 아무 일도 일어나지 않는 날들을 경험하면서도 미신을 믿는다. 또한 집에서 컵을 떨어뜨리면 오늘 안 좋은 일이 일어날 것이라고 믿는 사람도 간혹 있다. 이처럼 미신에 의존하는 사람들이 있으니 미신으로 먹고사는 사람도 많다. 때로는 속이는 이들에게 넘어가서 재물과 몸을 망치고 후회하는 사람들이 발생한다.

미신은 사람들의 다양한 삶의 영역인 태아임신, 육아, 진로, 취업, 승진, 사랑, 결혼, 질병 등 전반적인 영역에서 일어나고 있다. 가령, 취업대란을 겪는 우리나라에서 취업을 위한 미신사업도 일어나는 것이 현실이다. 이런 미신사업은 현실의 공간에서도 이루어지고 있지만 무선 인터넷에 등록된 '점 회사'도 있다. 취업시즌이 되면 접속이 불가능할 정도로 찾는 사람들이 많다고 한다. 취업에 도움되는 비결을 물으면 묻지도 따지지도 말고, 하지 말라는 것들만 잔뜩 알려준다고 한다. 가령, 미역국 먹지 말 것, 4자 들어간 곳에 가지 말 것, 빨간 글씨로 이름 쓰지 말 것 등을 언급한다. 우리는 숫자 4는 재수가 없고 불길하다고 생각한다. 외국인들이 우리나라에 와서 이해하기 힘든 것이 있다. 그 중 대표적인 것이 엘리베이터 층의 표시가 1, 2, 3, F로 되어 있는 것이다. 우리는 숫자 4자를 중국의 죽을 사死와 발음이 같아서 죽음을 연상시키므로 싫어한다. 하지만 4자는 좋은 의미로도 많이 사용된다. 가장 대표적인 것이 행운을 상징하는 네잎클로버와 야구에서는 4번 타자가 최고의 타자이다.

한편, '빨간색으로 이름을 쓰면 죽는다'라는 미신의 유래는 중국의 진시황에서 기원한다. 옛날에 '주사'라는 붉은 돌을 갈아서 염료로 사용했는데 이 붉은 염료로 자기 이름을 쓰면 무병장수한다는 미신이 있었다. 불로장생을 갈망했던 진시황제는 이것을 본인만 독차지하려고 했다. 그래서 붉은 염료로 글씨를 쓴 자는 죽여버린다고 공표를 하였다. 그 후 황제가 아닌 사람이 빨간 글씨로 서명을 하면 바로 처형을 당했다. 여기서 빨간 글씨로 이름을 쓰면 죽는다는 말이 생겨났다고 한다. 그리고 사람들은 시험 못 친 원인을 혈액순환에 좋은 미역국으로 돌리기도 한다. 즉, 미끌미끌한 미역 때문에 시험에 떨어졌다고 생각한다. 그 외에도 쉽게 생각나는 미신의 사례를 열거하면 '암탉이 울면 집안이 망한다'거나 '다리를 떨면 복이 나간다'는 얘기가 있다. 또한 배에 여자를 태우면 배가 위험하다고 믿기도 하였다. 한국의 고전 설화인 심청전에서는 배가 출항할 때 처녀를 바다에 바치면 바다의 용왕이 배의 안전을 지켜준다는 미신도 있었다.

그렇다면 사람들은 왜 이런 미신을 믿는 걸까? 미신은 미신일 뿐인데 그것을 따르는 이유는 이러한 미신이 행운과 불행을 가져다준다고 믿기 때문이다. 중요한 순간에 '행운의 부적'을 갖고 있으면 능력을 증가시킬 수 있다는 연구결과가 발표되기도 하였다. 독일의 콜로뉴 대학의 연구진들이 심리과학 저널에 발표한 연구결과에 따르면 한 그룹은 자신의 행운의 아이템을 갖고, 다른 한 그룹은 행운의 아이템을 떼어 놓고 기억력 테스트를 했다. 그 결과, 행운의 아이템을 몸에 지닌 그룹의 테스트 결과가 더 좋은 것으로 나타났다. 연구팀은 비록 과학적으로 행운의 암시가 더 나은 결과를 가져올 순 없지만 행운의 부적이 불안감을 없애고 자신의 능력에 대한 믿음을 키워 주었기 때문에 실력 향상에 도움이 된 것으로 설명하였다.

행운의 부적은 운동의 경우에도 효과가 있다고 한다. 행운의 부적을 몸에 지니고 경기에 임할 경우, 선수들의 경기력이 향상되었다고 한다. 회의주의자, 마이클 셔머Michael Shemer는 자신의 저서, 『왜 사람들은 이상한 것을 믿는가』에서 스포츠 선수들의 징크스로서 이를 설명한다. 선수들의 행동을 관찰하면, 배트로 홈 플레이트를 두 번 내리치

그림 84 마이클 셔머(michael Shemer)의 『왜 사람들은 이상한 것을 믿는가』

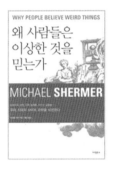

는 타자도 있고 공을 던지기 전에 항상 코를 두 번 만지고 땅을 세 번 고르는 투수가 있다. 축구에서 '상대방 골대를 맞추면 진다'는 골대 징크스도 있다. 이것은 착각인과성Illusory Causality과 관련이 있다. 실제로 마이클 조던Michael Jordan은 자신의 대학 팀의 반바지를 NBA 유니폼 속에 입고 뛰었다. 타이거 우즈Tiger Woods도 경기 마지막 날에 빨간 셔츠를 입는 버릇이 있었다. 이를 통해 알 수 있는 것은 상당수의 운동선수들은 행운의 부적 효과를 믿고 있다는 뜻이다.

　우리 인간은 실낱같은 믿음을 주기만 한다면 그것이 근거 없는 속설일지라도 믿을 수밖에 없는 연약한 존재이다. 하지만 미신이 우리의 미래를 바꿀 수는 없다. 미신은 무엇이 일어날 것인가를 아는 것을 뜻하는 것이 아니라 만약에 무엇을 한다면 무엇이 일어날 수 있는가를 예상하는 정도이다. 내 삶의 주인은 바로 나 자신이라는 사실을 직시하자. 인생은 스스로 개척해 나가는 것이다. 미리 정해진 필연의 법칙에 따라서 인생이 펼쳐지는 것이 아니라 스스로 개척해 나가면 얼마든지 성공적인 삶을 살 수 있다. 이를 믿는 사람은 열정이 넘치고 활력 있는 삶을 살아간다. 인생이 이미 정해진 틀 안에서 움직인다고 생각 하는 것은 자신에게 한계를 정하는 것과 같다. '하늘은 스스로 돕는 자 를 돕는다' 이제 자신이 최선을 다해서 모두 자신의 나아갈 길을 열심 히 나아가자. 그리고 나머지는 하늘에 맡기자.

10. 똑똑한 인간들이 왜 미신을 믿는가?

제3자인 우리의 관점에서 바라보는 해외의 미신은 이색적이고 흥미로운 문화로 느껴지기도 한다. 가령, 독일에서 결혼식 전야에 폴터 아벤트Polterabend라는 파티를 열어서 파티참석자들은 자신들이 가져온 오래된 접시를 신혼부부의 집 앞에 던져서 깨뜨린다고 한다. 이것이 신혼부부의 액운을 없애고 행운을 준다고 믿기 때문이다. 스페인에서 는 새해 열두 달을 사고없이 넘기기 위해서 신년 종소리에 맞춰서 포 도를 먹는 풍습이 있다. 즉, 한 해의 12월 31일이 되면 자정에 종이 12번 울리고 종소리에 맞춰서 포도를 한 알씩 먹는다. 러시아에서는 새똥이 차에 떨어져 있으면 이를 좋아한다. 심지어 사람한테 새똥이 떨어져도 반기는 모습이다. 이것은 자신들에게 재물이 생길 것이라는 미신에서 나온 것이라고 한다. 만약 한국에서 차에 새똥이 떨어져 있 으면 기분이 아주 나쁠 것이다. 이렇게 국가마다 사회마다 사람들이 미신을 따르는 문화가 존재한다. 미신을 믿는 행위는 인간의 아주 보 편적인 행위이기도 하다. '당신은 왜 미신을 믿나?'라고 물어보면 대부 분 '그냥 재미로 보는 거예요. 또는 혹시 몰라서 그냥 지키는 거예요' 라고 이야기 한다. 대부분의 사람들은 미신을 가져서 손해볼 것은 없 지 않느냐? 라는 태도를 보인다.

이와 다르게 미신이 우리 삶을 극단적으로 지배하기도 한다. 대표적으로 동양에서 결혼하려는 남녀는 먼저 궁합부터 본다. 남녀의 '궁합이 나쁘다'는 말을 듣고 사랑하는 연인이 이별하고 결혼을 앞둔 남녀가 헤어지기도 한다. 유럽에서는 15세기부터 18세기까지 300년 동안, 20만명 이상의 여성들이 마녀로 몰려서 죽임을 당했다. 일명 마녀사냥이 일어났다. 인류역사를 돌아보면 이러한 비합리적인 믿음때문에 억울하게 희생당한 사건은 수없이 일어났다. 이와 같이 사소한 미신이

[그림 85] **행운을 부르는 각국의 이색적인 풍습** - ① 스코틀랜드: 신랑과 신부를 향해 검은색의 음식을 던지기, ② 독일: 그릇 던지기, ③ 러시아: 새똥은 길조, ④ 아일랜드: 드레스와 부케에 종달기

놀이나 재미로 보는 것을 넘어서 실제 우리의 삶에 많은 영향을 미친다. 미신적 사고때문에 중요한 의사결정에도 비합리적 영향을 과신하여 어리석은 선택을 하기도 한다.

왜 우리는 비이성적인 미신을 과신하여 우리의 삶을 구속하고 삶의 중대사까지 결정하도록 만들까? 이는 인간이 살아있는 동안 가지고 있는 미래에 대한 불안과 염려 때문이다. 불확실한 미래를 통제하고 싶지만 통제할 수 없으므로 미신이라도 끌어들여서 인과관계를 만든다. 불안한 마음을 없애고 마음의 위안을 얻으려고 미신이라도 의존하려는 심리는 바라는 기대가 높을수록 그러나 통제권은 약할수록 더 심화되는 듯하다. 네덜란드의 위대한 철학자 바뤼흐 스피노자Baruch de Spinoza는 『신학−정치론Tractatus Theologico-Politicus』에서 "만약 자신의 모든 환경을 완벽히 통제할 수 있거나 지속적으로 행운이 따라준다면 인간은 결코 미신의 희생양이 되지 않았을 것이다."라고 말했다.

'미신이라도 있으니 마음이 편안해지고 불안감이 해소되지 않나?' 라고 우리는 쉽게 생각한다. 그러나 경제학자들은 불확실한 현실에 대하여 나름의 정보를 수집하고 제한된 합리성 내에서라도 최선의 선택을 하는 것이 좋은 결과를 얻는 방법으로 생각한다. 미신에 의존해서 의사결정을 하게 되면 문제의 올바른 원인을 파악하기 어렵고 성공의 확률관점에서도 가능성은 떨어질 수밖에 없다. 우리는 일상생활에서 두 가지 종류의 실수를 범한다. 하나는 '제1종오류type 1 error'로 맞는 것을 '아니다'라고 판정하는 '부정적 오류false negative'이고 '제2종오류type 2 error'로 아닌 것을 '맞다'라고 판단하는 '긍정적 오류false positive'이다. 이와 같은 두 종류의 실수 가운데 어떤 실수가 우리 삶에 더 치명적일까? 제2종오류를 범하는 사람들은 바보 같다거나 웃음거리가 되지

만 제1종오류는 우리의 삶에 치명적일 수 있다. 그래서 우리는 제1종
오류를 범하지 않으려고 노력하는 반면, 제2종오류에 대해서는 상대적
으로 너그러운 편이다. 생물종들이 환경에 적응하면 살아남듯이 인간
들도 생존을 위한 사회적 환경에 잘 적응하면 도태되지 않고 살아남을
수 있다. 그로 인하여 만에 하나 발생할 위험에서 생존하기 위하여 인
간들도 일반적으로 위험을 회피하고자 하는 경향을 갖게 되었다고 한다.

이처럼 불확실한 미래와 위험 때문에 인간은 조심스러워졌고 그
무엇이라도 잡고 싶은 심정이 되면 미신이라도 붙잡는 것이다. 특히
암이나 병원이 치료하지 못하는 질병에 걸린 사람들은 약해지고 죽음
이 두려워서 비이성적인 미신에 매달리기도 한다. 따라서 인간의 한계
는 너무 많기 때문에 과학적이고 이성적인 현대사회에서 아직도 믿기
어려운 미신들이 남아있고 거기에 의존하는 사람들이 있다.

그림 86 예속에 맞선 긍정과 자유의 철학자, 바뤼흐 스피노자(Baruch de
Spinoza) – "눈물 흘리지 마라. 화내지 마라. 이해해라."

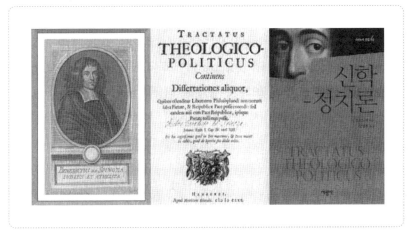

11. 미래를 알면 행복할까?

아홉수가 안 좋다는 믿음은 사람들이 만든 미신이다. 숫자 9가 나쁘다는 근거는 아마 10진법에서 생긴 것으로 추측된다. 10진법에서 9는 가장 큰 수로서 한 단계 높은 완성을 의미하는 10을 앞둔 조심스런 상태이다. 그래서 사람들은 아홉수에 결혼이나 이사 등 중요한 일을 하지 않으려 한다. 하지만 그와 정반대로 숫자 9는 무엇을 능숙하게 잘하는 것을 의미한다. 유도 9단, 바둑 9단 등 전문분야의 최고는 모두 숫자 9로 표현한다. 중국에서도 9월 9일에 결혼을 많이 하는 등 숫자 9는 행운의 숫자로 황제가 주로 사용하기도 했다.

여기서 숫자 9가 안 좋은 의미로서 클래식 음악계의 작곡가들에게 적용된 사례를 소개하고자 한다. 음악계에서 작곡가들이 9번 교향곡을 작곡하고 나서 죽음을 맞이하다 보니 작곡가들은 9번 교향곡의 작곡에 이르면 두려워하였다. 루트비히 판 베토벤Ludwig van Beethoven은 9번 교향곡 '합창'을 완성하고 10번 교향곡의 1악장을 작곡하다가 그만 세상을 떠나 버렸다. 안토닌 드보르작Antonin Dvorak의 부제 '신세계로부터'는 5번 교향곡으로 알려져 있었으나 사후 4개의 교향곡이 더 발견되면서 9번 교향곡이 되었다. 프란츠 피터 슈베르트Franz Peter Schubert도 9번 교향곡 작곡 후 다음 곡을 작곡하는 도중에 세상을 떠나 '9번 교향곡의 저주'를 맞이한 것으로 알려져 있다.

말러의 문하생인 아놀드 쇤베르크Arnold Schonberg는 세기 말의 거장, 구스타프 말러Gustav Mahler를 9번 징크스가 저주로 작용한 작곡가라고 말했다. 말러는 평생을 죽음과 슬픔, 고통이라는 단어에서 벗어나지 못한 것으로 알려져 있다. 장녀는 5살에 성홍열로 죽고 자신은 심장병으로 죽음의 공포에서 생활했으며 부인 알마의 외도로 마음이 편할 날이 없었다. 그런 상황 속에 그는 9번 교향곡이 다가올수록 그 숫자가 주는 불길한 감정에 빠졌다. 그는 앞선 작곡가들이 직면한 9번의 벽을 강하게 믿고 있었기 때문에 죽음의 운명을 피하기 위하여 편법을 생각하였다. 그는 아홉 번째 교향곡을 작곡한다는 사실을 죽음의 운명에게 알리지 않고 완성한 후 교향곡 9번이 아니라 '대지의 노래Das Lied von der Erde'라는 제목을 붙였다. 죽음의 운명을 피해가기 위하여 그는 이 곡에 가곡을 의도적으로 삽입시켰다. 그러므로 이 곡은 교향곡이자 연가곡집이기도 하다.

9번의 교향곡의 공포를 이렇게 피했다고 생각한 그는 다음 교향곡을 작곡했다. "이번에 작곡하는 곡이 실제로는 10번 교향곡이라네. 그러니 운명의 위협은 끝난 것이야."라고 그는 주위 사람들에게 농담 아닌 농담을 했다. 이렇게 10번 교향곡 작곡을 시작했으므로 9번의 저주는 끝나는 것 같았다. 그러나 열 번째 교향곡의 초안을 마칠 때쯤 원래 병약한 체질로 인하여 연쇄상구균에 감염되었고 50세의 나이에 죽어서 빈 근교의 딸의 옆에 안장되었다. 말러도 결국 교향곡 9번의 저주에서 벗어나지 못하였다.

후대의 음악가들은 말러의 '교향곡 제9번'을 죽음의 교향곡으로 해석하였다. 이는 자필악보에 남아있는 수수께끼같은 메모로 인한 것이다. 1악장 267마디에 '오! 젊음이여! 사라졌구나! 오 사랑이여! 가버렸구나!O Jugendzeit! Entschwundene! O Liebe! Verwehte!'라는 글귀가 붙어있고 바이올린 독주의 멜로디가 나오는 434마디에는 '안녕! 안녕!Leb'wol! Leb'wol!'이라고 이별을 암시하는 메모가 적혀 있다. 음악가, 파울 베커

Paul Becker는 "이 교향곡에 표제가 있다면 아마도 '죽음이 내게 말하는 것'이 되어야 한다."고 말했다. 지휘자 브루노 발터Bruno Walter는 "이별 Der Abschied이야말로 제9번 교향곡의 제목이 되어야 한다."고 주장하기도 했다. 또한 열광적인 말러 팬이었던 윌리엄 리터William Ritter는 이 교향곡의 의미를 '죽음과 정화'로 해석하였다. 그는 "이 작품에서 죽음이 우리를 기다리고 있다는 사실에 대한 가장 완벽한 표현과 그 감미로움을 발견하게 된다."고 말했다. 그렇다면 우리는 위대한 음악가인 베토벤 이후 9번 교향곡을 작곡하고 살아남은 작곡가는 없는지 궁금할 것이다. 알려진 음악가로는 드미트리 쇼스타코비치Dmitrii Shostakovich가 있다. 그는 '이데올로기가 없는 음악은 없다'는 말을 남긴다. 하지만 그를 제외하고는 그들의 교향곡이 잘 알려지지 않아 언급되지 않은 것뿐이다.

우리가 미신을 믿는 이유는 불행을 줄이고 삶의 안위와 평안을

그림 87 위대한 세기말의 거장, 구스타프 말러와 대지의 노래(Das Lied von der Erde)악보 - 편성, 길이, 내용, 모든 면에서 극한을 추구

얻기 위함이다. 그렇다면 미신을 믿으면 행복할까? 세잎클로버의 의미는 행복이고 네잎클로버의 의미는 행운이다. 사람들은 네잎클로버를 찾기 위하여 세잎클로버를 하찮게 여기거나 짓밟는다. 영국의 심리학자인 리처드 와이즈먼Richard Wiseman은 미신과 행복의 관계를 연구해 온 학자이다. 그는 '행운의 상징'이 갖는 힘을 지나치게 믿는 사람일수록 오히려 행복하지 못하다고 주장한다. 네잎클로버의 특징은 세잎클로버보다 잎이 하나 많아서 드물다는 점이다. 사람들은 행복을 의미하는 세잎클로버는 관심도 없고 보기 드문 네잎클로버를 찾을 수가 없어서 행운이 안온다고 불만족해 한다. 이처럼 세잎클로버의 의미를 몰라서 네잎클로버만 찾는 사람들과 마찬가지로 행복의 의미를 잘 모르는 사람들은 우리의 일상에서 주변에 널려있는 조그만 수많은 행복은 관심도 주지 않고 큰 행운만 찾아 나선다.

행복에 관한 영국의 신경과학자, 볼프람 슐츠Wolfram Schultz와 그의 동료의 연구결과에 의하면 개인의 행복은 예측이나 기대여부와 실제 보상과의 관계에 따라서 좌우된다고 보았다. 예측하지 않았는데 어떤 좋은 일이나 보상이 있으면 행운을 얻었다고 생각해서 행복을 느낀다. 반대로 좋은 일을 예측하고 기대했는데 기대만큼 보상이 주어지지 않을 때 실망이라는 고통을 느낀다고 한다. 즉, 뜻밖의 행운은 행복을 주지만 기대한 행운이 실현되지 않을 때 고통을 받는다고 한다. 반대로 예상 못한 불행이 오면 고통스러워도 잘 지나가리라 생각하고 견디지만 불행을 미리 알고 있다면 그 불행의 크기는 매우 커질 것이라는 점이다. 즉, 사람들은 갑자기 찾아온 현실의 불행은 잘 견디고 인내하지만 미래의 불행을 먼저 알면 인지한 순간부터 실망하고 불행이 시작되므로 더 큰 불행을 맞게 된다.

이처럼 행복은 보상의 크기에 비례하기 보다는 기대와의 차이에 따라서 결정된다는 것을 시사한다. 즉, 행복은 기대한 것보다 나은 상황일 때 우리는 더 기쁨과 행복을 느낀다. 즉, 행복은 예측할 수 없을 때 더 크게 다가온다. 반대로 불행은 예측할 수 없을 때 감당할 만하다는 것이다. 결국 인간은 미래를 예측할 수 없기에 행복을 더 크게 누리고 불행은 감당할 수 있는 존재인 것이다. 우리는 비이성적인 것들에 휘둘려서 불안해하는 삶이 아니라 우리의 의지와 노력으로 행복을 스스로 결정하겠다는 믿음을 가져야 한다. 즉, 불행이 찾아올까봐 두려워하지 말고 현실에 충실한 삶을 살 필요가 있다.

12. 나도 모르게 공감하는 바넘효과

바넘효과Barnum effect란 일반적이고 모호해서 누구에게나 적용가능한 성격 묘사를 특정한 개인에게만 적용되는 것으로 받아들이는 성향을 말한다. 발견자의 이름을 따서 포러효과Forer effect라고도 한다. 바넘효과는 원래 19세기 미국의 엔터테이너인 바넘이라는 이름에서 유래하였다. 당시 피니아스 테일러 바넘Phineas Taylor Barnum은 처음 보는 사람이 어떤 성격을 지니고 있는지를 알아맞히는 사람으로서 당시 곡예단에서 활동하였다. 그는 사람의 심리에 이런 본능이 있다는 것을 알고 몇 가지의 유도 질문으로 그 사람이 마치 그 심리를 가지고 있다고 착각이 들도록 만들었다. 바넘효과가 널리 일반화되어서 적용되는 분야가 혈액으로 성격을 진단하는 것이다. 혈액형은 적혈구 표면의 일부 단백질의 특성을 말하는데 이 단백질이 성격에 미치는 영향은 과학적으로 타당한 가설을 낼 수 없다는 주장이 일반적인 견해이다. 사람들의 성격은 개인차가 매우 크고 사람마다 다른 환경에서 살면서 성장하고 다른 것을 경험하기 때문에 성격이 자신과 똑같은 사람을 찾을 수 없다. 그래서 자신과 성격이 완전히 동일한 인간은 없다. 이처럼 혈액형의 성격설에서 설명하는 성격은 일관성도 없이 애매하고 중복되는 의미를 가지고 있다.

그럼에도 불구하고 '혈액형이 성격을 말해준다'는 일명 성격심리학에서는 마치 증명된 것처럼 A형은 소심하고 B형은 제멋대로이며 O형은 활달하고 AB형은 유별나다고 믿고 이야기한다. 이는 프랑스의 여성 심리학자인 레옹 불델Léone Bourdel이 출간한 『혈액형과 기질』이라는 책에서 성격 이론을 처음 제시하면서 출발하였다. 혈액형 성격설은 상대방이 어떤 사람인지 알고 싶은 궁금증으로 인하여 한국과 일본에서 크게 유행하였다. 우리가 흔히 사용하는 ABO식 혈액형 분류법ABO blood group system은 오스트리아 출신의 병리학자, 카를 란드슈타이너Karl Landsteiner가 창안한 방식이다. 그는 이 공로로 1930년 노벨 생리의학상을 받았다. 하지만 혈액형은 안전한 수혈을 위하여 고안된 분류체계이지 혈액형과 성격 사이의 상관관계는 과학적으로 입증된 것은 없다.

하지만 2017년 한국갤럽의 조사에 따르면 한국인의 58%는 '혈액형별 성격 차이가 있다'고 믿는다는 결과가 나왔다. 우리는 사소한 성격테스트를 가볍게 접근했다가 내 마음이 다 노출되었다는 놀라운 경험을 할 수도 있다. 이처럼 사실이 아닌데도 사람들은 보편적으로 적용되는 성격 특성이 자신의 성격을 정확히 설명한다고 믿는 바넘효과에 많이 넘어간다. 이는 본인이 인지하기 전에 본능적으로 나타나는 현상이므로 주변에서 지적해 주지 않으면 자신도 모른 채 속아 넘어간다.

바넘 현상을 객관화시키기 위하여 미국의 심리학자 버트럼 포러 Bertram Forer가 대학생들을 상대로 실험을 진행한 이후로 포러효과Forer effect라고 불리었으나 미국의 심리학자인 파울 에버레트 밀Paul Everett Meehl은 바넘효과라고 공식적으로 명명하였다. 1949년 포러는 대학생들을 상대로 다양한 문항을 통하여 성격검사를 위한 설문을 진행하였다. 학생들은 각자의 성격과 유사하다는 보기를 선택하여 여러 문항에 답변하였다. 이후 모두 똑같은 결과가 나온 성격 검사의 결과지를 각 학생들에게 나누어 준 뒤 자신의 성격과 일치하는 정도를 학생들에게 다시 질문하였다. 자신들이 대답을 한 문항에 대한 결과라고 믿고 있었던 학생들의 80% 이상이 자신의 성격과 거의 일치한다고 놀라워했다. 질문의 문항을 예를 들면 '때로는 소극적이지만, 자신의 일에는 적극적으로 행동한다'와 같이 양면적인 성격을 모두 포함하고 있는 질문을 하고 그 결과를 보여주면 응답자는 자신에게 맞는 쪽으로 해석하는 경향이 강하게 작용한다. 이처럼 바넘효과는 누구에게나 적용될 수 있는 보편적이고 모호한 결과들에 대하여, 마치 자기 자신에게만 적용되는 특수한 속성으로 이해하고 그 결과를 받아들인다. 모든 학생에게 똑같은 성격 검사의 결과지를 주었다는 것을 모르기 때문에 바넘효과가 나타날 수 있었던 것이다.

바넘효과와 유사한 개념으로 '콜드리딩cold reading'이라는 심리 용어가 있다. 콜드리딩의 원래 의미는 영화·연극 분야에서 오디션 때, 리허설이나 연습없이 즉석에서 받은 대본을 큰 소리로 읽어보는 것을 말한다. 의사소통에서 콜드리딩의 의미는 상대에 대하여 아무것도 모르는 상태에서 상대의 마음을 읽어내는 기술을 말하고 콜드리더는 콜드리딩을 행하는 사람을 뜻한다. 콜드리더들은 상대의 속마음을 파악하기 위하여 신체언어, 음색과 억양, 패션, 헤어스타일, 성별, 성적 취향, 종교, 인종, 민족성, 교육수준, 말하는 방식 등을 주의 깊게 분석한다. 나아가 이 기술을 활용하여 상대의 과거와 현재를 알아내고 미래를 예측한다. 콜드리더는 상담자인 본인보다 콜드리더가 상담자에 대하여 더 잘 알고 있다고 믿게끔 만든다. 또한 신비한 능력을 갖춘 것처럼 포장하여 상대를 조정한다. 콜드리더들은 이전에 본 적이 없는 사람에 대하여 사전의 정보가 없음에도 마치 그 사람을 오래전에 알던 사람처럼 보이게 할 수 있다. 그들은 상담자에게 마음을 간파하는 심령력psychic power을 가진 것처럼 행동한다.

일상생활에서 사주를 봐준다거나 타로 점을 치는 사람들이 대부분 바넘현상과 콜드리딩의 수법을 사용하기 때문에 언제나 모호한 결과를 질문하여 명확하게 '맞다, 아니다'를 분간할 수 없도록 한다. 그들이 말하는 미래는 믿을 수 없는 미신으로 간주되지만 막상 이야기를 듣다 보면 마음이 심약해진 상담자는 그 말에 빠져든다. 상담자들은 '어떻게 내 이야기를 저렇게 잘 알까?'라고 신기해한다. 점술가들은 대부분이 상담자의 말에서 중요한 내용을 파악하고 이를 역으로 모호하

그림 88 바넘과 바넘효과(Barnum effect)

바넘효과
[Barnum effect]
성격에 대한 보편적인 묘사들이
자신과 정확히 일치한다고 생각하는 경향

게 질문함으로써 상담자에 대한 정보를 얻고, 상담자가 원하는 혹은 듣고 싶은 사항을 말해준다. 이것은 마술의 영역이 아니라 언어의 기술이라는 사실을 깨달아야 한다.

13. 신묘한 능력자와 운 좋은 점술가

인간은 태초부터 미래에 일어날 일을 알고 싶어 한다. 어느 시대를 막론하고 대부분의 사람들은 미래를 예언하고 불행을 막는 방법에 대한 비합리적인 믿음을 가지고 있었다. 과학이 발달되지 않은 과거에 국가의 길흉도 점치는 방법에 의존하여 예견하고자 하였다. 이에 점을 보는 관리인 신관은 일기변화, 천체의 이동, 자연현상 등을 보고 이를 예언하거나 혹은 천재지변 등을 예측하였다. 가령, 오늘날 태풍이나 홍수예보를 신관이 해왔으나 과학이 발달하면서 신관이 하던 역할은 모두 미신으로 간주되었다.

그러나 아무리 과학 기술이 발전되었다 하더라도 인간이 아직도 여전히 가지고 있는 의문은 '인간의 미래는 이미 예정되어 있는 것인가?'하는 것이다. 우리의 남은 인생이 손금으로 결정되어 있다는 믿음은 믿을 만한가? 손금은 태아가 자궁 내에 있을 때 어떻게 손을 쥐느냐에 의해서 결정된다. 인생의 운명이 손금에 따라서 이미 정해진 틀 안에서 결정되어 있다는 주장은 너무 비과학적인 것은 아닌가?

이러한 의문점들에 대하여 학자들은 두 가지 견해를 갖는다. 즉, 예언을 지나치게 믿는 행위는 '자신에게 유리한 정보만 선택적으로 수집하는 확증편향'이라고 말하는 측면과 '미래의 불확실성을 대비하려는 인간의 생존 본능'이라고 말하는 관점이 있다. 따라서 점의 일반적인 용도는 주로 현재의 불안한 감정을 잠재우는 것에 두고 있을 뿐이지 실제로 미래를 예견하는 것과는 거의 관계가 없다고 한다. 이에 의존하는 사람의 심정은 자신의 불안정한 감정을 누구에게 토로하고 함께 그 문제의 해답을 얻고 싶어서 그렇게 한다는 것이다.

하지만 주위를 둘러보면 미래를 점에 의존해서 살아가는 사람들이 의외로 많고 운명론에 매몰되어서 허우적거리는 사람들이 너무 많다. 우리 사회도 사주나 궁합 등 통계적인 분석에 의존하는 점의 원리를 너무 과신하고 이에 따라서 인생사를 결정하여 심각한 문제나 부작용이 일어난다. 물론 경험적 측면이 강조된 통계로 인간 삶의 과정과 환경 등을 몇 가지 대표적인 특징으로 유형화시킬 수는 있다. 그러나 그것으로 모든 인간의 특수한 환경과 삶을 동일시하여 예견하기는 어려운 것이 아닌가? 이것은 바로 점술가에 의한 부작용이 적지 않다는 것을 말한다. 가령, 점술가의 능력을 절대적으로 믿는 사람이 있다고 하자. 점술가가 그 사람의 인생을 부정적으로 예언할 경우 이 사람의 인생은 점술가에 의해서 좌우되어 불행에 빠질 수 있는 등 심각한 결과를 가져온다.

물론 세계적으로 유명한 점술가들은 미래를 보는 남다른 능력을 갖고 있다고 한다. 역대급 서양점술사로 알려진 마드무아젤 르노르망 Mademoiselle Lenormand은 프랑스 혁명이 한창이던 18세기 말 파리를 중심으로 활동하였던 실존인물이다. 르노르망의 경우에는 경험에서 우러나온 그 무엇이 아니라, 타고난 재주가 있었던 것으로 보인다. 당시 위대한 혁명가들과 고위 관직자들 등 정계의 인사들이 줄지어 자신의 미래를 알아보기 위하여 그녀의 집으로 몰려들었다. 그녀는 수많은 유명한 사람들의 미래를 맞추었다고 주장하지만 그 주장을 액면 그대로 믿기는 좀 힘들다. 그녀의 가장 유명한 예언으로 대표적인 것은 나폴레옹이 황제가 될 것을 예언했다고 한다. 젊은 포병 장교에 불과했던 나폴레옹 보나파르트Napoléon Bonaparte에게 "젊은이, 당신은 황제가 될 것이오. 당신은 영광과 사치를 누리겠지만, 40세 되는 해, 당신에게 신의 섭리와도 같이 다가온 배우자를 버리게 됩니다. 그것이 당신을 파멸로 이끌 것이오. 당신은 비참과 고독 속에서 죽어갈 것이고 모든 사람들이 당신을 부인할 것입니다."라는 예언이었다. 이 예언은 그로부터 10년 후에 그대로 실현되었다. 하지만 정작 마드무아젤 르노르망 자신은 스스로 100세까지 살 것이라고 예언했으나 71세에 생을 마감하였다.

한국의 역사에서도 유명한 점술가가 소개되고 있다. 홍길동전洪吉童傳을 지은 허균許筠의 문집에는 점술로 유명한 이광의李光義라는 맹인 점쟁이가 등장한다. 그는 점을 쳤다하면 모두 맞춰서 그를 신神이라고 불렀다고 한다. 허균은 원래 점술을 좋아하지 않았다고 한다. 이광의를 여러 번 만났지만 한 번도 자신에 대한 미래를 물어보지 않았다. 우연히 그와 함께 한날 밤을 같이 하면서 허균은 자신의 운명을 물어보게 되었다. 이 때, 이광의는 허균에게 "당신의 목숨은 연장되고 지위도 높아질 것입니다. 그러나 내년 여름에는 황해도 감사를 보좌하는 벼슬인 좌막佐幕이 되므로 나는 황강黃岡으로 그대를 찾아가겠습니다."라고 예언했다고 한다. 그런데 다음 해 허균은 실제 황해도 지방의 좌막이 되었다. 그 이후 이광의는 허균을 만나러 황강에 찾아왔다. 그는 허균에게 "내 말이 맞습니까?"라고 물었다. 허균은 너무 놀라워서 "아, 세상 사람들이 점술을 믿는 것은 모두 이렇게 해서 걸려드는 것이구려."라고 대답하였다고 한다. 그러자 이광의는 허균의 미래를 하나씩 예언하기 시작하였다. 이에 대하여 허균은 "내 앞길은 내가 잘 알고 있소. 나는

운을 하늘에 맡기는 사람이오. 하늘과 운명이 내게 부여한 것은 비록 그대가 예언하지 하지 않아도 나는 이를 누릴 수 있소."라고 답하였다. 중요한 것은 예언이 아니라 삶 그 자체라는 의미를 허균은 말하고 있다.

사람은 돈과 권력을 잡고 더 높이 오를수록 인간의 마음 속 깊은 곳에 자리잡은 두려움과 불안감은 더 커지기 마련이다. 이들은 미래가 잘못될 경우 잃을 것이 많기 때문이다. 이들이 미래의 운명을 잘못된 방법으로 알고 싶어 할수록 점술에 의존하는 비합리적인 선택을 하게 된다. 물론 인간은 연약한 존재로서 미래를 미리 알고 싶어 하는 욕구를 가지는 것은 자연스러운 모습이다. 향후 5년, 10년, 20년 후에나 자신이 무엇이 되어서 어떤 일을 하고 있을까? 모든 사람은 이런 미래를 알고 싶어 한다. 특히 일이 잘 안 풀리거나 불행이 닥쳐왔을 때, 이런 불행이 언제까지 지속될 것인지 궁금하여 점술에 의존하고 싶은 충동이 생길 수도 있다. 그러나 역사적으로 과거 점술에 의존하던 인간의 많은 문제에 관한 의문이 과학의 발달로 해소되었다. 하지만 아직도 현대과학으로 설명할 수 없는 수많은 일들이 우리 앞에 놓여 있다. 만약 점술가들이 말하는 것처럼 인간의 운명이 결정되어 있다면 우리 인생은 노력도 필요없고 점술가들이 지시하는 대로 따르면 될 것이다. 만약 그렇다면 이런 인생은 지시대로 따르는 영혼없는 기계나 로봇과 다를 바가 무엇이겠는가? 미래는 과거와 현재의 반영이다. 과거와 현재를 보면 미래의 추이는 어느 정도 예견된다. 만약 더 깊은 인생의 약속을 얻고 싶다면 그리고 불안한 미래에 대한 안정과 평정심을 얻고 싶다면 미신보다는 건전한 종교를 가지고 하루하루를 열심히 노력하면서 살아야 하지 않을까? 이것이 미래의 자신에게 좋은 운명을 맞이하는 길이 아닐까?

그림 89 마드무아젤 르노르망의 미래를 읽는 카드

14. 불행의 요소인 다운사이드

행동경제학자들이 늘 말하듯이 인간은 이익이 증가하는 것보다 동일한 손실에 더 고통을 느끼고 회피하고 싶어 한다. 우리의 뇌도 마찬가지로 긍정적 경험보다 부정적 경험을 더 명확하게 오랫동안 기억한다. 이런 뇌의 기억방식을 삶에 적용한다면 같은 노력으로 우리가 경험하는 긍정적 경험보다는 부정적 경험과 기억을 잘 제거하고 희석시키느냐에 따라서 인간의 행복수준이 달라질 수 있다. 그러므로 인생에서 행복한 일을 많이 만들려고 투입하는 노력을 오히려 불행이 일어나지 않도록 막거나 피하는데 사용하는 것이 차라리 더 행복해 질 수 있다.

워런 버핏이나 찰리 멍거처럼 장기적으로 성공한 투자가들이 알려주는 사고 습관이나 정신적 도구는 우리의 삶에도 탁월하게 적용된다. 그들은 우선적으로 무엇을 피해야 할지, 즉 무엇을 하지 말아야 할

지에 주의한다. 버핏은 이렇게 말했다. "우리는 사업에서 어려운 문제
들을 해결하는 걸 배우지 않았다. 우리가 배운 건 그런 문제들을 피하
는 것이다. 이를 위해서 꼭 똑똑할 필요가 없다."라고 말했다. 투자의
현인, 워런 버핏은 '능력의 범위'라는 개념을 강조한다. 능력 안에 놓인
것은 훌륭하게 해낼 수 있다. 그러나 능력 범위 밖의 것은 잘 모르거
나, 일부분밖에 모른다. 그의 삶의 모토는 '능력의 범위를 알고, 그 안
에 머물러라, 범위의 크기는 그다지 중요하지 않다. 중요한 것은 범위
의 경계를 아는 것이다.' IBM의 창업자 토머스 왓슨Thomus J. Watson은
"나는 천재가 아니다. 똑똑한 부분이 있고, 일관성 있게 그 주변에만
머무를 따름이다."라고 말한다.

어떤 이는 행복의 요소를 업사이드라고 부르고 불행의 요소를
다운사이드라고 부른다. 다운사이드는 늘 업사이드보다 구체적이다.

그림 90 'Think'를 강조한 IBM의 창업자, 토머스 왓슨

나는 내가 싫어하는 사람을 승진시키는 걸 주저하지 않았다.
오히려 정말 뭐가 사실인지를 말하는 반항적이고 고집 센,
거의 참을 수 없는 타입의 사람들을 항상 고대했다.
만약 우리에게 그런 사람들이 충분히 많고 우리에게 이들을
참아낼 인내가 있다면 그 기업에 한계란 없다.

즉, 우리는 인간의 행복을 결정하는 요소들이 무엇인지 선뜻 대답하기는 쉽지 않다. 그러나 불행의 요소를 열거하라면 쉽게 말할 수 있다. 좋은 삶을 보장하는 것이 무엇인지는 말할 수 없지만, 좋은 삶을 방해하는 것이 무엇인지는 꽤나 정확하고 자신 있게 열거할 수 있다. 가령, 술 취함, 마약, 스트레스, 소음, 과로, 가난, 외로움, 만성질병, 수면부족, 배고픔 등 이루 다 열거할 수 없이 많다. 이런 다운사이드 요소들은 우리 삶에 부정적 정서로 작용하여 불쾌감을 주고 행복을 빼앗아 간다.

좋은 삶을 원한다면 끊임없이 나쁜 기분과 부정적 기억을 가져다주는 다운사이드를 먼저 집중적으로 제거하는 것이 현명하다. 좋은 삶을 위해서는 '행복 추구하기'보다 '불행 피하기'가 순서상 우선되어야 한다는 것이다. 가령, 좋은 삶은 대단한 행복을 추구하는 데 있지 않고, 멍청하고 어리석음이나 유행 따르기를 피함으로써 이루어진다. 결국, 행복한 삶이란 첫째, 행복하기 위하여 무언가를 많이 만들고 확대하지 말아야 한다. 둘째, 자신의 능력범위 안에서 '하지 않는 것, 절제하는 것'이다. 셋째, 자신이 능력의 범위 내에서 할 수 있는 것에 초점을 맞추고 행하는 것이다.

15. 남자와 여자의 뇌는 무엇이 다른가?

이 세상의 인간은 다른 역할을 가진 남자와 여자로 구분되므로 사람들은 정말 남자와 여자는 다른가? 남자와 여자의 뇌는 무엇이 다른가?에 대한 의문을 갖는다. 이러한 관심으로 인하여 남성은 뇌가 크니까 머리가 좋다거나, 남녀 간에는 어학과 수학 능력에 차이가 있다거나 감성과 이성에서 차이가 난다는 등 주관적인 말들을 많이 한다. 상담가, 존 그레이John Grey의 저서를 원작으로 한 〈화성에서 온 남자, 금성에서 온 여자〉란 영화가 세간의 화제가 되어서 세상이 떠들썩했던 때가 있었다. 이 영화의 인기로 화성남자, 금성여자라는 타이틀의 책이 시리즈로 나왔다. 여기서는 여자와 남자가 서로 얼마나 다른 존재인가? 에 대한 해답을 찾아보고자 한다. 성인남자의 뇌 크기는 보통 1.35kg 이고 성인여자의 뇌의 크기는 보통 1.2kg으로서 사람에 따라서 차이는 있다. 일반적으로 남자와 여자는 행동하는 모습에서 차이를 보인다. 남자와 여자의 행동에 차이를 보이는 것은 뇌량corpus callosum과 전교련 anterior commissure의 차이 때문이라고 한다. 뇌량은 인간의 두뇌의 좌뇌와 우뇌를 연결시키는 두꺼운 신경섬유다발로서 정보처리 능력을 담당한다. 만약 뇌량이 단절된다면 좌뇌와 우뇌는 기능을 수행할까? 좌뇌와 우뇌가 기능은 하지만 서로 다른 뇌가 한 일을 모르게 되어서 행동과 감정표현이 잘 안된다고 한다. 이처럼 뇌량은 정보처리능력이 있을 뿐만 아니라 좌우뇌의 정보를 빠르게 통합하는 역할을 한다. 그러면 좌뇌와 우뇌가 큰 사람이 더 머리가 좋은가? 그 정답은 좌뇌나 우뇌가 크다고 머리가 좋은 것은 아니고 오히려 뇌량이 더 두꺼우면 좋은 머리를 갖는다고 한다. 가령, 아인슈타인의 좌뇌와 우뇌의 크기는 일반인과 비슷하지만 뇌량은 일반인보다 10% 정도 더 두꺼웠다.

일반적으로 남자는 뇌량이 가늘고 여자는 굵은데 이 차이가 남녀의 감정과 행동의 차이를 가져온다고 한다. 남자는 뇌량이 가늘어서 한 번에 많은 정보처리가 안되는 집중형인 반면에 여자는 뇌량이 굵어서 한 번에 많은 정보를 처리할 수 있는 분산형 구조를 가지고 있다. 따라서 남자는 하나에 집중하면 다른 것에 집중하기 어려워서 한 번에 여러 가지를 처리하지 못한다. 반면에 뇌량이 굵은 여자는 한번에 여러 가지를 처리할 수 있는 능력을 가진다.

이처럼 남녀 간의 뇌량의 차이로 인하여 남과 여가 다른 점을 소개하면 다음과 같다. 첫째, 남자는 집중형의 뇌를 가지고 있어서 한 가지 일에 오래 집중하는 능력에서 여자보다 뛰어나다. 한 분야에 전문가가 되려면 10년 이상 오랫동안 일해야 한다고 알려져 있다. 여자들은 일반적으로 여러 가지 일에 관심을 많이 가져서 한 가지 일에 꾸준히 집중하지 않는 경향이 있다. 따라서 남자는 전문가도 많지만 집착이나 편집증상을 보이는 사람도 많다. 마찬가지로 남자는 뇌량이 좁고 가늘어서 여러 가지 일을 못한다. 하나의 일을 할 때 누가 간섭을 하면 화를 내거나 짜증을 내지만 여자들은 어떤 일을 하면서도 누가 간섭하거나 방해해도 잘 받아내면서 일을 지속한다.

그림 91 | **좌뇌와 우뇌를 연결해주는 뇌량**

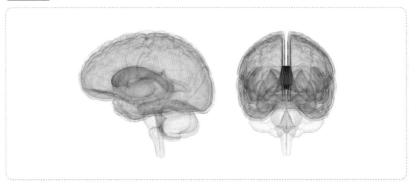

둘째, 남자의 뇌는 단면적이지만 여자의 뇌는 다면적이어서 사물을 인지하는 능력에서 차이가 난다. 남자는 사물을 찾을 때 인지능력이 여자보다 떨어지는 경향이 있다. 가령, 냉장고나 수납장에서 물건을 찾을 때 여자들에 비하여 찾는 능력이 떨어져서 뒤죽박죽 섞여 있으면 잘 찾지 못한다.

셋째, 남자는 여자보다 소통능력이 떨어지고 말을 잘하지 못한다. 여자가 남자보다 언어능력이나 직관력이 더 뛰어난 것은 일반적으로 여자가 남자보다 뇌량을 12% 정도 더 가지고 있기 때문이라고 한다. 여자는 남자보다 듣는 뇌신경세포가 많아서 다른 사람의 말을 잘 알아듣는다. 반면 함께 들어도 남자들은 잘 기억을 못한다. 가령, 대부분 여자들은 다른 사람과 대화를 통해서 스트레스와 문제를 해소하는 데 비하여 남자는 혼자서 고민하거나 술을 마시면서 해소한다.

한편, 뇌의 한 부분인 전교련은 간뇌에 있고 좌우 뇌를 이어주는 연결회로라고 한다. 전교련도 남녀 간에 차이를 가져오는 중요한 요소로 알려져 있다. 뇌량과 마찬가지로 여자는 남자보다 전교련이 두꺼워서 감정의 정보교류가 많고 활발하다고 한다. 즉, 여자는 남자보다 감정적으로 더 발달되어서 상대의 감정을 잘 파악하고 감정에 민감하다. 반면 남자는 전교련이 얇아서 감정정보량이 적고 민감하지 못하며 사실을 중시하는 경향이 있다.

나아가 뇌과학에서 좌뇌와 우뇌를 비교하면 좌뇌는 언어와 문자, 분석적 사고를 담당하고 우뇌는 이미지, 영상, 직감적 사고를 담당하여 대략 좌뇌는 이과, 우뇌는 문과의 뇌로 분류된다. 남자와 여자의 뇌를 비교하면 상식과 다르게 남자는 우뇌가 발달되고 여자는 좌뇌가 발달되었다. 즉, 여자가 수학과 과학 등 이과과목이 더 적합하고 논리적 사고능력도 더 뛰어나다. 뇌과학자들은 여자들에 대한 수학징크스는 사회적 편견과 여자들 스스로가 만든 부정적 암시 때문에 생긴 것이라고 한다.

　　이와 같이 남자와 여자의 뇌의 차이를 알고 서로 이해하는 것은 서로를 만족시키고 행복의 증진을 위한 중요한 부분이다. 서로의 장점과 단점을 잘 알고 이해하며 상대를 보호해주고 보완적 역할을 할 때, 남녀 간의 갈등과 이별은 감소하고 서로에 대한 만족과 신뢰는 높아질 수 있을 것이다. 결과적으로 보다 협력적으로 일과 사랑도 성공시킬 수가 있고 행복으로 나아갈 수 있다.

제2절

행복한 삶

1. Want와 Like의 차이

인간은 삶에서 수없는 다양한 감정을 느끼게 되는데 이를 잘 다스리는 사람도 있으나 그렇지 못한 사람도 많다. 이 감정이 우리를 불편하게 할 수도 행복하게 할 수도 있기 때문에 행복하려면 이를 잘 통제하여 행복하게 사는 방법을 터득할 필요가 있다. 인지심리학자들의 주장에 따르면 인간은 변화하지 않는다고 한다. 즉, 20세 이후 사람은 IQ, 기억력, 생각의 스피드와 같은 기초사고능력과 성격은 변화가 없다고 한다. 그런데 사람은 바뀌지 않지만 관점을 바꾸는 것은 가능하다고 한다. 인간 감정이 생기는 것은 욕망 때문이고 관점의 변화를 이끄는 힘도 욕망이다. 사람의 욕망을 충족시킬 수 있다면 변화를 가져올 수 있다. 즉, 욕구를 충족시키느냐 못시키느냐가 변화를 결정하게 된다.

인지심리학자들은 인간의 욕망이 간단한 두 가지 구조로 되어 있다고 한다. 접근의 욕망과 회피의 욕망 혹은 접근동기와 회피동기이다. 접근동기는 좋은 것을 얻으려는 감정이고 회피동기는 좋지 않은 것으로부터 벗어나려는 감정을 말한다. 접근동기의 성공과 실패에서 행복과 슬픔이 연결되고 회피동기의 성공과 실패에서 안도감과 불안 혹은 공포감과 연결된다. 가령, 똑같은 시험 성적을 가졌는데도 접근동기를 가진 학생은 성공하면 행복하고 실패했을 때는 슬픔을 느끼는데 반하여 회피동기를 가진 학생은 성공하면 안도감을 느끼고 실패하면 공포나 두려움을 가지게 된다.

이들은 접근동기가 필요한 상황에서 회피동기를 이용하거나 회피동기로 접근해야 하는 상황에서 접근동기를 자극한다면 노력해도 효과가 없다고 한다. 접근동기와 회피동기를 구분하는 두 가지 요소는 '시간'과 '자아'라고 한다. 장기적이고 자아에 관한 것은 접근동기가 작용하고 단기적이고 우리에 관한 것은 회피동기가 작용한다. 이 두 요소를 각각 설명하면 다음과 같다. 첫째, 어떤 일을 오래 지속하려면 그 사람이 무엇을 좋아하느냐를 알아야 한다. 그 좋아하는 것을 열심히 해 보자며 동기를 부여해야 한다. 반면 지금 당장 성과를 내야 하는 일들은 그 사람이 무엇을 무서워하고 무엇을 싫어하는지를 알아서 그것이 발생하지 않도록 하기 위해서 노력하자고 말해야 한다. 장기 프로젝트는 접근동기를 이용하는 것이 좋고 지금 당장 움직여야 하고 일의 결과를 빨리 봐야 하는 단기프로젝트는 회피동기를 자극하는 것이 좋다. 그런데 여기에서 문제는 같은 시간일지라도 사람에 따라서 제각각 시간을 다른 길이로 느낀다는 것이다. 지금 어떤 사람들이 협업하지 못한다면 대부분 같은 시간을 다른 길이로 느끼고 있음을 발견할 수 있다. 가령, 공부하는 학생들에게 접근동기를 자극하려면 그냥 '열심히 공부해라'와 같이 말하기 보다는 '열심히 공부하면 미래의 직업과 배우자얼굴도 예쁘게 바뀐다'고 말하는 것이 효과적이다. 회피동기를 활용하려면 싫어하는 것을 제거해 주면 된다. 가령, 호텔에 투숙했는데 제대로 청소가 되어있지 않다고 불평한다면 깨끗하게 해주면 되는 것이다. 실연당한 친구가 있다면 위로한다고 '그냥 잊어'라고 말하기 보다는 실제 입원한 환자와 같이 위로하고 상황을 회피하도록 해주자. 그럼 진심으로 필요로 하고 감사할 것이다.

둘째, 인간의 자아 역시 접근동기와 회피동기로 설명할 수 있는데 대표적인 것이 나와 우리이다. '나'는 좋아하는 것을 위한 접근동기의 자아이고, '우리'는 나쁜 것을 막아내는 회피동기의 자아에 해당된다. 나를 중심으로 보면 대부분 행복, 기쁨, 만족, 성취가 있는 행복한 삶을 원하고 좋은 일이 일어났으면 좋겠다는 접근동기형이 된다. '우리'를 중심으로 보는 사람들은 절대 다수가 평화로운 삶을 원한다. 안전하고 무탈한 삶을 위하여 나쁜 것을 막아 내고자 하는 의지가 있어서 강한 회피동기형이 된다. 즉, 나를 삶의 중심으로 하면 접근동기가 높아지고 우리를 중심으로 생각하면 회피동기가 강해진다.

우리나라는 지금까지 공동체로서 우리를 많이 강조해 왔기 때문에 분류한다면 회피동기형 국가이다. 물론 최근에 개인주의적인 요소들이 등장하고 개인의 자유를 존중하는 분위기이긴 하지만 전체에 반하거나 공동의 이익에 역행하는 행동은 모두의 질타를 받는 사회이다. 이처럼 회피동기가 강한 까닭에 사람들의 생각과 행동은 자신의 삶에 초점을 맞추기 보다는 다른 사람이 나를 어떻게 생각할까? 또는, 공동체가 나의 행동을 어떻게 판단하고 있는지, 혹시 왕따가 되는 것은 아닌지?를 상당히 신경쓴다. 이러한 삶을 살아왔기에 나와 중요한 관계를 맺고 있는 사람들이 무엇을 싫어하는지는 잘 파악하지만 그들이 무엇을 좋아하는지는 별로 아는 것도 없고 관심도 덜하다. 심지어 우리는 상대가 싫어하는 것을 없애 주면 만족하며 좋아하는 상태가 된다고 착각한다. 가령, '그 사람은 어떤 차를 좋아해?'라고 질문하면 보통 우리의 대답은 '유명한 차 혹은 비싼 차'라는 모호한 답을 하는 것과 같다.

접근동기는 새로운 것과 모험의 도전을 즐긴다. 문제에 직면하면 이를 해결하고 보다 나은 대안을 생각하며 다양한 가능성과 기회를 열어 둔다. 반대로 회피동기에서 중요한 가치는 다른 대안에 대한 기회가 아닌 집중과 몰입이고 대안을 줄이는 것이 중요하다. 결국 비즈니스에서 탐색을 해야 할 때는 접근동기로 인센티브를 사용하고 집중할 때는 채찍인 회피동기를 사용하면 효과적이다.

이런 접근동기와 회피동기를 우리 일상에 사람들과의 관계에서 무엇을 통해 구분할 수 있을까? 바로 좋아하다like와 원하다want이다. 사람들에게 이 두 단어처럼 오랜 시간동안 혼동된 단어는 별로 없다. 사람이 무엇을 원하면 그것을 당연히 좋아한다고 생각하고 사람이 무엇을 좋아하면 그것을 당연히 원한다고 생각하였다. 가령, 아이가 디즈니월드에서 백설공주의 인형을 사달라고 해서 사줬는데 금방 흥미를 잃고 그 인형에 관심이 없다면 이 어린아이에게는 Want만 있고 Like가 없었다고 간주한다. 반대로 평소에는 별로 원하지 않았는데 인형선물을 받고 매우 기뻐한다면 Like는 있지만 Want가 없었던 것이라고 구분할 수 있다. Want는 회피동기의 신호를 의미한다. 내가 그것을 강렬하게 원하고 있는 상태 즉, 내가 그것을 가지고 있지 못한 상태에 있으므로 그 상태를 벗어나서 갖고 싶다는 것이다. 그래서 불편한 만큼 원한다. Like는 접근동기의 신호를 말한다. 이는 소유여부가 중요하지 않고 내가 그 무엇과 오래 같이 가고 싶은 상태이다.

이렇게 Want와 Like를 구분하지 않아서 투입한 노력이 헛수고가 되거나 갈등, 실패, 허탈감 등이 발생할 수도 있다. 가령, 갈등이나 허탈감은 원하는 것을 주었는데 좋아하지 않아서 기분이 나쁘고 좋아하는 것을 말하지 않으니 주지 않아서 관계가 멀어지고 나빠진다. 사람의 관계에서 보면 보통 친구로 사귈 때, 첫인상이나 초면에는 호감을 주는 사람을 좋아하게like 된다. 그러다 시간이 지나서 관계가 가까워지면 내 곁에 그 사람이 늘 함께 있어주기를 바라고 원하는want 마음으로 변한다. 인간의 욕망이나 선호도는 대부분 이렇게 발전한다. 처음에는 대상에 대한 막연한 Like로 시작하지만 그 대상과 점점 친밀해지면서 Want로 변환된다. 일반적으로 인간관계에서 시작은 Like이고 완성은 Want가 된다.

그러나 예외없는 법칙은 없다고 인간관계에서도 항상 그렇지는 않다. 처음부터 Want가 나오는 사람들이 상당히 있다. 특히 이성과 만날 때 이런 현상이 많이 일어난다. 첫눈에 반하여 강렬하게 원하는 타입이다. 첫눈에 반하여 처음부터 만나 달라고 간청하다가도 정작 마음의 문을 열면 그때부터는 무관심한 사람들이 있다. 이는 자신의 간절함에 충실했을 뿐, 정말 상대에 대한 Like가 없기 때문에 상대방에게 존중이나 사랑이 없어서 발생한다. Want가 먼저 나오고 Like가 나오는 경우는 인재를 구할 때에도 종종 있다. 조직에서 필요로 하는 인재를 Want하기에 채용했는데 점차 같이 일하면서 그 인성이나 능력이 조직원을 감동시켜서 Like하게 될 수 있다. 반대로 조직원들이 좋아하는 사람을 회사가 인재라고 생각해서 채용했는데 실제로는 별로 역할을 못해서 Want하지 못하는 경우도 많이 발생한다. 이처럼 기업경영과

비즈니스에서도 Want와 Like를 반드시 따로 구분해서 접근할 필요가
있다.

우리는 원하는 것과 좋아하는 것을 따로 생각해 본다면 아주 중
요한 발견을 할 수 있다. 이러한 Like와 Want를 잘 구분하면 자신이
정말 필요하고 가치있는 것을 찾게 되고 깨닫지 못한 것을 얻게 될 수
있다. 그리고 인간은 능력 혹은 성격을 바꿔서 변화를 만들어낼 수 없
지만 접근동기와 회피동기를 적절히 잘 사용함으로써 관점을 바꿔서
변화를 이루어낼 수 있다. 적절하게 일상생활에서 '회피동기'를 잘 활
용할 수 있겠지만 당장의 안도감만 느끼며 현실에 안주하고만 있으면
인생은 발전이 없다. '접근동기'를 활용하여 미래에 희망하는 일들을
추진하며 살아간다면 행복을 즐기며 사는 인생이 되지 않을까?

2. 대화를 인간미 있게 만드는 법

사람의 마음이 열린 상태는 바로 '행복한 상태'이다. 사람은 행복
한 상태일 때 타인에게 친절을 베풀고 싶어진다. 상대방에게 부탁하고
상대방을 설득하고 싶다면 상대방이 행복한 상태일 때 접근하는 것이
중요하다. 때때로 상대의 기분을 잘 파악하지 못하고 부탁하는 사람들
은 상대에게 환영받지 못한다. 또한 상대를 행복하게 만들 수 있다면
이 사람은 상대에게 항상 환영받는 사람이 될 수 있다. 그리고 누군가
를 행복하게 한다는 것은 그 인생은 어쩌면 세상에서 가장 보람된 일
을 하는 것일 수 있다. 상대방을 웃고 즐겁게 만들어 주고 나아가 행
복하게 해주려면 어떻게 해야 할까?

우선 자신부터 행복해지기 위해서 노력해야 할 것이고 상대방에게 열린 마음으로 진심과 노력을 다해 마음을 전달해야 할 것이다. 상대방에게 진심을 전달하기 위해서 행동해야 할 사항들이 있다. 이를 하나씩 열거하면 다음과 같다.

첫째, 웃는 얼굴로 상대방에게 다가가야 할 것이다. 옛 속담에 '웃는 얼굴에 침 못 뱉는다'라는 말이 있듯이 웃는 얼굴의 감염효과는 강력하다. 이것을 암스테르담 대학교의 한 실험에서 증명했다. 쇼핑몰 직원들이 웃는 얼굴로 '기부하시겠어요?'라고 부탁하자 51.3%가 부탁에 응했다고 한다. 하지만 무표정으로 고객들에게 다가간 결과, 64.7%가 무표정으로 무응답했다고 한다.

그렇다면 협상 상대에게 첫 이메일을 보내야 할 때, 그를 우호적으로 만드는 방법은 무엇일까? 미국 심리학자 로버트 치알디니Robert Cialdini는 우선 유머가 담긴 만화 한편을 보내라고 조언한다. 한 실험에서 협상 초기에 이 메일로 코믹한 직장인의 갈등과 오해를 다룬 스콧 애덤스Scott Adams의 딜버트 만화를 보낸 그룹은 곧장 건조한 비즈니스 메일만 주고받은 경우보다 협상 성공률이 15% 포인트 높았다고 한다. 단 1분이라도 투자해서 초기 대화를 인간미 있게 만드는 것이 중요하다. 그러나 단지 재미있는 만화를 보내는 것만으로는 충분하지 않다. 게다가 이 메일로 보낸 딜버트 만화가 협상을 망치는 내용이었다면 곤란하다. 협상 전략으로 웃음을 사용할 때엔 단지 웃음을 유발할 뿐 아니라, 논의하려는 주제나 이슈와 연관된 것으로 메일을 보내는 것이 좋다.

둘째, 사람을 기분 좋게 만드는 방법에는 칭찬이 있다. 사람을 움직이게 하는 칭찬의 힘이 얼마나 놀라운지는 '칭찬은 고래도 춤추게 한다'라는 문장을 통해서도 알 수 있다. 모든 사람은 인정받고, 칭찬받는 것을 좋아한다. 윌리엄 제임스William James는 "인간성에 있어서 가장 심오한 원칙은 다른 사람으로부터 인정받고자 하는 갈망이다."라고 언급하였다. 우리는 칭찬하는 사람에 대해 신뢰를 갖게 되고 부탁을 들어주고 싶어 한다.

셋째, 우리는 자신에게 친히 먼저 인사하는 사람에게 마음의 문을 쉽게 연다고 한다. '언제든지 자신이 앞장서서 인사하라' 먼저 밝게 인사하는 것도 능력이다. 인사는 필요할 때 혹은 급할 때, 하는 것보다는 반드시 평소에 하는 편이 좋다. 왜냐하면 필요할 때 인사는 누구나 하기 때문이다. 평소에 해두면 곤경에 처할 때 지속된 관계가 있어서 쉽게 상대의 마음을 얻을 수 있다. 그래서 직장 내에서 같은 부서뿐만 아니라 다른 부서와 방문객에게도 활기차게 인사하는 것은 인간관계의 기본이기도 하지만 미래의 좋은 자산이 되기 때문이다.

넷째, 상대방을 물리적으로 따뜻하게 만드는 것이 중요하다. 우리는 따뜻한 장소에 있으면 따뜻해지고 추운 장소에 있으면 추워진다. 그만큼 환경, 상황의 영향을 많이 받는다. 누군가에게 부탁을 할 때 따뜻한 음료를 권해보라. 그럼 부탁을 들어줄 가능성이 높아진다. 그렇다고 너무 뜨겁게 하거나 덥게 해서는 곤란하다. 부담스러워지면 좋은 환경이라 할 수 없다.

다섯째, 우리나라에는 독특한 밥 문화가 있다. 먹을 것이 부족하던 '배고픔의 시대'에 우리가 나누었던 인사 속에는 타인을 향한 따스한 정情과 배려配慮가 스며있다. 서양 사람들이 '진지 드셨어요?'라는 인사말을 아름다운 한국어로 꼽은 까닭도 여기에 있다. 함께 '먹는다는 것'은 '사랑'을 나누는 일이다. 우리는 다시 만나고 싶은 좋은 사람이 있을 때 '우리 언제 밥 한 번 먹자'고 말하고 힘든 일이 생겼을 때 누군가 건네는 '밥은 챙겨먹어야지, 밥 먹으러 갈까?' 하는 말에 위로를 받는다. 또 상대방이 나를 서운하게 할 때 '나 오늘 밥 안 먹을래'하며 상대방에게 서운함을 표현하기도 한다. 그러므로 부탁하기가 꺼려지거나 어려운 경우, 함께 밥을 먹으면서 부탁을 하면 사람 사이의 벽이 무너지고 밥을 같이 먹는다는 공유의 감정이 생겨서 부탁을 들어줄 가능성이 높아진다.

[그림 92] 로버트 치알디니(Robert Cialdini) - 다른 사람들이 하는대로 행동하는 경향은 여러모로 매우 유용하다.

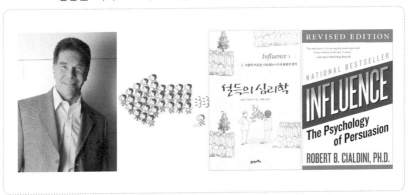

3. 거절하지 못하게 부탁하는 방법

사람을 자신이 의도한 대로 움직이게 하는 데는 여러 방법이 있다. 어떤 사람은 상대의견은 무시하고 힘으로 일방적으로 관철시키고자 한다. 이런 방법은 비민주적이고 '인간은 모두 평등하다'는 원리에 맞지 않다. 특히 '절이 싫으면 중이 떠나라'는 식으로 관철시키는 것은 감정을 악화시키는 최악의 방법이다. 이와 반대로 다른 사람을 인격적으로 인정하면서 설득하거나 혹은 상대의견도 어느 정도 충족시켜주고 자신의 의견도 충족시켜서 절충하는 방법도 있고 자신의 의견을 다소 희생하면서 상대에게 양보하는 방법도 있다. 서로 대화가운데 사람의 말 한마디에 그 사람의 인격이 드러나듯이 '말에도 품격'이 있다. '말 한마디로 천냥 빚을 갚는다'라는 속담이 있듯이 말이라는 것은 참으로 중요하다. 인간의 마음은 사소한 말의 차이에도 큰 영향을 받으며 인간관계에서 중요한 역할을 한다. 특히 인간의 뇌는 부정적인 말에 접하면 신체까지 나쁜 영향을 미친다. '말'을 통하여 사람들은 인간관계를 맺으므로 현대사회를 살아가며 말의 중요성은 더욱 커지고 있다.

텍사스 대학교의 심리학자, 세나 가벤S. Garven은 실험을 통하여 말의 차이를 보여주고자 했다. 사람들에게 어떤 주제를 주고 단지 '당신은 어떻게 생각하는가?'라고 질문했을 때는 10%만 동의했지만, '모두가 그렇다고 하는데 당신은 어떻게 생각하는가?'라고 질문하자 약 50%나 동의했다고 한다. 이것을 심리학에서는 '사회성의 법칙'의 효과라고 말한다. 이에 의하면 사람은 어떤 의사결정을 할 때, 확실한 정보가 없거나 확신이 서지 않으면 주변 사람들의 생각을 살펴보고 다수의 사람이 취하는 행동에 줄을 서려는 심리적인 경향을 가진다. 같은 이야기라도 '모두가 그렇게 한다'고 덧붙이면 상대가 그 이야기에 동의할 확률이 높아진다. 즉, 사회적 규범을 제안하면 동의를 얻어내기가 쉽다.

일본의 심리학자인 나이토 요시히토內藤誼人; Naito Yoshihito 박사는 자신의 저서인 『말투 하나 바꿨을 뿐인데』에서 말할 때, '심리'를 더하면 상대방을 설득할 확률이 40% 이상 높아진다고 설명한다. 상대방에게 부탁을 할 때 수용하게 하는 좋은 방법은 처음부터 큰 부탁을 할 것이 아니라 작고 사소한 부탁을 하는 것이 가능성이 높다고 한다. 가령, 단순히 '일 좀 도와줄래?'라고 말하는 것보다는 '10분만 도와줄래?'라고 부탁하면 1시간을 도와 달라고 할 때보다 부담이 적어서 응할 가능성이 높다. 대부분의 사람들은 실제 10분이 지나도 가버리지는 않는다.

심리학자인 로버트 치알디니Robert Cialdini는 중산층 84세대를 방문하여 암협회를 위한 자선모금 실험을 했다. 단순히 모금을 진행하였을 때는 방문한 총 세대 중 32.2%의 세대가 모금에 참여하였고 평균 모금액은 20.7달러였다. 그리고 이번엔 한 가지 구절을 추가하여 전과 동일한 조건으로 모금을 진행하였다. 그 추가한 구절은 '1페니라도 좋으니 후원해 주실 수 있습니까?'였다. 그 구절의 추가로 자선 모금은 놀라운 변화를 맞이한다. 총 세대 중 58.1%가 모금에 참여했고 평균 모금액은 32.30달러를 기록했다. 그는 이와 같은 심리현상을 '이븐 어 페니 테크닉even a penny technique'이라고 불렀다. 아주 사소한 1페니라도 좋으니 돈을 빌려 달라고 부탁하면 대부분 그 이상의 많은 돈을 빌려 준다고 한다. 작은 부탁에 승낙을 하는 이유는 사소한 부탁은 부담되지 않아서 승낙하기가 쉬워진다는 것이다. 심지어 부탁의 수준이 낮기 때문에 요청한 부탁보다 더 큰 호의를 베푸는 경우도 있다.

이러한 '이븐 어 페니 테크닉'은 우리 일상생활에서 요긴하게 활용될 수 있다. 가령, '간단하게 한마디만 해주시겠습니까?'와 같은 질문을 부탁한다. 이처럼 누구에게 무언가 부탁을 하려면 '사소한' 것처럼 보이도록 말해야 한다. 일단 부탁을 승낙하고 나면, 상대방은 우리를 도와줘야 할 책임감을 느낀다. 만약 부담스럽고 어려운 부탁이 있다면 하나의 부탁을 2단계로 나눠서 부탁하면 효과가 커진다. 작은 부탁으로 일단 한발 들여 놓으면 상대방은 책임감을 느껴서 그 후 설득의 성공 가능성은 증가한다. 그러나 이 테크닉은 사람의 선의를 활용하기에 사소한 부탁이 무리한 부탁으로 바뀌면 관계를 악화시킬 수도 있다. 그러므로 부탁의 분명한 이유와 목적을 들어서 도움을 요청해야 한다. 진실되게, 그리고 분명하게 말하는 것이 상대에게 믿음과 신뢰를 줄 수 있다. 그리고 상대방을 설득하려면 단정지어 이야기하기보다 가능하면 상대방이 스스로 답을 말하게 유도하는 것이 좋다.

이처럼 사람은 90%의 심리로 움직이고, 심리는 90%의 말투로 움직인다. 따라서 사람의 마음을 움직이는 심리 법칙을 잘 이해하고 말투를 조금 바꾸는 것만으로도 일이 수월하게 진행되고 인간관계가 크게 달라질 수 있다. 인간 관계에서 상대를 먼저 바꾼다는 것은 매우 어렵다. 먼저 자신이 변화하고 자신의 말투를 긍정적으로 바꾸어 나가야 할 것이다. 그러면 인관관계도 좋게 바뀌고 인생이 긍정적으로 변화되는 것을 경험할 것이다.

[그림 93] '더 많은 모금을 이끄는 작은 한마디, EVEN A PENNY TECHNIQUE'

인간의 마음은 이상하게도
사소한 말투 하나에 큰 영향을 받게 되죠.
작은 말에 상처를 받기도 하고,
작은 말에 기분이 좋아지기도 합니다.

모금을 진행한 결과
방문한 총 세대 중 58.1%의 세대가
모금에 참여했으며,
평균 모금액은 32.30달러였다.

4. 죽은 철학자들의 살아 있는 기도

짧은 이야기와 같은 인생에서 중요한 것은 생의 길이가 아니라 그 가치이다. 인간이 자신의 삶에서 원하는 것이 무엇인가? 인생에서 나름의 철학이 정립되지 않으면 이에 대하여 답하기가 어렵다. 그리스의 스토아철학은 '인생은 정신적 만족감과 행복을 추구하는 것이다'라고 말한다. 고로 행복한 삶을 살려면 인생철학이 필요하다는 것이다.

스토아철학에서 말하는 인생철학이란 인간은 어떠한 외부자극에도 평정심을 유지해야 한다. 즉, 사회와 국가에 대한 의무에 충실하면서 고통과 고난을 견디어내고 기쁨과 행복에도 과하게 반응하지 않아야 한다는 것이다. 즉, 항상 부동심과 평정심을 유지하는 사람이 되어야 한다. 보통 스토아철학을 엄격하고 억압적인 생활방식으로 생각한다. 그러나 안을 들여다보면 내면의 자유를 가장 중요하게 생각한다. 즉, 이는 내세가 없는 현세의 한계 내에서 만들어진 사상으로서 현실을 견디어 내고 아픔에 마음이 동하지 않으며 자신의 마음을 다스리는 내면에 초점을 둔다. 스토아철학의 핵심은 외부자극에 반응하는 유해한 감정들은 우리를 불만과 불안을 조성하므로 생각으로 감정들을 통제해야 한다는 것이다. 특히 다른 사람이 나를 어떻게 생각하는지 등 내가 통제할 수 없는 일들에 마음을 쓰지 말라는 것이다. 그러므로 스토아철학의 기본은 치우치지 않는 균형감각, 자기계발, 절제를 뜻하는 미덕virtue의 추구이다.

예를 들어 누군가 앞으로 다가올지도 모를 힘든 일을 두려워하고 있다고 가정하자. 스토아철학에 의하면 발생하지 않은 일은 걱정할 필요가 없고 설사 발생하더라도 자신의 생각으로 평정심을 유지할 수 있어야 한다. 미래에 일어날 일에 대한 불안도 감정을 통제하여 마음의 평정심을 유지해야 한다. 즉, 생각의 통제는 미래에 다가올 두려움과 정신적 고통을 이겨낼 수 있게 한다. 스토아 철학자들은 '평온을 비는 기도serenity prayer'를 통하여 인생의 충만한 마음을 갖는다. 이 기도는 이천년 후 미국의 복음주의 신학자인 라인홀드 니부어Reinhold Niebuhr의 다음과 같은 기도가 되었다.

> "제게 바꿀 수 없는 것들을 받아들일 수 있는 평온과 바꿀 수 있는 일들을 바꾸는 용기를 주소서. 그리고 이 둘을 구별할 수 있는 지혜를 주소서."

[그림 94] 라인홀드 니부어(Reinhold Niebuhr) – "이생에서는 사리에 맞는 행복을, 저생에서는 다함이 없는 행복을 영원히 누리게 하소서."

그런데 스토아철학에서는 종교적인 색채가 없기 때문에 기독교의 사상과는 다르다. 스토아철학은 현세 내에서 고난과 아픔을 견디어 내라고 이야기하지만 기독교에서는 하나님은 살아서 현존하시므로 기

독교인은 내세에 받게 될 상급에 대한 믿음을 가지고 고난과 아픔을 변장된 축복으로 생각하며 항상 기뻐하고 감사하며 살아야 한다는 것이다. 즉, 내세가 있기에 고난 안에서도 참 기쁨을 소유할 수 있다는 것이다.

시사주간지 뉴스위크 보도에 따르면 스토아철학이 최근 심리학자들의 관심을 끌고 있다고 한다. 왜냐하면 스토아철학이 생각, 감정, 행동 사이의 연관성에 초점을 맞춘 치료법인 인지행동치료CBT: Cognitive Behavior Therapy이론과 유사하다는 것이다. 캐나다 몬트리올에 위치한 '마음챙김 연구센터The Center for Mindfulness Study'의 사회심리적 재활 요법사인 이언 거스리Ian Guthrie는 자신의 논문에서 스토아철학을 현대사회에 적용시키려는 노력을 하였다. 자신의 고객들은 모두 심각하고 고질적인 정신질환SPMI: Seriously and Persistently Mentally Ill을 갖는 사람들인데 스토아철학의 자기조절요법을 이들에게 적용한 결과, 상당한 성과를 보였다고 한다. 아울러 거스리 박사에 의하면 스토아철학은 오늘날 논리감정행동요법REBT: Rational Emotive Behavior Therapy의 현대적 기초가 되고 있다고 한다. 스토아 철학자들이 우리에게 주려는 지혜는 대부분 일상의 문제들은 우리 힘으로 해결하기 어려우므로 그 문제를 가지고 괴로워하지 말고 우리 내면의 마음가짐에 관심을 기울이는 편이 낫다는 것이다. 즉, 할 수 있는 것은 행하고 할 수 없는 것은 생각하지 말고 내버려두라는 것이다. 과거는 지나갔고 미래는 아직 오지 않았다. 물론 미래를 위한 노력에 교훈을 얻으려면 과거를 반추하여 볼 필요도 있겠지만 과거를 후회하는 생각을 해서는 안 된다는 것이다. 즉, '만약에 ~했더라면'하는 불필요한 생각은 하지 말아야 한다.

스토아 철학자들은 의지력이 근력과 유사하다고 보았다. 의지력도 근육처럼 더 많이 단련할수록 강해진다. 사소하고 작은 일에 분노하여 인생을 허비하지 않으려면 롤프 도벨리Rolf Dobelli, 2018가 제시한 걱정을 해결하는 세 가지 전략도 생각해 볼 수 있다. 즉,

첫째, 노트에 '나의 걱정'이라는 제목을 붙이고 매일 걱정거리를 기록한다. 기록한 사항 중에서 곰곰이 중요한 것과 사소한 것을 따져 보고 중요한 걱정만 대응하면 된다.

둘째, 걱정거리에 대하여 보험을 드는 것도 한 방법이다. 보험을 들면 보험으로 발생할 문제에 대한 걱정을 줄일 수 있다. 혹은 걱정거리는 제거할 수 있으면 제거하고 제거가 안 되면 이에 대한 최악의 상황은 대비해 두는 것도 필요하다.

셋째, 잡념이나 걱정에 대한 최상의 치료법은 불확실한 미래에 대한 생각을 접고 자신이 하고자 하는 일에 집중하는 것이다.

결국, 이러한 의식적인 노력들은 피할 수 없는 것을 받아들이는 '평온', 바꿀 수 있는 것을 바꾸는 '용기', 이 둘을 구별할 수 있는 '지혜'의 안목을 성장시킨다. 불필요한 것들을 제거하거나 멀리하는 것이 행복한 삶을 위한 방법이다.

5. 행복한 삶을 위한 조건

지금은 저성장·양극화·고령화로 대별되는 뉴노멀New Normal의 시대이다. 뉴노멀이란 시대의 변화로 새롭게 등장하는 경제적 규칙을 말한다. 이처럼 경제에 큰 변화가 있을 때 이전의 가치는 사라지고 새

로운 가치체계가 등장한다. 정보통신기술의 발달과 디지털 혁신으로
인하여 생산성이 증대되고 있지만 현대인의 삶이 축복으로 느껴지지
않을 수 있다. 시대변화로 빈익빈부익부 현상은 심화되고 가난한 사람
들이 돈과 권력을 지닌 사람들을 보면서 상대적 박탈감과 함께 불행을
느낄 수 있다. 우리는 폴 고갱Paul Gauguin의 작품 제목Where do we come
from? Who are we? Where are we going?이 언급한 것과 같이 어디서 와서,
우리가 누구인지, 어디로 가고 있는지도 모르고 살고 있다. 아리스토텔
레스는 인간의 행복한 삶에 대하여 "지혜로운 자의 목표는 행복을 얻
는 것이 아니고 불행을 피하는 것이다."라고 말한다. 하지만 행복은 수
천 년이 흘러도 여전히 정의하기가 어렵다.

그림 95 고갱(Paul Gauguin)의 Where do we come from? Who are we?
Where are we going?

보통 사람들은 행복하기 위하여 돈과 권력을 추구한다. 우리는
어느 정도 돈을 가지면 행복해질 수 있을까? 돈과 행복에 대한 전문가
들의 견해가 미묘하게 갈리고 있다. 즉, '행복은 돈으로 살 수 없다'
'행복하려면 돈이 있어야 한다' '행복은 소득에 비례한다' 등 전문가에

따라서 생각이 다르다. 대부분의 경제학자들도 소득이 행복의 필요조건이라는 데에는 동의하고 있다. 이스털린의 역설Easterlin's paradox은 소득과 행복은 어느 정도는 비례하지만 소득의 일정 수준을 넘어서면 행복은 더 이상 증가하지 않는다고 한다. 이 역설은 미국 경제사학자, 리처드 이스털린Richard Easterlin이 1974년 주장한 개념이다. 그는 30개 국가의 행복과 소득과의 관계를 연구했는데 가난한 국가에서 오히려 국민의 행복지수가 높게 나타나고, 선진국에서는 오히려 행복지수가 낮았다고 주장하였다. 그 후 2010년 미국의 대니얼 카너먼 교수도 연 수입이 7만5천 달러를 넘는 지점에서 행복감의 증가가 멈춘다는 결과를 보여주었다. 최근 이를 한국에 적용한 한 연구소의 결과에 의하면 연간 가구소득 1억 8백만원에 도달하면 소득에 비례하여 증가하던 행복이 더 이상 증가하지 않는다. 이는 연도와 개별 국가의 국민에 따라서 다르기 때문에 일률적으로 소득임계점을 비교할 수는 없지만 일정 소득수준이 넘어서면 행복이 더 이상 증가하지 않는 비슷한 현상이 나타난다. 즉, 사람들은 그들을 둘러싼 외부환경이 바뀔 경우, 처음에는 변화에 매우 민감하게 반응하지만 시간이 지날수록 그 변화에 둔감해진다는 것이다. 가령, 사람들은 승용차가 없어서 대중교통을 이용하다가 승용차를 사면 처음에는 큰 기쁨을 맛보지만, 시간이 지나고 승용차에 적응이 되어서 더 이상 그것이 기쁨의 원천이 되지는 않는다. 즉, 새로운 변화에 적응이 되면 종전상태로 돌아가게 된다.

이와 반대로 2008년 미국 펜실베이니아대 와튼스쿨의 베시 스티븐슨Betsey Stevenson 교수팀은 이스털린의 역설에 오류가 있다고 주장하였다. 스티븐슨은 "132개국을 대상으로 지난 50년간 자료를 분석했을 때, 잘사는 국가의 국민이 가난한 국가의 국민보다 더 행복하고, 국가가 부유할수록 국민의 행복수준도 높아졌다."고 주장하였다. '돈이 많을수록 행복수준이 높다'는 것이다. 물론 국민 개개인을 보면 돈이 아닌 명예나 취미 등 다른 일에서 행복을 느끼는 사람도 있을 수 있다. 하지만 국가 차원에서는 전체적으로 국민소득이 증가할수록 복지와 행복수준이 더 높아지는 것이 일반적이라는 것이다. 한편, 미국 일리노이대 심리학과 교수, 에드 디너Ed diener는 행복이 소득과 어느 정도 연관성이 있지만, 국민소득이 높은 나라에 산다고 해서 국민이 행복감을 느끼는 건 아니라는 조사 결과를 발표했다. 예를 들어, 그는 "비교적 소득 수준이 높은 한국국민은 기대했던 행복이 낮았다. 한국은 국민소득에 비하여 사회·심리적 만족도가 떨어지는 대표적인 국가이다."라고 지적했다. 이는 행복감도 타인의 소득과 비교할 때 적정한 수준의 돈을 벌고 있는가? 하는 상대적 느낌이 작용하기 때문이라고 설명한다.

그런데 대부분의 사람들은 돈을 많이 벌면 행복도 비례해서 증가할 것으로 믿지만 돈을 올바르게 사용할 줄 모르면 행복이 아니라 불행할 수도 있다. 에드 디너교수는 "돈과 행복의 관계는 한마디로 정의할 수 없을 정도로 복잡하다. 경제적으로 풍요로운 국가에 살고 있는지, 어떻게 돈을 지출하는지, 자신의 부를 타인의 부와 어떻게 비교하는지, 시간에 대해 어느 정도 가치를 부여하고 있는지도 고려할 필요가 있다."고 주장한다. 아무튼 돈과 함께 행복하려면 '돈'과 '행복'의 균형감을 갖출 필요가 있다. '돈'과 행복'의 균형감을 갖춘 사람은 자신에게 얼마만큼의 돈이 필요한지, 어떻게 하면 그만한 돈을 벌 수 있는지를 알고 행복한 삶을 위하여 돈의 사용방법도 알아야 할 것이다.

우리의 삶을 진정 의미있게 하는 '행복한 삶이란 무엇인가?'에 관한 하버드 그랜트 연구Harvard Grant Study는 1938년 하버드 대학교에서 시작되어 현재까지 진행되고 있는 인간의 행복연구이다. 의과대학의 정신과 교수, 로버트 왈딩거Robert Waldinger의 연구에 참여한 724명 중 절반은 보스턴 지역에 거주했던 하버드 대학교 재학생들이었고 나머지는 보스턴의 빈민가의 청소년들이었다. 왈딩거 교수는 1938년에 시작하여 79년간에 걸쳐서 이들의 삶을 다각도로 추적하는 프로젝트의 네 번째 책임자로서 연구기간 동안 일관성 있는 핵심 결과를 제시하였다. 왈딩거 교수팀의 조사에 의하면 최근 태어난 밀레니얼 세대에게 인생의 목표를 질문하면 대다수가 부유해지고 유명해지는 것이라고 답변하였다. 그 조사에 의하면 인간은 불완전한 기억과 사후확증편향 hindsight effect으로 인하여 인생의 목표를 달성하기 위하여 자신이 무엇을 하고 살았는지 잘 모르는 경우가 많다고 지적한다. 즉, 우리가 인간의 생에 관하여 아는 것은 대부분 과거에 대한 기억을 묻고 답하는 것이다. 하지만 이것은 모두 알다시피 뒤늦은 깨달음일 뿐이다. 이처럼 인간의 경험하는 자아가 느끼는 순간의 감정과 기억하는 자아가 자신의 경험에 대해 평가하는 내용은 상당히 상관관계가 높지만 두 자아 사이에는 중요한 차이점이 존재한다. 기억하는 자아는 경험하는 자아에 비하여 일반적으로 더 안정적이면서 다소 다른 시각을 갖고 있는 경우를 볼 수 있다. 우리는 자신의 경험에서 기억을 얻지만 자신의 삶에 대한 만족이나 행복에 관한 여러 가지 판단들은 경험하는 자아가 아닌 기억하는 자아의 관점에서 평가된다.

왈딩거 교수가 79년간 조사한 것은 '무엇이 좋은 삶의 조건인가?'에 관한 것이다. 그는 이에 대하여 다음과 같이 답하였다. "사람들은 그들이 원하는 것보다 더 고립되어 있을 때 자신이 덜 행복하다고 느낀다. 이러한 사람들은 중년이 되기 전에 건강이 나빠지고 뇌 기능이 빨리 떨어지며, 외롭지 않은 사람들보다 수명이 짧다." 이 장기 프로젝트의 결론은 원만한 관계good relationships가 행복하고 건강한 삶을 유지시켜 준다는 것이다. 이로부터 얻는 세 가지 교훈은 첫째, 고립보다는 사회적 유대를 강화해야 하고 둘째, 친밀한 관계의 질적 수준을 높이려 노력해야 한다는 것이다. 셋째, 원만한 관계는 우리 몸만 아니라 뇌를 보호해서 기억력을 더 오래 유지시켜 준다고 한다. 즉, 원만하고 친밀한 관계는 행복하고 건강한 삶의 주요 요소라는 것이다.

그림 96 '행복한 삶이란 무엇인가?'에 관한 하버드 그랜트 연구(Harvard Grant Study)

6. 원하는 일을 하는 행복한 삶

행복은 운명이 아니라 인간의 노력이나 선택의 결과로 주어지는 선물이다. 뇌 과학조사에 따르면 행복 결정 유전자는 이미 50% 정해져 있다고 한다. 그러나 행복한 삶을 위한 방법은 항상 존재한다. 다행스럽게도 인간은 행복추구에 있어서 이러한 유전자를 '느끼지' 않는다고 한다. 타인이 자신보다 더 행복하게 느껴질 수는 있지만 자신의 행복에 대한 느낌은 자신의 경험에 따라서 결정된다. 그러므로 사람들이 느끼는 행복은 다 다르고 개인의 행복은 각자의 환경에 따라서도 달라진다. 불행을 느끼지 않고 행복을 느끼려면 행동 경제학자, 로버트 프랭크Robert Frank의 말처럼, '알맞은 연못 고르기'가 주요한 요소일 수도 있다. 가령, 부자동네에 부자가 아닌 사람이 산다면 불행할 것이므로 행복하려면 자신의 수준에 맞는 동네, 환경이나 직업을 선택하는 것이 좋다.

세계적인 첼리스트, 요요마Yo-Yo Ma는 자신을 사랑하고 자신이 좋아하는 일에 순수하게 열정을 바친 프랑스 태생의 중국계 첼리스트이다. 이제 나이 지긋한 그는 세계를 돌아다니며 음악을 통하여 희망을 전하고 있다. 그는 예술이 많은 사람에게 희망의 문을 열어준다고 믿는 사람이다. 그는 3살에 바이올린으로 음악을 시작했지만 평균적인 아이의 연주보다 좋은 실력을 보여주지 못했다고 한다. 바이올린으로 3년 간 고군분투하던 어느 날, 누군가 그에게 첼로를 줬다. 그는 첼로에 특별한 소질을 가지고 있다는 것을 발견하고 그것을 자신의 소명으로 인식했다. 연주공연을 하던 어느 날, 첼로를 택시에 두고 내린 일화는 유명하다. 첼로의 가격은 둘째 치고 천재 첼리스트가 연주하던 보물이 사라지자 많은 사람이 당황했다. 결국 방송을 통하여 첼로를 겨우 찾을 수 있었다. '왜 택시를 탔느냐?'는 사람들의 질문에 자신은 유명 인사가 아니고 그냥 첼로를 하는 사람이라고 조용히 말했다고 한다. 요요마의 삶을 말하며 탈러 교수는 "같은 음악인데 요요마는 바이올린에서는 평범했지만 6살에 첼로는 기가 막히게 연주하게 되었어요. 여러분도 자신의 첼로를 찾으세요."라며 자신을 사랑하는 힘과 행복한 삶에 대하여 언급하였다.

그림 97 **친구 같은 세계적인 첼리스트, 요요마(Yo - Yo Ma)** - 한국과 중국, 일본을 위한 평화의 노래인 '아시아의 평화를 위한 자장가'

탈러 교수는 직업선택에 대한 자신의 견해를 다음과 같이 밝히고 있다.

"내가 교수가 된 것은 솔직히 학문을 좋아해서는 아니었습니다. 직업 선택에서 하기 싫은 것을 제거했습니다. 학계는 나의 자유를 건드리지 않기에 선택한 것입니다. 내가 하고 싶은 과제가 너무 재미있었습니다. 가장 이상적인 것은 재미있는 것을 선택하는 것입니다. 재미라는 것은 위험을 피하는 세상에서 가장 멋진 헤징 수단입니다. 재미있는 것을 한다면 결과가 어떻게 되든 간에 좋은 기초 공사를 할 수 있습니다. 반대로 부자가 된다고 하더라도 그 일의 매 단계가 힘들다면 그리고 세속적으로 성공을 하더라도 그 일을 할 가치가 있나요? 물론 그 선택은 가치관의 문제입니다."

나아가 그는 행복하게 사는 가장 간단한 방법은 시간관리를 잘하고 가장 좋아하는 일에 많은 시간을 할애하는 것이라고 말한다. 우리는 소질이 없는 일을 잘하려고 애쓰는 것보다는 잘 할 수 있는 일에 힘을 기울이는 것이 더 효과적이다. 소질이 없고 능력이 안 되는 분야에서 우리가 최선을 다해도 요요마 혹은 빌게이츠 같이 될 수는 결코 없다.

잘하는 일과 즐기고 싶은 일을 시작하라고 말하지만 실제 사람들이 첫 직장을 선택할 때는 좋아하는 일, 잘하는 일을 선택하지 못하는 경우가 대부분이다. 당장 현실적인 경제문제를 해결하는 것이 급하므로 이것 혹은 저것을 따질 처지가 아니고 일단 받아주는 직장을 선택한다. 따라서 취직 후 1~2년 내에 이직률이 상당히 높다. 이직못한 사람들도 더 좋은 곳으로 옮기려고 고민하는 사람들도 많다.

경제가 경기상황에 따라서 변화하듯이 인생도 경기의 사이클을 타게 된다. 특히 잘 나가는 시기가 아니고 후퇴하는 시기일수록 삶에 즐거울 수 있는 일에 도전해 보는 것은 필요하다. 자신에게 가장 잘 어울리는 일을 하는 것만큼 행복한 인생은 없으므로 시기나 환경을 탓하지 말고 시도해 보자. 그 어떤 일도 인생에서 시작하기에 늦은 나이는 없다. 자신이 재미를 느끼고 자신을 행복하게 해주는 일에 인생을 맡겨 보자.

7. 내면의 행복을 만드는 것들

앞서 행복이론에서 설명하였듯이 행복은 '헤도니아hedonia'와 '에우다이모니아eudaemonia'라는 두 가지 형태로 구분된다. 헤도니아는 개인적으로 육체적이고 정신적 쾌락을 극대화하는 것을 행복으로 간주한다. 이는 인간이 경험으로 얻는 순간적인 행복을 중요시한다. 이와 다르게 에우다이모니아는 한 개인뿐만 아니라 여러 사람과 사회에 유익을 주는 사회적인 결과로 얻는 장기적인 행복을 말한다. 그리고 행복은 상대적 비교우위에 따라서 결정되고 행복도 학습이 필요하다고 말한다. 에우다이모니아는 사회의 행복을 추구하므로 이를 추구하는 개인은 반드시 희생이 필요하다. 지금은 고통스럽고 힘들지만 장기적으로 의미가 있다고 생각하기에 기꺼이 참고 견딘다.

흥미롭게도 로체스터대학의 스티븐 콜의 연구에 의하면 우리 몸이 자기중심적 쾌락보다 삶의 의미를 추구하며 얻는 금욕적 만족감을 더 선호한다는 것이다. 이 연구에서 로체스터대학의 150여명의 대학생을 대상으로 두 그룹으로 구분하였다. 즉, 한 그룹은 깊고 오래가는 인간관계 등 내적 목표를 추구하는 그룹이고 다른 한 그룹은 부와 외모, 명성 등 외적 목표를 추구하는 그룹이다. 연구결과, 외적 목표를 추구하는 그룹은 수치나 분노 같은 감정적 문제와 기력 부족 등의 신체적 증상을 호소했다. 반면 내적 목표를 추구한 그룹은 스트레스가 훨씬 작고 긍정적이었다.

이와 유사하게 UCLA의 의대 교수인 스티븐 콜은 단기적인 행복을 추구하는 사람들은 스트레스를 받을 때 염증을 일으키는 반면 장기적인 삶의 의미에 행복을 두는 사람들은 스트레스가 들어와도 세포 차원에서 보호를 받는다는 것이다. 삶의 의미에 행복을 두는 삶이 단기적인 행복을 추구하는 것보다 왜 우리 몸에 더 나은 것일까? 스티븐 콜의 설명에 의하면 삶의 의미를 찾아 소명의식을 갖고 사는 사람들은 위협을 덜 느끼고 싸우거나 도망칠 필요가 적기 때문이라고 한다. 그런데 개인적 쾌락과 자기중심의 행복을 중시하면 자신에게 안 좋은 일이 일어났을 때 위협을 느낀다. 반면 삶의 의미와 공동체의 가치에 행복을 두는 사람은 자신의 욕구를 우선하지 않기 때문에 자신에게 안 좋은 일이 생기더라도 별로 위협이나 실망을 느끼지 않는다는 것이다.

오스트리아의 정신과 의사, 빅터 프랭클Viktor Frankl은 나치의 강제수용소에서 살아남아 『죽음의 수용소에서』란 저서를 남겼다. 이 책에서 그는 "삶은 환경 때문에 힘들어지는 것이 아니라 오직 의미와 목적이 결여되어 있을 때 힘들어진다. 우리에게 최고의 행복을 가져다주는 것은 내가 돈을 많이 벌고 지위가 높아지며 명성을 얻고 자녀도 잘되며 건강해서 성공을 이루는 것이 아니라 보다 더 큰 가치인 공동체와 사회의 행복에 의미를 두고 이루어나갈 때이다."라고 말한다. 처음부터 사회나 공동체를 위하여 일하겠다고 목표를 정하는 사람은 그리 많지 않다. 대부분은 자신의 삶이 처한 환경과 시대적 상황이 개인들에게 인생의 중요한 것을 인식시켜주는 경우가 많다. 사람들은 내가 왜 사는지, 내 인생의 목적이 뭔지, 내가 왜 이런 고통을 겪어야 하는지를 잘 알지 못하지만 처한 환경을 겪고 지나면서 동기와 목적이 부여되고 가치를 두는 삶으로 발전되어 간다. 성경(요한복음 13장 7절)에서 예수가 수제자, 베드로에게 "네가 지금은 알지 못하나 이후에는 알리라."라고 말하는 구절이 있다. 프랭클도 자신이 유대인이라는 이유만으로 수용소에서 극심한 고통을 겪어야 한다는 것을 받아들일 수 없었지만 혹시 살아나간다면 수용소 경험을 심리학적으로 분석하겠다는 목표가 생겼다. 이 목표의식으로 고통을 참아내었고 나중에 인류에게 큰 위안을 주는 업적을 남겼다.

이처럼 삶의 가치와 의미있는 일에 목표를 두고 살아가는 것이 육체적으로, 정신적으로 건강한 삶을 사는 사람들의 행복의 비결이라는 사실이 과학과 의학에서 입증되고 있다. 우리도 삶의 의미를 다 알 수 없지만 가치 있는 일을 추구하고 이웃과 사회에 유익이 되는 삶을 살겠다는 목적의식으로 살아가면 알 수 없는 미래에 삶의 의미를 이해하는 날을 맞이한다. 독일의 행복경제학자인 하노 벡Hanno Beck 교수는 "인간은 영구적인 기쁨을 느끼도록 만들어진 존재는 아니지만, 영구적인 행복의 상태에 이를 수는 있다고 말한다. 그러기 위해서 훈련과 명상을 통하여 상황이 흘러가는 대로 만족하는 것이다. 저축과 소비를 현명하게 관리한다면 물질적으로도 행복해질 수 있다. 소비의 경우 경험을 구매하는 것이 물건을 구매하는 것보다 더 행복감을 줄 것이다. 자선단체에 기부하는 것도 마찬가지다."라고 말한다. 즉, 마음의 훈련은 불행이 와도 그 상황을 받아들이고 만족하고 소비도 의미있는 영화나 체험 여행 등에 지출하면 경험 속에 행복은 더 증대된다는 것이다.

현대 독일철학자, 오도 마르크바르트Odo Marquard는 "이 세상의 불행은 행운을 통하여 균형이 잡힌 불행인데 충분하거나 부족하고 공정하거나 불공정하다."고 말한다. 이 세상에 항상 행복만 있을 수 없듯이 불행만 있을 수는 없다. 행복과 불행이 혼재되어 있는 것이 인생이고 이 세상이다. 그러면 행복한 인생을 살려면 어떻게 해야 하는가? 앞에서 언급되었듯이 개인적인 쾌락도 필요하지만 내면적으로 삶의 의미를 찾고 공동체의 행복을 찾는 삶이 보다 행복한 삶이라고 할 수 있다. 독일의 알로이스 프린츠 교수와 하노 벡 교수도 개인적 행복뿐만 아니라 사회적 행복도 함께 이루어 나가야 한다고 언급하였다. 즉, 그들이 제시한 행복의 공통적인 배경은 자신들이 건강하다는 것과 좋은 친구들이 있다는 것, 만족감을 주는 직업이 있다는 것이다. 나아가 아주 중요한 행복의 요건으로 '다른 사람을 행복하게 만들어 줄 기회가 있다' '내 친구를 도울 능력이 있다' 등 타자와의 관계를 강조하였다.

그림 98 **빅터 프랭클(Viktor Frank)** - "사랑은 모든 것을 치유한다. 사랑은 우리를 강하게 만든다. 사랑은 우리가 계속 나아가도록 만든다."

참고문헌

구교준・임재영・최승기(2015), "행복에 대한 이론적 고찰," 『정부학연구』, 제21권 제2호, pp. 95-130.

권석만, "심리학의 관점에서 본 욕망과 행복의 관계," 『철학사상』, 서울대학교 철학사상연구소, 36호, pp. 121-152.

김광수(2018), "애덤 스미스의 행복이론: 행복경제학과 시민경제론의 기원," 『경제학연구』, 제66집 제1호, pp. 33-152.

김상봉(2013), 『행동경제학』, 지필미디어.

니혼게이자이신문(2005), 『경제의 심리학』, 밀리언 하우스.

다치바나키 도시아키(2015), 『행복의 경제학』, 한울.

대니얼 카너먼(2012), 『생각에 관한 생각』, 김영사.

댄 애리얼리(2008), 『상식 밖의 경제학』, 청림출판.

＿＿＿(2010), 『경제 심리학』, 청림출판.

＿＿＿(2012), 『거짓말하는 착한사람들』, 청림출판.

도모노 노리오(2008), 『행동경제학』, 지형.

롤프 도벨리(2018), 『불행피하기 기술』, 인플루엔셜.

루이기노 브루니・피에르 루이기 포르타 편(2015), 『행복의 역설』, 경문사.

리처드 탈러(2016), 『똑똑한 사람들의 멍청한 선택』, 리더스북.

리처드 탈러・캐스 선스타인(2017), 『넛지』, 리더스북.

마이클 루이스(2018), 『생각에 관한 생각프로젝트』, 김영사.

마카베 아키오(2011), 『투자자를 위한 경제학은 따로 있다』, 부키.

박종현(2016), "행복경제학과 좋은 삶 전통: 쾌락과 가치의 조화를 중심으로," 한국경제학보, 제23권 제1호, pp. 79-99.

버트런드 러셀(2004), 『행복의 정복』, 사회평론.

브루노 프라이(2015), 『행복, 경제학의 혁명』, 부키.

샘 소머스(2013), 『무엇이 우리의 선택을 좌우하는가』, 청림출판.

서은국(2019), 『행복의 기원』, 21세기북스.

야마모토 미토시(2006), 『심리학이 경제학을 만나다』, 토네이도.

요하네스 발라허(2011), 『경제학이 깔고 앉은 행복』, 대림북스.

이재열(2015), "사회의 질, 경쟁, 그리고 행복," 『아시아리뷰』, 제4권 제2호, pp. 3-29.

이진남(2016), "긍정심리학의 행복 개념에 대한 비판적 고찰," 『철학논집』, 제44집, pp. 97-131.

임의영(2014), "H. A. Simon의 제한된 합리성과 행정학," 『행정논총』, 제52권 제2호, pp. 1-35.

조지 애커로프·로버트 쉴러(2009), 『야성적 충동』, 랜덤하우스.

존 노프싱어(2005), 『투자의 심리학』, 스마트비지니스.

카네만·슬로빅·트발스키(2018), 『불확실한 상황에서의 판단』, 아카넷.

캐스 선스타인(2016), 『와이넛지』, 열린책들.

토마스 길로비치·개리벨스키(2018), 『행동경제학 교과서』, 프로제.

하노 벡 알로이스 프린츠(2018), 『내안에서 행복을 만드는 것들』, 다산북스.

하워드 로스(2018), 『우리 뇌는 왜 늘 삐닥할까』, 탐나는책.

홍 훈(2016), 『행동경제학강의』, 서해문집.

＿＿＿(2017), 『신고전학파 경제학과 행동경제학』, 신론사.

Abdukadirov, S.(eds.)(2016), *Nudge Theory in Action: Behavioral Design in Policy and Markets*, Palgrave Macmillan.

Cartwright, E.(2018), *Behavioral Economics*, Routledge.

Camerer C. F., Loewenstein, G., and M. Rabin(2004), *Advances in Behavioral Economics*, Russell Sage Foundation and Princeton

University Press, New York & New Jersey.

Dutt, A. K. and B. Radcliff(eds.)(2009), *Happiness, Economics and Politics: Towards a Multi-Disciplinary Approach*, Edward Elgar.

Easterlin, R.(1974), "Does Economic Growth Improve the Human Lot? Some Empirical Evidence," *In Nation and Households in Economic Growth: Essay in Honour of Moses Abramowitz*, eds. P. David and M. Reder. Academic Press.

Easterlin, R.(2011), "Income and Happiness: Towards a Unified Theory," *Economic Journal*, Vol. 111, pp. 465-484.

Frantz, R. and R. Leeson(eds.)(2013), *Hayek and Behavioral Economics*, Palgrave Macmillan, UK.

Frey, B. S.(2018), *Economics of Happiness*, Springer International Publishing.

Frey, B. S. and A. Stutzer(2001), *Happiness and Economics: How the Economy and Institutions Affect Human Well-Being*, Princeton University Press.

Gigerenzer, G. and R. Selten(2001), *Bounded Rationality: The Adaptive Toolbox*, MIT Press.

Heukelom F.(2014), *Behavioral Economics: A History*, Cambridge University Press.

Huettel, S.(2014), *Behavioral Economics: When Psychology and Economics Collide*, The Teaching Company.

Ikeda, S., Kato, H. K., Ohtake, F., and Y. Tsutsui(eds.)(2016), *Behavioral Economics of Preferences, Choices, and Happiness*, Springer Japan.

Just, D. R.(2013), *Introduction to Behavioral Economics*, Wiley.

Kahneman, D. and A. Tversky(1979), "Prospect Theory: An Analysis of Decision under Risk," *Econometrica*, Vol. 47(2), pp. 263-291.

Kahneman, D., Diener, E., and N. Schwarz(eds.)(1999), *Well-Being: The Foundation of Hedonic Psychology*, New York, Russell Sage.

Kahneman, D., and A. B. Krueger(2006), "Developments in the Measurement of Subjective Well-being," *Journal of Economic Perspectives*, Vol. 20, pp. 3-24.

Levine, D. K.(2012), *Is Behavioral Economics Doomed: The Ordinary versus the Extraordinary*, Open Book Publishers.

Loewenstein, G.(2008), *Exotic Preferences: Behavioral Economics and Human Motivation*, Oxford University Press, USA.

Morgan, J.(eds.)(2005), *Experimental and Behavioral Economics*, Emerald Group Publishing Limited.

Rehman, Tansif ur(eds.)(2018), *Behavioral Economics-Trends, Perspectives and Challenges*, Nova.

Schmid, A. A.(2004), *Conflict and Cooperation: Institutional and Behavioral Economics*, Blackwell Publishing.

Thaler, R.(1981), "Some Empirical Evidence on Dynamic Inconsistency," *Economic Letters*, pp. 201-207.

Thaler, R., and C. Sunstein(2008), *Nudge: Improving Decisions about Health, Wealth, and Happiness*, Yale University Press.

Tversky A. and D. Kahneman(1974), "Judgement under Uncertainty: Heuristics and Biases," *Science*, pp. 1124-1131.

_____(1981), "The Framing Decision and Psychology of Choice," *Science*, pp. 453-458.

Wendel, S.(2013), *Designing for Behavior Change: Applying Psychology and Behavioral Economics*, O'Reilly Media.

Weimann, J., Knabe, A., and R. Schöb(2014), *Measuring Happiness: The*

Economics of Well-Being, MIT Press.

Wilkinson, N.(2008), *An Introduction to Behavioral Economics*, Palgrave Macmillan, New York.

Zamir, E. and D. Teichman(2014), *The Oxford Handbook of Behavioral Economics and the Law*, Oxford University Press.

찾아보기

저자약력

■ 강상목(姜尙穆)

- 현, 한국환경경제학회 회장
  부산대학교 일반대학원 글로벌 경제컨설팅 계약학과 주임교수
  부산대학교 경제학과 교수
- 전, 부산대학교 경제통상대학 학장
  부산대학교 경제통상대학원 원장
- SSCI와 등재지 등 136편의 논문과 31건의 저서 및 연구보고서

>>> 대표적 저서

『협업과 창의적 조직』, 『효율성, 생산성, 성과분석』, 『환경과 인간』, 『인간심리
의 경제학』
Energy, Environment and Transitional Green Growth in China (Springer),
Green Growth: Managing the Transition to a Sustainable Economy
(Springer)

■ 박은화(朴銀花)

- 현, 현대차증권 울산중앙지점장
  부산대 일반대학원 글로벌경제컨설팅 계약학과 겸임교수(협업, 행동경제학 강의)
- 부산대 경제학박사 학위
- CJ그룹, 현대중공업그룹, 현대차그룹 등에서 특강 프로그램 진행
- 금융투자협회 관련 기업체 강의
- 부산일보 돋보기, 경상일보 주간증시 동향 기고
- KBS라디오 방송 및 MBC TV 방송 매체를 통해 주식동향 및 금융상식방송

>>> 대표적 저서와 논문

『협업과 창의적 조직』, 『인간심리의 경제학』, "한국증권산업의 생산용량에 기
초한 단기비용효율 측정과 분해" 등 다수

인간심리와 행복경제 - 행복으로 가는 길 -

2019년 10월 20일 초판 인쇄
2019년 10월 30일 초판 1쇄 발행

저 자 강 상 목 · 박 은 화
발행인 배   효   선

발행처 도서
출판 法 文 社

주 소 10881 경기도 파주시 회동길 37-29
등 록 1957년 12월 12일/제2-76호(윤)
전 화 (031)955-6500~6 FAX (031)955-6525
E-mail (영업) bms@bobmunsa.co.kr
(편집) edit66@bobmunsa.co.kr
홈페이지 http://www.bobmunsa.co.kr

조 판 법 문 사 전 산 실

정가 25,000원   ISBN 978-89-18-91050-5